U0932522

潛齋文獻語言論集

華學誠 著

朱天曙敬題

巴蜀書社

國家社會科學基金重點項目『七種明清《方言》校注本集成』（14AYY013）
國家社會科學基金重大項目『中國古代方言學文獻集成』（16ZDA202）

目　録

下編　研習、回憶與序評

特輯　學者、專家論拙著

瘦西湖・獅子山・麗娃河・成府路

——六十自述並代序

引　言

我的家鄉在江蘇省興化市，她自古一直隸屬於揚州，20 世紀 90 年代中期析分為揚州和泰州兩個地級市後，興化歸屬泰州。那裏地處江淮之間，西臨運河，東望大海。因為河網密布、地勢低窪，當地人稱裏下河鍋底窪。這是一塊孕育着古老文明的沃土，戰國時代曾為楚國所轄，所以又稱楚水。優越的地理、繁榮的經濟養育了燦爛的歷史文化，自南宋咸淳至清末光緒，中舉的有 262 人，進士及第的有 93 人，明代還出過三任宰輔，宗臣、施耐庵、鄭板橋、任大椿、劉熙載都是興化的歷史人傑。

我的老家在興化東境比鄰東臺市的一個較大的村莊——華莊，世世代代以農耕為業，沒有出過真正的文化人。到了家父這一代，情況稍有改變：出生於 20 世紀 30 年代初的父親讀過幾天書，也就兩三年；他少年時曾在南京做過店夥計，算是見過一點兒世面的人物；1949 年之後一直擔任村社級幹部，屬於亦農亦官的鄉村小吏。

家父對子女接受學校教育的重視在鄉里有口皆碑，作為子女中唯一的男丁，家父對我的要求尤其嚴苛。我祖父年輕時就雙目失明了，没有讀過一天書卻滿肚子都是故事，什麼東周列國、三國演義、薛仁貴征東之類的歷史傳奇就是自小聽他講述的，祖父還時常跟年幼的我念叨“萬般皆下品，唯有讀書高”，這句話在我心中烙印深刻。

我的人生主綫可以概括為讀書、教書、寫書的“三書”之路，而最終能够走上這條道路，與興化的歷史文化傳統和自幼所受家教是有一定關係的，這些因素對我的人生觀、價值觀的形成肯定具有潛移默化的作用。當然，能够從鄉村走出來並最終走上“三書”之路，最直接的原因還是“文化大革命”後高考的恢復，我是這一偉大歷史性決策的第一批受益者。

離開老家之後所走過的路，階段特點與四所大學緊密相連，這四所大學坐落在或水或山或文化學術長廊之間，因而可用四句話來概括我那已成過往的歷程：瘦西湖畔發憤苦讀經典、獅子山上立志專攻《方言》、麗娃河濱成就獲獎專著、成府路邊編織學術夢想。

瘦西湖畔發憤苦讀經典

1977 年高考初試不利，我不得不放棄了南京大學志願，最後以高出南京大學當年録取分數綫 20 多分的成績被揚州師院録取。揚州師院坐落在“兩堤花柳全依水，一路樓臺直到山”的瘦西湖畔，三二同窗各自攜書一卷，或散步，或划船，神侃暢聊，那時放時收、宛如錦帶的一泓曲水，以及那如飄如拂、似煙若雲的長柳，因此而融進了我的生命。

揚州師院這所不大的地方高校藏書豐富，中文系專家雲集，城市更是秀外慧中。帶着沮喪走進學校的我驚奇地發現，這裏實在是個讀書的好地方！我的所有課餘時間幾乎都泡在了圖書館裏，大一大二到底閱讀了多少中外經典名著已經記不清了，圖書館閱覽室那隻外國文學名著專櫃上的一兩百種肯定全都看完了。那時還瘋狂地購書，菲薄的助學金和家裏的資助除了最簡單的果腹之需外，幾乎都送進了書店，“文化大革命”後首印的《説文解字》《十三經注疏》等經典使用至今。

大三即將來臨之時，我對泛泛狂讀已不能滿足，開始尋找主攻方向，中華文化的博大精深和文獻語言的艱澀難懂，吸引了我的目光，民國時曾任東吴、大夏、聖約翰大學教授的王善業先生成了我步入專業研習的啓蒙老師。王先生傳統學問根底深厚，精研唐韻，通曉多國文字而尤擅德文，慈眉善目、温柔敦厚。在學界還是一片蕭條的景象下，一個年輕的大學生叩門求教古文獻、古漢語的學習，王先生歡迎的熱烈程度超出了我的想象。先生為我開出了第一份專業書單，記得王立達的《漢語研究小史》就是先生讓我精讀的第一本入門書。先生還允我隨時登門請教，後來主動提出每周一見，讓我匯報讀書情況，一起討論問題，我給先生介紹新到的《中國語文》目録，並誦讀先生感興趣的文章。我非常感激王先生，是先生打開了我的智慧之門，這樣耳提面命式的指導，現在的研究生也無法得到。

在王先生指導下讀書的時光持續了不到一年，白内障終於讓先生失去了最後一點兒視力，先生介紹我拜識了他的高足、正屆中年的趙航先生。趙先生長於訓詁，尤精乾嘉之學，其時趙先生正致力於研究揚州學派，並已經發表論著多種，因此閱讀清代小學名著成為趙先生給我規定的功課。那時尋找這類古籍很難，圖書館找不着（其實還被封存着），就輾轉向私人求借，借到了就狠命看，宿舍、教室熄燈了就秉燭夜讀。記得《説文》段注就是同學幫我從一位中學退休教師那裏借到的，萬有文庫本，每次只借給我兩册，還回去纔會借給我下面兩册，因為太喜歡這部書了，怕以後借不着就動手抄録，當段注影印本在上海古籍出版社首印時，我已經抄完了全書的十之七八。我至今覺得這是一段非常有意義的訓練，自己此後一直受惠於這樣的“原始”訓練。

在揚州讀書期間，我登門求教過的專家還有很多，還曾寫信求教過徐世榮、蔣禮鴻等先生，這些先生的熱情鼓勵和具體指導，堅定了我走上這條道路的決心，先生們的來信我至今都還保存着。大學後兩年和畢業後在鹽城工作的三年多期間，我發表了六七篇論文，其中 1981 年發表的處女作《讀〈反訓探原〉》被人大復印資料專題卡片收録，補正梅祖麟教授的小文章則刊發到了《中國語文》上。

揚州是我人生的轉折點：改變了與生俱來的農民身份，收穫了美好甘醇的愛情，更重要的是，這裏成為我走上學術之路的起點和第一站。到哪裏我都忘不了書香飄溢的揚州師院，忘不了美麗如畫的瘦西湖，這所學校、這座城市，特別是與學校連在一起的瘦西湖，已經永遠鐫刻在我的心中。

獅子山上立志專攻《方言》

1985 年秋季，我考入四川師範大學攻讀碩士學位。四川師大坐落在成都東郊的獅子山上，春天繽紛燦爛的桃花，秋天雲蒸霞蔚的柑桔，起伏綿延的山岡、曲折幽静的小道，以及山下不時呼嘯而過的成昆列車，這些都從此鑲嵌進了我的學術年輪。

我的碩士導師是劉君惠先生。劉先生曾從趙少咸先生問學，1949 年之前的教授，蜀中一代鴻儒，深受學界敬重；先生治學的座右銘是，審名實、重佐證、守規律、戒妄牽、斷情感、汰華辭；劉先生邃于聲音訓詁，長於典章名物，早年就治《方言》《爾雅》，並講授過諸子哲學、文化史、訓詁學多門課程。入川前我計劃主要研習高郵二王，一年後決定專攻揚雄《方言》則是接受了劉君惠先生的意見。

劉先生對我的精心指導，使我受益終身。自漢以來，由於特殊的歷史文化原因，歷代學者並沒有像對待《爾雅》《説文》那樣重視《方言》，所傳版本舛誤很多，研究成果也較為單薄，《方言》的整理和研究得從最基礎的工作做起，困難很多也很大，對我來講，這種專題系統研究則是全新的。所以大到版本流傳，前人研究的評介，今天研究的路徑，小到如何收集材料、整理資料，劉先生都給我以具體指導；我的讀書心得、小論文、階段成果，先生都細緻審閱、親筆批改，甚至查好資料抄在卡片上帶給我。

劉君惠先生還給我引見了很多著名專家學者，並使我有幸得到了他們的指點，老一輩學者如周祖謨、蕭璋、徐復、姜亮夫、蔣禮鴻、李運益等先生，當時的中年學者如張永言、趙振鐸、王寧、許嘉璐、郭在貽等先生，到這些先生府上求教時我都帶有劉先生的親筆信。劉先生經常對我説的一句話就是，老師不僅要把你帶進學術，還要把你帶入學術界。先生這樣説了，也這樣做了。

1986年，我開始梳理《方言》的歷代研究成果，特別是清代成果，在攻讀碩士學位期間做了一百多萬字的卡片，裝了滿滿兩隻紙箱，並在其後數年内陸續完成了郭璞、戴震、王念孫、盧文弨、劉台拱、錢繹、周祖謨等人的專書專論，其中錢繹論成為我申請碩士學位的論文。劉君惠先生領銜著述的《揚雄方言研究》一書第三編是我上述成果的概述，各篇專論則收入我在1991年出版的論文集《潛齋語文叢稿》中。1988年夏季畢業離開成都直到1998年暑假之前的十年間，我在揚州的研究工作繼續在先生指導下進行，主要資料的收集整理和匯校匯證的計劃都曾經得到先生的指教。歷代《方言》主要注家研究的完成以《〈方言〉研究的歷史鳥瞰》於1992年發表為標志，此後則致力於更廣範圍内的材料搜集，同時針對周祖謨先生《方言校箋》做補正工作，並開始思考匯校匯證的具體做法，《方言》的整理與研究在繁重的教學和管理工作間隙艱難地繼續着。

獅子山有我很多老師，而劉君惠先生對我的影響最為深遠：先生獅子山上的寓所、鹽市口老宅的書房，都記憶着師生倆小酌論學的情景；先生不僅教會我如何做學問，而且指明了我一生研究的方向。《方言》研究起步於獅子山，系統學術訓練完成於獅子山，我的研究深深打上了獅子山的烙印，我的成績中滲透着劉君惠先生的心血。

麗娃河邊成就獲獎專著

1998年秋季，我來到上海，在華東師範大學攻讀博士學位。秀麗的麗娃河穿校而過，粼粼波光、兩岸花叢，灰白的拱橋横空飛架，水濱的閑亭時隱時現，河心的噴泉壯觀别致，滬上校園第一風光就這樣載入了我記憶的硬盤。

我的博士導師是李玲璞先生。李先生不僅學問好、人好，而且特擅因材施教。讀博期間先生就讓我進入了他主持的課題組，擔任《古文字詁林》編委，從而擴大了我的視野，鍛煉了我駕馭較大課題的能力；遇到具體問題時先生則輔之以研討，先生每有佳構或我每有新作，都會在第一時間討論，學術動態則及時交流。李先生對我學習、生活的關心無微不至，讀書期間就給我配置了獨立使用的起居工作室，並一手操辦了我到滬上工作的調令。師從李先生讀學位加上在華東師大工作的時間前後有八年，非常幸運。《古文字詁林》編纂室與先生擁書對坐、數學樓工作室和先生傾心交流、麗娃河邊陪先生漫步聊天，這一切美好的鏡頭常常出現在我的腦海中。

在上海讀書、工作的八年時光，可以用“忙碌、緊張、充實、快樂”這幾個字來概括。除了教學、培養研究生之外，我的主要精力都用在科研上，完成的任務主要有：《古文字詁林》將近 200 萬字的編纂，李先生古漢語自學輔導書編寫的協助，自己 30 萬字論文集的出版，40 萬字博士論文的撰寫，《揚雄方言校釋匯證》的撰成，20 餘篇論文的陸續發表。上述編纂、撰寫的總字數有 400 萬左右。

先後獲得重要獎項的兩部著作都完成在麗娃河畔。《周秦漢晉方言研究史》是 2001 年完成的博士論文，2003 年評上全國百篇優秀博士學位論文，2004 年獲得上海市哲學社會科學研究優秀成果獎，2006 年獲得全國高校人文社會科學研究優秀成果獎。這部著作是我對《方言》産生前後全部成果的系統爬梳和研究，正如之前我對《方言》全部注家研究的性質一樣，都是為了最終完成校釋匯證工作而做的階段性成果。這部著作出版後贏得學界廣泛贊譽，並很快脱銷，2007 年修訂重版，2014 年出了第三版。《揚雄方言校釋匯證》2005 年在上海脱稿，2006 年中華書局出版，很多專家發表了書評，《中華讀書報》《光明日報》《中國教育報》等報紙還發表了長篇報導或通訊，此書榮獲了好幾項高等級獎項。

麗娃河八年是我收穫的八年，收穫了成績，也收穫了辛苦和快樂！我的導師李玲璞先生的學識人品，上海師大許威漢先生的仁慈寬厚，南京大學魯國堯先生的儒雅方正，復旦大學胡奇光先生的淡泊清淨、吴金華先生的睿智幽默，以及學術界很多朋友兄弟般的真摯情意，所有這些美好和自己八年的殫精竭慮，都與麗娃河的秀麗風光一起定格到我的著作之中。

成府路邊編織學術夢想

2006 年夏季，我被引進北京語言大學任教。北語東門外是南北走向的學院路，南門外則是東西走向的成府路。成府路因舊有乾隆十一子成親王園邸而得名，如今則因有北大、清華等著名高等學府聚集而聞名。在這條文化學術長廊邊，在未名湖、清華園東鄰這座被譽為"小聯合國"的袖珍而美麗的校園裏，我開始編織新的學術夢想。

北語首先是我的收穫地，是我的福地。北京大學第十二屆王力語言學獎一等獎和高等學校科學研究優秀成果（人文社會科學）一等獎，是來到北語之後在 2007 年和 2009 年先後獲得的；之前展開的一些課題，在來到北語之後也獲得了國家立項並得以完成，如"《方言》與兩漢語言研究"得到了全國優秀博士學位論文作者二期專項經費和教育部哲學社會科學研究後期資助重大項目的支持，這一課題的成果、由我主編的八種學術專著於 2011 年在高等教育出版社順利出版。2012 年我榮幸地成為北語首批聘任的兩名特聘教授之一，2014 年又很幸運地被評擢為教育部長江學者特聘教授。

北語是語言學家之家，更是語言學之家。衆所周知，北語是全球從事漢語作為二語教育的强校、大校，漢語國際教育是强項也是特色。但這只是强項和特色，因為北語深知，無論什麽層次、什麽性質的語言教學，都必須以語言及其文化的研究作為發展的根基，因此語言學科和相關文化學科的高水平建設與發展就始終是北語作為現代大學需要不斷努力的，近十餘年來北語"古"字頭漢語漢字學科得到前所未有的進步就是證明。文獻語言學學科現在專家麇集，方向齊全，他們分別畢業於北京大學、復旦大學、南京大學、北京師大、吉林大學、華東師大等名校，學科隊伍有如此豐富多彩的學緣是十分令人欽羨的，很驕傲我能成為這個隊伍中的一員。

北語還是一個能够有夢且能圓夢的地方。西方學科體系在20世紀引入之後，中國傳統人文學科體系被全面解構，特別是從事與古文獻密不可分的語言文字研究在現行學科體系下謀求發展會時時遭遇無解的難題。因而，來北語不久我就有了一個夢想，希望能尋找到一個既照顧現行學科整體體系又適合中國特色的學科建構思路。2014年我向學校提出建設“文獻語言學”這一創新性學科的設想，學校很快同意，並把這一內容作為長江學者特聘教授的任務寫進了合約：學校全力滿足相關條件，支持“建構文獻語言學特色學科，創辦學術刊物《文獻語言學》、舉辦文獻語言學國際學術論壇及文獻語言學系列講座”，并批准成立文獻語言學研究所作為工作平臺。2015年下半年“首届文獻語言學國際學術論壇”順利舉辦、《文獻語言學》輯刊順利創刊、文獻語言學系列講座順利開講。我的夢想從開始到付諸實現竟然能够如此迅速，這就是北語。

我來北語已逾十年，如今也年届花甲，回顧往事，感慨萬千。這十年我要特别感恩成府路邊文化學術長廊的無限風光，感恩郭錫良先生、王寧先生、魯國堯先生等前輩學者提攜的不遺餘力，感恩海内外學界中青年朋友幫助的傾心無私，還要特别感恩胸懷天下、遠見卓識的北語領導！正是有了成府路、有了這些值得感恩的人，我纔敢於有夢且能圓夢，這個學術夢想顯然還在越做越大。

華學誠

2017年1月定稿於京華成府路潛齋

上編　理論、方法與研究

“文獻語言學”學科論綱

本文把“文獻語言學”置於學科體系概念下討論，即使涉及學術史、學術研究等屬於學術體系的具體内容，出發點和目標仍然是為了論述“文獻語言學”的學科特點與地位，仍然是為了論述“文獻語言學”這一概念的内涵與外延。

語言文字學在中國歷代學科體系中的位置

孔子整理古代文獻時，歸納出“六藝”，即《詩》《書》《易》《禮》《樂》《春秋》，這可以稱之為中國學科分類的萌芽。而中國學科體系的系統建構則肇自漢代，語言文字學已經納入了這一體系。

西漢劉歆在其父劉向所撰《别録》的基礎上完成了《七略》，它是中國學科體系建立的標志。《七略》除了總論《輯略》之外，將已經著録的書分為“六藝略、諸子略、詩賦略、兵書略、術數略、方技略”六大部分，也叫六分法。《七略》雖已亡佚，但因《漢書·藝文志》（以下簡稱《漢志》）是以《七略》為基礎編纂的，所以據此可以瞭解《七略》的具體分類和每類之下所包括的著作。

《漢志》有六略三十八類，其中《六藝略》之下分為“易、詩、書、禮、樂、春秋、論語、孝經、小學”等九類。根據“小學”書目之後的小序可知，《七略》《漢志》的“小學”主要指文字之學。另外在第八類“孝經”中還收入了三種語言文字學類著作：“《爾雅》三卷二十篇，《小爾雅》一篇，《古今字》一卷。”《爾雅》《小爾雅》重在解釋詞語意義，應屬訓詁類。《古今字》已亡佚，參閱劉歆所論可知：“古字”當指西漢初年民間“書師”整理李斯等人所作三種字書合編而成的《倉頡篇》中所收字，所謂“《倉頡》多古字”；“今字”或指元始（漢平帝年號，公元1—5年）以後，揚雄《訓纂篇》和劉歆續揚雄所作十三章所收字。因此，《古今字》當屬字書。

中國學科體系至西晉發生了變化，改六分法為四分法。為了適應文獻不斷增多的需要，晉武帝時秘書監荀勖與中書令張華仿依《魏中經簿》編成《中經新簿》，開始採用“甲乙丙丁”四部分類，至《隋書·經籍志》（以下簡稱《隋志》）改用“經史子集”四部之名，自此沿用1300多年。

《隋志》是我國現存正史中第二部史志目録，在“經史子集”四部之後附入道佛二家。《隋志》經部之下有“易、書、詩、禮、樂、春秋、孝經、論語、緯書、小學”十個大類，比《漢志》增加了一類“緯書”。第十類“小學”總共收入“一百零八部，四百四十七卷。通計亡書，合一百三十五部，五百六十九卷”。《隋志》編者認為，《爾雅》《廣雅》《小爾雅》《方言》《釋名》等著作是“解古今之意”，加上“五經總義”，都歸入了“論語”類，這與《漢志》的歸類不同，但《漢志》《隋志》均未將雅書系列歸入“小學”類。《隋志》“小學”分為訓詁、體勢、音韻三類，所收著作除了數量上大幅度增加之外，內容上也有重要擴展，其小序對此有特別説明：

魏世又有八分書，其字義訓讀有《史籀篇》《蒼頡篇》《三蒼》《埤蒼》《廣蒼》等諸篇章，訓詁、《説文》、《字林》、音義、聲韻、體勢等諸書。自後漢佛法行於中國，又得西域胡書，能以十四字貫一切音，文省而義廣，謂之婆羅門書，與八體六文之義殊別，今取以附體勢之下。又後魏初定中原，軍容號令，皆以夷語，後染華俗，多不能通，故録其本言，相傳教習，謂之"國語"，今取以附音韻之末。又後漢鐫刻七經，著於石碑，皆蔡邕所書。魏正始中，又立一字石經，相承以為七經正字。後魏之末，齊神武執政，自洛陽徙於鄴都，行至河陽，值岸崩，遂没于水。其得至鄴者，不盈太半。至隋開皇六年，又自鄴京載入長安，置於秘書内省，議欲補緝，立于國學。尋屬隋亂，事遂寢廢，營造之司，因用為柱礎。貞觀初，秘書監臣魏徵，始收聚之，十不存一。其相承傳拓之本，猶在秘府，并秦帝刻石，附於此篇，以備小學。①

由此可見，《隋志》的"小學"除了雅書系列、五經總義之外，主要包括文字學、訓詁學、聲韻學，還包括民族語言文字。宋代晁公武的論述應該是本此而來："文字之學凡三：其一體制，謂點畫有衡縱曲直之殊；其二訓詁，謂稱謂有古今雅俗之異；其三音韻，謂呼吸有清濁高下之不同。論體制之書，《説文》之類是也；論訓詁之書，《爾雅》《方言》之類是也；論音韻之書，沈約《四聲譜》及西域反切之學是也。三者雖各一家，其實皆小學之類。"②

---

① 《隋書·經籍志》，《二十五史》本第5册總第3367頁，上海古籍出版社、上海書店，1986年。

② 晁公武《郡齋讀書志》卷一，上海古籍出版社，2011年。

《隋志》的分類和晁公武的闡述表明，“小學”至遲從此已經走向獨立發展的道路。四部分類法形成之後就基本定型，但其内部的小類會同中有異。例如《舊唐書·經籍志》甲部（即經部）劃分為12類，其中“十一曰詁訓，以紀六經讖候。十二曰小學，以紀字體聲韻”，好像把“訓詁”和“小學”分置於並列的兩類之中。其實《舊唐書》作者是將“訓詁”理解為闡釋經義而非詞語考釋，所以收入的主要是讖緯書和經義雜解類著作。“小學”類中實際收録了“《爾雅》《廣雅》十八家，偏旁音韻雜字八十六家”[①]，即今日所言文字、音韻、訓詁類著作。

學術史研究者一般認為，作為語言文字學的“小學”在古代中國是經學的附庸，换言之，他們認為“小學”在古代中國並沒有取得獨立學科的地位。各家表述的具體理由雖不盡一致，但下述幾點則是共同的：“小學”從漢代建構學科體系時就綴於後來稱之為經學的《六藝略》之末，此後内容雖不斷增益，歸類上也有所調整，但是這一地位直至《四庫全書》都没有根本變化。“小學”的產生就是為了讀經，漢代“小學”的系統之所以能够建立，也是“經今古文”之争直接影響的結果，其後輔助讀經而不涉義理仍然是“小學”的基本任務。《爾雅》在很長時間内都没有被列入“小學”類中，其地位高於“小學”，漢代曾為之設立博士，唐宋時期甚至進入經書行列。這是因為《爾雅》中的詞語及其解釋基本上都是從上古文獻典籍中直接輯録出來的，“出身”於經書，不僅不同於後世的注疏，其本文就需要解釋。然而，從書的性質上來看，《爾雅》可謂目前所見最古老的注疏彙編，是“小學”的奠基之作。

---

① 《舊唐書·經籍志》，《二十五史》本第5册總第3713頁，上海古籍出版社、上海書店，1986年。

由傳統目録學反映出的古代中國學科體系所顯示的“小學”，看上去確實只不過是附屬於經書、服務於讀經的文獻。但是，語言學史的研究發現，史實與此並不完全吻合。語言學史昭示，古代中國語言文字學學科萌芽於先秦，建立於漢代，隨着東漢魏晉時期聲韻學的興起，以文字學、訓詁學、聲韻學為基本學科内涵的獨立學科就已經形成。這一學科雖然一直把解釋經典文獻作為自己的基本任務之一，但這並不是它的全部任務，在語言文字學科建立的漢晉時期就已經出現了不少真正的語言文字學研究專著，揚雄《方言》描寫解釋的是方言口語，許慎《説文》分析探求的是漢字及其本義，劉熙《釋名》致力追尋的是日常用語的得名原由，吕静《韻集》借助反切把漢字按讀音進行了系統分類，這些著作都不為特定經典文獻服務，毫無疑問，它們都已經具有了語言文字學研究的性質。歷代中國語言文字學既有專門研究具體文獻中語言文字問題的注疏著作，又有基於經典文獻而又超越某一文獻專書去探究語言文字自身問題的專門著作，這兩個方面相互支撑、相互促進，在不斷累積、不斷變革、不斷發展的過程中到達了清代的輝煌。

清代“小學”的成就及其在中國語言學史上的地位，研究者已有基本一致的定評。本世紀初雖有異議（如梅祖麟教授等），但因提出異議的學者缺乏對清代學術的瞭解，更因為他們對中國學術懷有偏見，因此在材料不完整、分析未到位、推理失嚴謹的情況下，所立諸論皆站不住脚[①]。對於清代學術的成就，在美國學界本有客觀公正的評述，如普林斯頓大學教授艾爾曼（Benjamin A. Elman）在其備受西方漢學界推崇的著作《從理學到樸學》（*From Philosophy to Philology* 亦可譯成《從哲學到小學》）中就曾中肯

① 詳參《音韻學方法論討論集》，商務印書館，2009 年。

指出："18 世紀晚期的中國歷史，實際上是 17 世紀以來政治、學術變革的延續及其發展的極致，其影響甚至播及 19 世紀乃至 20 世紀。"① 艾爾曼論述道："如同西方一樣，中國語言學歷史呈現出與自然科學實驗方法論發展有趣的相似之處。語言學的發展，歷史語言學、比較語言學的形成並不完全是西方學者的功勞。清代學者奠定了中國現代語言學的基礎。我們在當代中國語言學研究中，仍可看到清代小學影響的痕跡。"②

章太炎先生是在中國古代語言文字學走向現代語言文字學這一歷史進程中發揮承上啓下作用的偉大學者。馮勝利説："章黄重功力，這自然不錯；但章黄更重'發明'，其要諦在'演繹'。""事實上，章黄'文獻語言學'中的'演繹之法'並非憑空而來，它是乾嘉'理必之學'的傳承和發展。"③ 如果單純從學科發展而不是傳承的視角來看，章太炎先生的貢獻至少有兩條，一是透徹地論述了作為獨立學科的語言文字學④，從理論上完成了語言文字學學科的現代轉型，二是着力培養了一支傑出的學者隊伍，從而形成了綿延至今並將不斷發揮積極影響力的章黄學派。

西方學科體系的全面引入是百年來中國學科建設的不争事實，這種引入在促進當代中國科學研究事業高速發展的同時，也全面解構了中國古代學科體系。應該肯定，自然科學、社會科學在這種接

---

① 艾爾曼著，趙剛譯《著者初版序》第 3 頁，《從理學到樸學——中華帝國晚期思想與社會變化面面觀》，江蘇人民出版社，1997 年。

② 艾爾曼著，趙剛譯《從理學到朴學——中華帝國晚期思想與社會變化面面觀》第 153 頁。

③ 馮勝利《新材料與新理論的綜合運用——兼談文獻語言學與章黄演繹論》，《歷史語言學研究》第六輯第 127 頁，商務印書館，2013 年。

④ 詳參章太炎《論語言文字之學》（《國粹學報》第 24－25 期）和《小學略説》（《國故論衡疏證》本第 1－30 頁，中華書局，2008 年）。

軌中確實獲得了前所未有的發展，但是也應該看到，中國傳統的人文學科體系在未被充分認識其内涵與外延的情況下，遭遇倉促"並軌"，結果在"接軌"過程中被無端肢解而造成了削足適履的情形，由此影響了相關學科的良性發展，這是值得仔細反省並深入檢討的。在國家學科體系的重建上，無論是中國古代語言文字學，還是繼往開來的章黄學派，都没能獲得機會發揮應有的作用，具有濃郁文史傳統和文獻考據傳統的文字、音韻、訓詁等歷史悠久、積累豐厚、意義重大、學術生命力旺盛且最具有中國特色的學科，儘管在現實生活中和數學、物理、哲學一樣，幾乎時時處處都在發揮作用，但在現行學科分類體系中卻找不到應有的獨立的位置，得不到應有的重視。

下面簡要介紹一下語言文字類學科在當代中國所使用的幾個國家級學科體系中的分布。

1. 中華人民共和國學科分類與代碼（GB/T 13745－2009）

這一學科體系簡稱"國標"，主要使用在科研領域，包括政府課題申報學科體系的製訂，如國家自然科學基金、國家社科基金等，與學位授予和本科辦學的學科目録差距較大。國標共設 5 個門類、62 個一級學科、748 個二級學科。第 5 個學科門類為"人文社會科學類"，其下包括 19 個一級學科，"語言學""文學"作為一級學科並列。在這一學科體系中，整個中國語言文字類學科被壓縮在"漢語研究"和"中國少數民族語言研究"兩個二級學科之中，僅占整個語言學諸多二級學科的十分之二：

人文社會科學類
- 語言學
  - 普通語言學
  - 比較語言學

語言地理學

社會語言學

心理語言學

應用語言學

漢語研究

中國少數民族語言研究

外國語言研究

語言學其他學科

文學

2. 國務院學位委員會《授予博士、碩士學位和培養研究生的學科、專業目録》(2008 年)

這一學科體系是國務院學位委員會學科評議組審核授予學位的學科、專業範圍劃分的依據。同時，學位授予單位按本目録中各學科、專業所歸屬的學科門類，授予相應的學位。因此，這個學科體系對高校和科研院所的學科建設、研究生培養具有很强的影響力，這裏介紹的是 2008 年版。這個目録有學科門類 12 個，89 個一級學科。"中國語言文學"之下劃分為 8 個二級學科，其中語言類有兩個；外國語言文學之下劃分為 11 個二級學科，其中 10 個按照語種劃出，如"英語語言文學"等，有一個是普通語言學學科。

文學

中國語言文學

文藝學

語言學及應用語言學

漢語言文字學

中國古典文獻學

中國古代文學

中國現當代文學

中國少數民族語言文學

比較文學與世界文學

外國語言文學

……

外國語言學及應用語言學

新聞傳播學

3. 教育部《普通高等學校本科專業目録》(2012 年)

這一學科體系規定專業劃分、名稱及所屬門類，是設置和調整專業、實施人才培養、安排招生、授予學位、指導就業，進行教育統計和人才需求預測等工作的重要依據。因此，也是非常有影響的學科專業目録，這裏介紹的是 2012 年版。這個體系的學科門類與國務院學位委員會、教育部 2011 年印發的《學位授予和人才培養學科目録（2011 年)》的學科門類基本一致，分設 12 個學科門類，藝術學上升為學科門類是最大的變化。專業類由修訂前的 73 個增加到 92 個；專業由修訂前的 635 種調減到 506 種。文學門類下設專業類 3 個，即“中國語言文學”“外國語言文學”和“新聞傳播學”，共有 70 多個具體專業，其中中國語言文學類專業 5 個，外國語言文學類專業按語種分為 62 個，新聞傳播學類專業 5 個。“漢語言文學”就是俗稱的中文專業，“漢語言”特指外國留學生來華學習漢語的專業，“漢語國際教育”則特指中國學生學習教授外國人漢語的專業。

文學

中國語言文學

漢語言文學

漢語言

漢語國際教育

中國少數民族語言文學

古典文獻學

外國語言文學

（按語種劃分）

新聞傳播學

國標學科體系的影響主要在科學研究領域，特别是課題申請及其成果驗收等。而對學科建設和高校本科專業建設影響最直接也最大的是國務院學位委員會《授予博士、碩士學位和培養研究生的學科、專業目録》和教育部《普通高等學校本科專業目録》，這兩個學科體系在學科門類和一級學科（後者叫“專業類”）的劃分上是基本一致的，但是學位系統的學科體系在一級學科下劃分出的是二級學科，而專業體系在一級學科（專業類）下劃分出的是具體專業。所以國務院學位委員會和教育部在2011年又聯合頒布了《學位授予和人才培養學科目録》，這個目録只分學科門類和一級學科，目的是作為國家進行學位授權審核與學科管理、學位授予單位開展學位授予與人才培養工作的基本依據。比如“文學”門類下的一級學科與本科專業目録中的專業類就完全對應，即規範為“中國語言文學”“外國語言文學”和“新聞傳播學”這三個。

以下在討論“文獻語言學”學科問題中提及國家學科體系時，只指《授予博士、碩士學位和培養研究生的學科、專業目録》（2008年）。

文獻語言學作為學科名稱的提出及論述

我們見到"文獻語言學"及對相關概念的最早論述，都出自陸宗達先生之手，包括他與王寧先生的合作。為了客觀而完整地呈現陸宗達先生的意見，現按論著發表的時間先後，把相關論述臚列如下。

1980 年：

早在漢代，就開始有了以掃除古代文獻中語言文字障礙為實用目的的一種工具性專門工作，叫作訓詁。在這個基礎上，發展出後來所説的文獻語言學。①

訓詁學曾經一度是文獻語言學的總稱，而古代語言的面貌必須通過大量的文獻纔能被如實地描寫出來。所以，古代漢語和漢語史的研究，是離不開訓詁學的。②

1981 年：

它（引者按：指《説文》）創立了漢民族風格的語言學。漢民族語言學的一個主要學科是"文獻語言學"，它的研究對象是周秦的書面語言，研究的内容是文字、聲韻、訓詁，所以又稱為"文字聲音訓詁之學"（引者按：原注"此説始見於晁公武《郡齋讀書志》"）。《説文》就是文獻語言學的奠基之作。③

季剛先生在文字、音韻、訓詁上均有很深的造詣……作為文獻語言學一個重要學派的奠基人……④

---

① 陸宗達《訓詁簡論》第 2 頁，北京出版社，1980 年。

② 同上，第 168 頁。

③ 陸宗達《説文解字通論》第 6 頁，北京出版社，1981 年。

④ 陸宗達《季剛先生二三事》，《新華文摘》1981 年第 3 期轉自《中央盟訊》。本文引自《陸宗達語言學論文集》第 634 頁，北京師範大學出版社，1996 年。

中國的傳統語言文字學，也就是文獻語言學，是與經學、考據學等學問關係至為密切的。……現代科學的發展很需要從古代繼承有用的東西，因而很多社會科學和自然科學部門，如中國古代史、各門類的科學史、考古學、中醫學、地理學、古生物學……存在着閱讀古代文獻的問題，需要借助文獻語言學的幫助。同時，現代語言科學的發展也需要從自己本民族的研究成果中接受資料、吸取經驗、尋求方法和繼承一切已被實踐證明了是正確的結論。因此，文獻語言學不但没有"終結"，相反還有很寬廣的發展前途。今天紀念季剛先生，我想，應當使文獻語言學的整理、介紹、普及、應用工作得到推廣，讓它在祖國四個現代化的建設中發揮應有的作用。①

黄季剛先生的學術成就很多，而且有他的特點，這裏，僅就他在傳統語言文字學方面的成就略作介紹：第一，……他在金文、甲骨的對照下，對《説文》所記載的形音義統一的文字系統作了駁正和更深入的研究，使這部文獻語言學的名著發揮了更大的作用②。……第二，他對傳統語言學的研究是以訓詁為中心的。文字和音韻僅是他研究訓詁的工具，詞義的發展是語言發展的一個内在的主要推動力，詞義也是文獻語言學研究的落脚點，所以以訓詁為中心來帶動其他兩個部門的研究是抓住了要害的。季剛先生把訓詁學的原理科學化，並且準備形成一個從傳統訓詁學總結出的系統文獻詞義學③。

季剛先生的學術成就很多。……作為近代文獻語言學的一

① 陸宗達《我所見到的黄季剛先生》，陸宗達主編《訓詁研究》第一輯，北京師範大學出版社，1981 年。本文引自《陸宗達語言學論文集》第 622 頁。

② 同上，第 627 頁。

③ 同上，第 628 頁。

個重要學派的代表人物，他的功績卻是不可磨滅的。①

今天紀念黄季剛先生，我特别提到我國的傳統語言文字學，也就是文獻語言學，希望能有更多的人來重視它、介紹它、整理它、發展它。②

1983 年：

從漢代發展起來的“小學”，是解釋經典的語義的，當時是經學的附庸。後來，它被分作“體制”、“訓詁”、“音韻”三個部門，逐漸脱離經學而獨立，統稱“文字學”。晚近的章太炎先生在日本時開始講授“小學”，他把這門學問定名為語言文字學，分為音韻學、文字學、訓詁學三個部門。在現代科學語言學和漢字學没有發展起來之前，這種語言文字學被稱為傳統語言文字學，由於它以古代文獻語言為研究對象，所以又稱文獻語言學。③

1986 年：

我在近年來試著對自己的學術研究做一點不成熟的總結，我以為，自己的研究狀況可以歸納為以下五點：

……

（四）我主張批判地繼承古代文獻語言學的材料、理論和方法，從中發展適合漢語情況的語言科學。當代語言學以引進為主，傳統語言學只被看作歷史，很多人以為不再有發展的必要和可能了。我認為，要研究漢語的現在，首先要研究它的過去；要研究古代的漢語，必須同時研究漢字。漢語的特點加上

① 陸宗達《我所見到的黄季剛先生》，本文引自《陸宗達語言學論文集》第 629 頁。

② 同上。

③ 陸宗達、王寧《訓詁方法論》第 176 頁，中國社會科學出版社，1983 年。

記録它的漢字的特點，都決定了漢語的研究必須吸取傳統的文獻語言學的材料、理論和方法。借鑒國外語言學的研究成果是非常必要的，但這種借鑒不是搬用，而要在考慮到漢語和漢字本身的特點和規律的情況下進行，要把是否適合漢語的實際情況作為標準來加以取捨。重要的是把傳統的漢語言文字學發展為更先進的語言科學，以豐富世界語言科學的寶庫；而不是切斷歷史、抛棄和排斥傳統的東西而沿着從别種語言中總結出的規律來為漢語的研究另闢蹊徑。

……

以上這五點：從文獻語言材料出發；以探討詞義為落脚點；以《説文解字》為中心；重視繼承，建立適合漢語特點的漢語語言學；面向現代社會、重視普及和應用。這便是我研究文獻語言學的指導思想。①

1987 年：

我認為，漢語的特點加上記録它的漢字的特點，決定了只有批判地繼承古代文獻語言學的材料、理論和方法，纔能發展出適合漢語情況的語言科學。……總之，從文獻語言材料出發；以《説文》為中心；以探討詞義為落脚點；重視繼承，建立適合漢語特點的漢語語言學；面向現代社會，重視普及及應用。這是我學習、研究、運用《説文》的指導思想。②

綜合閱讀上述論述，我們首先體會到，“文獻語言學”是陸宗

① 陸宗達《我的學、教與研究工作生涯》，《文獻》1986 年第 3 期。又見《陸宗達語言學論文集》、《説文解字通論》附録二（中華書局 2015 年），本文引自《陸宗達語言學論文集》第 669—671 頁。

② 陸宗達《我與〈説文〉》，《書品》1987 年第 2 期。本文引自《陸宗達語言學論文集》第 614 頁。

達先生在吸收黄季剛先生思想精華的基礎上提出來的科學概念，他把黄季剛先生視為文獻語言學一個重要學派的“奠基人”“代表人物”。我們還看到，“文獻語言學”在陸宗達先生的表述裹是有變化、有發展的，先後分别指廣義訓詁學、傳統語言文字學、當代漢民族語言學的一個學科。

陸先生在《訓詁簡論》裹説，在訓詁的基礎上“發展出後來所説的文獻語言學”，“訓詁學曾經一度是文獻語言學的總稱”。這些表述裹的“文獻語言學”應該是廣義訓詁學。在陸先生心中，除了把訓詁學當作與文字學、音韻學平行的學科之外，還有一個更為廣義的理解。陸先生早在 1957 年就曾這樣論述道：“一般談到訓詁學，認為不過只是講些字義和詞義，這種瞭解是不够全面的。訓詁學固然主要的要講字義和詞義，但是一究其全部内容，決不僅僅是字義和詞義的問題。從歷史來看，訓詁學本是對於整個具體語言作出分析解釋。例如《詩·大雅·烝民》：‘古訓是式。’鄭玄箋：‘故訓，先王之遺典也。’是‘古訓’即‘故訓’，也就是‘訓詁’。既然故訓包括了整個的‘先王遺典’，當然就不會僅限於字義或詞義的解釋了。又如《大戴禮記·小辨》上説：‘爾雅以觀於古，可以辨言矣。’‘古’就是‘訓詁’，‘爾雅’倒不一定是書名，意思是依靠‘雅言’用訓詁學來觀察，可以瞭解其語言的全部内容。這裹談到‘雅言’，談到明辨整個的語言，當然訓詁學就不僅僅是限於字義或詞義的範圍了。”①

以文字而兼音韻訓詁的《説文解字》，陸先生譽之為“文獻語

① 陸宗達《談一談訓詁學》，《中國語文》1957 年第 4 期。本文引自《陸宗達語言學論文集》第 115—116 頁。

言學的奠基之作”“文獻語言學的專著”[①]，這是因為陸先生的“文獻語言學”又指“文字聲音訓詁之學”，即“傳統的漢語語言學”“中國傳統的語言學”。在20世紀60年代初出版的《訓詁淺談》裹，陸先生指出：“我國傳統的漢語語言學叫做‘文字、訓詁、音韻之學’。”“中國傳統的語言學主要研究古代的書面語言，所以它把三個部門聯繫起來，作為語言研究的全部内容，這是漢語語言學科的特殊的民族風格。”[②] 陸先生多次明確指出，傳統語言文字學就是“文獻語言學”，特别加以區别就稱之為“古代文獻語言學”或“傳統的文獻語言學”[③]。也就是説，陸先生指稱文字音韻訓詁之學的“文獻語言學”，實質上等於他後來所説的“古代文獻語言學”“傳統的文獻語言學”。

在“文獻語言學”之前加上“古代”“傳統的”這類限定，至少表明兩點：以文字音韻訓詁為主要内容的傳統語言文字學，在陸先生心中也是“文獻語言學”，但這個“文獻語言學”是“古代”的、“傳統的”；與此相對的還有一個當代的、新的“文獻語言學”，這個“文獻語言學”纔是陸先生所要追求所要建設的“更先進的語言學科”。這個“更先進的語言學科”在陸先生看來應該具有兩方面的特點：一方面，“漢語的特點加上記録它的漢字的特點，都決定了漢語的研究必須吸取傳統的文獻語言學的材料、理論和方法”；另一方面，要“借鑒國外語言學的研究成果”，“但這種借鑒不是搬用，而要在考慮到漢語和漢字本身的特點和規律的情況下進行，要把是否適合漢語的實際情況作為標準來加以取捨”。陸先生十分明

① 陸宗達《説文解字通論》第6頁。

② 陸宗達《訓詁淺談》，北京出版社，1964年。本文引自《陸宗達語言學論文集》第141—142頁。

③ 陸宗達《我的學、教與研究工作生涯》，《文獻》1986年第3期。

確地總結道："從文獻語言材料出發；以探討詞義為落腳點；以《説文解字》為中心；重視繼承，建立適合漢語特點的漢語語言學；面向現代社會、重視普及和應用。這便是我研究文獻語言學的指導思想。"①

其後有不少人提到過這一概念。比如吴孟復説："訓詁學就是研究語義的。由於它研究的是古書上的語義，所以又屬於文獻語言學。"② "古今相較，可以看出：我國傳統的訓詁學約與語義學相當。由於它是研究古代語義的，所以又屬於文獻語言學的範圍。"③郭在貽説："陸宗達先生把訓詁學叫做文獻語言學，也是頗能得訓詁二字之精髓的。"④ 等等。在提及"文獻語言學"這一概念的諸多論者中，羅邦柱説得最為詳細，也最具代表性：

> 文獻語言學亦稱"語文學""傳統語言文字學"，我國古代又稱為"小學"。漢文獻語言學包括文字、音韻、訓詁三大部門，研究内容因時代不同而各有所側重：先秦側重考證事物的名稱。兩漢以研究文字、詞彙為主。《爾雅》、許慎的《説文解字》、揚雄的《方言》、劉熙的《釋名》的出現，奠定了我國文獻語言學的基礎。魏晉興起了對漢語語音的專門研究，同時詞義研究也得到了進一步發展。隋唐宋研究漢語語音趨向穩固、統一。元明則把語音研究引向實際。清代是古代語言學大總結的時期，上古音的研究取得了重大突破，建立了一個較為完整、較為科學的古音系統，促進了文字學、訓詁學的發展，引起了整個語言學的變革。漢文獻語言學源遠流長，資料宏富，

① 陸宗達《我的學、教與研究工作生涯》，《文獻》1986年第3期。

② 吴孟復《訓詁通論》第1頁，安徽教育出版社，1983年。

③ 同上，第16頁。

④ 郭在貽《訓詁學》第2頁，湖南人民出版社，1986年。

> 成就顯著，是我國文化寶庫中的重要遺産。現在一般將文獻語言學包括在語言學範圍内。①

羅氏的“文獻語言學”“漢文獻語言學”是“語文學”“傳統語言文字學”和“小學”的别稱，相當於陸先生“文獻語言學”的第二種解釋，即“古代文獻語言學”。最關鍵的是，羅氏的“文獻語言學”只是對傳統語言文字學的一種概括稱謂，它與陸宗達先生視“文獻語言學”為“更先進的語言科學”並且要進行五個方面的建設這一思想是不能相提並論的。

馮勝利近幾年發表過兩篇論文論及“文獻語言學”。2012 年 11 月，馮勝利在中國社會科學院語言研究所召開的“國學研究論壇·出土文獻與漢語史研究”會上宣讀了一篇題為《新材料與新理論的綜合運用——兼談文獻語言學與章黄演繹論》的論文②，但並未具體討論“文獻語言學”的内涵與外延。2015 年 8 月，馮勝利在北京師大召開的“章黄學術思想研討會暨陸宗達先生誕辰 110 周年紀念會”上報告過題為《文獻語言學——陸宗達先生秉承章黄的學術精華》的論文③，這篇論文正面闡述了陸先生的“文獻語言學”。該文的提要抄録如下：

> 本文試從當代語言學的角度，理解和詮釋陸宗達先生在繼承和發展章黄學術精華時提出的“文獻語言學”的概念及内涵。文章首先以作者從先生受業十數年之所學為基礎，體會和總結先生何以反復强調“文獻語言學”之意義及原理所在。然

---

① 羅邦柱《古漢語知識辭典》第 2 頁，武漢大學出版社，1988 年。

② 此文後來發表在《歷史語言學研究》第六輯。

③ 馮勝利《文獻語言學——陸宗達先生秉承章黄的學術精華》，《民俗典籍文字研究》第十七輯，商務印書館，2016 年。下引馮文，均據此。

後，分門別類對比索緒爾以來當代語言學分科的理論體系，討論“文獻語言學”與“歷時/共時語言學”之間的相互關係，以及文獻語言學所蘊含當代語言學所有及所無而需發展的內容和領域，包括並不限於：結構主義原則（見《訓詁淺談》《訓詁簡論》《説文通論》）、文獻語義學（首創同律引申）、文獻語音學/音韻學（《中國聲韻學》庚辰年荷月）、文獻句法學（“了成句之理，辨字位所處”）、文獻字法學/文字學（如“野人與之塊”之“凷”，從字形（盛土於凷）、字音（蕢讀為塊）及文獻用例（《史記》“野人盛土器中進之”）的三維角度來證明）、文獻韻律語法學（提出“音節句讀≠句法句讀”）、文獻語體語法學（對季剛先生“文與言乖”“雅俗殊形”的繼承與闡發）以及“中國之學，不在於發現，而在於發明”學術原則。

總之，由陸先生的文獻語言學更可看出：章黄學派的文獻語言學孕育了今天的韻律語法和語體語法，蘊含着發展當代語言學的新視角和新要素，是後代學者和未來學術取之不盡的思想寶庫。

關於陸先生提出“文獻語言學”的意義，馮勝利論述道：“在中國，訓詁、小學因以古代漢語為研究對象，故不足與於當代語言學之科，亦不足與於西方之‘歷史比較語言學’。然而，自陸宗達先生‘文獻語言學’概念提出後，傳統的小學纔得以突破索氏‘唯今是求’之當代語言學的樊籬。”“文獻語言學是陸宗達先生提出的一個劃時代的概念，它是先生從章黄學術的精華裏提煉而出，結合當代語言學的根本精神發展而成的。”關於陸先生“文獻語言學”的原理，馮勝利説：“陸先生提出的‘文獻語言學’的基本原則，在我看來，就是‘結構’主義的科學思想。”“‘結構’是索緒爾當代語言學的核心，文獻語言學是從結構的角度來解釋詞義和句意，是從結構的高度來整合和發展傳統語言學中文字、音韻、訓詁等學科，使之發展為‘結構語言學’之分科學術。這，我認為，纔是陸先生‘文獻語言學’的真諦之所在。”關於陸先生“文獻語言學”所包含的内容，馮勝利論列了六個分支學科，上引馮文提要裏已有介紹。

馮勝利的論述比我們從陸宗達先生論著中讀到的内容更加豐富。作為師從陸先生問學十餘年的及門弟子，比起一般人來，馮勝利對陸宗達先生論著之外的想法自然要瞭解得更多，因此，馮勝利的論述非常值得重視。當然，我們也注意到馮勝利在他的文章中確實表達了不少屬於他個人的理解、引申與闡發。

2003年魯國堯先生曾經提出過“文史語言學”的概念①，這在下文引述魯先生論“文獻語言學”時會提到，此不贅述。

文獻語言學作為學科名稱的定義及解釋

我們很早就注意到國家學科體系所存在的、因西方學科體系的影響而造成的嚴重缺陷，長期以來一直在思考中國歷史語言學科在國家學科體系中的定位問題。在研究了中國古代語言學、西方歷史語言學的性質、特點和在現行學科體系指導下建設中國歷史語言學科可能存在的利弊之後，我們認為，陸宗達先生所提出的“文獻語言學”是對中國歷史語言學最好的概括。因此，從2014年開始籌備舉辦一系列“文獻語言學”學科建設的學術活動，得到了學術界積極回應和支持。學術活動初步確定了三種形式，即：舉辦“文獻

---

① 魯國堯《學思録：説“文史語言學”》，《南大語言學》第2編，商務印書館，2005年。

語言學國際學術論壇”，組織並推動“文獻語言學”的學術研究與學術交流；創辦《文獻語言學》輯刊，及時報導“文獻語言學”學科的研究成果，探討“文獻語言學”學科的理論與實踐問題；開設“文獻語言學系列講座”，把“文獻語言學”的理論、方法和研究成果及時介紹給年輕朋友，培養“文獻語言學”學科生生不息的梯隊。

為了在2015年11月召開“首屆文獻語言學國際學術論壇”時能够同時舉行《文獻語言學》輯刊的創刊號首發式，我們特約了一部分稿件，其中魯國堯先生完成於2015年5月的《簡論“文獻語言學”》就是應約為創刊號撰寫的壓卷之作。魯先生這篇論文是在没有注意到陸先生“文獻語言學”和馮勝利論文的情況下撰寫的，也就是説，這篇文章所闡述的是魯先生關於“文獻語言學”的獨立見解。現把魯先生的觀點摘要如下：

> 《論語》裏的“文獻”，是並列結構，由兩個詞構成：一指物，即典籍，可以提供從前的有關資料；一指人，也可以提供從前的有關資料。現代的“文獻”則是一個詞，是偏義複詞，其義為“有歷史價值或參考價值的圖書資料”。現代文獻資料的載體形式很多，目前還是以紙本為主要形式。
>
> 筆者2003年提出過一個“文史語言學”，後不久下了個定義：“借助確鑿可靠的文史方面的資料以探究歷史語言的狀況及其衍變，這就是‘文史語言學’。”“文獻語言學”這個術語的外延比我的“文史語言學”還要大，作為附議者，我顧名思義，妄加詮釋：利用文獻資料以研究語言的學問謂之文獻語言學。
>
> 完全可以這樣認為，在有文字的語言社會裏，就必然有用文字記載的文獻資料，研究這種語言的學人必然要依靠、利用

> 文獻資料以研究語言的現狀及歷史，從而產生文獻語言學。在中國，文獻語言學特別發達。
>
> 實事求是，這是我們治學的宗旨。以口頭材料為資源的語言學，其優勢主要體現在現當代語言特別是方言研究方面。在語言歷史的研究中，主角還是文獻語言學。不論是以文獻為資源的語言研究或以口頭資料為資源的語言研究，在使用材料時都應該求"真"、求"全"，在邏輯推理過程中應該求"善"。以文獻為資源的文獻語言學，前面應該加個"主要"，以口頭資料為資源的比較語言學，前面也應該加個"主要"，因為實際上"你中有我，我中有你"。我們主張，不應將以口頭材料為資源的語言學與以文獻為資源的語言學對立起來，因學術思潮、意識形態而妄評優劣，既尊重以文獻為主要資源的文獻語言學，也尊重以口頭資料為主要資源的語言學。[1]

索緒爾曾經説過這樣一句話："對漢人來説，表意字和口説的詞都是觀念的符號；在他們看來，文字就是第二語言。"[2] 這句話略微有些費解："表意字"涉及書面語，"口説的詞"涉及口語，二者"都是觀念的符號"；因此，"對漢人來説"，口語作為一種觀念的符號體系，是一種語言，而表意字作為一種觀念的符號體系，也是一種語言。這兩種語言同為"漢人"所用，本來具有同等的地位，但索緒爾站在他的普通語言學的立場上認為："我們的研究將只限于表音體系，特别是只限于今天使用的以希臘字母為原始型的

① 魯國堯《簡論"文獻語言學"》，《文獻語言學》第一輯，中華書局，2015年。摘要如果不符合魯先生原意，則責任在本文作者。魯先生1998年為劉曉南《宋代閩音考》所撰序言中已談到"主要從文獻研究漢語語音史"的方法問題，可資參考。見《魯國堯語言學論文集》第271—276頁，江蘇教育出版社，2003年。

② 索緒爾《普通語言學教程》第51頁，商務印書館，1980年。

體系。"[1] 因此，索緒爾雖然承認漢語的口語和書面語都是語言，但因為不屬於"表音體系"、並且不是"以希臘字母為原始型的體系"，所以没有將漢語列為他的普通語言學的研究對象。這就為我們今天的漢語研究留下了一個廣闊的空間。

我們認為：對中國人而言，在共時的日常生活環境裏，第一語言是與"口説的詞"相關的、表音體系的漢語口語；在歷時的傳統文化環境裏，第一語言是與"表意字"相關的、文字體系的漢語書面語。二者都是"觀念的符號"，共同構成了"漢人"的語言，忽略其中任何一個，都不能構成關於漢語的科學的、完整的認識。因此，我們認為陸宗達先生提出的"文獻語言學"是一個科學概念，"文獻語言學"完全可以成為一個學科，因為以此可與重視研究"口説的詞"、重視研究表音體系的現代漢語語言學相互映帶，共同完善關於"漢人的語言"的科學理論體系。

參考索緒爾的觀點，綜合考察中國語言文字學科和中國學科體系的形成與發展，比較西方語言學科及學科體系的特點和中國現行學科體系的局限，吸收陸宗達先生以來關於"文獻語言學"的意見，包括魯國堯先生、馮勝利文章的論述，我們對"文獻語言學"定義如下：文獻語言學是立足于海内外傳世文獻、出土文獻，綜合運用文獻學、傳統小學、現代語言學的理論與方法，旨在解決文獻中的語言文字問題、研究語言文字的結構規律和演變發展規律的一門中國歷史語言學科。這個定義還可以進一步概括如下：文獻語言學是以文獻為主要資源，綜合運用中外語言文字學理論與方法，研究中國語言文字及其歷史和内在發展規律的科學。

依據這個定義，我們對"文獻語言學"的性質、内涵、外延、

① 索緒爾《普通語言學教程》第 51 頁。

特色等略作説明：

"文獻語言學"是一門歷史科學，是一門具有中國特色的歷史語言科學。這門學科既是中國歷史學各分支學科的基礎學科，也是中國語言文字學的基礎學科，前者的基礎性主要體現在應用層面，後者的基礎性主要體現在理論層面。

"文獻語言學"以文字記載的古代文獻作為主要研究資源，包括傳世文獻和出土文獻，也包括漢字記載的歷史文獻和民族文字記載的歷史文獻。比如朝鮮、蒙古、藏、維吾爾、哈薩克、柯爾克孜、彝、傣、拉祜、景頗、錫伯、俄羅斯等民族都有自己的文字，而且這些文字大多有較長的歷史，因此用民族文字記載的歷史文獻同樣是"文獻語言學"的珍貴資源。

"文獻語言學"的研究方法是綜合的，既要運用文獻學中的版本、目録、校勘、輯佚、考據等方法處理文獻以使文獻能够成為可靠的語言研究資源，又要運用文字、音韻、訓詁等傳統科學方法解讀文獻並研究文字、詞彙、語法、修辭等現象，還要運用包括歷史比較語言學在内的現代語言學方法研究語言文字的衍變發展及其規律。

"文獻語言學"的目標有兩個方面，一是應用性目標，即解決歷史文獻中的語言文字問題，一是理論性目標，即共時研究語言文字的結構規律，歷時研究語言文字的演變發展。

"文獻語言學"的分支學科包括但不限於：文獻語言學理論、文獻文字學（主要有漢字理論、古漢字、漢字史、歷代漢字學文獻等）、文獻語音學（主要有音韻學、語音史、歷代語音學文獻等）、文獻詞彙學（主要包括訓詁、歷史詞彙、詞彙史、歷代詞彙學文獻等）、文獻語法學（主要有歷史語法、語法史、歷代語法學文獻等）、文獻方言學（主要有古代方言、方言史、歷代方言學文獻等）。

“文獻語言學”的特色在於，研究材料以文獻為主，研究方法綜合了文獻學、小學和現代語言學，研究對象是語言與文字並重，研究目標是應用與理論並重。

那麼應該如何理解“文獻語言學”與相關學科的關係呢？

現行國務院學位委員會學科體系中的“外國語言文學”一級學科下有二級學科“外國語言學及應用語言學”，“中國語言文學”一級學科下有“語言學及應用語言學”，這兩個二級學科中均包括理論語言學。“文獻語言學”既要吸收融合外國語言學理論，也要承繼並發展中國語言學理論，因此，在理論支持、理論建設方面，“文獻語言學”與上述兩個學科產生交叉。但區別也很明顯：首先，應用語言學的相關成果與技術在“文獻語言學”的研究中會得到應用，但這只是學術研究層面的關係，並不屬於學科層面的關係；其次，作為外語一級學科下的外國語言學及應用語言學學科，其理論語言學研究的对象是國外語言學，作為中文一級學科下的語言學及應用語言學學科，其理論語言學研究的对象是包括中國境内全部語言的語言學，與“文獻語言學”的研究对象不同。

中文一級學科下有二級學科“漢語言文字學”。這個學科是由之前的“現代漢語（含方言）”“漢語史”“文字學”（考古學中有古文字學）三個二級學科合併而成，換言之，之前的三個二級學科是現行二級學科“漢語言文字學”下的三個三級學科。這三個三級學科中的現代漢語不屬於“文獻語言學”，文字學中的現代漢字也不屬於“文獻語言學”，換言之，“文獻語言學”包括其中的“漢語史”和“文字學”中的古文字與漢字史。

中文一級學科下有二級學科“中國少數民族語言文學”。這個學科如果從所涉的民族語言角度劃分，則有數十上百個研究方向；

如從所涉内容角度劃分，則包括民族語言文字和民族文學兩個方面，其中古代民族語言文字是“文獻語言學”的研究對象。

中文一級學科下有二級學科“中國古典文獻學”。文獻從形態上劃分有傳世文獻和出土文獻，從來源上劃分有本土文獻和海外文獻，從内容上劃分則有多少學科就有多少文獻，如文學文獻、史學文獻、經學文獻、科技文獻等等，但作為學科的中國古典文獻學，其分支學科主要是版本學、目録學、校勘學、輯佚學、辨僞學、考據學、注釋學等。凡“文獻語言學”所依據之文獻和解決文獻中的語言文字問題或研究語言文字的結構規律和演變發展規律，都需要運用文獻和文獻學方法，因此，中國古典文獻學的理論與方法也是“文獻語言學”理論方法的有機組成部分，但是“文獻語言學”並不把版本學、目録學等作為自己的專門研究對象，“文獻語言學”的研究對象始終是語言與文字。

根據以上描述，我們把“文獻語言學”與國務院學位委員會學科體系的關係圖示如下（見下頁）。

依據“文獻語言學”的内涵外延和上文所述關係，要確立“文獻語言學”在現行學科體系中的位置，或者經過微調之後就能準確定位，依然異常艱難，因為學科位置問題本質上是學科體系問題，牽涉面很廣，而且極為複雜，當另行撰文予以討論。

本文與張猛合作

原載於《文獻語言學》第四輯，中華書局，2017 年

<table>
<tr><td>本學科知識背景包括中國哲學、史學、文學等學科在内的廣義文化史</td><td></td><td rowspan="25">文
獻
語
言
學</td></tr>
<tr><td>文學門類</td><td></td></tr>
<tr><td>　　外國語言文學</td><td></td></tr>
<tr><td>　　　　外國語言學及應用語言學</td><td></td></tr>
<tr><td>　　　　　　外國理論語言學</td><td>→</td></tr>
<tr><td>　　　　　　應用語言學</td><td></td></tr>
<tr><td>　　中國語言文學</td><td></td></tr>
<tr><td>　　　　語言學及應用語言學</td><td></td></tr>
<tr><td>　　　　　　理論語言學</td><td>→</td></tr>
<tr><td>　　　　　　應用語言學</td><td></td></tr>
<tr><td>　　　　漢語言文字學</td><td></td></tr>
<tr><td>　　　　　　現代漢語（含方言）</td><td></td></tr>
<tr><td>　　　　　　漢語史</td><td>→</td></tr>
<tr><td>　　　　　　　　語音史</td><td>→</td></tr>
<tr><td>　　　　　　　　詞彙史</td><td>→</td></tr>
<tr><td>　　　　　　　　語法史</td><td>→</td></tr>
<tr><td>　　　　　　漢字學</td><td></td></tr>
<tr><td>　　　　　　　　現代漢字</td><td></td></tr>
<tr><td>　　　　　　　　古漢字</td><td>→</td></tr>
<tr><td>　　　　　　　　漢字史</td><td>→</td></tr>
<tr><td>　　　　中國少數民族語言文學</td><td></td></tr>
<tr><td>　　　　　　民族語文</td><td>→</td></tr>
<tr><td>　　　　　　　　民族語言</td><td>→</td></tr>
<tr><td>　　　　　　　　民族文字</td><td>→</td></tr>
<tr><td>　　　　　　民族文學</td><td></td></tr>
<tr><td>　　中國古典文獻學</td><td>→</td><td></td></tr>
</table>

揚雄《方言》及其研究述評

一、關於揚雄的《方言》

西漢揚雄（前 53—18）在語言文字學方面有兩部著作，一是《訓纂篇》，一是《方言》。《訓纂篇》已經亡佚，《方言》是否為揚雄所作，文獻中存在疑點。因為《漢書·揚雄傳》備載揚雄著作，但未提及《方言》，《藝文志》亦無著録；王充《論衡》、許慎《説文解字》均引用過揚雄的一些著作，但都没有提到《方言》一書。

現在可以見到的最早徵引《方言》的是東漢末年應劭的《漢書注》，並明確稱之為“揚雄《方言》”。應氏在《風俗通義序》中關於揚雄撰寫《方言》的説法與揚雄《答劉歆書》所言也基本相同，這説明應劭是看到過揚雄與劉歆之間的往返書信的[①]，其説可能就本之於雄書。應劭以後，相沿稱引，並無學者提出疑義，如三國魏孫炎注《爾雅》，吴薛綜述《二京解》，晉杜預注《左傳》，張載和劉逵注《三都賦》，都引用過《方言》中的材料。晉郭璞為《方言》

① 劉歆《與揚雄書》和揚雄《答劉歆書》附在《古文苑》和《方言》裏流傳了下來。

作注之後，《方言》始有善本傳世。晉常璩的《華陽國志》也明確記載《方言》為揚雄所作[①]，到《隋書·經籍志》始正式著録為："《方言》十三卷，漢楊雄撰，郭璞注。"

宋代學者洪邁最早對揚雄著《方言》提出質疑，他在《容齋隨筆》中提出了種種否定理由，認為該書應該是漢魏之際好事者所僞造。針對洪氏的理由，戴震在《方言疏證》中一一加以辨駁。戴説既出，清代學者如盧文弨、錢繹、王先謙、繆荃孫等人都表示贊成[②]。鑒於戴氏只否定了洪邁立論的理由，而没有從正面提出揚雄著《方言》的證據，所以《四庫全書總目提要》和今人周祖謨、王力等都持不予論定的態度[③]。但是 20 世紀以來的大部分學者都贊成揚雄著《方言》的説法。如羅常培説："我自己卻很相信應劭的話"，"《方言》並不是一個人作的，它是從周秦到西漢末年民間語言的可靠的記録。"[④] 其他大量訓詁學史、語言學史著作的作者都把《方言》直接歸在揚雄名下。

現在可以肯定，揚雄就是《方言》一書的著作者。理由至少有四點：其一，應劭距離揚雄生活時代不遠，其説可以採信。其二，

① 常璩《華陽國志·先賢士女總贊》云："史莫善於《蒼頡》，故作《訓纂》；典莫正於《爾雅》，故作《方言》。"

② 見盧文弨《漢書補注》和《重校方言》、錢繹《方言箋疏》、王先謙《虛受堂文集·方言序》、繆荃孫《藝風堂文集·蜀兩漢經師考》。但也有個别學者堅持認為《方言》是僞書，如汪之昌《青學齋集》卷十二《揚子〈方言〉真僞辨》，以《説文》引用《方言》未稱書名及作者而疑《方言》非雄所作，並説《方言》中的一些字"體象不論"，因而是僞書。

③ 《四庫全書總目提要》云："反復推求，其真僞皆無顯據。"周祖謨《方言校箋·自序》："《方言》是不是揚雄所作，很不容易斷定。"王力《中國語言學史》認為，《方言》"真實的作者尚難斷定"。

④ 羅常培《方言校箋·羅序》，周祖謨、吴曉鈴《方言校箋及通檢》，科學出版社，1956 年。

《漢書》未載《方言》不能證明《方言》不存在，只能證明《漢書·藝文志》確實是依據劉歆《七略》而作，而劉歆編撰《七略》時確實未見到《方言》。其三，《方言》中的一些“奇字”不見於其他文獻，而僅見於揚雄《太玄》。其四，《方言》一書充滿了創新變革精神，這和揚雄在《太玄》《法言》等著作中表現出來的精神是一致的。《方言》這樣一部學科開創性著作，絶非洪邁所謂的魏晉之間好事者所能為。

傳本《方言》全稱為《輶軒使者絶代語釋别國方言》，該書名在宋代以前未見著録或稱引。在劉歆與揚雄的往返書信中指稱此書並無定名，如劉歆謂“子雲獨採集先代絶言、異國殊語以為十五卷”，而揚雄稱“殊言十五卷”。郭璞為之作注所撰序文中也未明確提到書名，只説“蓋聞方言之作，出乎輶軒之使”。最早用“揚雄《方言》”指稱此書，始見於漢末應劭《漢書注》，晉常璩《華陽國志》則徑稱“《方言》”，此後諸家援引或史志著録，或稱之為“别國方言”，或稱之為“方言”。宋代始見“輶軒使者絶代語釋别國方言”之名，此名當是其時學者根據劉歆與揚雄往返書信和該書的内容所定。

《方言》的最初傳本是十五卷，揚雄謂“殊言十五卷”，郭璞云“三五之篇著，而獨鑒之功顯”，而《隋書·經籍志》著録為十三卷。戴震《方言疏證序》説：“其併十五為十三，在璞注後，隋以前矣。”今本《方言》十三卷，共有 675 條[①]，11900 多字[②]。最後兩卷除極少數條目載有方言詞的分布區域以外，其他條目都僅有被

---

① 據周祖謨《方言校箋》本統計。

② 這是戴震的統計，見《方言疏證序》，華學誠《揚雄方言校釋匯證》，中華書局，2006 年。

釋詞和釋義兩項内容，一般認為這兩卷是没有完成方言調查内容的提綱。

從義類上來看，這十三卷的内容大致可分為兩大類。一是普通詞語，共八卷，即第1、2、3、6、7、10、12、13卷。一是專有名詞，共五卷，即第4、5、8、9、11卷，包括釋服制、釋器物、釋獸、釋器、釋蟲等内容。

從詞語的性質上看，《方言》一書所記録的主要是别國方言，也有絶代殊語。根據《方言》自身的用語，一般把《方言》中的詞語分成五類：通語，又稱四方之通語、凡語等；某地某地之間通語；某地語，某地通語，某地某地之間語；古今語，古雅之别語；轉語，又稱語之轉，代語。前三種都是共時的不同空間的描寫；第四類則是歷時的考察，但又給予了共時的説明；第五類則兼顧時、空兩個方面。

《方言》全書所載方言區域，東到海岱，西到涼州，南到南楚之外、九嶷、桂林，北至燕之北鄙、朝鮮、洌水，東南至吴揚甌越，西南至巴蜀益州，幾乎遍及漢代全部疆域，書中描寫的就是這些地區的方言詞語的互譯。《方言》中有些詞語的時間跨度也較大，大抵上自春秋、下至秦漢。體現時間層次的地名，有古列國名，它們基本上都是春秋戰國時就有的，如秦、晉、韓、魏、趙、燕、齊、周洛、周鄭等；有漢代的新地名，如涼州、益州等；也有無明確時間概念的自古相沿的名稱，如山名、水名、九州名等。

具體條目的編寫方式，《方言》採用的是所謂“標題羅話法”，標題的公式是：“A、B、C、D，X也。”羅話的公式是：“a地謂A為x，b地謂B為x，cd之間謂C為x，又e謂D為x。”例如：“烈、枿，餘也。陳鄭之間曰枿，晉衛之間曰烈，秦晉之間曰肄，或曰烈。”（卷一）“烈、枿，餘也”是標題，即《方言》這個條目所記録的方言詞及其釋義，“陳鄭之間曰[illegible]，晉衛之間曰烈，秦晉之間曰肄，或曰烈”則是描寫這些方言詞地域分布的“羅話”。

《方言》一書作為一部收集方國古今殊言異語加以對比互譯的語言學著作，具有多方面的語言學價值。在共時語言學上，《方言》描寫出各個詞語的具體地理分布，讀者可以憑借《方言》瞭解漢代方言的地理區劃輪廓，探尋當時方言與通語的遠近關係，從而確定西漢時期通語的基礎方言；《方言》客觀記録的詞彙，包括它行文中所用的詞彙，也為後人研究漢代詞彙系統保存了珍貴的材料。在歷時語言學方面，《方言》為我們提供了歷史比較研究的基礎，通過比較漢以前文獻中的語詞同《方言》中的詞語，以及《方言》中的詞語同郭璞注中的詞語，就能得到從周到漢、從漢到晉某些詞語在意義、構詞特點以及地域分布方面變化的大致綫索。在文獻解讀上，《方言》具有重要的訓詁價值，憑借《方言》不僅可以解釋漢代文獻中相關詞語的意義，還可以證明先秦文獻詁訓，可以説明後代文獻詞語的源頭，還能為文獻中一些疑難詞語的考釋提供寶貴綫索。

二、《方言》的歷代整理

從 4 世紀到 16 世紀明代萬曆之前，整理與研究過《方言》的有兩家，一個是晉代郭璞，另一個是隋朝的騫師。騫師的整理本没有能够流傳下來，如今只能在唐代慧琳《一切經音義》裏找到一些零星材料，流傳下來並且能够見到的最早的《方言》整理研究本是郭璞的注本。

郭璞《方言注》的主要内容在於闡明《方言》的性質體例與疏通《方言》詞語，其中也包含一些校理内容。從形式上看，包含校理内容的注文可分為徵引古籍進行校理與直下斷語進行校理兩大類。例如：卷三："南楚凡罵庸賤謂之田儓，或謂之㣚。"郭注："㣚，丁健也。《廣雅》以為奴，字作'㚟'，音同。"卷四："西南梁益之間或謂之㞜。"郭注："他回反，字或作'㞜'，音同。"郭氏校正《方言》參校了魏張揖的《廣雅》，以及《左傳》《詩經》《山海經》《楚辭》等13種先秦兩漢文獻。經過郭璞的校理和注解，《方言》纔有了一個好讀、好用而又可靠的本子，郭璞不僅是《方言》便讀的第一注家，也是《方言》得以完整流傳下來的第一功臣。

郭璞整理注釋的《方言》在宋代之前流傳的具體情形不得而知，但是自《隋書・經籍志》以來公私書目著録不絶，儘管書名、卷數不盡一致，題"揚（楊）雄撰、郭璞注"則没有疑義。宋代曾經有國子監本、蜀本、閩本和贛本，我們現在能够見到的最早的存世郭注本《方言》是南宋慶元庚申（1200年）李孟傳潯陽郡齋刻本（即贛本），此本可能是覆刻自蜀本，明代的各種本子基本上都是祖於或輾轉祖於該本。

明代除了各種翻刻本、影抄本之外，唯有陳與郊所撰《方言類聚》作了整理方面的工作，他完全打散了《方言》的體例，按照内容對《方言》條目重新分類編排，其分類原則和方式借鑒了雅書。陳氏的這一工作對於瞭解、認識《方言》所收詞彙的内容具有積極作用。

清人對《方言》的整理有三種形式，一是全本校注，二是校注本合刊，三是劄記性條校。戴震、盧文弨、王念孫、錢繹、王維言等先後對《方言》全本做過整理與研究，屬於全本校注一類。郭慶藩曾"思薈萃舊聞為之疏證"，但是"困於人事，卒罕執筆之暇"，所以最終只是取戴、盧"二本詳校合刊"，附以少量按語，在校理上没有做多少實質性工作，只是合刊二本以便“廣其流傳”而已[①]。劉台拱、孫詒讓二人關於《方言》校理的内容屬於條校條釋。

戴震是清代第一個對郭注本《方言》進行校證的學者，其《方言疏證》成為此後校證和研究《方言》的基礎。戴氏把從《永樂大典》中得到的郭注本《方言》作為底本，用它和明本《方言》對勘，並廣泛搜集古書古注中引用《方言》和郭注的文字來交互勘定，共改正訛字281個，補脱字27個，删衍字17個[②]，還校改了一些誤連誤分和竄亂的情況，“自得此校本，然後《方言》可讀”[③]。戴氏在校勘《方言》的過程中最重視的是“他校”，《方言疏證》所改正删補的325條中有半數運用了“他校法”。另有近四成的條目是通過“理校”得到校正的，同時也有少量條目的校勘是採用的“本校法”和“對校法”。例如卷六：“揞、揜、錯、摩，藏也。”戴氏《疏證》：“‘藏’各本訛作‘滅’，今訂正。《廣雅》：‘揞、揜、錯、摩，藏也。’義本此。《説文》：‘揜，覆也。’《玉篇》：‘揞，藏也。’《廣韻》：‘揞，手覆。’‘錯，摩也。’‘摩，隱也。’皆於‘藏’之義合。”周祖謨《方言校箋》云：“《慧琳音義》卷八十二‘靡措’條引本書‘措藏也’，‘措’與‘錯’同。”新材料證明戴校是正確的。《方言疏證》在校勘方面還存在不少問題，王念孫、盧文弨、劉台拱等學者先後補校。戴震《方言疏證》有遺書本和四庫本兩個系統，前者有微波榭刻戴氏遺書本、汗青簃刻本

① 郭慶藩《方言校證合刊自序》，見華學誠《揚雄方言校釋匯證》，中華書局，2006年。

② 戴震《方言疏證序》，見華學誠《揚雄方言校釋匯證》。

③ 梁啓超《中國近三百年學術史》，北京市中國書店1985年據1936年中華書局版影印。

等，後者有四庫全書本、武英殿聚珍版本等。

盧文弨的《重校方言》是繼戴氏《方言疏證》之後，清人的第二個校本。盧氏將當時能見到的各種版本，甚至稿本，收羅殆盡。其中明本 10 種，清人校本 8 種，《重校方言》授梓粗竣時又得見"宋李孟傳刻本"，對於"不及載者，《補遺》具之"[①]。但是，盧氏所見宋李孟傳刻本並非真宋本，因為此本"和宋刻原書不完全相合，或者是根據過録的本子來寫的"[②]。《重校方言》在戴震《方言疏證》的基礎上又改正了 120 多條，使該本成為清人第二個善本。學術界對《重校方言》的評價很高，向來以為盧本和戴本是清人的兩個善本而互有短長，"論學識盧不如戴，論詳審戴不如盧"[③]。但是盧本存在幾個較為嚴重的疏失：首先，硬將郭氏音注分别為二，且亂其次第，以致郭氏用晉方言注漢方言、音注互相發明的精神全不可見。第二，過於信據舊本，往往不能比量群籍、會通舊注而科學判斷。第三，聲韻不精，校訂郭音時有失專輒。此外，還有當校而未能校出和不錯而被改錯等情形。《重校方言》有抱經堂叢書本、古經解匯函本。

劉台拱《方言補校》[④] 近 160 條，内容包括兩個方面，即注釋和校勘。其中近 140 餘條關於校勘的内容是該書的精華。劉氏的校勘是針對盧文弨校本而撰寫的，内容大致可以分為補闕拾遺、訂正盧校和證成盧説三類。《方言補校》雖僅有一百多條，卻向來受到人們的高度評價。與劉氏同時用力於《方言》且互有商榷的王念孫在給劉氏的兩封信中説，關於《方言》，"然計先生及若膺先生所校

① 盧文弨《重校方言》卷首附列"《方言》讎校所據新舊本並校人姓名"下注語。
② 周祖謨《方言校箋·自序》。
③ 同上。
④ 道光十四年刻《劉端臨先生遺書》本。

必有暗合者矣”,“蒙示《方言注》辨誤二條，精確不可移”[①]，這應該是對劉校的最早評價了，今人也認為戴、盧兩家之後，“劉校最精”[②]。《方言補校》有劉端臨先生遺書本。

王念孫存世的著作中，有關《方言》的專著僅有《方言疏證補》一卷計 20 條，係針對戴震《方言疏證》進行逐條補正之作，卷一未完成而中止。王氏有關《方言》校理的成果主要體現在其手校明本《方言》、手校戴震《方言疏證》和《廣雅疏證》中。王念孫手校明《格致叢書》本《方言》十三卷，共有王氏批注的校勘內容 300 餘條，絕大多數是針對明本《方言》及郭注的校改。王氏手校戴震《方言疏證》存卷一至卷七，共有內容 200 餘條，主要是針對《方言》原文及郭注的校勘和注解，也有少數針對戴氏《疏證》的批注內容。手校明本、手校戴本中的觀點材料，除極少數之外，都可以在《方言疏證補》《廣雅疏證》以及王氏後期其他著作中見到。例如卷一：“娥，嬿，好也……自關而西秦晉之故都曰妍。”郭注：“其俗通呼好為妍，五千反。妍一作忓。”王氏手校《方言疏證》將正文“妍”字改為“忓”，將郭注改為“其俗通呼好為忓，五干反”，並在《方言疏證補》中說明：“‘忓’，各本皆作‘妍’，下有注云‘妍一作忓’，此校書者所記，非郭注原文。然據此知《方言》本作‘忓’也。蓋正文本作‘秦晉之故都曰忓’，注文本作‘忓，五干反’，只因‘五干’訛作‘五千’，與‘妍’字之音相同，而《廣雅》‘妍’字亦訓為‘好’，後人多見‘妍’少見‘忓’，遂改‘忓’為‘妍’，以從‘五千’之音，而一本作‘忓’者乃是未

① 王念孫《王石臞先生遺文・與劉端臨書》，《高郵王氏遺書》本，江蘇古籍出版社，2000 年。

② 周祖謨《方言校箋・自序》。

改之原文也。”在《廣雅疏證》卷一“善也”和“好也”條下王氏兩引此條，《方言》正文均作“忓”。王氏校勘《方言》所據材料除增加了玄應《一切經音義》一種而外，與戴、盧諸家並無不同，因此王氏的校勘方法就不是僅會利用異本及類書傳注雜著所引之零章斷句加以對勘者所能比。細審所校各條，其法雖不外乎熟文例、精小學與富引證三事，但是其運用之靈活，對比之周密，堪稱精審卓絶，人所不及。諳熟古書體例而能以類推之，精究音、形、義之變而能探幽索隱，旁徵博引、考鏡源流，這三條是王校最鮮明的特色。王氏手校明本今藏上海圖書館，手校戴本今藏中國科學院圖書館，《方言疏證補》有高郵王氏遺書本，《廣雅疏證》等著作均易得，中華書局、上海古籍出版社影印本所選底本都是善本。

錢繹的《方言箋疏》是作者在其弟錢侗遺稿的基礎上完成的。錢繹撰集《方言箋疏》時主要做了兩項工作，一是對《方言》語詞進行疏通證明，二是對郭注《方言》舊本進行勘訂。關於前者，錢氏雖然“間嫌有繁冗處”，但總體上是滿意的，並認為可用此書“增鴰原之戚”[①]。關於校勘，錢繹自序説他基本上是“參衆家本而詳究之，以折其衷，擇善而從，則戴、盧兩本居多”。該書主要着力於對《方言》語詞的疏通證明，涉及校勘的内容較少，在訓詁校勘上錢氏雖然用力很勤，但是不僅没有多少值得稱道的發明，而且在吸收舊説上也没能很好地做到折衷是非、擇善而從，甚至由於見聞所囿，還漏采了不少有價值的舊説。《方言箋疏》有紅蝠山房刻本、積學齋叢書本、廣雅書局叢書本。

王維言所撰《方言釋義》，十三卷，作者生卒年、事蹟均不詳，據其《自序》推算，此書當撰成於光緒二十三年（1897 年）。王維

① 錢繹《方言箋疏·自序》，光緒十六年紅蝠山房本，上海古籍出版社，1984 年。

言撰《方言釋義》參考了戴震的《方言疏證》，其所做的主要工作是“於群書中”搜尋“於《方言》字義有合者”來“解釋其義”，也就是説，他的工作集中于疏解，而於校理之事並未措意。疏解中還偶涉校勘，只是無論疏解還是校勘多襲用不舉，屬於類纂雜録敷衍成書而已。《方言釋義》今存稿本，藏山東省圖書館。

孫詒讓對《方言》及郭注的校輯共九條，見於《札迻》，是非參半。上海古籍出版社出版的《〈爾雅〉〈廣雅〉〈方言〉〈釋名〉清疏四種合刊本》以《孫詒讓札迻方言校語》為題，影印附於錢繹《方言箋疏》後；中華書局學術筆記叢刊排印本《札迻》最便使用，但點校不精。

20 世紀以來的《方言》整理，主要有條校條釋和全本整理兩大類型。

先後做過條校條釋的學者有王國維、吴承仕、吴予天、劉君惠、胡芷藩、徐復諸家。王國維 1916 年冬在清代學者校理《方言》的基礎上，“復取諸古書，用戴震《方言疏證》例校之”，1918 年冬“復檢前校，見有足訂正本文及注者得十六事”，成《書郭注方言後三》[①]，或對舊説補證之，或發前人所未發，皆信而有徵。吴承仕曾經花費很多精力搜輯整理漢魏六朝語音資料，有關《方言》郭璞注音的校正内容收在《經籍舊音辨證》卷七[②]，共有 28 條，其中對郭璞注音舊校的辨證有 20 條，品質較高，多可採信。吴予天《方言注商》[③] 全書包括補遺共 121 條，涉及校理内容的有 32 條 39 處，或者折衷是非，或者自出心裁，前者大多較為穩妥，而

---

① 王國維《觀堂集林》卷五，中華書局，1959 年。
② 吴承仕《經籍舊音辨證》，《吴檢齋遺書》本，中華書局，1986 年。
③ 吴予天《方言注商》，《國學小叢書》本，商務印書館，1933 年。

後者則瑕瑜互見。但吴氏的校理有三個明顯的特點，一是對清代以來學者的意見搜羅較全，二是注重運用《原本玉篇》等新材料，三是注意結合以音釋義來進行校理。劉君惠早年從趙少咸習《方言》，1945 年作《〈方言疏證補〉補》三卷，1984 年曾經摘出卷一中的 8 條以《〈方言〉箋記》為題在四川省語言學會第二届年會上發表，或訂或補，條條精審。胡芷藩的條校是針對周祖謨《方言校箋》的一篇論文；徐復 1988 年撰成《〈方言〉補釋》[1]，共涉 12 卷計 54 條，所補釋的條目雖然不多，但均屬難題。

全本整理的有五個本子，各有目標，所以也各具特點：丁惟汾的《方言音釋》屬於詞語疏解型，周祖謨的《方言校箋》屬於文本校勘型，佐藤進的《宋刊方言四種影印集成》屬於版本資料型，松江崇的《揚雄〈方言〉逐條地圖集》屬於資料整理型，華學誠的《揚雄方言校釋匯證》屬於集校集釋型。其中《方言音釋》和《揚雄〈方言〉逐條地圖集》兩書對《方言》的文本校理並未措意，另外三種本子都是對揚雄《方言》傳本進行整理的成果。

《宋刊方言四種影印集成》是一部具有版本資料價值的編著。該書影印東京人學東洋文化研究所所藏珂羅版宋刊本，静嘉堂文庫所藏影宋抄本，遠藤氏所藏天壤閣翻刻本，以及《四部叢刊》本即宋李孟傳刻本，凡四種。其中李孟傳刻本是我們今天能够見到的最早的宋本，其他三個本子也都很有參考價值。

周祖謨的《方言校箋》於 1950 年初版，是以《四部叢刊》影宋李孟傳本為底本，在總結整理清人舊校的基礎上，又用清代學者没有見到的古書如《原本玉篇》《玉燭寶典》《一切經音義》（慧琳）等所引到的《方言》詞句校勘一過，並陸續有所補充，最後成書。

① 徐復《〈方言〉補釋》，《徐復語言文字學論稿》，江蘇教育出版社，1995 年。

《校箋》的總結舊説並不是簡單地引述各家之説以後直接表明取捨，不加論證，更不是同意哪家説法就一引了事，而是客觀地擺出問題，然後考覈各種版本、古書，用確鑿的證據論定是非、折衷取捨。對於前人校勘意見存在分歧的地方，周氏充分運用新材料，並深入發掘文獻與古注，解決了很多問題。例如卷一“慧也”條：“秦謂之謾。”郭注：“言謾詑也。詑，大和反……”“詑”音“大和反”，宋、明刻本皆然，戴、盧、劉、錢諸家均無校語，王念孫《方言疏證補》改為“土和反”，周氏《校箋》採用了王説，並舉出《原本玉篇》等四條王氏没有或没有條件舉到的新證據，論定了王説。除了占有更豐富的資料外，《校箋》的創獲更多是周氏憑借自己深厚的學識，通過詳審細密的考覈而取得的成果。如卷三：“南楚凡人貧衣被醜弊……或謂之挾斯。”郭注云：“挾斯猶挾變也。”“挾變”於音義均無取，清儒以來無校改。周氏從以“燮”為聲的字皆有“破敗”之義得到啓發，提出“‘變’疑為‘燮’字之誤”，並進一步用郭注文例證成了這一推斷。周氏在此並没有使用新材料，但觀察是細密的，分析是可信的，且“變”與“燮”形近，確有致訛的條件。《校箋》中有一些存而未論的地方，其中確有一些是可以按斷而由於周氏見聞未及或偶疏詳考未能論定的，但大多數則是因為證據不充分，周氏纔採取了謹慎態度。《方言校箋》雖然還存在一些有待補苴的地方，但總體上來説，它確是一部集舊校之大成而又後出轉精的善本，周祖謨對郭注《方言》所作出的貢獻是傑出的。

華學誠的《揚雄方言校釋匯證》2006 年 9 月由中華書局印行，該著的内容包括校勘匯證、疏釋匯證和研究資料彙編。在做上述工作的過程中，著者作了下述三個方面的努力：一是儘量搜求可能多的古今版本，計有 34 種，包括清人誤認為是宋代曹毅之本而實際上是明代正德己巳抄宋本，王念孫手校明本《方言》更是第一次得到使用。二是努力搜集盡可能全的研究成果，重點參考了戴震、盧文弨、劉台拱、王念孫、錢繹、王國維、吴承仕、吴予天、周祖謨、劉君惠、徐復諸家。三是積極探索“校”和“釋”上所存在的問題，包括前人已經注意到而没有一致意見的，或者從來没有人發疑而問題確實存在的，以及向來無異詞其實大可懷疑的。學界以為這是“一部新的集大成的著作”①。

三、《方言》的歷代研究

（一）郭璞的《方言注》

晉代郭璞的《方言注》是《方言》的第一個注本，也是整個古代《方言》研究中成就最高、價值最大的一部。《方言注》主要做了注音和釋義兩方面工作，即以晉代方言口語為依據，對《方言》正文中詞語的讀音和意義進行注釋。

郭璞正確而深刻地闡明了《方言》的性質、體例、功用和歷史地位。他在《方言注序》中指出，《方言》一書“考九服之逸言，標六代之絶語；類離詞之指韻，明乖途而同致；辨章風謡而區分，曲通萬殊而不雜；真洽見之奇書，不刊之碩記也”。這表明郭氏清晰地認識到，揚雄根據詞的意旨和聲韻把分散的絶語、方言類集在一起，《方言》是一部收集方國古今之殊言異語加以對比互譯的語言學著作。《方言》的這種“組織”方式顯示，這些詞語雖有古今方國的不同，其含義卻具有一定的同一性。《方言》還能辨明區分各地的風俗民謡，細緻分析各地的方言殊語，從而使它們不致混

① 趙振鐸《揚雄方言校釋匯證序》。

淆。由於郭璞為《方言》作注時特別注重用晉代活的口語方言詞來解釋古語詞和漢代方言詞，因此《方言注》還為後世學者提供了寶貴的晉代方言材料，以及漢晉方言歷史變化的綫索。

真正認識到郭璞《方言注》的特色並加以闡發的第一人是王國維。王氏最大的貢獻就是揭示出了《方言注》的一條基本注釋原則，即“全以晉時方言為根據”，同時發明了四個重要條例。王氏以後，在郭注條例的闡發上取得較大成績的有周祖謨[①]、華學誠[②]等。

（二）清人的《方言》研究

清代人的《方言》研究工作集中在兩個方面：一個是校證《方言》，包括對《方言》的作者的考辨，對《方言》傳本的校勘，以及對《方言》及郭注的疏通證明，在這方面取得成績的主要有戴震、丁傑和盧文弨、劉台拱、王念孫、段玉裁、錢侗和錢繹、顧震福、郭慶藩等。另一個是續補《方言》，即從先秦漢魏六朝唐宋古書中鈎沉出方言資料編輯成書，在這方面比較知名的有杭世駿、程際盛、徐乃昌、程先甲、張慎儀等。續補類的著作雖皆以“補揚雄《方言》之遺”為目的，輯録了不少文獻中的方言材料，但這些作者既沒有能體會揚雄的語言學思想和《方言》一書的語言學價值，也不具有揚雄深入調查的科學方法和“論思”的研究態度，因此價值不是很高。

戴震的《方言疏證》不僅是清人的第一個校本，也是清人的第一個注本。戴氏在《方言疏證序》和《方言》所附劉歆與揚雄的兩

---

① 周祖謨《方言校箋·自序》。

② 華學誠《〈方言〉郭璞〈注〉條例述補》，華學誠著《潛齋語文叢稿》，南京大學出版社，1991年。

封往來書信的疏證中對洪邁質疑揚雄《方言》著作權的理由一一進行了駁斥，斷定《方言》的作者確為揚雄，他的觀點為後代大部分學者所接受。在校正訛誤的基礎上，戴氏對《方言》"逐條詳證之"，使"漢人故訓之學猶存於是，俾治經讀史博涉古文詞者得以考焉"①。盧文弨認為戴氏的《疏證》在訓詁方面主要做了兩項工作："義難通而有可通者通之，有可證明者臚而列之。"② 這個概括是比較允當的。戴震對《方言》一書詞義的研究主要有下述四點：依據聲近義通的原則，疏通難通之義；從語言的觀點出發，揭示古今方俗轉語；分析通用字、假借字、異體字，以明詞義；揭示詞義之間的種種關係，以闡明《方言》的訓解。雖然戴氏《疏證》中還有相當一部分詞語未給予解釋或注明"未詳"，但其訓釋中精彩之處並不少見，為後人的進一步研究奠定了很好的基礎。

戴氏之後有不少學者繼而用力於《方言》，並取得了不少成就。盧文弨的《重校方言》和劉台拱的《方言補校》以校正《方言》傳本為目的，但都有一些對《方言》詞語訓釋的內容，雖然不多，不乏灼見。王念孫關於《方言》的研究專著僅有《方言疏證補》一卷二十條，但王氏其他著作中蘊含着豐富的《方言》研究內容。王氏除了在校勘文本上着力補充前人未備之處外，在《方言》詞語的訓釋方面則注重探語源、求詞族、破假借，而尤以能闡明方言音變、揭示古今傳承為其特色，這是因為王氏已深刻地認識到"絶代異語别國方言，無非一聲之轉"③。在詞義的闡發疏通方面搜討淵博，識斷精審，而尤能知類通達，多有過人之處。錢繹為《方言》作箋

---

① 戴震《方言疏證序》。

② 盧文弨《重校方言序》，華學誠《揚雄方言校釋匯證》，中華書局，2006 年。

③ 王念孫《程易疇〈果蠃轉語〉跋》，《高郵王氏遺書》本，江蘇古籍出版社，2000 年。

疏時，非常致力於“因此及彼”、“觸類而引伸之”[①]，並在這方面取得了一定的成績，但《方言箋疏》引證雖詳，識斷疏闊、繁蕪未删，且由於著者未能全面創通《方言》與郭注的條例，没有正確無誤地理解自己箋疏對象的特點，所以也出現了相當數量的不應有的錯誤。

（三）20 世紀以來的《方言》研究

從清末民初到中華人民共和國成立前的半個世紀，是《方言》研究的新舊交替時期，這一時期的《方言》研究則深深地鐫刻上了這一時代的印記。傳統的校證式研究仍然取得了雖説不多但值得重視的成果，如王國維的《書郭注方言後三》、吴承仕的《經籍舊音辨證·方言郭璞注》、吴予天的《方言注商》等；承上啓下的語源學研究是這一時期《方言》研究的重要收穫，如章炳麟的《新方言》；新興的專題研究則是現代《方言》研究中最富有生機的部分，如汪之昌對揚雄著《方言》説的質疑[②]，陶方琦的《方言》考原[③]，董作賓所做的揚雄年譜[④]，黄肇平就編纂《方言》詁林所發表的意見[⑤]，葉瀚就《方言》流傳情況所作的考證[⑥]，胡樸安、楊樹達對《方言》一書性質體例的評述[⑦]，沈兼士、馬漢麟對《方言》中有

---

① 錢繹《方言箋疏·自序》。

② 汪之昌《揚子方言真僞辨》，見華學誠《揚雄方言校釋匯證》，中華書局，2006 年。

③ 陶方琦《揚雄倉頡訓纂即在方言中説》、《倉頡篇補輯叙》，徐友蘭輯《紹興先正遺書》第四集《漢孳室文鈔》卷一、卷四，光緒十三年至十九年徐氏鑄學齋刻本。

④ 董作賓《方言學家揚雄年譜》，《中山大學語言歷史學研究所周刊》8 集（1929 年 85、86、87 期合刊本）。

⑤ 黄肇平《關於編纂方言詁林的話》，《説文月刊》第一卷第九期（1939 年）。

⑥ 葉瀚《揚雄方言存没考》，《晚學廬叢稿》，鉛印石印本。

⑦ 胡樸安《中國訓詁學史》，上海書店 1954 年。楊樹達《積微居小學述林·讀方言書後》，中華書局，1983 年。

無切音的討論[①]等等，都出現在這一時期。而專題研究中最有影響的成果則是漢代方言區劃、《方言》和郭注中的轉語、《方言》與《説文》的比較等。

新中國成立以來的《方言》研究，無論是在廣度上還是在深度上，都有了長足的發展，並取得了令人矚目的成果。專著有周祖謨的《方言校箋》、司理儀的《〈方言〉一書中的漢代方言》、丁啓陣的《秦漢方言》、劉君惠等的《揚雄方言研究》、華學誠的《揚雄方言校釋匯證》等。語言學史、詞彙學史和方言學史專著中也有關於《方言》研究的豐富内容，還有一些典籍解讀、語言學家述評類的作品中也有關於揚雄及《方言》的研究文字，均不煩詳述。專題研究涉及的範圍之廣、研究的内容之深，都是前所未有的，成果豐碩。

章炳麟的《新方言》[②] 以當代活的方言詞彙為研究對象，這是對揚雄、郭璞精神的繼承；考證方言難通之語，“察其聲音條貫，上稽《爾雅》、《方言》、《説文》諸書”，則是清儒校證派傳統的光大。他的研究超越清儒的地方是，從語源學的觀點出發，全面運用古今音變的理論，創設六例以範圍十類語詞，把音義結合起來，以今語通古語，以古語證今語，使“經學附庸之小學，一躍而為一種有獨立精神之語言文字學”。但是章氏並没有能徹底擺脱傳統《方言》研究的消極影響，最突出的表現有兩點，一是他的研究目的仍然是以今證古，二是不能完全跳出文字的框框。

美國人司理儀（Paul L－M. Serruys，C. I. C. M.）所作

① 沈兼士《揚雄方言中有切音》，《沈兼士學術論文集》，中華書局，1986年。馬漢麟《揚雄方言有切音辨》，北平《新生報》1948年3月9日、3月16日。

② 章炳麟《新方言》，浙江圖書館刊《章氏叢書》本，上海古書流通處印。

的《〈方言〉一書中的漢代方言》[①] 是國外第一部系統研究《方言》的專著。作者把漢代方言劃分為六大地區，並根據各地區所屬的文化中心將其分為三類，在此基礎上，作者用語言地理學的方法，根據各種方言之間聯繫的密切程度、方言擴展的地理方向以及某種方言所受到的其他方言的影響程度，繪製了十餘幅《方言》地圖。作者還把各個方言區的地理分布同歷史的、自然地理的、人口統計的、文化性質等因素進行了比較，又對漢代的運輸和交通情況作了研究，從而更深入地探討了漢代各方言間的相互影響。

丁啓陣的《秦漢方言》[②] 是國內出版的以揚雄《方言》為主要材料進行古代方言研究的第一部專著，並取得了值得重視的研究成果。作者通過分析《方言》中地名獨舉和並舉的出現情況劃分了秦漢方言區劃，根據《方言》中的標音材料分析漢代通語和方言的音系，並通過比較《方言》和郭璞注的字詞，對漢晉方言的發展變化進行了研究。丁啓陣把現代方言調查研究中的理論和方法用到研究以《方言》為代表的秦漢古方言上，這是一種可喜的探索。

劉君惠等著《揚雄方言研究》[③] 是全面研究《方言》的專著，該書共分三編，第一編題“揚雄與他的《方言》”，第二編題“《方言》與方言地理學”，第三編題“《方言》注家述評”。著者在介紹揚雄學術、思想的基礎上，指出全面認識揚雄這個人纔能全面深入地認識他的《方言》；著者認為，在新的確鑿的證據提出來之前，《方言》的作者仍然應該是揚雄；著者指出，由於《方言》是一部

① The Chinese Dialects of Han Time According to *Fang Yan* by Paul L—M. Serruys C. I. C. M. University of California Publication in East Asiatic Philology Volume 2. University of California Press 1959.

② 丁啓陣《秦漢方言》，東方出版社，1991 年。

③ 劉君惠，李恕豪，楊鋼，華學誠《揚雄方言研究》，巴蜀書社，1992 年。

未完成的著作，所以全書體例不盡統一，並採取求同存異的方法，如實反映《方言》的系統和組織情況；著者評價了《方言》在中國語言學史以及世界語言學史上所具有的重要地位，肯定它在描寫詞彙學和歷史詞彙學上作出的卓越貢獻，以及對研究和瞭解漢代文化所具有的價值，並對《方言》以後的中國古代方言學作了概述。著者依據《方言》所提供的資料，利用方言地理學的研究方法，主要是"中心地區歸納法"，着重聯繫當時各地區的人文歷史如政治、經濟、文化、商業、交通、移民等情況，劃分出了十二個方言區，在每一個方言區下，還列出了次方言，詳盡討論了各方言區的範圍、特點以及與其他方言區的關係。著者所評述的注家及其著作有郭璞《方言注》、戴震《方言疏證》、盧文弨《重校方言》、劉台拱《方言補校》、王念孫《方言疏證補》、錢繹《方言箋疏》，內容包括各家所使用的方法、所取得的成就、所具有的價值以及所存在的問題等等，"力求綜核，不作泛論"，由此初步勾勒出了《方言》研究史的輪廓。就 20 世紀後半葉以來而言，這本著作在《方言》研究領域稱得上是一個重要創獲，給予後來研究《方言》的人很多啓發，至今仍然是《方言》研究的重要參考書。

20 世紀《方言》研究所取得的豐碩成果還集中表現在以下幾個專題上。

1. 關於《方言》所反映的漢代方言區劃

林語堂是最早利用《方言》對漢代方言區劃進行研究的學者。林氏基於《方言》所用地名的分合，在《西漢方音區域考》[①] 中把漢代方言分為十四系，並創立了利用《方言》研究漢代方言區劃的四條通則：（1）甲地在《方言》所見次數多半為與乙地並舉，則可

① 林語堂《西漢方音區域考》，《貢獻》1927 年第 2 期。

知甲乙地方音可合一類；（2）甲地與某鄰近地名並舉之次數多於其他方面鄰近地名次數，則可知甲方音關係之傾向；（3）某地獨舉次數特多者，可知其獨為一類；（4）凡特舉一地之某部，其次數多者，則可知某部有特別方音，別成一類，由該地分出。這四項通則基本上是正確可行的，並為後來研究漢代方言區劃的人所採用，只是由於後來的研究者對這些通則掌握的寬嚴不同以及利用其他輔助條件的區別，纔形成了分區的不同和分區多少的區別。研究涉及這一課題的還有羅常培、周祖謨、司理儀、周振鶴、游汝傑、李恕豪、趙振鐸、張步天、松江崇、汪啓明等。

2. 關於《方言》的作者

《方言》是否為揚雄所著，周祖謨、王力、羅常培、劉君惠等現代學者都有討論，但多數學者都肯定作者是揚雄。值得重視的新文章有兩篇：一是馬學良基於清代學者陶方琦的意見進一步提出了“揚雄的《訓纂》和《揚雄倉頡訓纂》實為一書”的命題[①]；一是束景南認為錢大昕所持的“《別字》十三篇即揚雄所撰《方言》十三卷”是能够成立的[②]，並搜羅了很多新的論據。魯國堯曾經提出了一個論證思路，他説：“如能從詞彙、語法、風格等方面鑒定劉歆、揚雄遺答二書也許是解決揚雄是否著《方言》這一懸案的辦法之一。”[③] 這個思路已經為一位年輕的朋友所採納，期望她能有所突破。

3. 關於《方言》的體例

關於《方言》一書的體例，早期胡樸安、劉師培已有具體論

① 馬學良《方言考原》，《羅常培紀念論文集》，商務印書館，1984 年。
② 束景南《〈別字〉即〈方言〉考》，《文史》39 輯，中華書局，1994 年。
③ 魯國堯《“方言”的涵義》，《語言教學與研究》1992 年第 1 期。

述。中華人民共和國成立後所取得的較大進展可以濮之珍和李開為代表。濮之珍發現《方言》裏有母題（即解釋語）重見的現象，並揭示了重見的三個原因，即方言區域的不同、義類的不同、音類的不同，並概括出四個類型。在前人研究成果的基礎上，李開對《方言》的總體結構作出了新的概括，認為《方言》總體結構中體現了對《爾雅》古今語的記述，而衍變後的總體結構可以概括為：

古語詞—今語·通語—古語留存於方言或通語中的稱説

《爾雅》　　　　　　　　《方言》省略式之一種

《方言》[1]

對《方言》體例的描寫迄今最為詳盡的是王智群新近出版的《〈方言〉與揚雄詞彙學》一書[2]。

4. 關於《方言》的其他重要研究專題

《方言》詞彙的研究，先後有李敬忠、趙振鐸、楊鋼、白兆麟等專家的論文，吴吉煌的著作是最新成果[3]。繼華學誠研究《方言》用字之後，王彩琴的《〈方言〉用字研究》為科學解釋《方言》“奇字”貢獻了新的探索[4]。古書引《方言》在校勘復原上很有價值，頓嵩元、馮蒸、汪壽明、馬重奇、劉紅花、柏亞東等都在這方面作出了努力。《方言》與現代方言研究也引起了重視，只是這方面的研究還停留在材料的發掘、收集，甚至簡單比對層面，距離科學勾畫出揚雄所記載的方言詞自漢代直至今天的演變情形這一目

---

① 李開《〈方言〉總體結構及其對〈爾雅〉古今語的記述》，《古漢語研究》1990年第1期。

② 王智群《〈方言〉與揚雄詞彙學》，高等教育出版社，2011年。

③ 吴吉煌《兩漢方言詞研究——以〈方言〉〈説文〉為基礎》，高等教育出版社，2011年。

④ 王彩琴《〈方言〉用字研究》，高等教育出版社，2011年。

標，還很遠很遠。

《方言》的校理與研究已經取得了很大的成績，但是還有很多課題值得深入探討，華學誠的《揚雄〈方言〉校釋論稿》能夠提供迄今最為詳盡的資料[①]。

本文與徐妍雁合作
原載於《蘇州大學學報（哲學社會科學版）》
2013年第1期

① 華學誠《揚雄〈方言〉校釋論稿》，高等教育出版社，2011年。

論戴震《方言疏證》的整理

戴震是清代第一個對郭注《方言》進行全面研究整理的學者，他的《方言疏證》（以下簡稱《疏證》）取得了很重要的成就，成為此後整理研究郭注《方言》的主要基礎[①]。《疏證》有幾種版本問世，並陸續出現了很多翻刻本、影印本、排印本，但長期以來並没有出現符合現代學術研究要求的整理本，這對《疏證》的利用與研究和郭注《方言》的利用與研究都是不利的。20 世紀 90 年代終於先後出版了兩種點校本：一是張岱年主編的《戴震全書》本，收在第三册，黄山書社 1995 年出版（以下簡稱“黄山本”）；一是戴震研究會、徽州師範專科學校古籍整理研究室、戴震紀念館編纂的《戴震全集》本，收在第五册，由清華大學出版社 1997 年出版（以下簡稱“清華本”）。這兩種點校本當然都有其可貴努力甚至貢獻在，但是皆不很理想，清華本的品質尤其令人遺憾[②]，因此，科學

① 我曾撰寫過戴震《方言疏證》的專論，最早見於拙著《潛齋語文叢稿》（南京大學出版社，1991 年，第 162—184 頁），修訂後納入拙著《揚雄方言校釋論稿》（高等教育出版社，2011 年，第 89—106 頁），可參。

② 單是書名、人名、地名等專名以及所引文獻的起止被點破、點錯、標錯的情形，就觸目皆是。

整理出一種高品質的《疏證》本仍然是需要繼續完成的任務。

新的《疏證》整理本應該釐清哪些問題、應該如何來做，這是本文所要討論的問題。我認為，這些問題同時也是古代語言學著作如何進行文獻學研究的重要問題，希望通過《疏證》和其他一些各具特點的個案的分析，能够為古代語言學著作整理規範的形成提供借鑒，願方家與同好予以關注並有以教之。

一、《疏證》版本的具體情形

科學整理《疏證》，首先要釐清各種形態的傳世版本，否則連底本選擇都會出現問題。《疏證》各種性質的版本很多，考《文字音韻訓詁知見書目》①，明確著録為戴震疏證的有下列十種：

1. 輶軒使者絶代語釋别國方言十三卷，漢揚雄撰，清戴震疏證，清乾隆孔繼涵微波榭叢書本，又名方言疏證；

2. 輶軒使者絶代語釋别國方言十三卷，漢揚雄撰，清戴震疏證，清乾隆孔繼涵微波榭叢書本，清盧文弨校並跋，存六卷：八至十三；

3. 輶軒使者絶代語釋别國方言十三卷，漢揚雄撰，清戴震疏證，清乾隆孔繼涵微波榭叢書本，清王念孫批校，存七卷：一至七；

4. 輶軒使者絶代語釋别國方言十三卷，漢揚雄撰，清戴震疏證，民國二十五年影印安徽叢書·戴東原先生全集本，據微波榭叢書本影印；

5. 輶軒使者絶代語釋别國方言十三卷，漢揚雄撰，清戴震疏

① 陽海清、褚佩瑜、蘭秀英編，湖北人民出版社，2002年。

證，清光緒八年汗青簃刻本；

6. 輶軒使者絶代語釋别國方言十三卷，漢揚雄撰，清戴震疏證，清刻本；

7. 輶軒使者絶代語釋别國方言十三卷，漢揚雄撰，清戴震疏證，清刻民國三十一年四川大學重修本；

8. 輶軒使者絶代語釋别國方言十三卷，漢揚雄撰，清戴震疏證，民國二十五年上海中華書局排印四部備要本；

9. 輶軒使者絶代語釋别國方言十三卷，漢揚雄撰，清戴震疏證，民國二十五年上海中華書局縮印四部備要本；

10. 方言疏證十三卷，清戴震撰，臺北大化書局影印戴東原先生全集本。

根據上述著録内容，可作出如下歸類：1—4 及 10 這五種應視為同一本子，即清乾隆孔繼涵《微波榭叢書》本，盧文弨的校跋、王念孫的批校都是在這種本子上進行的，《安徽叢書·戴東原先生全集》本是據《微波榭叢書》本影印的，臺北的本子又是據《戴東原先生全集》本影印的；5 是光緒年間汗青簃據《微波榭叢書》本重刻；6、7 著録“清刻”，但未注明具體時代和版本情況；8、9 是 20 世紀 30 年代的排印本。

上述版本中，孔繼涵《微波榭叢書》本無疑是最早的。戴震在乾隆四十二年（1777）去世，孔繼涵從乾隆四十二年至乾隆四十四年（1777—1779）輯刊《微波榭叢書》，《戴氏遺書》即其中一部分，此本不早於乾隆四十二年，不晚於乾隆四十四年，是戴震去世之後印行的版本（以下簡稱“微波榭本”）。上述第 5 種亦祖于微波榭本，是晚清的翻刻本；6、7 兩種不管是否依據微波榭本新刊，也肯定晚于微波榭本。民國二十五年（1936）《安徽叢書》編印處把戴震的著作輯入《安徽叢書》第六期，所收著作除了《戴氏遺書》外，又增收了戴氏的很多種著作，總名為《戴東原先生全集》，其中《疏證》名為《方言注疏證十三卷》，為影印本。

《文字音韻訓詁知見書目》中實際上還著録了不少其他《疏證》本子，只是既没有戴震之名，也無“方言疏證”或“疏證”字樣，共有十二種：

1. 輶軒使者絶代語釋别國方言十三卷，漢揚雄撰，晉郭璞注，清乾隆武英殿木活字印武英殿聚珍版書本；

2. 輶軒使者絶代語釋别國方言十三卷，漢揚雄撰，晉郭璞注，清乾隆武英殿木活字印武英殿聚珍版書本，清佚名批校；

3. 輶軒使者絶代語釋别國方言十三卷，漢揚雄撰，晉郭璞注，清乾隆武英殿木活字印武英殿聚珍版書本，清嚴可均校；

4. 輶軒使者絶代語釋别國方言十三卷，漢揚雄撰，晉郭璞注，民國二十四年至二十六年上海商務印書館影印叢書集成初編本，據武英殿聚珍版書本影印；

5. 輶軒使者絶代語釋别國方言十三卷，漢揚雄撰，晉郭璞注，清乾隆四十二年福建刻武英殿聚珍版書本；

6. 輶軒使者絶代語釋别國方言十三卷，漢揚雄撰，晉郭璞注，清光緒二十五年廣雅書局刻武英殿聚珍版書本；

7. 方言十三卷，漢揚雄撰，晉郭璞注，清乾隆寫文淵閣四庫全書本；

8. 方言十三卷，漢揚雄撰，晉郭璞注，1983 年臺灣商務印書館影印清乾隆寫文淵閣四庫全書本；

9. 方言十三卷，漢揚雄撰，晉郭璞注，1989 年上海古籍出版社影印清乾隆寫文淵閣四庫全書本；

10. 方言十三卷，漢揚雄撰，晉郭璞注，清乾隆寫文溯閣四庫全書本；

11. 方言十三卷，漢揚雄撰，晉郭璞注，清乾隆寫文津閣四庫全書本；

12. 方言十三卷，漢揚雄撰，晉郭璞注，清乾隆寫文瀾閣四庫全書本。

上述各本雖然沒有著録與戴震有關的任何信息，其實都是戴氏校勘疏證本。根據著録内容能很清楚地區分出兩類：1—6 是武英殿聚珍版，包括影印本和翻刻本；7—12 是《四庫全書》寫本。所謂聚珍版就是活字本。為了把《四庫全書》中的善本儘快簡便經濟地印行，乾隆三十八年（1773）主管刻書事務的大臣金簡奏請使用木活字，乾隆皇帝准奏，並把“活字”改為“聚珍”，凡排印之書，均在每書首頁首行之下有“武英殿聚珍版”六字，這就是所謂武英殿聚珍版書；乾隆四十一年（1776）頒發聚珍版于東南各省，並准所在鋟木通行，所以上面所著録的乾隆四十二年福建刻武英殿聚珍版書本應該是相當早的。至於《四庫全書》，各部寫本的完工時間並不相同，其中每一種書的實際繕寫完成時間也不一樣，如文淵閣《疏證》書前《提要》尾署時間為“乾隆四十二年五月”，而文津閣則署為“乾隆四十九年十一月”，前後相差幾達七年半。

除了版本來源不明的兩種和 20 世紀 30 年代《四部備要》排印本之外，上述著録的其他本子實際上有兩個系統，以《微波榭叢書》本為代表的各本可稱之為“遺書系本”，以武英殿聚珍版為代表的各本可稱之為“四庫系本”（下文凡用這兩個稱名時，都是類稱，非指某一種版本）。樊廷緒在嘉慶六年有一個刊本，是武英殿聚珍版書的翻刻本，當屬於四庫系本，《文字音韻訓詁知見書目》未見著録，所謂“清刻本”不知是否即為此本；民國二十六年（1937），商務印書館除了把聚珍版影印收進《叢書集成》外，還把遺書本影印收進了《萬有文庫》，這兩個影印本都非常通行[①]。

二、點校本底本的選擇不理想

黄山本説自己用的底本是《戴氏遺書》本，根據我的考察，實際上應該是遺書系本中的《安徽叢書》本；清華本的整理即以《安徽叢書·戴東原先生全集》為基礎，其底本自然即為此本。儘管《安徽叢書》本是據微波榭本影印的，但是並没有微波榭本好。請看下列例子：

1. 卷四：自關而西秦晉之間無緣之衣謂之統裾。

2. 卷三：凡飲藥傅藥而毒南楚之外謂之瘌，北燕朝鮮之間謂之痨。（痨、瘌皆辛螫也。音聊。）

3. 卷九：南楚江湘凡船大者謂之舸，小舸謂之艖，艖謂之艒縮。（目、宿二音。）

4. 卷六：厲、印，為也。甌越曰印，吴曰厲。

疏證："印"，各本訛作"卬"，今訂正。《廣雅》："厲、印，為也。"義本此……《爾雅》"厲，作也"，郭注引《穀梁傳》"始厲樂矣"，《疏》全引《方言》此條，"印"亦訛作"卬"，餘並同。

5. 卷十三：簇，南楚謂之筲，趙魏之郊謂之筶簇。

疏證：《説文》云："凵盧，飯器，以柳為之。凵或從竹，

---

① 《叢書集成初編》關於戴震《疏證》版本的説明是有問題的："本館《叢書集成初編》所選《聚珍版叢書》收有此書，故據以影印。按，此書即《戴氏遺書》本《方言疏證》，遺書本刻字雖工，而校勘不如聚珍版之精審。"聚珍版屬於四庫系本，《戴氏遺書》本屬於遺書系本，稱聚珍版"即《戴氏遺書》本《方言疏證》"，混淆了兩個版本系統，是錯誤的。

去聲。”《士昏禮》：“婦執笲棗栗。”鄭注云：“笲，竹器而衣者，其形蓋如今之筥籧簾矣。”……“籧簾”即“凵盧”，又即“筶篕”。

例 1 是關於《方言》正文的文字，例 2、3 是關於郭注的文字，例 4、5 是關於戴震疏證的文字。《方言》卷四正文的“裗裾”，《安徽叢書》本將“裗”誤作“統”。卷三郭注“瘌”，《安徽叢書》本誤作“痢”，《方言》正文未誤。卷九正文“艒”郭注音“目”，《安徽叢書》本誤作“自”。卷六戴氏疏證文字中前後兩處“訛作卬”之“卬”，《安徽叢書》本均誤作“印”。卷十三戴氏疏證文字中“‘籧簾’即‘凵盧’”之“凵”，《安徽叢書》本誤作“口”。依據微波榭本影印的《安徽叢書》本怎麽會出現這樣一些新錯誤的呢？“裗”與“統”、“瘌”與“痢”、“目”與“自”、“卬”與“印”、“凵”與“口”等字形都極其相近，最大的可能就是，影印不清晰（那時的影印設備、技術與水準與今天無法相比），又没有仔細校核，就逞臆描摹了。黄山本、清華本雖然没有全部沿襲《安徽叢書》本的上述錯誤，但還是留下了可供判斷的證據，比如“裗”誤作“統”在黄山本和清華本中都保留了下來，“凵”誤作“口”在清華本中依然存在，這表明它們所使用的是《安徽叢書》本，而這些錯誤在微波榭本中都不存在，四庫系各本也没有[①]。由以上舉證可知，即使在遺書系各本中選擇底本，也不應該選擇晚出的《安徽叢書》本，我在文章開頭説黄山本和清華本都不很理想，這是最基本的原因。

古籍整理，底本選擇很重要也很關鍵，時間上最早品質上最好的本子是底本的最佳選擇，但是這個願望要在版本複雜的情形下實

---

① 卷十三的“凵”，文津閣本誤作“曰”，與《安徽叢書》本不同。

現並不那麼容易。如前所述，《疏證》有兩個系統的版本，到底哪個版本最早，哪個版本更好，能否選擇到最早又最好的本子，這就需要進行嚴謹而又深入的考察。

清華本没有説明《疏證》的版本及其源流，整理者顯然没有關心這一問題。黄山本對版本做過一番考察，看到了《疏證》的版本有兩個系統，所述大體既得。其整理《説明》曰："《方言疏證》的版本，事實上有兩個系統：一是戴氏姻親孔繼涵於 1777 年至 1779 年刊刻的《微波榭叢書·戴氏遺書》所收的本子……常見的《安徽叢書》本、《四部備要》本、《萬有文庫》本均屬這一系統。一是《四庫全書》經部小學類所收的本子……無'戴震疏證'字樣，只作為《方言》的一個善本來看待。常見的武英殿聚珍版本、嘉慶六年樊廷緒刊本及《叢書集成》本均屬這一系統。"黄山本自述是用"《戴氏遺書》本作為底本，與聚珍版本（即四庫全書本）對勘"，理由没有説明説透，但結合其整理《説明》中的如下這段話一起理解就很清楚了："《戴氏遺書》本是戴氏家藏的稿本，戴震去世後，孔繼涵即據此刊刻，時間不晚於 1779 年。而《四庫全書》本則是戴氏呈交四庫館的最後寫定本。四庫本增補近四百字，兩本不同之處，多以《四庫全書》本為優。此書在 1779 年纔送呈御覽，武英殿修書處'奉命刻聚珍版惠海内'，時間當在此之後。"上述説明中與底本選擇相關的要點，包括隱含的意思是：《戴氏遺書》所據為家藏稿本，是戴氏的個人專著無疑；而《四庫全書》本雖然優於《戴氏遺書》本，但是晚出，最後寫定本也無法排除有非戴氏手改内容羼入的可能。

黄山本的這個理由其實是源自段玉裁的《戴東原先生年譜》[①]，而不是通過全面考察四庫系本得出的結論。我以前也説戴震去世兩年後上呈刊行，依據的正是段玉裁的説法。如上所述，四庫系本中的文淵閣本"恭校"送呈的時間是"乾隆四十二年"，即 1777 年，福建所刻的聚珍版也是在乾隆四十二年；《叢書集成初編》影印的聚珍版叢書"恭校"上呈的時間則是乾隆四十四年，即 1779 年。《微波榭叢書·戴震遺書》刊刻於 1777—1779 年之間，最早不可能早於 1777 年，最晚則可能是 1779 年。可見，段玉裁的説法不能信據。黄山本已經注意到段玉裁曾經誤認為《戴氏遺書》本"即四庫館聚珍版頒行之本"，那麽把四庫本送呈"御覽"的時間和《微波榭叢書·戴氏遺書》本印行的時間搞混也是完全可能的。再比較一下戴震《方言疏證序》和《四庫全書》書前《提要》所記録的校勘資料，也有助於判斷。《方言疏證序》説"改正譌字二百八十一，補脱字二十七，删衍字十七"；四庫系本書前《提要》作"改正二百八十一字，删衍文十七字，補脱文二十七字"。文字表述雖略有不同，但資料没有變化，這表明遺書系本與四庫系本基本是一致的。

黄山本發現遺書本與四庫本"文字不同多達七十餘處，將近七百字"，我校勘的結果顯示，兩系版本文字差異遠遠不止七十餘處，僅前兩卷有文字差異之處就將近三十條。當然，資料差異容可有異，因為這涉及確定差異的標準；差異的資料也不是關鍵，我認為關鍵是如何解釋這種現象。合理的解釋應該是：戴氏基本完稿之後謄寫了一本留在家中收藏，準確時間雖然不可知，但一定早於最後

① 段氏所撰戴氏年譜，現在最易見到的本子是上海古籍出版社 1980 年版《戴震集》。

寫定本；在四庫館最後送呈"御覽"刊行之前，又陸續有所增删改訂，但這些增删改訂都是戴氏生前完成的。

乾隆三十八年詔開四庫館，戴震即獲舉薦而任纂修官，在館不到五年，輯校了很多書，取得了很大成績。比如利用《永樂大典》輯出宋代張淳的《儀禮識誤》三卷，把宋代李如圭的《儀禮集釋》厘訂為三十卷；比如校訂《大戴禮記》《水經注》均極為精核，成了公認的精善之本；比如從《永樂大典》中輯出並予以校訂的《九章》《五曹算經》等七種，使中國古代數學的成就因此而得到發揚光大。關於《方言》的校證工作，戴氏實際上在乾隆二十年(1755)就開始了，當時曾經將《方言》分寫在李濤所著的《許氏説文五音韻譜》之上[①]；入四庫館後，則把之前的校訂資料拿出來，根據《永樂大典》本和明本校勘，並搜集古書所引和《永樂大典》互校[②]，撰成了《疏證》。這個過程持續了多久，是在一段時間内集中完成的，還是與其他古書的輯校工作交叉進行的，没有材料能够證明。但是根據四庫本與遺書本内容差異的性質可以作如下推測，《疏證》基本成稿並謄清家藏之後送呈之前，戴氏是有機會再次進行全面審訂的，而審訂修改的完成肯定是在去世之前，不可能有别人手改的内容羼入。只有這樣解釋，纔能把戴震的逝世時間[③]與福建聚珍版和文淵閣本在1777年面世的時間吻合起來。

綜上考辨，可以明確下述事實：第一，遺書本所據為戴氏家藏稿本，四庫本所據是戴氏最後寫定本；第二，無論是家藏本，還是

① 見段玉裁《戴東原先生年譜》。

② 參見周祖謨《方言校箋自序》，周祖謨、吴曉鈴《方言校箋及通檢》，科學出版社，1956年。

③ 戴震乾隆四十二年（1777年）五月二十七日（7月1日）歿於北京崇文門西范氏穎園。

最後寫定本，都是戴震在1777年去世前完成的；第三，遺書本可能的最早問世時間和四庫本實際最早的問世時間都是1777年。根據這樣的事實，最早問世時間就不是選擇底本最關鍵的理由，作者的最後寫定本纔是最佳選擇。

三、四庫本確實優於遺書本

以最後寫定本為依據的四庫本是不是就優於遺書本呢？黄山本持肯定的態度，但没有具體舉證説明。下面選出一些例子予以簡要分析，以見優劣，包括郭注《方言》的差異和《疏證》内容的差異兩個方面。《疏證》内容的差異則包括遺書本内容被删減的、遺書本内容有所增加的和遺書本内容被修訂的這三類，由於這類例子太多，所以只從前兩卷中選取。四庫本例子引文據《叢書集成初編》影印聚珍版，遺書本例子引文據《續修四庫全書》影印微波榭本。

（一）郭注《方言》文本差異考查

1. 卷二：繒帛之細者謂之纖。——遺書本“帛”誤作“白”。

2. 卷三：官婢女廝謂之娠。——遺書本“娠”誤作“振”。

3. 卷三：東齊海岱之間或曰度，或曰廛，或曰踐。——遺書本脱“或曰度”三字。

4. 卷一：【慧】秦謂之謾。（……謾，莫錢，又亡山反。）——遺書本注内脱“莫錢又”三字。

5. 卷一：嫙、蟬（火全反。）……續也。——遺書本注内“全”誤作“金”。

6. 卷三：凡草木刺人，北燕朝鮮之間謂之茦。（《爾雅》曰：“茦，刺也。”）——遺書本注内“刺”誤作“賴”。

7. 卷四：【汗襦】自關而西或謂之祇裯。（祇，音氐……）——

遺書本“氐”誤作“止”。

8. 卷六：吴楚偏蹇曰騷，齊楚晉曰逴。（行略逴也。）——遺書本“略”誤作“路”。

9. 卷八：【鳩】其大者謂之鴓鳩。（音班。）——遺書本“音”誤作“立”。

10. 卷九：轅，楚衛之間謂之輈。（張由反。）——遺書本脱“張由反”三字。

前三條是《方言》本文四庫本不誤而遺書本誤的例子，後面七條是郭璞注文四庫本不誤而遺書本誤的例子，這類例子有四十條左右。當然也有遺書本不誤而四庫本誤的例子，如：

1. 卷十三：桃，理也。——“桃”，遺書本作“㧡”，四庫系文淵閣本、文津閣本以及其他各本均作“㧡”，聚珍版誤。

2. 卷四：裪襘（音襘。）謂之袖。——注内“襘”，遺書本作“橘”，四庫系文津閣本、文淵閣本等同，聚珍版誤。

3. 卷五：榻前几，江沔之間曰桯。（……桯，因刑。）——注内“因”，遺書本作“音”，四庫系文淵閣本等各本均作“音”，文津閣本與聚珍版皆誤。

4. 卷十三：芋，大也。（芋猶託耳。）——注内“託”，遺書本作“訏”，四庫系本文淵閣本、文津閣本等均作“訏”，聚珍版誤。

第一條是《方言》本文的例子，後面三條是郭璞注文的例子。但是，遺書本不誤而四庫本誤的情況極少，上揭諸例之外已經很少能够見到了；即使這類情況，四庫系其他各本也没有全誤，還可以互校，這當然也能證明最後寫定本的品質更高。

（二）戴氏《疏證》内容差異考查

1. 遺書本内容被删減

卷次	四庫本	遺書本
一	烈、枿，餘也。陳鄭之間曰枿；晉衛之間曰烈；秦晉之間曰肄，或曰烈。 疏證：《爾雅·釋詁》："烈、枿，餘也。"郭注云："晉衛之間曰櫱，陳鄭之間曰烈。"疏云："《方言》文。"《盤庚》疏引郭注亦作"晉衛之間曰枿"，與《方言》本文互異。	烈、枿，餘也。陳鄭之間曰枿；晉衛之間曰烈；秦晉之間曰肄，或曰烈。 疏證：《爾雅·釋詁》："烈、枿，餘也。"郭注云："晉衛之間曰櫱，陳鄭之間曰烈。"疏云："《方言》文。"《盤庚》疏引郭注亦作"晉衛之間曰枿"，與《方言》本文互異。蓋郭注偶訛耳。
一	宋衛之間凡怒而噎噫謂之脅鬩。（脅鬩，猶瀾沭也。） 疏证："脅"亦作"愶"。《玉篇》云："以威力相恐愶也。"注内"瀾沭"，各本訛作"閲穀"，今訂正。	宋衛之間凡怒而噎噫謂之脅鬩。（脅鬩，猶瀾沭也。） 疏證："脅"亦作"愶"。《玉篇》云："以威力相恐愶也。""鬩"亦作"憪"。《廣韻》："憪，惶恐也。"或作瀾。注内"瀾沭"，各本訛作"閲穀"，今訂正。
二	木細枝謂之杪，（言杪梢也。）江淮陳楚之内謂之蔑。（蔑，小貌也。） 疏證：《周語》："鄭未失周典，王而蔑之。"韋昭注云："蔑，小也。"馬融《長笛賦》："跋蔑縷。"注引《方言》："蔑，小也。"	木細枝謂之杪，（言杪梢也。）江淮陳楚之内謂之蔑。（蔑，小貌也。） 疏證：《周語》："鄭未失周典，王而蔑之。"韋昭注云："蔑，小也。"馬融《長笛賦》："跋蔑縷。"注引《方言》："蔑，小也。"當亦是《方言注》。

第一例，四庫本删去了遺書本六字。“櫱”與“枿”同。《爾雅》郭注作“晉衛之間曰櫱，陳鄭之間曰烈”，《盤庚》疏引《爾雅》郭注相同，“櫱”“烈”二字與傳本《方言》互異。郭璞是晉代人，注《爾雅》用的是《方言》材料；疏引與之相同，證明唐人所見《爾雅》郭注也是如此。那麽，到底是郭璞引用時錯了，還是《方言》在傳抄翻刻中形成的錯誤？因為没有確鑿證據支持論定，所以四庫本删去了這六字[①]。

第二例，四庫本删去了遺書本十三字。“鬩”，《説文·鬥部》謂“恆訟也”，義與《方言》不合。字後作“鬩”，《集韻·陌韻》釋作“懼”，此義上古無書證，來源很可疑。“憪”當是“鬩”的增形字，《廣韻·錫韻》釋作“惶恐”，上古亦未見書證，且《集韻·錫韻》又釋作“慚”。“濶”無單獨使用的例證，郭注“濶沭”是首見例。可見，遺書本對“鬩”“憪”“濶”字際關係的認定並不可靠。“脅”一作“愶”，獨立使用作“恐愶”解，而“鬩”單訓在上古並無恐懼義。郭璞没有分訓，謂“脅鬩，猶濶沭也”，應該是準確的。

第三例，四庫本删去了遺書本六字。本條《方言》雅詁部分没有“蔑，小”之訓，而“江淮陳楚之内謂之蔑”下郭注謂“蔑，小貌也”，這大概是遺書本有此六字的原因。所以删去這六字，應該是因為判定李善注所引是《方言》注文並無確鑿根據，而《方言》與注文俱在，無需贅言。

---

① 新材料證明，遺書本的判斷反而是正確的，《原本玉篇》“餘”下所引正作“晉衛之間曰烈”。

2. 遺書本内容有增加

卷次	四庫本	遺書本
一	愼、濟、瞀、惄、溼、桓，憂也。……自關而西秦晉之間或曰惄……自關而西秦晉之間凡志而不得、欲而不獲、高而有墜、得而中亡……或謂之惄。 疏證："愵"各本作"惄"。《説文》云："惄，飢餓也。一曰憂也。""愵，憂貌。讀與惄同。"陸機《贈弟士龍詩》："惄焉傷別促。"李善注云："《方言》：'愵，憂也。自關而西秦晉之間或曰惄。'"今從李善所引為正。此前後字異音義同，猶卷二内前作"䫜"，後作"䁙"，郭注論之甚明，此因注偶未及，後人改而一之耳。	愼、濟、瞀、惄、溼、桓，憂也。……自關而西秦晉之間或曰惄……自關而西秦晉之間凡志而不得、欲而不獲、高而有墜、得而中亡……或謂之惄。 疏證："愵"各本作"惄"。《説文》云："惄，飢餓也。一曰憂也。""愵，憂貌。讀與惄同。"陸機《贈弟士龍詩》："惄焉傷別促。"李善注云："《方言》：'愵，憂也。自關而西秦晉之間或曰惄。'"今從李善所引為正。
二	嫢、（羌箠反。）笙、揫、（音遒。）摻，（素檻反。）細也。自關而西秦晉之間凡細而有容謂之嫢，（嫢嫢，小成貌。）或曰徥。（言徥徥也。） 疏證："嫢"，各本訛作"魏"，今訂正。……《廣雅》："嫢、笙、揫、摻、細，小也。"義本此。曹憲於"嫢"下列"其癸""渠惟"二反。"其癸"與"羌箠"所得之音同。字母之説，上聲亦分清濁，古人不分也。注内"徥徥"，各本訛作"徥偕"，後卷六内作"徥皆"，以"皆"屬下"行貌"，並非。《説文》云："徥徥，行貌。"謂細步緩行。今據以訂正。	嫢、（羌箠反。）笙、揫、（音遒。）摻，（素檻反。）細也。自關而西秦晉之間凡細而有容謂之嫢，（嫢嫢，小成貌。）或曰徥。（言徥徥也。） 疏證："嫢"，各本訛作"魏"，今訂正。……《廣雅》："嫢、笙、揫、摻、細，小也。"義本此。曹憲於"嫢"下列"其癸""渠惟"二反。

卷次	四庫本	遺書本
二	奄，遽也。（謂遽矜也。）吴揚曰茫，陳潁之間曰奄。 疏證：馬融《長笛賦》："奄忽滅没。"李善注引《方言》："奄，遽也。"傅毅《舞賦》："翼爾悠往，闇復輟已。"注云："闇，猶奄也。古人呼'闇'，殆與'奄'同。《方言》曰：'奄，遽也。'"	奄，遽也。（謂遽矜也。）吴揚曰茫，陳潁之間曰奄。 疏證：馬融《長笛賦》："奄忽滅没。"任昉《南徐州蕭公行狀》："奄見薨落。"李善注皆引《方言》："奄，遽也。

第一例，四庫本比遺書本增加了三十七字。戴震所見各種明本，雅詁部分均作"愵"，與方言部分的兩處"愵"相同。他據《文選》李善引文，又據《説文》釋"惄"為"憂貌"，且謂"讀與愵同"，改雅詁"愵"為"惄"。遺書本只擺出了材料和結論，四庫本所增三十七字則對校改的理由做了進一步説明[①]。

第二例，四庫本比遺書本增加了六十七字。所增内容有兩項：自"其癸"以下二十五字補充説明了把正文"魏"改為"嫢"的音韻理由。自"注内"以下四十二字，則是論證為什麽要把郭注"偍偕"改為"偍偍"，遺書本直接改了郭注原文，但疏證中没有解釋[②]。

第三例，四庫本比遺書本增加了"傅毅"以下三十二字。戴震自序中説得很明確，《疏證》不僅要"交互參訂"，而且要"逐條詳證之"。這裹增補的三十二字，就屬於利用新材料對訓詁内容所進行的拓展與深化。又，四庫本還删去了遺書本中"任昉《南徐州蕭公行狀》'奄見薨落'"一條，這可能是出於對文字精煉的要求。

---

① 周祖謨認為戴震的改動没有必要，見《方言校箋》。

② 這個校改意見，盧文弨、劉台拱、錢繹等後來的學者都没有採納，宋本《方言》也作"偍偕"。

3. 遺書本内容被修訂

卷次	四庫本	遺書本
一	初别國不相往來之言也，今或同，而舊書雅記故俗語，不失其方，(皆本其言之所出也。《雅》，《爾雅》也。) 而後人不知，故為之作釋也。(《釋詁》《釋言》之屬。) 疏證："雅記故俗語"，謂常記故俗之語。郭注"《雅》，《爾雅》也"，以"雅記"對"舊書"，失之。"爾"，各本訛作"小"，據下云"《釋詁》《釋言》之屬"，當作《爾雅》甚明。"爾"亦作"尒"，遂訛而為"小"。《方言》此條自明其作書之意，謂舊書所常記故俗之語，本不失其方，而後人不知，是以作《方言》以釋之。郭璞不達其意，以為指《爾雅·釋詁》《釋言》，亦失之。	初别國不相往來之言也，今或同，而舊書雅記故俗，語不失其方，(皆本其言之所出也。《雅》，《爾雅》也。) 而後人不知，故為之作釋也。(《釋詁》《釋言》之屬。) 疏證："雅記故俗"，謂常記故時之俗。郭注"《雅》，《爾雅》也"，以"雅記"對"舊書"，失之。"爾"，各本訛作"小"，據下云"《釋詁》《釋言》之屬"，當作《爾雅》甚明。"爾"亦作"尒"，遂訛而為"小"。《方言》此條自明其作書之意，謂舊書所常記故習之俗所語，本不失其方，而後人不知，是以作《方言》以釋之。郭璞不達其意，以為指《爾雅·釋詁》《釋言》，亦失之。
二	臺、敵，延也。(一作迮也。) 疏證："延"蓋"匹"之訛；注内"迮也"蓋"疋也"之訛，"疋"即俗"匹"字。	臺、敵，匹也。(一作疋也。) 疏證："匹"，各本訛作"延"。"匹"，俗作"疋"，遂訛而為"延"。注内"疋"，各本訛作"迮"。
三	抱勉，(孚萬反。一作嬔。)耦也。 疏證：注内"孚萬反"，各本多訛作"追萬反"，從曹毅之本。	抱勉，(孚萬反。一作嬔。) 耦也。 疏證：注内"孚萬反"，各本"孚"訛作"追"，從曹毅之本。

第一例，四庫本對遺書本文字的修改並不多，但非常重要。簡單比對後可以看到的是：遺書本疏證引文"雅記故俗"，四庫本增一"語"字；遺書本解釋語"故時之俗"，四庫本改作"故俗之

語”；遺書本“故習之俗所語”，四庫本改成“故俗之語”。但不能簡單地在疏證文字上對勘這些改動，必須結合對《方言》本文的理解，因為這些看起來不起眼的改動涉及對原文的理解與斷句。按照遺書本疏證的意思，得在“故俗”之後斷句；而按照四庫本的意思，就得在“故俗語”之後斷句。同時，四庫本的修訂也解決了遺書本“謂舊書所常記故習之俗所語”與前文“謂常記故時之俗”這兩種理解的矛盾。可見，四庫本不是單純的文字修改，而是對遺書本理解與斷句的訂正。

第二例，四庫本對遺書本的修改，涉及校勘原則。兩個本子的文字表述差異很大，其實觀點是完全一樣的。四庫本之所以要對遺書本的表述進行修改，原因在於四庫本改變了遺書本的校勘方式：遺書本直接改正《方言》和郭注原文，而四庫本恢復了底本原貌，不予改動。一般説來，改動原文需要有充分的版本或者古注引文證據，但是這裏没有，戴震的校勘意見是根據文意和文字演變規律作出的。因此，四庫本的處理更為謹慎，也更符合一般校勘原則。

第三例，這一條是單純的文字表述修改，四庫本的修改實際上强調了郭注不是一個字的訛誤問題，而是一個反切的訛誤。

綜上兩個方面的考查可見，無論是郭注《方言》原文，還是《疏證》文字，四庫本的整體品質都要更勝一籌。如果從今天的學術條件和研究水準來看，最後修訂本的修訂未必見得每一處都要好於遺書本，即以上揭《疏證》九例而言，遺書本至少有三例比四庫本更好，具體情況在前文的相應章節附注中已經説明。但是我仍然認為以最後寫定本為底稿的四庫本優於遺書本，因為四庫本的多數修訂都是正確的，即使是今天看來修訂並不一定正確的那些內容，只要客觀置於當時的條件下來評論，也一樣需要肯定戴震所作出的修訂努力是積極的。

四、校定本應該實現的目標

當我們明確了底本應該選用四庫系本，並選用相對更為精善的聚珍版之後，還應該明確校定本需要實現的基本目標。毫無疑義，校定本最基本的目標就是要真實呈現戴震的學術成果。這個目標既規定了校訂的要求，即盡最大可能恢復戴震最後寫定本的面貌，同時也規定了校訂的限度，即不當校改戴氏學術本身的是非。從對象上來説，實現這個最基本目標所校訂的對象就是三個：《方言》本文、郭璞注文和《疏證》文字。《方言》本文和郭璞注文必須努力還原戴氏最後校本，《疏證》文字也必須努力還原戴氏最後寫定本。《疏證》文字的還原，上文"戴氏《疏證》内容差異考查"一節中實際上已經討論過了，這裏僅就《方言》本文和郭注文字各舉兩例，簡要説明。

1. 卷四：絡頭、帞頭也、紗繢、鬢帶、䰅帶、帑、幧，幓頭也。

2. 卷四：【履】中有木者謂之複舄，自關而東複履。

3. 卷二：【獪】楚鄭曰蔿，或曰婚。（……今建平郡人呼婚，胡刮切。）

4. 卷十：東齊周晉之鄙曰囒哰。囒哰亦通語也。（平原人好囒哰也。）

"帞頭"下有"也"字，《疏證》各本及宋、明各本皆然。據體例可知這是衍文，周祖謨先生提供了《廣雅》和《晉書音義》兩條證據，證明删去"也"字是正確的①。"自關而東複履"，《疏證》

---

① 周祖謨《方言校箋》第30頁。

各本及宋、明各本皆然。王念孫手校戴氏《疏證》引用了《太平御覽》，指明“自關而東”下當補“謂之”二字①。“胡刮切”，《疏證》各本相同，但全書郭注均作“某某反”，不作“某某切”。“平原人好”之“好”，《疏證》各本和傳本《方言》皆然，但是據文意當作“呼”。第一例戴震没有校删，第二例戴震没有校補，第三第四兩例戴震也没有校改，今天的校定本都只能保留原樣，在校勘記中予以説明，如果删了、補了、改了，就不是戴氏校本了。

關於《疏證》文字中所引述的文獻要不要校勘，可能有不同的意見。作者所引文獻的對與錯，本來是作者自己的責任，也是原作品質與水準的反映，並不屬於古籍整理的基本目標。古人引用文獻常常憑藉記憶，各種錯誤實在太多，所以一個真正好的校定本，一個能很好地為現代學術研究服務的校定本，應該作這樣的努力，當然不能改動原文，只能出校勘記。例如：

1. 卷一：怛，痛也。疏證：李陵《答蘇武書》：“秖令人，增忉怛耳。”潘岳《寡婦賦》：“怛驚悟兮無聞。”嵇康《幽憤詩》：“怛若創痏。”李善注皆引《方言》：“怛，痛也。”——《文選》李善注本《答蘇武書》“人”字下有“悲”字。

2. 卷五：甑，自關而東謂之甗。疏證：《考工記》：“陶人為甗，實二鬴，厚半寸，脣寸。”“甑，實二鬴，厚半寸，脣寸，七穿。”鄭注云：“量六斗四升曰鬴。甗，無底甑。”——鄭注“甗，無底甑”之前，《十三經注疏》本有“鄭司農云”四字。

3. 卷十一：【蛥蚗】自關而東謂之虭蟧，或謂之蝭蟧。疏證：《夏小正》：“七月，寒蟬鳴。蟬也者，蝭蠑也。”“蠑”即“蟧”。——“蟬也者”之前，今本《大戴禮記》有“寒”字。

---

① 華學誠《揚雄方言校釋匯證》第322頁，中華書局，2006年。

4. 卷十一：螽，燕趙之間謂之蠓螉。其小者謂之蠮螉，或謂之蚴蜕；其大而蜜謂之壺螽。疏證：《詩·小雅》："螟蛉有子，蜾蠃負之。"毛傳："螟蛉，桑蟲也。蜾蠃，蒲盧也。"鄭箋云："蒲盧取桑蟲之子，去，煦嫗養之以成其子。"——"去"字之前，《十三經注疏》本有"負持而"三字，脱去三字後致"去"義無所承。

5. 卷一：咺、唏，痛也。凡哀泣而不止曰咺，哀而不泣曰唏。於方，則楚言哀曰唏。疏證：枚乘《七發》："嘘唏煩醒。"注引《方言》："哀而不泣曰唏。"——"醒",《文選》李善注本作"酲"。

6. 卷二：奕、偞，容也。疏證：陸機《贈馮文熊遷斥丘令詩》："奕奕馮生。"李善注引《方言》："自關而西凡美容謂之奕奕。"——"馮文熊",《文選》李善注本作"馮文羆"。

7. 卷六：瘱、諦，審也。齊楚曰瘱，秦晉曰諦。疏證：《説文》："瘞，静也。""諦，審也。"——《説文》："瘞，幽薶也。""瘱，静也。"釋"静"之字當作"瘱"。

8. 卷十：頷、頤，頜也。疏證：馬融《長笛賦》："寒態振頷。"李善注引《方言》："頷，頤也。"——"寒態"之"態",《文選》李善注本作"熊"。

9. 卷二：翿、幢，翳也。（舞者所以自蔽翳也。）疏證："翿",《説文》作"翽",云："翳也。所以舞也。"引《詩》"左執翽"。鄭箋于毛傳以"翳"釋"翿",申之曰："翳，舞者所持，所謂羽舞也。"——"所謂羽舞也",《十三經注疏》本無"所"字。

10. 卷四：襦，（……又襦無右也。）西南蜀漢謂之曲領，或謂之襦。疏證：《釋名》云："襦，耎也。言温耎也。曲領，在内，以中襟領，上横壅頸，其狀曲也。"——"以中襟領",王先謙《釋名疏證補》本作"所以禁中衣領"。

1—4是脱文例，5—8是誤文例，9是衍文例，10是綜合例。

在這方面，清華本基本没有措意，而黄山本則作出了很大的努力，上述十例就校出了九例，可以説戴氏所引文獻錯訛的十之七八都得到了勘正，這是非常值得肯定的。

綜上所論，對中國古代語言學著作進行現代學術整理不僅需要整理者具備很好的語言學素養，還需要整理者具備系統的文獻學理論與知識，重視文獻學方法的運用，遵循文獻學的要求與規範，包括下功夫釐清版本源流及其系統，科學選擇最理想的底本，進行科學斷句、標點與校勘，只有這樣，新校本纔能成為促進現代學術研究的定本。

原載於《語文研究》2013 年第 3 期

戴震《方言疏證》校勘記

前　言

戴震《方言疏證》存世版本很多，可以歸納為遺書系和四庫系兩個系列。我們校勘所用底本為《叢書集成初編》影印武英殿聚珍版，對校所用為四庫系文淵閣本、文津閣本和遺書系《微波榭叢書》本、《安徽叢書》本①。

本校勘記並未輯録全部校勘内容，未輯録者主要有兩類：一類是不關涉文本内容理解的異同，如衍脱“云”字、“也”字、“楚辭”或作“楚詞”等。一類是疏證引文雖有衍脱錯訛但各本相同，如枚乘《七發》“嘘唏煩醒”之“醒”乃“酲”字之誤。本校勘記輯録時，《方言》文字從寬，疏證文字從嚴，主要包括：《方言》文字與郭注文字，各本異同情形及校勘意見；戴疏文字，各本異同情形及校勘意見。《方言》文字、郭注文字與戴疏文字均斷句標點，

① 關於戴氏疏證的存世版本及其源流、質量等，詳參拙文《論戴震〈方言疏證〉的整理》，《語文研究》2013 年第 3 期。

斷句依據戴疏，如卷九第20條“或謂之鈀箭”句絶而非“或謂之鈀”句絶。

為便於讀者覆案，校勘記在所摘引文句之前冠以所在條目序號，《方言》文及郭注和戴氏疏文分别用“《方言》正文”“戴氏疏證”予以區别，本人校勘内容之前則稱“誠案”。

卷一

1.2　《方言》正文：秦謂之謾。（謾，莫錢，又亡山反。）誠案：遺書系各本無“莫錢又”三字。

1.4　《方言》正文：烈、枿，（五割反。）餘也。（謂烈餘也。）誠案：遺書系各本“五割反”置於“謂烈餘也”下。

1.4　戴氏疏證：《爾雅·釋詁》：“烈、枿，餘也。”郭注云：“晉衛之間曰櫱，陳鄭之間曰烈。”疏云：“《方言》文。”《盤庚》疏引郭注亦作“晉衛之間曰枿”，與《方言》本文互異。誠案：遺書系各本在“與《方言》本文互異”下有“蓋郭注偶訛耳”六字。

1.8　戴氏疏證：李陵《答蘇武書》：“秖令人，增忉怛耳。”誠案：“秖”同“衹”，遺書系各本及文淵閣本誤作“衹”。

1.10　戴氏疏證：《説文》云：“惄，飢餓也。一曰憂也。”誠案：“飢餓也”，遺書系各本引誤作“饑也餓也”。

1.10　戴氏疏證：此前後字異音義同，猶卷二内前作“䫜”，後作“𥈭”，郭注論之甚明，此因注偶未及，後人改而一之耳。誠案：遺書系各本無此三十七字。

1.12　《方言》正文：敦、豐、厖、（鴟䳓。）乔、（音介。）幠、（海狐反。）般、（般桓。）嘏、（音賈。）奕、戎、京、奘、（在朗反。）將，大也。誠案：遺書系各本戴氏疏證文首有“‘敦、大’

語之轉”五字。

1.12　戴氏疏證：“雅記故俗語”，謂常記故俗之語。誠案：“雅記故俗語”，遺書系各本作“雅記故俗”，無“語”字。“故俗之語”，遺書系各本作“故時之俗”。

1.12　戴氏疏證：《方言》此條自明其作書之意，謂舊書所常記故俗之語，本不失其方，而後人不知，是以作《方言》以釋之。誠案：“故俗之語”，遺書系各本作“故習之俗所語”。

1.13　戴氏疏證：《釋文》：“艐，孫云：‘古屆字。’”誠案：《釋文》“艐”字下，遺書系各本有“郭音屆”三字，與《通志堂經解》本同，當據補。

1.15　戴氏疏證：《玉篇》云：“以威力相恐愶也。”誠案：此句之下，遺書系各本有“‘鬩’亦作‘憪’。《廣韻》：‘憪，惶恐也。’或作‘潣’”十三字。

1.18　《方言》正文：燕代之北鄙曰棃。（言面色似凍棃。）誠案：注内“似”，遺書系各本作“如”。

1.19　《方言》正文：周官之法：度廣為尋。（度謂絹帛横廣。）誠案：注内“謂”，遺書系各本作“為”。

1.26　《方言》正文：嫙、（火全反。）蟬、繝、撚、未，續也。誠案：注内“火全反”，遺書系各本均誤作“火金反”。

1.26　戴氏疏證：《廣雅》云：“以指撚物。”誠案：“廣雅”，文津閣本同，文淵閣本及遺書系各本作“廣韻”不誤。

1.27　《方言》正文：踏、（古蹋字，他匣切。）蹓、跳，跳也。誠案：注内“蹋”，遺書系各本誤作“塌”。

卷二

2.3　戴氏疏證：諸刻脱“秦有”二字，《永樂大典》本不脱。誠案：遺書系各本“《永樂大典》本”下有“曹毅［之］本俱”四字。

2.6　戴氏疏證：“其癸”與“羌箠”所得之音同。字母之説，上聲亦分清濁，古人不分也。注内“偍偍”，各本訛作“偍偕”，後卷六内作“偍皆”，以“皆”屬下“行貌”，並非。《説文》云：“偍偍，行貌。”謂細步緩行。今據以訂正。誠案：遺書系各本無此六十七字。

2.7　《方言》正文：傀、渾、𦢊、膿、（音壤。）㥾、泡，盛也。自關而西秦晉之間語也。誠案：郭注“音壤”，《安徽叢書》本“壤”作“攘”；“自”，文津閣本誤作“曰”；“自”字前，遺書本系各本有“傀”字。

2.8　《方言》正文：小或曰纖，繒帛之細者謂之纖。誠案：“帛”，遺書系各本誤作“白”。

2.8　戴氏疏證：馬融《長笛賦》：“跛蔑縷。”注引《方言》：“蔑，小也。”誠案：“蔑，小也”下，遺書系各本有“當亦是《方言注》”六字。

2.10　《方言》正文：臺、敵，延也。（一作迮也。）誠案：“延”，遺書系各本作“匹”；注内“迮”，遺書系各本作“疋”。

2.10　戴氏疏證：“延”蓋“匹”之訛；注内“迮也”，蓋“疋也”之訛，“疋”即俗“匹”字。誠案：以上文字，遺書系各本作：“‘匹’，各本訛作‘延’。‘匹’，俗作‘疋’，遂訛而為‘延’。注内‘疋’，各本訛作‘迮’。今訂正。”

2.11　《方言》正文：抱嬔，耦也。（耦亦迮，互見其義耳。）荆吴江湖之間曰抱嬔，宋潁之間或曰嬔。誠案：注内“迮”，遺書系各本作“疋”；下“抱嬔”，遺書系各本作“抱嬎”。

2.11　戴氏疏證：各本多訛作“追萬反”，從曹毅之本。“迮”，亦“疋”之説，當作“匹”。誠案：“各本多訛作‘追萬反’”，遺書系各本作“各本‘孚’訛作‘追’”；“‘迮’，亦‘疋’之説，當作‘匹’”，遺書系各本作“‘疋’，各本亦訛作‘迮’，今訂正”。

2.12　戴氏疏證：注内“於寄反”，各本多作“丘寄反”，從曹毅之本。誠案：遺書系各本無上述十七字，而有“罯，許救反”四字。

2.33　戴氏疏證：馬融《長笛賦》：“奄忽滅没。”李善注引《方言》：“奄，遽也。”誠案：“李善注”前，遺書系各本有“任昉《南徐州蕭公行狀》：‘奄見薨落。’”十三字。

2.33　戴氏疏證：傅毅《舞賦》：“翼爾悠往，闇復輟已。”注云：“闇，猶奄也。古人呼‘闇’，殆與‘奄’同。《方言》曰：‘奄，遽也。’”誠案：遺書系各本無此三十二字。

卷三

3.2　戴氏疏證：注“是也”下，各本有“卒便一作平使”六字。誠案：遺書系各本無此十五字。

3.3　《方言》正文：官婢女廝謂之娠。誠案：“娠”，遺書系各本作“振”。

3.9　戴氏疏證：《廣雅》：“公蕡、穰菜、薔、荏，蘇也。”本此。注内“音魚”，曹毅之本作“音吾”。誠案：《廣雅》“穰”，據王念孫校當作“蘔”，《廣雅》各本脱去“蘔”而曹憲音“穰”誤入正文;"注内"以下十一字,遺書系各本均無。

3.10 《方言》正文:東魯謂之菈𦼮。(洛荅、徒合兩反。)誠案:注内"徒",遺書系各本作"大",與宋本同。

3.10 戴氏疏證:《廣雅》:"蘴、蕘,蕪精也。""菈𦼮,蘆菔也。"皆本此。誠案:《廣雅》"精",各本同,當作"菁"。

3.12 《方言》正文:凡草木刺人,北燕朝鮮之間謂之茦,(《爾雅》曰:"茦,刺也。")……(《楚辭》曰:"曾枝剡棘。"亦通語耳,音己力反。)誠案:注内《爾雅》"刺",遺書系各本誤作"賴";注内音"己力反"之"己",遺書系各本誤作"巳"。

3.13 《方言》正文:北燕朝鮮之間謂之癆。(癆、瘌皆辛螫也。音聊。)誠案:注内"瘌",《安徽叢書》本誤作"痢"。

3.17 《方言》正文:東齊海岱之間或曰度,或曰廛,或曰踐。誠案:遺書系各本無"或曰度"三字。

3.20 戴氏疏證:潘岳《懷舊賦》:"陳荄破于堂除。"誠案:"破",遺書系各本、文淵閣、文津閣本均作"被",與今本《文選》同,當據改。

3.22 《方言》正文:東齊海岱之間曰瘼,或曰瘦;秦曰瘎。誠案:"瘎",遺書系各本誤作"湛"。

3.24 戴氏疏證:《坊記》引《書》:"爾有嘉謀嘉猷。"鄭注云:"猷,道也。""猷、繇",古通用。《爾雅·釋詁》:"繇,道也。"《廣雅》:"裕,道也。"誠案:此下,遺書系各本有"'裕、猷'亦一聲之轉"七字。

3.26 戴氏疏證:注内"湯潤",當作"音湯潤之潤"。誠案:"當作"之後兩"潤"字,遺書系各本均誤作"爛"。

3.28 《方言》正文:氓,(音萌。)民也。(民之總名。)誠案:注内"音萌",遺書系各本置於"民之總名"之下。

3.31　戴氏疏證：露，見也。故有敗露之語。誠案："露，見也"下，遺書系各本有"《春秋》昭公元年《左傳》：'勿使有所壅閉湫底，以露其體。'注：'露，羸也。'《易》：'羸其瓶。'注：'羸，敗也。'"三十二字。

3.34　《方言》正文：謫，（音責。）怒也。（相責怒也。）誠案：注内"音責"，遺書系各本作"音賾"，置於"相責怒也"之下。

3.39　《方言》正文：屑，（音揟。）潔也。（謂潔清也。）誠案：注内"音揟"，各本皆作"音辟"，遺書系各本置於"謂潔清也"之下。

3.45　戴氏疏證：趙岐注《孟子》"以言餂之"云："餂，取也。"孫奭《音義》："丁曰：字書及諸書並無此餂字。郭璞《方言注》云：'音忝，謂排取物也。'其字從金，今此字從食，與《方言》不同，蓋傳寫誤也。"誠案：孫引郭注中之"排"，文津閣本同，遺書系各本及文淵閣本均作"挑"，《孟子正義》正作"挑"。

卷四

4.3　《方言》正文：自關而西或謂之袛裯；（袛，音氐……）誠案：注内"氐"，遺書系各本誤作"止"。

4.6　戴氏疏證：後卷五内"西南蜀漢之郊"，謂蜀與漢中也，此條各本作"屬漢"，蓋後人所妄改，今訂正。誠案："謂"字以下，遺書系各本作"此條或改'蜀'為'屬'者非"。

4.8　戴氏疏證：《廣韻》于"襱"字云："齊魯言袴。"誠案：遺書系各本無此十字。

4.9　戴氏疏證：正文當云"褕謂之半袖"，注當云"襦之半袖者”。“[illegible]”不得言袖，當是因上條而訛。誠案：“襱”字上，遺書系各本有“注内‘襱’字亦舛誤”七字。

4.15　《方言》正文：褙謂之袩。（千苕、丁俠兩反……）誠案：注内“千”，遺書系各本誤作“干”。

4.23　戴氏疏證：《廣雅》：“直衿謂之幱。”……曹憲《音釋》：……“幱，于例反。”誠案：曹音切上字“于”，文津閣本同，文淵閣本及遺書系各本作“於”，與王念孫校本《博雅音》同，當據正。

4.28　《方言》正文：裪襔（音橘。）謂之袖。（衣褾。江東呼䘾，音婉。）誠案：注内“橘”，文津閣本、文淵閣本及遺書系各本均作“橘”，當據正；注内“䘾”，文津閣本誤作“袖”。

4.34　《方言》正文：自關而西秦晉之間無緣之衣謂之裗裾。誠案：“裗”，《安徽叢書》本誤作“統”。

4.38　戴氏疏證：《方言》作“帞頭”，引之作“帞額”者，或後人因應劭語改而同之耳。誠案：“改而同之耳”，文淵閣本作“改《方言》之文為‘額’”。

4.40　《方言》正文：屝、屨、麤，履也。誠案：“屝”，文津閣本誤作“扉”。

卷五

5.3　戴氏疏證：《説文》：“甗，甑也。一穿曰甑。”誠案：“一穿曰甑”，各本引同，大徐本《説文》作“一曰穿也”。

5.10　《方言》正文：瓬、㼽、甗、䍃、甀、甇、甄、瓮、瓺、㽉、甖，罌也。（于庚反。）誠案：注内“于”，文淵閣本及遺書系各本作“於”，與宋明各本同。

5.11　《方言》正文：齊之東北海岱之間謂之儋。（所謂“家無儋石之儲”者也。音儋荷，字或作甔。）誠案：“謂之儋、儋石”之“儋”，遺書系各本作“甔”；“字或作甔”之“甔”，遺書系各本作“儋”。

5.28　戴氏疏證：《漢書·王莽傳》：“必躬載拂。”顔師古注云：“拂，所以擊治禾者也。今謂之連枷。”是“拂、棉”亦通用。誠案：遺書系無此三十三字。

5.30　戴氏疏證：《漢書·周勃傳》：“勃巳織薄曲為生。”蘇林注云：“薄，一名曲。”《説文》：“苖，蠶簿也。”又云：“或说：曲，蠶薄也。”《廣雅》：“笛謂之簿。”皆轉而從“竹”。注内“此直語楚聲轉耳”，各本訛作“此直語楚轉聲耳”，曹毅之本作“此直語楚聲轉也”，今訂正。誠案：《漢書》及蘇林注二十字，遺書系各本無；“注内”以下三十五字，遺書系各本無。

5.32　戴氏疏證：“繯”，各本作“繦”，從曹毅之本……注内“擐甲”，當作“音擐甲之擐”。“檈、旋”同音，此字疑有訛舛。誠案：前十字與最後十字，遺書系各本無。

5.35　戴氏疏證：“屨屬”二字，當是“音邊”二字之訛，無從據證。誠案：此十六字，遺書系各本作“‘牑’下‘屨屬’二字未詳，當是如‘音鞭’等字訛舛而成”十九字。

5.36　《方言》正文：俎，几也，西南蜀漢之郊曰杫。榻前几，江沔之間曰桯。（……桯，因刑。）誠案：“俎几”之“几”，文津閣本均誤作“凡”；注内“因”，文津閣本同，文淵閣本及遺書系各本均作“音”，當據改。

5.40　《方言》正文：篖謂之蔽，或謂之箘……吴楚之間或謂之蔽，或謂之箭裹，或謂之篖毒，或謂之夗專，（夗，于辯反……）或謂之匴璇，或謂之棊。誠案：注内“于”，文津閣本同，文淵閣本及遺書系各本均作“於”，與《方言》宋明本同，當據改。

卷六

6.1 戴氏疏證："欲"當作"譽"，注内同。下文因義引伸，"聳""獎"皆為"中心不欲而由旁人之勸語"，則"欲"字譌舛甚明。《廣雅》："獎，譽也。"《玉篇》《廣韻》"獎"皆訓"譽"，蓋本此。"譽""欲"聲近似而譌。又"山頂反"，各本"反"譌作"也"。後卷十三有"聳"字，注云"山頂反"，可證"也"字之誤。誠案：以上文字，遺書系各本作："《廣雅》：'獎，譽也。'《玉篇》云：'獎，助也，成也，欲也，譽也，嗾犬厲之也。''欲'之義取於《方言》，然'聳、獎'皆為'中心不欲而由旁人之勸語'，則'欲'字應屬譌舛，或'譽、欲'聲相近而譌，注作'皆强譽也'，義尤明。'山頂反'，各本'反'譌作'也'，後卷十三有'聳'字，注内亦音'山頂反'。"

6.2 《方言》正文：其言聅者，若秦晉中土謂墒耳者期也。誠案："期"，文津閣本誤作"明"。

6.12 《方言》正文：吴楚偏蹇曰騷，齊楚晉曰逴。（行略逴也。）誠案：注内"略"，遺書系各本均誤作"路"。

6.15 戴氏疏證：《説文》："埕，从水、从土，日聲。""埕"蓋从土，"埕"省聲。誠案：所引《説文》"埕"及下文省聲"埕"，文淵閣本及遺書系各本均作"涅"，當據正。

6.18 《方言》正文：誣，謰与也。吴越曰誣，荆齊曰謰与，猶秦晉言阿与。（相阿与者，所以致誣謰。）誠案：諸"与"字，遺書系各本均作"與"。

6.22 戴氏疏證：《史記·屈原列傳》："汩徂南土。"《索隱》引《方言》曰："汩謂疾行也。"誠案：遺書系各本無此二十一字。

6.23　《方言》正文：蹇、妯，擾也。（謂躁擾也。妯，音迪。）誠案：注内“擾”，文淵閣本、文津閣本及遺書系各本均作“擾”，當據正。

6.24　《方言》正文：絓、挈、（口八反。）僥、介，特也。誠案：注内“八”，文津閣本誤作“入”。

6.29　《方言》正文：坻、（小泜。）坥，塲也。誠案：注内“小”，其他諸本均作“水”，當據正。

6.32　戴氏疏證：《廣雅》：“參、離，分也。”“蠡”，亦作“攭”。《荀子·賦篇》：“攭兮其相逐而反也。”楊倞注云：“攭與劙同。攭兮，分判貌。”《玉篇》云：“劙，解也，分割也。”誠案：《廣雅》以下六字，遺書系各本在下文《玉篇》之前；遺書系各本無“‘蠡’，亦作‘攭’”四字；楊倞注文之後，遺書系各本有“‘蠡、離’古皆與‘劙’通”七字。

6.37　戴氏疏證：《詩·鄘風》：“素絲紕之。”毛傳：“紕，所以織組也。總紕于此，成文于彼。”誠案：“素絲”，文淵閣本及遺書系各本均誤作“何以”。

6.39　戴氏疏證：“田”，諸刻訛作“由”，從《永樂大典》本。誠案：“從永樂大典本”，遺書系各本作“今改正”三字。

6.59　《方言》正文：佚婸，婬也。誠案：“婬”，文津閣本誤作“媱”。

卷七

7.14　《方言》正文：皮傅、彈憸，强也。秦晉言非其事謂之皮傅，東齊陳宋江淮之間曰彈憸。誠案：末“憸”字，文津閣本誤作“憚”。

7.15 戴氏疏證：案：宋玉《高唐賦》："于是水蟲盡暴乘渚之陽。"李善注引《方言》："曬，暴也。"誠案："案"字下，遺書系各本有"《春秋》成公二年《左傳》：'殺而膊諸城上。'孔穎達正義曰：'《周禮·掌戮》："掌斬殺賊諜而搏。"鄭康成云："搏，當為'膊諸城上'之膊，字之誤也。膊為去衣磔之。"《方言》云："膊，暴也。"'"六十字。

7.18 戴氏疏證：《廣雅》："䫉盈，怒也。"曹憲《音釋》："䫉，于危反。"誠案：音切上字"于"，遺書系各本、文淵閣本作"於"，與曹憲《音釋》同，當據改。

7.20 戴氏疏證：《廣雅》："瀧涿、露、霑、濡，瀆也。"不以"霑瀆"連讀。"瀆"即"漬"。誠案：《廣雅》前，遺書系各本有"'瀆'同'漬'"三字，下文"'瀆'即'漬'"三字則無。

7.27 戴氏疏證：注內"音勝如"，當作"音沮洳"。誠案："當作'音沮洳'"，遺書系各本作"訛舛不可通"五字。

7.30 戴氏疏證：《廣雅》："攍、何、𦝫，擔也。"義本此。誠案：《廣雅》前，遺書系各本有"《唐·郝處後傳》：'群臣皆賀戟侍。'"十一字。"唐"即《新唐書》，"賀"原文作"荷"。

卷八

8.5 戴氏疏證：《春秋》定公十四年《左傳》："野人歌之曰：既宅爾婁豬，盍歸吾艾豭。"誠案："宅"，文淵閣本文津閣本與遺書系各本均作"定"，與《十三經注疏》同，當據正。

8.8 《方言》正文：其大者謂之鳻鳩；（音班。）誠案：注內"音"，遺書系各本誤作"立"。

8.13 戴氏疏證："倉、鶬"，"庚、鶊"，古通用。誠案：遺書系各本無此七字。

8.14　《方言》正文：野鳧其小而好没水中者，南楚之外謂之鷿鷉，（鷿，音瓴甓……）誠案：注内“瓴甓”，遺書系各本作“指辟”，與宋明各本同。

卷九

9.12　戴氏疏證：《詩·小雅》：“約軧錯衡。”毛傳云：“軧，長轂之軧也。朱而約之。”誠案：遺書系各本、文淵閣本均無“約軧錯衡”四字。

9.14　《方言》正文：輴，楚衛之間謂之輈。（張由反。）誠案：遺書系本脱注内“張由反”三字。

9.23　《方言》正文：小舸謂之艖，艖謂之艒艏；（目、宿二音。）誠案：注内“目”，《安徽叢書》本誤作“自”。

9.24　戴氏疏證：《論語》：“乘桴浮于海。”馬融注云：“桴，編竹木大者曰栰，小者曰桴。”“筏”即“栰”。誠案：末句，遺書系各本及文淵閣本作“‘栰’即‘筏’”，與所引馬融文相應，當據改。

9.25　《方言》正文：方舟謂之潢。（揚州人呼渡津舫為杭。荆州人呼潢，音横。）誠案：注内“杭、潢”，遺書系各本誤作“潢、杭”。

9.25　戴氏疏證：《廣韻》：“潢，方舟也。荆州人呼渡津舫為潢。”今《方言》各本注文作“揚州人呼渡津航為杭，荆州人呼樹”。“航”乃“舫”之訛，“樹”乃“潢”之訛，據《廣韻》訂正。誠案：“據《廣韻》”前，遺書系各本有“而‘潢’與‘杭’又互訛”六字。

9.26　戴氏疏證："仡"字亦訛，曹毅之本作"扤"。《説文》云："扤，動也。"誠案：遺書系各本無"'仡'字亦訛"四字；《説文》文後，遺書系各本有"《説文》又作'軏'，'船行不安也。讀若兀。''仡、扤、軏'義同"十八字。

卷十

10.1　戴氏疏證："媱"，多訛作"婬"，曹毅之本不誤。誠案："曹毅之本不誤"，遺書系各本作"今訂正"。

10.5　《方言》正文：凡相問而不知答曰[illegible]；使之而不肯答曰吂。（音茫，今中國語亦然。）誠案：注内"亦"，遺書系各本誤作"今"。

10.5　戴氏疏證：《方言》"諬"是相問而不知答，"吂"是使之而不肯答。誠案："諬"，遺書系各本誤作"誎"。

10.7　戴氏疏證：注内"南鄙之代語"，諸刻作"秦漢之代語"，蓋不知者所妄改。誠案："諸刻"前，遺書系各本有"謂語相更代"五字；"妄改"後，遺書系各本有"今從《永樂大典》本"七字。

10.7　戴氏疏證：後"南楚江湘之間代語"郭注云："凡以異語相易謂之代也。"惟《永樂大典》本及曹毅之本作"南鄙"。據下文，則"南鄙"正謂南楚江湘之間。誠案：遺書系各本無這五十字。

10.13　戴氏疏證："宋"，各本訛作"家"，筆畫之舛，遂不成字。誠案："家"，文津閣本誤作"家"；"遂不成字"，遺書系各本作"遂成或體"。

10.21　戴氏疏證："潣"亦作"憫"，"沭"亦作"怵"，"征伀”亦作“怔忪”。《玉篇》云：“憪怵，遑遽也。”“怔忪，懼貌。”誠案：遺書系各本無《玉篇》“憪怵，遑遽也”條。據上文“‘濶’亦作‘憪’，‘沭’亦作‘怵’”，有此條引文為是。

10.23　《方言》正文：忸怩，慙歰也。（歰猶苦者。）誠案：“者”，文淵閣本作“也”，當據改。

10.24　戴氏疏證：“謂之封”，各本訛作“謂之垤”。吴淑《事類賦注》引《方言》：“楚郢以南蟻土謂之封。”誠案：“吴淑”前，遺書系各本有“《太平御覽》及”五字。

10.26　《方言》正文：膊，兄也。（此音義所未詳。）荆揚之鄙謂之膊，桂林之中謂之䰫。誠案：此條無疏證文字，遺書系各本則有“案：‘膊’訓‘暴’，又見前卷七内”十字。

10.27　《方言》正文：讓、極，吃也。楚語也。或謂之軋，或謂之歰。（語歰難也。今江南又名吃為喋，若葉反。）誠案：注内“南”，遺書系各本誤作“東”。

10.28　戴氏疏證：《廣雅》：“癠、黨、矲、矲，短也。”曹憲《音釋》：“癠，在細反。”“黨，籍禮反。”誠案：此下，遺書系各本有“《周禮·春官·典同》注：‘人短罷。’《釋文》云：‘罷，皮買反。字或作矲，音同。《方言》：“桂林之間謂人短為矲矮。”矮，苦買反。’”三十九字。

10.31　戴氏疏證：案：《廣雅》：“惃、愗、頓愍、眠眩，亂也。”義本此。誠案：此下，遺書系各本有“《尚書·説命》：‘若藥弗瞑眩。’孔穎達疏曰：‘瞑眩者，令人憤悶之意也。《方言》云：“凡飲藥而毒東齊海岱間或謂之瞑，或謂之眩。”郭璞云：“瞑眩亦通語也。”’見前卷三内。‘瞑、眠’古字同”六十四字。

10.33　《方言》正文：眠娗、（莫典、塗殄二反。）脉蜴、賜施、茭媞、（恪校、得懈二反。）譠謾、㦛他，皆欺謾之語也。楚郢以南東揚之郊通語也。(六者亦中國相輕易蚩弄之言也。)誠案:注內“塗、校”,遺書系各本分别作“涂、交”;注内“亦”,遺書系各本無。

卷十一

11.1　戴氏疏證:注内“料”字,曹毅之本作“聊”。誠案:遺書系各本無此十字。

11.2　《方言》正文:其小者謂之麥蚻。(如蟬而小,青色……)誠案:“青色”,遺書系各本誤作“音札”。

11.2　戴氏疏證:“蚻”,各本訛作“疋”,曹毅之本訛作“蜒”,今訂正。誠案:遺書系各本無“曹毅之本訛作‘蜒’”七字。

11.11　《方言》正文:春黍謂之螢蝑。(螢,音藂……)誠案:注内“螢”,遺書系各本誤作“從”。

11.13　《方言》正文:蠭,燕趙之間謂之蠓螉,其小者謂之蠮螉。誠案:“蠮”,遺書系各本及文淵閣本誤作“蠾”。

11.20　戴氏疏證:注内“蝍蛆”,當作“音蝍蛆之蛆”。誠案:遺書系各本無“注内”以下十一字。

卷十二

12.4　《方言》正文:拊、撫,(音府。)疾也。(謂急疾也。)誠案:遺書系各本置“音府”於注文“謂急疾也”後。

12.10　戴氏疏證:“裔”,《説文》作“㛄”,云:“習也。”誠案:“㛄”,文津閣本誤作“洩”。

12.18　戴氏疏證:注内“泄气”二字與《説文》“歇”字注

“一曰气越泄”合。誠案：“歇”，遺書系各本誤作“渴”。

12.43　戴氏疏證：《廣韻》“撻”字注云：“《方言》：‘刺也。’亦作挖。”誠案：“挖”，文津閣本誤作“案”。

12.67　戴氏疏證：注内“謂”字，各本訛作“為”。左思《魏都賦》：“陸蒔稷黍。”李善注云：“《方言》曰：‘蒔，更也。’郭璞曰：‘謂更種也。’”今據以訂正。誠案：“注内”以下九字，遺書系各本作“今注内‘謂’訛作‘為’”七字，置於李善引文之後；“今據以訂正”，遺書系各本作“據此所引改正”。

12.69　戴氏疏證：“䬍”，各本訛作“飫”，今訂正。注内“音喙”，各本多作“音劇”，從曹毅之本。誠案：“今訂正”以上九字，遺書系各本在“從曹毅之本”下；“多”字下，遺書系各本有“訛”字。

12.79　《方言》正文：焜、爗，晠也。誠案：“晠”，文津閣本誤作“城”。

12.79　戴氏疏證：“爗、曄”同，亦作“燁”。誠案：此六字，遺書系各本作“‘爗’亦作‘燁’”；文淵閣本“燁”誤作“煜”。

12.79　戴氏疏證：張協《七命》：“觀聽之所煒曄也。”李善注引《方言》曰：“煒，盛也。”郭璞曰：“煒曄，盛貌也。”當即此條，而字有訛舛。誠案：遺書系各本無“張協”以下三十八字。

12.81　戴氏疏證：任昉《百辟勸進今上牋》：“近以朝命藴策。”……“藴”亦作“薀”。《廣雅》：“薀、崇、薔，積也。”誠案：任昉文題“牋”字，文津閣本誤作“棧”；《廣雅》文“薀”字，文津閣本誤作“藴”。

12.87　戴氏疏證：張衡《西京賦》：“赫昈昈以宏敞。”李善注引《埤蒼》云：“昈，赤文也。”誠案：遺書系各本無“張衡”以下二十二字。

12.90　《方言》正文：水中可居為洲，三輔謂之淤。誠案："淤"，文津閣本誤作"游"。

12.99　戴氏疏證："磃"即"𥓓"。誠案："即"，文淵閣本誤作"音"。

卷十三

13.10　戴氏疏證：薛綜注引《方言》："戒，備也。"《廣雅》："蕆、飭、戒，備也。"義本並。誠案:"並"，其他各本均作"此"，不誤。

13.27　戴氏疏證：顔師古注《漢書》云："埏，本音延，合韻音亦戰反。"誠案："亦"，遺書系各本及文淵閣本作"弋"，與《漢書》顔注同，當據正。

13.29　戴氏疏證："僆"即"撻"，各本訛作"倢"，從曹毅之本。誠案："從曹毅之本"，遺書系各本作"今訂正"。

13.33　戴氏疏證：《釋文》引何承天云："吴字誤，當為吳，從口下大，故魚之大口者名吳，胡化反。"《史記·武帝本紀》頌云："不虞不驁。"《索隱》引何承天云："此虞當為吳。"皆非。誠案："從口下大"之"大"，文津閣本無；"胡化反"下，遺書系各本有"此音恐驚俗也"六字；"頌云"，遺書系各本作"引《詩》作"三字；"皆非"，遺書系各本作"皆妄變字體以就謬説"。

13.34　戴氏疏證：案《後漢書·楚王英傳》："既知審實，懷用悼灼。"誠案：遺書系各本無《後漢書》以下十五字。

13.40　戴氏疏證："慘、憯"通。誠案：前一"慘"，遺書系各本及文淵閣本作"傪"不誤。

13.43　戴氏疏證：案"類，法也"已見前卷七内。諸刻無此三字，《永樂大典》本及曹毅之本有之。書内重見者多矣，删去非也。誠案："删去"之前，遺書系各本有"後人"二字。

13.62　戴氏疏證：《説文》云……"歉，飢虚也。"誠案："飢"，遺書系各本誤作"饑"。

13.63　戴氏疏證：曹憲《音釋》："湛，丈減反。"誠案："丈"，遺書系各本誤作"文"。

13.67　戴氏疏證：《玉篇》《廣韻》於"膍"字並云："膍肉。"誠案：前"膍"字，遺書系各本誤作"息"。

13.69　戴氏疏證：《漢書·食貨志》："舜命后稷，以黎民祖飢。"誠案："飢"，遺書系各本作"饑"，與《漢書》同。

13.75　《方言》正文：桃，理也。誠案："桃"，遺書系各本及文淵閣本、文津閣本均作"恌"，當據正。

13.91　戴氏疏證：案：張華《答何劭詩》："恬曠苦不足，煩促每有餘。"李善注引《廣雅》："恬，静也。"義本此。誠案："義本此"，遺書系各本作"此在前矣"。

13.101　戴氏疏證：《説文》云："賕，以財物枉法相謝也。""臧、贓"古通用。《漢書·景帝紀》"皆坐臧為盜，没入臧縣官"，"畀其所受臧"是也。誠案：遺書系各本無《説文》以下四十四字。

13.105　戴氏疏證：《曲禮》："豚曰腯肥。"鄭注云："腯亦肥。《春秋傳》作'腯腯，充貌也'。"據《左傳》"奉牲以告曰愽碩肥腯"，《曲禮》注當云："《春秋傳》作'肥腯'。"于"腯肥"為異，故引之。下當云："腯腯，充貌也。"上句脱"肥"字，下句脱一"腯"字。誠案：《曲禮》鄭注之後，遺書系各本有"《釋文》云：'腯，徒忽反。本或作豚。'"十一字；句末，遺書系各本有"'腯肥'不得作'豚肥'，蓋不知注有脱誤，從而妄改耳"十九字。

13.111　戴氏疏證：鄭注云："適之言責也。"誠案：句末，遺書系各本有“《説文》：‘啎，逆也。’”五字。

13.126　《方言》正文：芋，大也。(芋猶訏耳。)誠案：注内“託”，遺書系各本及文淵閣本、文津閣本等均作“訏”，當據正；“耳”，遺書系各本作“也”。

13.136　戴氏疏證：《玉篇》云：“篆，飤牛筐也。亦作筥。”誠案：“飤”，文津閣本誤作“飲”。

13.138　戴氏疏證：“蒫蘆”即“凵盧”。誠案：“凵”，《安徽叢書》本作“口”，文津閣本作“曰”，皆誤。

《劉歆與揚雄書》戴氏疏證：此五十二字乃後人於標題之下叙述二書之緣起，誤以王莽時為成帝時非原書之所有，故所作《容齋隨筆》稱……。誠案：自“此五十二字”至此，遺書系各本作“漢成帝時四字，係後人序入此二書者之妄，辯之曰……”。

《劉歆與揚雄書》戴氏疏證：……云云，殊為未考。今削此五十二字以免滋疑惑于後焉。誠案：“云云”以下，遺書系各本作“是輕執後人增入者之妄以疑古，疏謬甚矣。今仍列此二書，為逐條引證。删去緣起五十二字，以免滋惑”。

《揚雄答劉歆書》戴氏疏證：《華陽國志》云：“尚書郎楊壯，成都人，見揚子《方言》。”又云：“其次楊壯、何顯得意之徒，恂恂焉。斯蓋華、岷之靈標，江、漢之精華也。”誠案：遺書系各本無“斯蓋華、岷之靈標，江、漢之精華也”十三字。

《揚雄答劉歆書》戴氏疏證：《古文苑》章樵注云：“繡補，疑是裀褥之類，加繡其上。靈節，靈壽杖也。《漢書》‘靈壽杖’注：‘木似竹，有枝龍，長不過八九尺，圍三四寸，自然合杖制，不須削治。’節骨，水車也。禁苑池沼中或用以引水。《銘詩》今亡，不可復考。”誠案：“枝龍”之“龍”，遺書系各本及文淵閣本作“節”，當據正；“節骨”之“節”，遺書系各本及文淵閣本作“龍”，當據正。

《揚雄答劉歆書》戴氏疏證:《贊》内舉音薦雄待詔，不過附存異聞。使雄由王音薦，則“年四十餘”當改之曰“年三十餘”，其去元延二年為久滯京師矣。此又書言楊莊較之《傳贊》内言王音者為可信。誠案：遺書系各本無“此又”以下十八字。

原載於《文獻語言學》第一輯，中華書局 2015 年

論王念孫《方言》遺説的重建

一、引　言

語言學史研究中，語言學專著的研究是重點，而從事這類研究，文獻學方法的運用是基本的，必不可少的，否則很難得到精善的資料。校勘是整理的基本工作，《爾雅》《方言》《説文解字》《釋名》《廣韻》等名著自古以來已經産生過很多校本；版本也必須考究，我曾經以戴震《方言疏證》的整理為例討論過這一問題①；辨僞也要留意，前不久我們在研究《方言藻》的過程中就發現了這一需要②；輯佚同樣重要，不僅佚書鉤沉離不開，有些專題研究也需要從輯佚開始，比如王念孫《方言》遺説的重建。

王念孫（1744—1832）的《方言》研究，是我關注得較早、持續時間較長的一個課題，1988 年撰寫過《論王念孫的〈方言〉研

① 華學誠《論戴震〈方言疏證〉的整理》，《語文研究》2013 年第 3 期。

② 華學誠、張敏《〈方言藻〉與〈助字辨略〉對勘述論》，《語文研究》2015 年第 3 期。

究》一文[①]，2005 年撰寫過《王念孫手校明本〈方言〉的初步研究》一文[②]，2011 年在以上二文的基礎上撰寫了一章收入拙著《揚雄〈方言〉校釋論稿》一書中[③]，而在多年撰寫《揚雄方言校釋匯證》[④] 的過程中則一直没停止過查考王念孫的著作。在這漫長的關注與研究中，我清楚地看到，王念孫的《方言》研究成果一直為乾嘉以後的學者所重視，也深切地體會到，王念孫的《方言》研究成果至今仍有很重要的參考價值，王念孫的《方言》研究成果是王學研究不可或缺的内容。王念孫《方言》研究資料存世的現實是，除了《方言疏證補》一卷二十條之外，其他資料都散見於王氏不同時期的著作之中，利用十分不便。因此，按照王念孫的著述理念，建構合理體系，把王念孫的《方言》遺説輯録為一編，其重要性與必要性不言自明。

友生徐妍雁在我的指導下，曾對王氏《方言》遺説做過初步整理。本文撰寫利用了她所整理的部分資料，所以她應該是本文的合作者。

二、劉君惠與王念孫《方言》遺説的重建

王念孫《方言》研究成果需要並且值得重建，這一重要學術意見是 20 世紀 80 年代中期我在蜀中問學時從本師劉君惠先生那裏第一次聽到，還有幸見到過君惠先生所撰《〈方言疏證補〉補》手稿，

---

① 華學誠《潛齋語文叢稿》第 220—238 頁，南京大學出版社，1991 年。

② 華學誠《王念孫手校明本〈方言〉的初步研究》，《文史》2006 年第 1 期，第 211—240 頁。

③ 華學誠《揚雄〈方言〉校釋論稿》第 133—163 頁，高等教育出版社，2011 年。

④ 華學誠等《揚雄方言校釋匯證》，中華書局，2006 年。

並獲允摘抄了序言中的一段①。2011 年秋天在成都開會期間，應約與君惠先生的公子劉崇儀先生見面，並接受他的委託，承擔審讀已初步編成的《劉君惠先生著述輯存》，那是 10 月 23 日；其後不久，收到了劉崇儀先生寄來的書稿排樣紙本②，我旋即安排時間拜讀，於 2012 年 1 月 3 日完成審讀，並返回了具體意見和建議。正因為有了這樣一個機會，我終於讀到了君惠先生早年的文字，現將與本題有關的兩則資料抄録如下。

君惠先生 1937 年畢業於四川大學，畢業論文題《集高郵王氏〈方言〉遺説》，其師趙少咸教授贊曰："彌縫王説，亦多精當語。"下面是君惠先生的自序：

> 揚子雲《方言》辨章風謡，曲通萬殊，誠張伯松所歎"垂日月不刊之文"也。近世歐西語學家方以比較語彙為盛業，其經營講貫，今人所為目眩而心折者，子雲固導其先聲於二千年以前也。獨是自漢以來，踵其事、繼其志、肄其業者蓋寡。郭氏注説頗病闊略，清世戴、段、王、郝以降，小學聲均炳焉復於保氏。戴氏尤精研聲氣之微，第其為《方言疏證》也，徵論雖多，而貫通實尠，慮非精意之所存乎。段、郝二家，其疏解《爾雅》《説文》頗復牽舉《方言》，顧亦稀有講解。自餘錢氏《箋疏》，則已自知繁冗而未能剪裁，蕪亂掫落，蓋不勝糾弼已。獨王氏嘗補戴氏《疏證》而未蕆事，考文之精，甄義之覈，雖摶帛不盈一卷，然其條貫所在、䚡理之微，固可得而尋

---

① 我的卡片把書名記為《方言疏證續補》，見《揚雄〈方言〉校釋論稿》第 163 頁。

② 本文引用君惠先生著述，凡不專門注明出處者，均憑據此稿，簡稱《輯存》。排印樣稿中的文字明顯有誤時，據上下文意徑直改之，如因此而造成不符原意之處，責任全在筆者。

焉。王氏灼知訓詁之旨本於聲音，故其所著説皆就古音以求古義，引申觸類，不限形體，易簡之理得，故本立而道生，其言皆能中要害，賢于段、郝二家遠矣。

今王氏《疏證補》遺書猶在，其條貫固可尋繹。不揣檮昧，竊欲旁采王氏之説，師其條例以注説《方言》，亦以卒王氏未竟之志業也。殫精竭慮，審曲為勞，其從違取捨、次第後先，皆經度量，間亦羼以肊見，欲為彌縫，約得四例，以為藝極焉。一曰補戴氏之闕。此王氏遺書之條貫也。戴氏書病略簡，尠會通，故旁求王説以廣證憑，而於音理之辨别溝通，尤三致意焉。二曰匡錢氏之謬。錢氏多攘王説而略為己美，又矜誇小慧，苟為膠撓之辭，故多匡捄，以申王氏之義，而袪讀者之惑焉。三曰别裁。王氏著書非止一類，其一説而同見數書者，則只録其一，重出者不述，以辟複繁也。又《廣雅疏證》，王氏自謂十年精力所聚，閎博微眇，綜覈該通，案其所著書自宜以此為甲。且張稚讓之為《廣雅》也，旁采《倉頡》《訓纂》《滂喜》《方言》《説文》之説；索之《廣雅》，而《方言》之文十九皆在焉，今兹所集多採之《廣雅疏證》，職是故也。四曰拾遺。王氏考音定義至為審覈，亦間有疏略，輒為補苴，以燕石之瑜，補荆璞之瑕，誠不知量者之用心爾。循斯四例，庶寡愆尤。

而或者以謂鈔纂之業，何勞窮年月而為之哉？是未識甘苦之言也！吾之集此編也，鉤鋠之勤倍於秉牘，其别裁先後皆勞衷理，欲使其四肢百脉胥達於囟，無或雝閡也，鈔纂云乎哉！且今之怪舊蓺而善野言者坋飛蟇集，欲併華夏書契舉而廢之，國聞日陵夷，莫知怵惕，我瞻四方，又不勝其愴惻也。

民國丁丑年四月，華陽劉道龢序。

君惠先生的大學畢業論文，雖多方搜求，但終未獲見，很是遺憾。所幸《輯存》中收載了君惠先生 1945 年所撰《〈方言疏證補〉補》三卷，序文所述主旨與上引《自序》基本相同，由此推之，《〈方言疏證補〉補》當是以畢業論文為基礎而撰。君惠先生 1984 年在為四川省語言學會第二屆年會所撰論文《〈方言〉箋記》的緒言中說："予早歲同（胡）芷藩從趙先生少咸習《方言》，曾分撰《高郵王氏〈方言〉遺説考》，1945 年予又作《〈方言疏證補〉補》三卷，藏之篋笥四十年矣，今削其枝葉，為《〈方言〉箋記》。"由此可知，1937 年的《高郵王氏〈方言〉遺説考》、1945 年的《〈方言疏證補〉補》和 1984 年的《〈方言〉箋記》，雖前後延續四十七年，但一脉相承，而《〈方言疏證補〉補》的主旨、體例則更接近於畢業論文。

《〈方言疏證補〉補》有君惠先生自撰"略例"三條，可與上引《自序》中所説"四例"相互參證：

> 此編旁采王氏遺説以注《方言》，其斟酌損益一循王氏《方言疏證補》舊貫。
>
> 此編於王氏著書皆徵用殆遍，不復按條注明出處，間有補苴王説者，則別行低一格書之。
>
> 此編引用《廣雅疏證》説特多，蓋《方言》之文徵之《廣雅》十九俱在，錢氏《箋疏》每多割竊《廣雅疏證》説而不能會通，故凡案語，多糾錢説之違。

根據上引兩則材料，可以概括君惠先生的基本意見和主要工作如下：王念孫在《方言》研究方面取得的成果很豐富；王氏的《方言疏證補》反映了他撰寫《方言》研究著作的體例，但未完成；按照《方言疏證補》的"條貫"，從王氏著作，特別是《廣雅疏證》

中輯録相關材料，可以重建王氏《方言》“遺説”；其後影響不小的錢氏《箋疏》常常“割竊”王説，且多有“膠撓之辭”，應予“匡捄”；王氏説解中偶有“疏略”之處，當予補苴。可見，君惠先生的主張和實際工作包括兩個方面，一是重建王氏《方言》學説，二是補苴王説、匡正錢謬。也就是説，君惠先生完成的是一部有述有作的著作。

現從《〈方言疏證補〉補》中抄録一例，君惠先生所著之概貌庶幾能據此窺見：

碩、沈、巨、濯、訏、敦、夏、于，大也。自關而西秦晉之間凡人語而過謂之過，或曰僉；中齊西楚之間曰訏。

訏從于聲。《方言》：“于，大也。”誇、訏、芋並從于聲，其義同。《説文》：“誇，奢也。從大、于聲。”《爾雅》：“訏，大也。”（《釋詁》一）又云：“芋，大也。”郭璞注云：“芋猶訏耳。”《大雅·生民》篇“寔覃寔訏”，《小雅·斯干》篇“君子攸芋”，芋，毛傳並云“大也”。沈讀若覃。《漢書·陳勝傳》“夥涉之為王沈沈者”，應劭注云：“沈沈，宫室深邃之貌也，音長含反。”張衡《西京賦》云：“大厦眈眈。”《玉篇》：“譚，大也。”譚、眈並與沈通。敦訓大者，《爾雅》太歲“在午曰敦牂”，孫炎注云：“敦，盛；牂，壯也。”是大之義也。敦又音徒昆反，其義亦為大。《漢書》“敦煌郡”，應劭注云：“敦，大也；煌，盛也。”《周語》“敦厖純固”，韋注云：“敦，厚也；厖，大也。”《商頌·長髮》傳云：“厖，厚也。”《墨子·經》篇云：“厚，有所大也。”厚與大同義，故厚謂之敦，亦謂之厖；大謂之厖，亦謂之敦矣。又《廣雅》云：“僉，過也。”（《釋言》）過之言過也，夥也。《方言》又云：“僉，劇也；僉，夥也。”劇亦過盛之意。

道龢謹案：于訓大，凡從于之字亦訓大。《檀弓》云“于則于”，説者以為廣大是矣。從于字，如宇曰天宇、曰大宇，《逸周書·寶典》篇是謂“寬宇”。《荀子·非十二子》篇云：“矞宇嵬瑣。”楊倞注：“宇，大也。”又：衦，衣寬博也；竽，大笙也；迂，遠也。並有大義。又如芋字，亦有大義，《説文》云“芋，大葉實根，駭人，故謂之芋”是也。案：《廣韻》：“譚（徒含反，覃韻定紐），大也。”“眈（丁含反，覃韻端紐），視近而志遠也。”沈（直沈反，又尸甚反，侵韻澄紐），《説文》“陵上滈水也”。以聲言之，古音同為舌頭；以韻言之，則冘本在覃，固為疊韻也（冘本在覃韻，段列于談韻誤。孔氏以冘列于覃韻，自後皆從之）。故譚、眈得與沈通。《説文》：“耽，耳大垂也。”亦有大義。

“道龢謹案”之後是劉先生的“補”，之前是摘録的王氏疏解材料。從“訏從于聲”到“大謂之庬，亦謂之敦矣”摘自《廣雅疏證》卷一上“誇、訏、芋、沈、敦，大也”條，自“又《廣雅》云”以下摘自《廣雅疏證》卷五下“僉，過也”條。

三、王念孫《方言》遺説的散存情況

科學重建王氏《方言》遺説的前提，是要釐清王氏的《方言》研究著述，包括著作時間、存世情況等等。這就需要考察王氏父子的學術歷程和全部著述，因為王氏的其他著作，包括王引之的著作中，也包含一些王念孫《方言》研究的材料。

我曾把王念孫有關《方言》的著作鏈概括如下：《方言、廣雅、小爾雅分韻》→《校正方言》→手校戴震《方言疏證》→《方言疏證補》→《廣雅疏證》。其中《校正方言》即手校明本[①]。這一著作鏈是就王氏著述中與《方言》直接相關者而言，並不完全。現參考王國維《觀堂集林》卷八《高郵王懷祖先生訓詁音韻書稿叙録》[②]，劉盼遂《高郵王氏父子年譜》[③]，薛正興《王念孫王引之評傳》[④]，陽海清、褚佩瑜、蘭秀英《文字音韻訓詁知見書目》[⑤] 等，把保存王氏《方言》遺説的著述按照著述時間條理如下：

1.《方言、廣雅、小爾雅分韻》一卷。王氏自乾隆四十一年(1776)以後四年，獨居家鄉祠畔之湖濱精舍，“以著述至事，窮搜冥討，謝絶人事……上虞羅氏振玉得先生叢稿盈箱，内計……《方言、廣雅、小爾雅分韻》一巨本……提封八十册，此外尚有《群經字類》《六書正俗》《説文考正》《讀説文劄記》《校正方言》等書，當皆此數年中所條理”[⑥]。此書與《爾雅分韻》都是《雅詁表》的長編，該稿對三種書的訓詁材料依韻進行分類，是為進一步研究所做的案頭基礎工作，書稿中並無王氏撰寫的内容。《高郵王石臞先生四種》本，手稿。

2.《釋大》八篇。存於羅振玉所獲王念孫遺稿中，按照劉盼遂的意見，屬於王氏獨居家鄉這一階段的作品。有《高郵王氏遺書》本。

---

① 詳參拙著《揚雄〈方言〉校釋論稿》第146—147頁。

② 王國維《觀堂集林》第二册第395—407頁，中華書局，1959年。

③ 劉盼遂《高郵王氏父子年譜》，羅振玉輯《高郵王氏遺書》附録，江蘇古籍出版社，2000年。

④ 薛正興《王念孫王引之評傳》第28—66頁，第121—151頁，南京大學出版社，2008年。

⑤ 陽海清、褚佩瑜、蘭秀英《文字音韻訓詁知見書目》，湖北人民出版社，2002年。

⑥ 劉盼遂語。

3.《校正方言》。王氏“乾隆四十四年己亥三十六歲。仍居湖濱精舍校正《方言》，後攜至京師與戴本對勘，則所見多同，其小異者一二事耳”[①]。學界一直以為此書早已亡佚。所謂《校正方言》，其實並非王氏的校書成稿，而是他在明代胡文煥《格致叢書》本《方言》上的手校，有朱墨兩色，間夾浮簽。上海圖書館 1961 年從潘景鄭處購得入藏[②]，未刊。

4.《群經字類》二卷。此書王氏生前未刊，稿本藏遼寧圖書館，有民國七年（1918）羅振玉據稿本影印《嘉草軒叢書》本，書中有少量引用《方言》之處。

5.《説文解字校勘記殘稿》一卷。乾隆三十四年（1769），王氏 26 歲在京購得毛刻北宋本《説文解字》，擬“歸而發明字學”[③]。乾隆三十八年（1773），王氏在安徽學政署為朱筠校正小徐本《説文》，又代朱筠撰《重刻説文解字序》。次年（甲午，1774）夏隨朱筠入都，“以半載之力成《説文考異》二卷”[④]。乾隆四十一年（1776）之後在家鄉湖濱精舍撰《説文考正》，疑此書即基於《説文考異》。乾隆四十六年（1781），王氏與蘇齋學派創立人翁方綱，以及盧文弨、程晉芳、周永年、丁傑、陳竹庵、劉台拱等雅集於詩境軒，同觀桂馥（1733－1802）新著《續三十五舉》。桂馥輯録王氏《説文》校勘記，當在這一時間前後，宣統元年（1909）《晨風閣叢書》本即為桂馥輯本，此書中引用少量《方言》文字。

6. 戴震《方言疏證》手校本。王氏於乾隆四十五年（1780）入都，供職于翰林院，“賃居京邸，屏絶人事，鍵户日手一編，探

---

① 劉盼遂語。

② 華學誠《王念孫手校明本〈方言〉的初步研究》，《文史》2006 年第 1 期。

③ 劉盼遂語。

④ 同上。

賾索隱，觀其會通"[1]。次年補行散館，其後任工部都水司主事，忙於政務，並撰《導河議》上下篇，任勑纂《河源紀略》纂修官，別撰《辨訛》一門凡六卷。據此推知，用手校明本《方言》與戴本對勘，當在入都的庚子當年。王氏在孔繼涵《微波榭叢書》本戴震《方言疏證》上進行手校，今存1—7卷，朱墨兩色，間夾浮簽，藏中國科學院圖書館。

7.《輶軒使者絶代語釋別國方言疏證補》一卷。王氏在乾隆五十二年（1787）夏秋間撰此書，僅一卷20條而中止，是年八月始作《廣雅疏證》。此書有民國十四年（1925）上虞羅氏排印《高郵王氏遺書》本，民國三十年（1931）渭南嚴氏成都賁園刻本。

8.《廣雅疏證》十卷。從乾隆五十二年（1787）開始至乾隆六十年（1795），王氏用了七年半時間撰成九卷，第十卷用王引之所撰之稿。次年即嘉慶元年（1796）高郵王氏家刻，正文後附刻王念孫校正《博雅音》十卷。《皇清經解》本、淮南書局本、《畿輔叢書》本均據王氏家刻本重刊，《四部備要》本則據此排印。上海古籍出版社、中華書局、江蘇古籍出版社影印均據王氏家刻本，書後增入《廣雅疏證補正》，江蘇古籍出版社在卷前還增入了《王念孫傳》《王引之傳》。

9.《廣雅疏證補正》一卷。《廣雅疏證》刊成後，王氏復加校補，或細書於刊本上，或別簽夾入書中。這一手校本流出被輾轉收藏，最後由淮安黃海長購得，闕卷八、卷九。羅振玉確認此為王氏手書後，黃海長將補正内容抄出，成《廣雅疏證補正》一卷，並作跋語，於光緒二十六年（1900）刊印20本。王國維從羅振玉處借得黃刊本，刊入雜志中，並為之跋。羅振玉1922年購得王氏手稿

---

① 劉盼遂語。

一箱中，《廣雅疏證》初印本雖散佚數册而卷八、卷九獨存，羅氏 1928 年據原書全本重加校録，共得 501 則，上海古籍出版社、中華書局、江蘇古籍出版社的《廣雅疏證》影印本所附《補正》即是羅氏校録本。

10.《經義述聞》三十二卷。嘉慶二年（1797），王引之《經義述聞》付梓。此為初刻本，無《春秋名字解詁》《太歲考》，内容相當於道光本的二十八卷。道光七年（1827）於京師西江米巷壽藤樹屋重刻，凡三十二卷，此為足本。《四部備要》本據此本排印，江蘇古籍出版社據此本影印。

11.《經傳釋詞》十卷。嘉慶三年（1798），王引之《經傳釋詞》高郵王氏家刻。《皇清經解》本據此重刻，《守山閣叢書》本據《皇清經解》重刻，成都書局本據《守山閣叢書》本重刻。江蘇古籍出版社據王氏家刻本影印。

12.《讀書雜志》八十二卷《餘編》二卷。此書著述時間較長，王念孫《管子雜志叙》云："余撰《廣雅疏》成，則於家藏趙用賢本《管子》詳為稽核，既又博考諸書所引，每條為之訂正。"也就是説，《讀書雜志》寫作開始於《廣雅疏證》完成的同時。《讀書雜志》從嘉慶十七年（1812）開始陸續付梓，至道光十一年（1831）冬刻成，次年正月王念孫逝世。《讀書雜志》撰寫時間前後有 37 年，刊刻延續時間前後也有 19 年。王氏去世後，王引之又撿得遺稿，於次年編成《餘編》二卷刻之。金陵書局於同治九年（1870）據王氏家刻本重刊，鴻文書局據王氏家刻本排印《王氏四種》，江蘇古籍出版社據王氏家刻本影印。

13.《爾雅郝注刊誤》一卷。乾隆五十二年（1787），44 歲的王念孫開始著述《廣雅疏證》。劉盼遂謂：王氏所以不作《説文》撰述，是因為段玉裁"已成《説文解字讀》五百餘卷"；王氏所以不作《方言》撰述，是因為戴氏《方言疏證》已成，且“大體既得”；王氏所以不作《爾雅》撰述，是因為邵晉涵的《正義》已經告成，而郝懿行也開始撰述《義疏》，並“昕夕過從先生問雅詁、商體制，先生於此書遂不再措思焉”。此時郝懿行31歲，至《爾雅義疏》道光二年（1822）成書，前後長達35年。郝懿行於道光五年（1825）去世，《義疏》初刻為阮元《皇清經解》本（1826－1829），書刻成，王念孫尚在世（王氏卒於1832年）。學界謂阮元刻本是王念孫删改本，則《爾雅郝注刊誤》的工作當在郝書稿成與初刻之間的三四年。王氏《刊誤》原寫本舊藏貴陽陳松山家，首尾批注有朱墨兩色，凡一語有未安，一字有訛脱，均以朱筆訂正。編刊在《殷禮在斯堂叢書》(1928)，所録刊誤113條，每條前列《爾雅》原文，次列郝疏，次列王氏按語，但並非全稿，書前有羅振玉1919年所撰序言。

上述著述均與《方言》有關，但《方言、廣雅、小爾雅分韻》只是三種古代語言學專著的分韻排列，並無王氏著述内容，所以我們輯録、重建王氏《方言》遺説時只考索除此之外的12種著作。

四、王念孫《方言》遺説的重建方式

劉君惠先生已經提出了重建王氏《方言》遺説的基本體例，但劉先生的體例是“有述有作”的著作要求。在劉先生意見的啓發下，按照單純重建的理念，我們確立了如下重建原則：不對王説進行補苴，也不對錢説或者其他學者的意見進行辨正，只追求全面、客觀地重建王氏《方言》學説。這一重建原則可以概括為一句話，即“述而不作”。

依據上述原則，確定了兩條基本條例。第一，以明代胡文焕

《格致叢書》本《方言》為綱，輯録王氏《方言》學説。揚雄《方言》存世有宋本、明本、清本和各種翻刻本、影鈔本、校注本等，但是王氏所用的工作底本是明代的《格致叢書》本，其手校工作正是在此本上進行的，所以依據此本有利於呈現王氏《方言》學説。第二，在《方言》各條下，按照王氏著述時間順序輯録材料。王氏著述很多，“其一説而同見於數書者”不是罕見現象，因此劉君惠先生主張加以别裁，“只録其一，重出者不述，以辟複繁也”，極有道理！但這一主張也有局限，一是難以全面反映王氏《方言》遺説，二是難以動態呈現王氏《方言》遺説。

依據重建原則與基本條例，初步擬定如下主要凡例。

（1）以明代胡文焕《格致叢書》本《方言》為底本，以揚雄《方言》條目為綱，重建王氏《方言》遺説。

（2）按揚雄《方言》條目輯録王氏著述内容，其中與揚雄《方言》無關的文字予以删節，以省略號標記。

（3）在揚雄《方言》每條下排列所輯内容時，以王氏著述時間為序。

（4）輯録資料排列順序、簡稱及其版本如下：

《釋大》八篇，簡稱【大】，《高郵王氏遺書》本；

《方言》十三卷手校本，簡稱【明】，上海圖書館藏王氏手校明本；

《群經字類》二卷，簡稱【群】，《嘉草軒叢書》影印稿本；

《説文解字校勘記殘稿》一卷，簡稱【説】，《晨風閣叢書》本；

《方言疏證》手校本，簡稱【戴】，中國科學院圖書館藏王氏手校戴本；

《輶軒使者絶代語釋别國方言疏證補》一卷，簡稱【補】，《高郵王氏遺書》本；

《廣雅疏證》十卷，簡稱【廣】，上海古籍出版社影印王氏家刻本；

《廣雅疏證補正》一卷，簡稱【正】，上海古籍出版社影印《廣雅疏證》後附；

《經義述聞》三十二卷，簡稱【述】，江蘇古籍出版社影印本；

《經傳釋詞》十卷，簡稱【詞】，江蘇古籍出版社影印本；

《讀書雜志》八十二卷《餘編》二卷，簡稱【讀】，江蘇古籍出版社影印本；

《爾雅郝注刊誤》一卷，簡稱【郝】，《殷禮在斯堂叢書》本。

(5)《方言》的郭璞注以及王氏著述中的雙行小注，皆以圓括號標出；所輯材料中引用的《方言》與郭注文字可能包含王氏的校勘意見，加粗顯示，以便與《方言》正文對照。

(6)《方言》每條後標出《格致叢書》本《方言》的頁碼，王氏手校明本與手校戴氏疏證本條目與之相同，不標注頁碼，其他輯録材料之後用方括號標出相關版本的卷數、條目和頁碼。

五、王念孫《方言》遺説的重建樣稿

上文曾引録劉君惠先生《〈方言疏證補〉補》中的一條，為了便於對比，仍以此條為例。

> 碩、沈、巨、濯、訏、敦、夏、于，大也。(訏亦作芋，音義同耳。香于反。)齊宋之間曰巨，曰碩。凡物盛多謂之寇。(今江東有小鳧，其多無數，俗謂之寇也。)齊宋之郊、楚魏之際曰夥。(音禍。)自關而西、秦晉之間凡人語而過謂之過，(于果反。)或曰僉。東齊謂之劍，或謂之弩。弩猶怒也。陳鄭之間曰敦，荆吴揚甌之郊曰濯，中齊西楚之間曰訏。(西楚謂今汝南彭城。)自關而西、秦晉之間凡物之壯大者而愛偉之謂

之夏，周鄭之間謂之嘏。（音賈。）郴，齊語也。（洛含反。）于，通詞也。5a

【大】嘏，大也。（亦作假。《爾雅·釋詁》："嘏、假，大也。"《方言》：**"嘏，大也。宋魯陳衛之間謂之嘏。秦晉之間凡物壯大謂之嘏。"**又曰：**"凡物之壯大者，周鄭之間謂之假。"**《詩·那》："湯孫奏假。"毛傳："假，大也。"《禮記·郊特牲》："嘏，長也。大也。"《禮運》："祝嘏莫敢易其常古，是謂大假。"）〔一上一67〕

【大】巨，大也。（《方言》：**"巨，大也。齊宋之間曰巨。"**）故大剛謂之鉅。（《説文》："鉅，大剛也。"《荀子·議兵篇》："宛鉅鐵釶，慘如蠭蠆。"《史記·禮書》同。徐廣注："大剛曰鉅。"）黍一稃二米謂之𪏰。（音巨。《説文》："𪏰，黑黍也。一稃二米以釀。"字亦作秬。《詩·生民》六章："維秬維秠。"《周禮》"鬯人"鄭注："秬如黑黍，一稃二米。"）縣鐘直木上為猛獸謂之虡。（音巨。《説文》："虡，鐘鼓之柎也。飾為猛獸。從虍，異象形。"或省作虡。《考工記·梓人》："為筍虡，厚脣、弇口、出目、短耳、大胸、燿後、大體、短脰，若是者謂之贏屬，以為鐘虡。"張衡《西京賦》："洪鐘萬鈞，猛虡趪趪，負筍業而餘怒，乃奮翅而騰驤。"薛綜注："縣鐘格，橫曰筍，植曰虡。當筍下，為兩飛獸以背負。又以板置上，名為業。"亦作鐻。《周禮·典庸器》："帥其屬而設筍虡。"杜子春注："橫者為筍，從者為鐻。"）〔三下一71〕

【大】于，於也。氣之舒也。（《説文》："亏，於也。象氣之舒。從丂從一。一者，其氣平出也。"隸作于。）故大謂之迂，廣謂之迂。（《玉篇》："迂，廣大也。"通作于。**《方言》：**
"于，大也。"《禮記·檀弓》："易則易，于則于。"孔疏："易是簡易。于音近迂，是廣大之義。”《文王世子》：“況于其身，以善其君乎。”鄭注：“于讀為迂。迂猶廣也，大也。”按：凡稱于者，皆廣大之義。《漢書·元后傳》：“獨衣絳緣諸于。”顔注：“諸于，大掖衣也。”《説文》：“鏄，大鐘淳于之屬。”淳于亦作錞于。《周禮·鼓人》：“以金錞和鼓。”鄭注：“錞，錞于也。圜如碓頭，大上小下，樂作鳴之，與鼓相和。”《晉語》：“戰以錞于、丁甯，儆其民也。”《説文》：“䎿，昆于，不可知也。”䎿音昆。《爾雅·釋草》：“莤，蔓于。”郭注：“草生水中，一名軒于。江東呼莤。”《漢書·司馬相如傳》：“奄閭軒于。”張揖注：“軒于，蕕草也。”蕕與莤同。陳藏器《本草拾遺》云：“蕕草生水田中，似結縷，葉長。”諸于、淳于、蔓于、軒于，義並相近。)〔六下—76〕

【大】訏，大也。(《爾雅·釋詁》：“訏，大也。”**《方言》：“中齊西楚之間曰訏。”**《詩·溱洧》首章：“洵訏且樂。”毛傳：“訏，大也。”亦作盱、芋。《詩》“洵訏且樂”，《韓詩》及《漢書·地理志》並作盱。**《方言》：“芋，大也。”**郭注：“芋猶訏耳。”)〔七下—79〕

【大】宏，大也。轉之為夏。**《方言》曰：“自關而西、秦晉之間凡物之壯大者而愛偉之謂之夏。”**《詩》曰：“肆于時夏。”又轉之為洪。《爾雅》曰：“宏、夏、洪，大也。”又轉之為夥，為過。《史記·陳涉世家》：“楚人謂多為夥。”**《方言》曰：“凡物盛而多，齊宋之郊、楚魏之際曰夥。(音禍。)自關而西、秦晉之間凡人語而過謂之過。”**《説文》曰：“錁，齊謂多為錁。”〔八—81〕

【明】浮簽：“齊宋之郊”，“郊”，宋慶元本作“間”。

【明】“周鄭之間謂之暇”之“暇”，校改作“㗇”。

【明】“于，通詞也”之“詞”，校改作“語”。

【戴】天頭朱批：“齊宋之間謂大為巨。”（《一切經音義》三、十）又：“齊宋之間謂大曰巨。”（六、十二）又：“齊宋之間謂大曰碩。”（七）

【戴】天頭墨批：《史記・司馬相如傳》：“灕沈澹災。”“沈”當讀為淫水之淫，謂大水也。高誘注《淮南・覽冥訓》：“平地出水為淫水。”桓元年《左傳》：“凡平原出水為大水。”

【戴】天頭墨批：《荀子・君子篇》：“古者刑不過罪，爵不逾德。故殺其父而臣其子，殺其兄而臣其弟。刑罰不怒罪，爵賞不逾德，分然各以其誠通。”並於其中“怒”字右側加雙圈。

【戴】圈去郭注“于果反”之“于”字，於其右側加注“乎”字。

【戴】天頭墨批：《爾雅・釋詁》：“嘏、假，大也。”下引**《方言》：“秦晉之間凡物壯大謂之嘏。”**古假字☆[①]☆☆……**“周鄭之間謂之假。”**

【廣】夸者：《説文》：“夸，奢也。從大，于聲。”**《方言》：“于，大也。”**夸、訏、芋並從于聲，其義同也。……訏與下芋字同。《爾雅》：“訏，大也。”**《方言》云：“中齊西楚之間曰訏。”又云：“芋，大也。”郭璞注云：“芋猶訏耳。”**《大雅・生民篇》：“寔覃寔訏。”《小雅・斯干篇》：“君子攸芋。”毛傳並云：“大也。”……芋又音王遇反，其義亦為大。《説文》云：“芋，大葉實根駭人，故謂之芋。”是也。沈讀若覃。**《方言》：“沈，大也。”**《漢書・陳勝傳》：“夥，涉之為王沈沈者。”應劭注云：“沈沈，宮室深邃之貌也。音長含反。”張衡《西京賦》

---

① ☆，此符號表示原文漫漶不清的字。

云："大廈眈眈。"《玉篇》："譚，大也。"譚、眈並與沈通。……敦者，**《方言》："敦，大也。陳鄭之間曰敦。"**《爾雅》："大歲在午曰敦牂。"孫炎注云："敦，盛；牂，壯也。"是大之義也。敦又音徒昆反，其義亦為大。《漢書》"敦煌郡"應劭注云："敦，大也；煌，盛也。"《周語》："敦庬純固。"韋注云："敦，厚也；庬，大也。"《商頌·長發》傳云："庬，厚也。"《墨子·經篇》云："厚，有所大也。"厚與大同義，故厚謂之敦，亦謂之庬；大謂之庬，亦謂之敦矣。〔1上：夸、訏、沈、皾、芋，大也—5、6〕

【廣】薄怒者：**《方言》："薄，勉也。秦晉曰薄，故其鄙語曰薄努，猶勉努也。南楚之外曰薄努。"郭璞注云："如今人言努力也。"**李陵《與蘇武詩》云："努力崇明德。"努與怒通，故**《方言》云："努猶怒也。"**〔3上：薄、怒，勉也—83〕

【廣】錁者：**《方言》："凡物盛而多，齊宋之郊、楚魏之際曰夥。"**《史記·陳涉世家》云："夥頤，涉之為王沈沈者。"楚人謂多為夥，夥與錁同。今人問物幾許曰幾多，吴人曰幾夥，語之轉也。……僉怒者：**《方言》："僉，夥也。"又云："自關而西、秦晉之間凡人語而過曰僉；東齊謂之劍，或謂之弩。弩猶怒也。"**皆盛多之意也。《爾雅》："僉，皆也。"義與多亦相近。……够者：《玉篇》："够，苦侯切。多也。"《廣韻》同。**《方言》："凡物盛而多謂之寇。"**寇與够聲近義同。《文選·魏都賦》："繁富夥够。"李善注引《廣雅》："够，多也。"〔3下：錁、僉、怒、够，多也—93〕

【廣】過之言過也，夥也。《方言》云：**"凡物盛而多，齊宋之郊、楚魏之際曰夥，自關而西、秦晉之間凡人語而過謂之過，或曰僉。"又云："僉，劇也。""僉，夥也。"**劇亦過甚之

意。〔5下：僉，過也—160〕

【述】《方言》曰："吴，大也。"又曰："于，大也。"《檀弓》："易則易，于則于。"《正義》曰："于音近迂，是廣大之義。"《文王世子》："況于其身以善其君乎?"鄭注曰："于讀為迂。迂猶廣也，大也。"《尚書大傳》："羲伯之樂，名曰朱于。"鄭注曰："于，大也。"（見《儀禮經傳通解續·因事之祭》。）〔22：周王子虞字子于—525〕

【述】霍，大貌。《爾雅》："大山宫小山，霍。"《風俗通義》曰："萬物盛長，霍然而大。"盱之言于也。于，大也。《爾雅》："訏，大也。"**《方言》："中齊西楚之間曰訏。"**訏與盱，聲義亦同。〔22：蔡公孫霍字盱—525〕

【述】莊四年《傳》："今紀無罪，此非怒與?"何注曰："怒，遷怒。齊人語也。此非怒其先祖，遷之于子孫與?"家大人曰：遷怒但謂之怒，則文義不明，何注非也。怒之言弩，太過之謂也。**《方言》："凡人語而過，東齊謂之劍，或謂之弩。弩猶怒也。"**《荀子·君子篇》："刑罰不怒罪，爵賞不逾德。"怒也，逾也，皆過也。（説見《荀子》。）是古者謂過為怒。"今紀無罪，此非怒與"者，言今日之紀無罪，乃因其先世有罪而滅之，此非太過與。東齊謂過為弩，則弩者，齊人語也。〔24：此非怒與—576〕

【讀】"是杅杅亦富人已"楊注曰："杅杅即于于也，自足之貌。《莊子》曰：'聽居居，視于于也。'"引之曰："聽居居""視于于"與富意無涉。案**《方言》："于，大也。"**《文王世子》："于其身以善其君。"鄭注曰："于讀為迂。迂猶廣也，大也。"《檀弓》："易則易，于則于。"《正義》亦曰："于謂廣大。"重言之則曰于于。上文曰："治天下之大器在此。"又曰："大富

之器在此。”是言學之富如財之富也，故曰“是杅杅亦富人已”。〔荀子第二·杅杅一665〕

【讀】“刑罰不怒罪，爵賞不逾德”，念孫案：怒、逾皆過也。（《淮南·主術篇》注：“逾猶過也。”）**《方言》曰：“凡人語而過，東齊謂之䛩。”**又曰：**“䛩猶怒也。”**是怒即過也。上言刑不過罪，此言刑罰不怒罪，其義一而已矣。〔荀子第七·不怒罪一729〕

六、王氏《方言》遺説重建的資料價值

按照上述重建方式，王氏關於《方言》校勘、訓釋的内容能夠得到全面呈現，而且是動態呈現。無論是研究《方言》利用王氏學説，還是研究王氏在《方言》上的貢獻以及王氏學術的發展，這樣的呈現方式對於王氏資料的利用都是極為便利的。下面從校勘與訓釋兩個方面，對上面的重建樣條作簡要歸納，大致可以清楚地看到能夠利用的資料。

（一）關於校勘。從樣條中可以概括出王氏關於《方言》及郭注的下述主要校勘意見。

1. 凡物盛多謂之寇。齊宋之郊、楚魏之際曰夥。

a. 《釋大》和《廣雅疏證》兩引“物盛”下有“而”字。

b. 《釋大》和《廣雅疏證》引“郊”字同，手校明本引存異文作“間”。

2. 自關而西、秦晉之間凡人語而過謂之過（于果反）。

手校戴本改“于”作“乎”。

3. 䛩猶怒也。

《廣雅疏證》引“䛩”作“努”，而《經義述聞》《讀書雜志》

則引均作“弩”。

4. 周鄭之間謂之暇。

《釋大》引“暇”作“假”，手校明本校改作“䪗”，手校戴本引存“䪗”、“假”。

5. 于，通詞也。

手校明本“詞”校改作“語”。

（二）關於訓釋。從樣條中可以概括出王氏關於《方言》詞條的下述主要訓釋意見。

1. 沈，大也。

手校戴本謂：“沈”當讀為淫水之淫，淫水即大水。

《廣雅疏證》謂：“沈”訓大，讀若覃，例見《漢書》；“譚”“眈”並與“沈”通，例見《西京賦》及《玉篇》。

2. 巨，大也。……齊宋之間曰巨。

《釋大》謂：從“巨”得聲的“鉅”“鐻（柜）”和同音的“虡（虡）”都有大義。

3. 訏、于，大也。……中齊西楚之間曰訏。……于，通詞也。

《釋大》謂：凡稱“于”者，皆有“廣”“大”之義，如“于”“迂”“訏”“盱”“芋”等。

《廣雅疏證》謂：“夸”“訏”“芋”並從“于”聲，其義同。“芋”又音王遇反，其義亦為大。

《經義述聞》謂：“于”“迂”“訏”“盱”聲義同。

《讀書雜志》謂：“于”訓大，重言“扜扜”“于于”亦訓大。

4. 敦，大也。……陳鄭之間曰敦。

《廣雅疏證》謂：“敦”訓為大，亦訓為壯、訓為厚，壯、厚均有大義。

5. 夏，大也。自關而西、秦晉之間凡物之壯大者而愛偉之謂之夏，周鄭之間謂之暇。

《釋大》謂："宏"，轉之為"夏"，又轉之為"洪"，皆訓為大；又轉之為"夥"、為"過"，訓多，與大義近。

6. 凡物盛多謂之寇。

《廣雅疏證》謂："寇"與"够"聲近義同。够，多也。

7. 凡物盛多……齊宋之郊、楚魏之際曰夥。自關而西、秦晉之間凡人語而過謂之過。

《廣雅疏證》謂：楚人謂多為"夥"，"夥"與"錁"同。今人問物幾許曰幾多，吴人曰幾夥，語之轉也。"過"之言過也，夥也。

8. 自關而西、秦晉之間凡人語而過……東齊……或謂之弩。弩猶怒也。

《廣雅疏證》謂："努"與"怒"通。又謂："僉""怒"皆盛多之意。

《經義述聞》謂：莊四年《傳》："今紀無罪，此非怒與?"怒之言弩，太過之謂。《荀子·君子篇》："刑罰不怒罪，爵賞不逾德。""怒""逾"皆訓過。東齊謂過為"弩"，"弩"是齊人語。

《讀書雜志》謂：《荀子》"刑罰不怒罪，爵賞不逾德。""怒""逾"皆訓過。

9. 自關而西、秦晉之間凡物之壯大者而愛偉之謂之夏，周鄭之間謂之假。

《釋大》謂："嘏""假"均訓大，《爾雅》《方言》以及《詩》《禮記》皆可證。

七、遺説重建對王學研究的學術意義

王氏《方言》遺説重建之後，特別有利於進行全面、歷時的考察，並進而深入研究王氏學術的發展。以校勘為例，從王氏《方言》遺説中我們至少能看到下述情形。

（一）後期著作對前期著作中的校勘意見補充了證據

1. 卷一："未，續也。"早期無校。《廣雅疏證》"撚、未，續也"條引《方言》同，但提出了校勘意見："未與續義不相近，《方言》《廣雅》'未'字疑皆'末'字之訛。《方言》：'末，隨也。'隨亦相續之意。"

2. 卷二："好目謂之順，黸瞳之子謂之𥈤。"早期無校。《讀書雜志》《經義述聞》引《方言》則皆作"黸瞳子謂之𥈤"，"黸瞳"下無"之"字。《經義述聞》云："今本'子'上衍'之'字，當據《説文》删。"

3. 卷三："杌，仇也。"手校明本改"杌"作"執"，未引證。手校戴本補充了一條證據："執字見《太玄》。"《讀書雜志》引《方言》作"執"，又補了一條證據："今本執訛作杌。據《集韻》引改。"

（二）早期校勘意見在後期著作中有了進一步發展

1. 卷二："㥏、惬、赧，愧也。……秦晉之間凡愧而見上謂之赧。"郭注："面赤愧曰赧。"手校明本云："《爾雅疏》引此作'㥏惬赧赧慚也'。"未予按斷。戴震《方言疏證》正文及郭注均作"赧"，王氏手校云："赧，愧也。《小雅》云：面愧曰赧。（《一切經音義》二）"又："自愧而耻謂之赧。（廿二）"至此知王氏已斷定"赧"為"赧"之誤字。《廣雅疏證》卷一"慚也"條引《方言》則徑作"赧"。

2. 卷五："桮落……自關東西謂之桮落。"手校戴本云："《御覽》'東'作'而'。"未予按斷。《廣雅疏證》卷七"杯落也"條引《方言》徑作"自關而西謂之桮落"。

3. 卷六："徥、用，行也。"郭注："徥皆，行貌。度揩反。"手校明本將注内"徥皆"改作"徥偕"，手校戴本則改"徥徥"為"徥偕"。盧文弨《重校方言》據《方言》卷二郭注改此注作"徥偕"，王氏最後校定與盧氏同。

（三）前期有些校勘意見在後期著作中棄而未用

1. 卷二："梁益之間凡人言盛及其所愛曰諱其肥胾謂之驤。"手校明本乙轉"人言"為"言人"，《廣雅疏證》卷二"盛也"條下引《方言》仍作"人言"，不從早期校勘意見。

2. 卷四："蔽厀，江淮之間謂之褘，或謂之袚。魏宋南楚之間謂之大巾。"手校明本於"江淮"下增"南楚"二字，而將下"南楚"改為"陳楚"。《廣雅疏證》引《方言》則同明本，未用之前校改文字。

3. 卷一："痛……燕之外鄙朝鮮洌水之間，少兒泣而不止曰咺。"手校戴本以為"燕之外鄙"之"外"當改作"北"，云："下文之'燕之北鄙齊楚之郊或曰京或曰將'，又曰'燕之北郊謂賊為虔'，又曰'燕代之北鄙曰梨'。"《方言疏證補》則仍作"燕之外鄙"，未從之前校改文字。

（四）有些校勘意見反復不定、前後不一

1. 卷六："飛鳥曰雙，鴈曰乘。"手校明本將"雙"字改為"隻"。手校戴本同，並云："《管子·地員篇》：'有三分而去其乘。'尹知章注：'乘，三分之一也。'"但後出之《廣雅疏證》和《讀書雜志》中既有引作"雙"的，也有引作"隻"的，隨所訓之對象而異，反復不定。

《廣雅疏證》卷四"二也"條："乘者，《方言》：'飛鳥曰雙，鴈曰乘。'《周官·校人》'乘馬'鄭注云：'二耦為乘。'凡經言乘禽、乘矢、乘壺、乘韋之屬，義與此同也。"在《廣雅疏證補正》

“弌也”條下有墨簽云：“《方言》六之五：‘物無耦曰特，獸無耦曰介，飛鳥曰隻，鴈曰乘。’《管子·地員篇》(二)：‘有三分而去其乘。’尹知章注：‘乘，三分之一也。’揚雄《解嘲》：‘乘鴈集不為之多，隻鳧飛不為之少。’”可見，王氏在《廣雅》訓“二”條下引《方言》作“雙”，在訓“弌”條下引《方言》則作“隻”，隨所釋文字而異。

《讀書雜志·漢書雜志》“乘鴈，雙鳧”條：“乘之為數，其訓不一。有訓為四者，若經言乘馬、乘禽、乘矢、乘壺、乘皮之屬是也。有訓為二者，《廣雅》曰：‘雙、耦、匹、乘，二也。’《淮南·泰族篇》曰：‘關雎興於鳥而君子美之，為其雌雄之不乘居也。’(今本乘訛作乖，辯見《淮南》。)《列女傳·仁智傳》：‘夫雎鳩之鳥，猶未見其乘居而匹處也。’是乘又訓為二也。有訓為一者，《方言》曰：‘……飛鳥曰隻，(今本“隻”作“雙”，義與上文不合，乃後人所改。辯見《方言疏證補》。)鴈曰乘。’《廣雅》曰：‘乘、壹，弌也。’(弌，古一字。)《管子·地員篇》曰：‘有三分而去其乘。’尹知章曰：‘乘，三分之一也。’是乘又訓為一也。‘乘鴈隻鳧’，即《方言》謂‘飛鳥曰隻，鴈曰乘’矣。”《讀書雜志·管子雜志》“乘等”條：“乘者，匹耦之名。《廣雅》曰：‘雙、耦、匹、乘，二也。’《方言》曰：‘飛鳥曰雙，鴈曰乘。’《淮南·泰族篇》曰：‘關雎興於鳥，而君子美之，為其雌雄之不乘居也。’(今本乘訛作乖，辯見《淮南》。)乘為匹耦之名，故二謂之乘，四亦謂之乘。《周官·校人》‘乘馬’鄭注曰：‘二耦為乘。’凡經言乘禽、乘矢、乘壺、乘韋之屬，義與此同也。”

2. 卷六：“傻、艾，長老也。東齊魯衛之間凡尊老謂之傻，或謂之艾；(《禮記》曰：五十為艾。)周晉秦隴謂之公，或謂之翁；南楚謂之父，或謂之父老。”手校戴本於此條天頭朱批：“叟、父，長老也。東齊魯衛之間凡尊老者謂之叜。(《一切經音義》四)”又:“叜、父，長老也。東齊魯衛之間凡尊老謂之叜，南楚曰父。(十六)”由此可知，王氏看到了“艾”有作“父”的異文。“艾”和“父”訓為“老”，皆有故訓和文獻依據，且二字形近，也存在互訛的可能。但《方言》原文是否為訛字則不易遽定，因為《玄應音義》是作“父”的唯一證據，而《方言》宋明本均作“艾”。王氏前後著作中引用此條作論據，或作“艾”，或作“父”，也不一致。

《釋大》卷四上:“艾，大也。(《小爾雅》:‘艾，大也。’)故老謂之艾。(《方言》:‘艾，老也。東齊魯衛之間凡尊老謂之艾。’《禮記·曲禮》:‘五十曰艾。’)長謂之艾。(《爾雅·釋詁》:‘耆、艾，長也。’《周語》:‘耆艾修之。’韋注:‘耆，艾，師傅也。’)久謂之艾。(《詩·庭燎》二章:‘夜未艾。’毛傳:‘艾，久也。’)”此處引作“艾”

《廣雅疏證》卷一“老也”條:“傁艾耆長者，《方言》:‘傁、艾，老也。東齊魯衛之間凡尊老謂之傁，或謂之艾。’傁與叜同。《曲禮》云:‘五十曰艾，六十曰耆。’《爾雅》云:‘耆、艾，長也。’”《廣雅疏證》卷六“父也”條:“翁、公、叜、父，古或以為長老之稱。《史記·馮唐傳》:‘文帝問唐曰:父知之乎?’《方言》:‘傁、父，老也。東齊魯衛之間凡尊老謂之傁;周晉秦隴謂之公，或謂之翁;南楚謂之父，或謂之父老。’”前者引作“艾”，後者引作“父”。

本文與徐妍雁合作

原載於《語言研究》2015年第3期

《方言藻》與《助字辨略》對勘述論

一、引　言

清代四川綿州人李調元（1734－1802）著述很多，《方言藻》是其所撰之一種。《方言藻》從何時開始動筆，寫成於何時，均難以考定。但可以肯定的是，李調元在乾隆壬寅（1782）初刻《函海》時並没有收載《方言藻》，至乾隆甲辰（1784）重刻《函海》時纔增入，此後各版《函海》中均有此書，包括商務印書館《叢書集成初編》所據李朝夔道光二十五年（1845）補刊《函海》本，此外有日本天保二年（1831）升平黌官板六然壐輯印《昌平叢書》本行世。

《清史列傳》李調元本傳著録《方言藻》一卷，《清史稿·藝文志》《清朝續文獻通考·經籍考》皆著録為二卷。該書分為上下卷，上卷 50 個詞條，下卷 58 個詞條，共收 108 個詞條，著録一卷蓋以上下為一卷，著録二卷則以上下為兩卷，其實是一回事。李調元自序解題云："方言藻者，古今詩詞中所用之方言也。方言不可以言文，而文非方言則又不能曲折以盡意。故不知方言者，不可以言文也。”述及著述緣由云：“予少讀唐、宋人詩，間有一二字索解不得者，執義理以求之，則愈固而不通。及沉潛而翫其意，反復而熟其詞，又若必得此一二字而後快。且欲稍更易焉而不得者，其足以發欲言之故而寫難形之情，蓋莫妙於此。此所謂自然流露於吐屬之外者乎？夫乃知善為文者，無不可達之意，無不可盡之言也。”李調元認為詩詞中運用方言俗語詞是“自然流露”的境界，與他作詩宗法樸素自然的主張密不可分。“揚子《方言》，炳於世矣，而兹復從詩詞中求所謂方言藻者，何也？方者，鄙俗之謂；方言而適於文之用，則謂之藻也固宜。因於暇日摘而匯之，使人知昔人詞章，雖雜里巷鄙俚之言，亦未嘗無所本也。”李調元主張博學多聞且身體力行，認同揚雄《法言·吾子》中“寡聞則無約也，寡見則無卓也”之説。[①] 根據李氏自序，他採集詩詞中方俗詞語，或作訓釋，或究其源，目的就是使人懂得文雅詩詞中所用的“里巷鄙俚之言”也有增色生輝的妙處。

後世學者對《方言藻》進行過評論與研究的有丁介民、陳炳迢、沈時蓉、褚紅、劉華俊等人。

丁介民對《方言藻》評價的文字雖不多，但很高：“詩詞中雜以方言，自三百篇而下，在所多有，薈而成書者，殆始于李氏。是書於唐、宋諸大家之作，凡屬非關典雅、亦非一覽得解者，摘而録之。標目在前，本文提行另寫，先列詩詞内方言、俗語，次以經傳子史考證之，間或引子雲《方言》印證。上下二卷，都百又八條。下啓張相《詩詞語辭典》、徐嘉瑞《金元戲曲方言考》一脉，可謂卓識先見矣。”[②] 沈時蓉對該書也高度讚揚，並概括出三個方面的

① 李調元《唾餘新拾序》，《童山文集》卷四，第 50—51 頁。

② 丁介民《方言考》第 71 頁，中國臺北，中華書局，1969 年。

貢獻：第一，《方言藻》總結了自宋以來詩話、筆記、辭書對方言俗語的研究成果，成為研究詩詞中語辭訓詁問題的第一部專書。第二，《方言藻》儘量探究方言虛詞的語源，以增强釋義的可信度；其釋義用詞與原詞比較接近，這就保證了釋義的貼切度。第三，《方言藻》中所采條目，有的為後起之詩詞曲語辭釋義類著作所失收，可據以補充後起的著作①。

陳炳迢介紹過這本書，但評價不高："本書對於閱讀古詩詞或有補益，但體例不善，收詞也只有百來個，聊備一格。"② 褚紅的評論相對比較理性，既肯定其成績，也指出其不足。作者認為其成績主要有四：一是開創了方言研究的新領域，二是有些解釋已經涉及方言語詞的歷史發展與地域變異，三是注意到對方言語詞的複音形式進行解説，四是《方言藻》還涉及被動句、省文等問題。認為其不足有六條，但分類概括在邏輯上有交叉：一是體例不善；二是有多個義項時順序混亂；三是所引詩詞多不引篇名；四是體例不統一不嚴謹；五是有些條目只解釋字義，而没有解釋詞條義；六是引文時有錯訛。③

劉華俊以《李調元〈方言藻〉疏證》為題，完成了碩士論文。疏證的重點是，逐條查找文中詩句的出處，依據工具書查找每一詞條在詩句中的含義，然後在按語中補充該詞條在各方言中的意思，糾正引文錯誤之處。但所論没有超出上述各家的新意。④

---

① 沈時蓉《〈方言藻〉在詩詞訓詁學上的貢獻》，詹杭伦《李調元學譜》，天地出版社，1997 年。

② 陳炳迢《簡介幾種明清方言詞典》，《辭書研究》1983 年第 5 期。

③ 褚紅《李調元的〈方言藻〉述略》，《阿壩師範高等專科學校學報》2009 年第 2 期。

④ 劉華俊《李調元〈方言藻〉疏證》，西南大學碩士學位論文，2011 年。

上述評論與研究的具體内容和觀點雖不盡相同，但一致的是，都未質疑李調元《方言藻》的獨創性，都肯定了該書對唐詩宋詞方言俗語詞研究的貢獻。此外，涉及近代漢語研究的一些著作或者古代語言學史著作，對李調元著《方言藻》也都持基本肯定的態度①。而張永言則認為該書是“剽襲”之作。

張永言並没有著文專論《方言藻》，他的觀點最早見於1960年發表的題為《古典詩歌“語辭”研究的幾個問題——評張相著〈詩詞曲語辭匯釋〉》的論文。著者1985年出版《訓詁學簡論》時把該文收入書後附録，題目改為《論張相〈詩詞曲語辭匯釋〉》，略有訂補，後又以《古典詩歌“語辭”研究的一些問題——評張相著〈詩詞曲語辭匯釋〉》為題收載於張永言的論文集，文字又稍有修改。這篇論文有兩處提到《方言藻》“剽襲”，本文據《訓詁學簡論》移録如下：

第一處，原文為：“比較大量地採集詩詞裏的語辭並從語文學的觀點來加以解釋的著作當以清初劉淇的《助字辨略》為最早。自然，劉氏的書不專取材於詩詞，資料既不够豐富，解釋也不够詳細、準確。可是他在那個時代研究‘助字’，能够在經傳雅言之外

① 如蔣紹愚《近代漢語研究概況》第224頁（北京大學出版社，1994）在“口語詮釋的專書”中提到了李調元的《方言藻》，在《古漢語詞彙綱要》第238頁（商務印書館，2005）中説：“李調元《方言藻》雖以‘方言’為名，但實際上是研究唐詩宋詞中的口語詞的。”何九盈《中國古代語言學史》第293－294頁（河南人民出版社，1985）指出：《方言藻》的作者“很强調方言與文學的關係”，因為他“是個文學家，所以對詩詞中的方言詞語有這麼大的興趣。書中有些詞語，近人張相《詩詞曲語辭匯釋》亦失收。”評論説：“《方言藻》是一部學術著作，它着重研究唐宋詞語，這在當時是難能可貴的。”胡奇光《中國小學史》第315－316頁（上海人民出版社，1987）也指出，李調元“用文學家的眼光看待方言”，並舉例分析評論説：“從句子上下文裏考求方言詞的原意，這是李常用的方法，有時，他還對方言詞作歷史的考察。”“像這樣溝通方言詞與詩歌的關係，在清代是獨樹一幟的。”等等。

旁及詩詞俗語，也就難能可貴了。可惜的是劉氏之後嗣響無人。”此下作者自注云：“剽襲《辨略》的書（如李調元《方言藻》）和考證常言俗語出處的書（如錢大昕《恒言録》、翟灝《通俗編》）不在內。”①

第二處，原文為：“如果拿《匯釋》跟以前的著作相比較，就容易看出它釋義準確周密的特點。例如：‘殊，《助字辨略》卷一“殊”條引江淹詩：“日暮碧雲合，佳人殊未來”，釋為“了辭”（《方言藻》卷下“殊”條全襲《辨略》），雖然無誤，殊不甚了……’”②

“剽襲”一説極其嚴重，是否屬實極其嚴肅，因為它不僅關涉學術史，而且關涉清人李調元的學術聲譽，不可不考。《方言藻》篇幅並不大，只要從《方言藻》出發，逐條對勘查證《助字辨略》，事實就能清楚呈現。

二、《方言藻》與《助字辨略》對勘要略

經逐條對勘，《方言藻》中的 108 條可以概括為四種情形。下引《方言藻》據《叢書集成初編》本③，有異文處參考相關版本擇善而定，簡稱《藻》；劉淇《助字辨略》用章錫琛校注本④，簡稱《略》。順序按照《藻》的條目先後排列，各條引文後邊所注頁碼即

---

① 張永言《論張相〈詩詞曲語辭匯釋〉》，《訓詁學簡論》第 171 頁注，華中工學院出版社，1985 年。

② 張永言《論張相〈詩詞曲語辭匯釋〉》，《訓詁學簡論》第 173 頁。

③ 李調元《方言藻》，王雲五主編《叢書集成初編》本，上海商務印書館，1935—1937 年。

④ 劉淇《助字辨略》，章錫琛校注本，中華書局，1954 年。

據上述兩版。《略》中與《藻》無關的長段文字不引，使用省略號；《略》中見於《藻》中的文字，和《藻》中不見於《略》中的文字，均改為仿宋體，以便顯示而省説明。本文旨在通過對勘進行辨僞，故對原文不作任何改動，包括其中明顯的錯誤字句。

（一）觀點材料完全相同者。此類共有 21 條，占全書 108 條的 19.44％。如下：

1. 的無/的[①]

《藻》：定也。《史記·伯夷傳》："儻所謂天道，是邪非邪？"《正義》云："不敢的言是非，故云儻也。"白香山詩："的無官職趁人來。"（2 頁）

《略》：定也。《史記·伯夷傳》："儻所謂天道，是邪非邪？"《正義》云："不敢的言是非，故云儻也。"白香山詩："的無官職趁人來。"（273 頁）

2. 簇新/簇

《藻》：《花蕊夫人宫詞》："廚船進食簇時新。"方言以極新為"簇新"。（4 頁）

《略》：《花蕊夫人宫詞》："廚船進食簇時新。"方言以極新為"簇新"也。（237 頁）

3. 任

《藻》："任"，聽其如何，不以屑意也。杜審言詩："柳葉開時任好風。"沈端節《虞美人》詞："一任落花飛絮兩悠悠。"（4 頁）

《略》："任"，聽其如何，不以屑意也。杜審言詩："柳葉開時任好風。"沈端節《虞美人》詞："一任落花飛絮兩悠悠。"（235 頁）

① "/"之前為《方言藻》條目名，之後為《助字辨略》條目名，若兩書條目名一樣則不用"/"區隔。下同。

4. 浪

《藻》：猶“漫”也。杜子美詩：“將詩莫浪傳。”又云：“附書元浪語。”李義山詩：“浪笑榴花不及春。”“浪笑”“浪傳”，輕脱之辭也。“浪語”，虛枉之辭也。（5—6 頁）

《略》：猶“漫”也。杜子美詩：“將詩莫浪傳。”又云：“附書元浪語。”李義山詩：“浪笑榴花不及春。”“浪笑”“浪傳”，輕脱之辭也。“浪語”，虛枉之辭也。（227 頁）

5. 當日/當

《藻》：“當”，丁浪切。王仲初詩：“收盡邊旗當日來。”“當日”，即日也。（6 頁）

《略》：“當”，丁浪切。王仲初詩：“收盡邊旗當日來。”“當日”，即日也。（225 頁）

6. 阿那/那

《藻》：《廣韻》云：“奴卧切。”《後漢書·韓康傳》：“公是韓伯休那！”注云：“那，語餘聲也。音乃賀反。”又李太白詩：“萬户垂楊裏，君家阿那邊。”“阿”，助辭。“那”，何也。“阿那邊”猶云“何處”也。又蜀主王衍《醉妝詞》：“那邊走，者邊走，莫厭金杯酒。”“那邊”，方言“彼處”也。又通作“奈”。顧氏《日知録》云：“六朝人多書奈為那。”《三國志注》：“文欽《與郭淮書》曰：‘所向全勝，要那後無繼何。’《宋書·劉敬宣傳》：‘令我那驃騎何？’唐人詩多以無奈為無那。”如杜子美詩“杖藜不睡誰能那”，王摩詰詩“强欲從君無那老”，是也。（6—7 頁）

《略》：《廣韻》云：“奴卧切。”《後漢書·韓康傳》：“公是韓伯休那！”注云：“那，語餘聲也。音乃賀反。”又李太白詩：“萬户垂楊裏，君家阿那邊。”“阿”，助辭。“那”，何也。“阿那邊”猶云“何處”也。又蜀主王衍《醉妝詞》：“那邊走，者邊走，莫厭金杯酒。”“那邊”，方言“彼處”也。又通作“柰”。顧氏《日知録》云：“六朝人多書柰為那。”《三國志注》：“文欽《與郭淮書》曰：‘所向全勝，要那後無繼何。’《宋書 · 劉敬宣傳》：‘令我那驃騎何？’唐人詩多以無柰為無那。”愚案：如杜子美詩“杖藜不睡誰能那”，王摩詰詩“强欲從君無那老”，是也。（223—224 頁）

7. 來得麽/麽

《藻》：“麽”，莫過切，語餘聲也。張泌《江城子》詞：“好是問他來得麽。”此與“莫婆切”者義同。語緩則為平聲，語急則為去聲耳。（7 頁）

《略》：“麽”，莫過切，語餘聲也。張泌《江城子》詞：“好是問他來得麽。”此與“莫婆切”者義同。語緩則為平聲，語急則為去聲耳。（223 頁）

8. 被

《藻》：白香山詩：“常被老元偷格律。”王仲初詩：“弟子名中被點留。”被者，為其所如何也。（8 頁）

《略》：白香山詩：“常被老元偷格律。”王仲初詩：“弟子名中被點留。”被者，為其所如何也。（191 頁）

9. 分

《藻》：陳經國《沁園春》詞：“分歲晚誅茅湖上山。”分者，若[①]言分已定也。今云“拚得如此”。（9 頁）

《略》：陳經國《沁園春》詞：“分歲晚誅茅湖上山。”分者，若言分已定也。今云“拌得如此”。（214 頁）

---

① 《叢書集成初編》本原文作“豈”，甲辰本、李朝孌本、日本天保二年本均作“若”，《助字辨略》相應詞條亦為“若”，故改作“若”。

10. 准擬/准

《藻》：猶“定”也。劉德仁詩：“曾緣玉貌君王寵，准擬人看似舊時。”（12 頁）

《略》：猶“定”也。劉德仁詩：“曾緣玉貌君王寵，准擬人看似舊時。”（153 頁）

11. 忍忍/忍

《藻》：“忍”，《説文》云：“能也。”徐氏云：“能，音耐。”杜子美詩：“可忍醒時雨打稀。”“可忍”猶俗云“争耐”也。又杜詩：“忍使驊騮氣凋喪。”“忍”，猶云“不忍”，省文也。（13 頁）

《略》：“忍”，《説文》云：“能也。”徐氏云：“能，音耐。”杜子美詩：“可忍醒時雨打稀。”“可忍”猶俗云“争耐”也。又杜詩：“忍使驊騮氣凋喪。”此“忍”字，猶云“不忍”，省文也。（152 頁）

12. 和

《藻》：“和”猶云“並”也。王仲初詩：“和雪翻營一夜行。”（14 頁）

《略》：“和”猶云“並”也。王仲初詩：“和雪翻營一夜行。”（87 頁）

13. 休向/休

《藻》：“休”，方言“莫”也。李義山詩：“西來雙燕信休通。”温飛卿詩：“休向人間覓往還。”（14 頁）

《略》：“休”，方言“莫”也。李義山詩：“西來雙燕信休通。”温飛卿詩：“休向人間覓往還。”（116 頁）

14. 怎/争

《藻》：“争”俗作“怎”，方言“如何”也。李義山詩：“君懷一匹胡威絹，争拭酬恩淚得乾。”姜夔《長亭怨慢》詞：“韋郎去

也，怎忘得玉環分付!”(15 頁)

《略》:“争”俗作“怎”，方言“如何”也。李義山詩:“君懷一匹胡威絹，争拭酬恩淚得乾。”姜夔《長亭怨慢》詞:“韋郎去也，怎忘得玉環分付!”(102 頁)

15. 情知/情

《藻》:張旭《春草詩》:“春草青青萬里餘，邊城落日動寒墟。情知海上三年别，不寄雲中一雁書。”曾肇《臨江仙》詞:“情知春去後，管得落花無。”“情知”猶云“明知”也。(16 頁)

《略》:張旭《春草詩》:“春草青青萬里餘，邊城落日動寒墟。情知海上三年别，不寄雲中一雁書。”曾肇《臨江仙》詞:“情知春去後，管得落花無。”“情知”猶云“明知”也。(102 頁)

16. 强半/强

《藻》:“强半”，多餘之辭也。《古木蘭詩》:“賜物百千强。”杜子美詩:“四松初栽時，大抵三尺强。”韓退之詩:“失勢一落千丈强。”翹云:“算家以有餘為强。”又《論語》:“君召使擯。”《正義》云:“案諸侯自相為賓之禮。凡賓主各有副，賓副曰介，主國曰擯。及行人若諸侯自行，則介各從其命數。至主國大門外，主人及擯出門相接。若主君是公，則擯者五人;侯伯，則擯者四人;子男，則擯者二人。所以不隨命數者，謙也，故並用强半之數也。”“强半”猶云“多半”。(17 頁)

《略》:“强”，多餘之辭也。《古木蘭詩》:“賜物百千强。”杜子美詩:“四松初栽時，大抵三尺强。”韓退之詩:“失勢一落千丈强。”蔣之翹云:“算家以有餘為强。”又《論語》:“君召使擯。”《正義》云:“案諸侯自相為賓之禮。凡賓主各有副，賓副曰介，主國曰擯。及行人若諸侯自行，則介各從其命數。至主國大門外，主人及擯出門相接。若主君是公，則擯者五人;侯伯，則擯者四人;

子男，則擯者二人。所以不隨命數者，謙也，故並用强半之數也。”“强半”猶云“多半”。(99 頁)

17. 作麽生/麽

《藻》:“麽”，語餘聲也。王仲初詩:“衆中遺卻金釵子，拾得從他要贖麽?”又方言以“何事”為“麽事”。釋氏《傳燈録》常云“作麽生”，言“作何事”也。(18 頁)

《略》:“麽”，語餘聲也。王仲初詩:“衆中遺卻金釵子，拾得從他要贖麽?”又方言以“何事”為“麽事”。釋氏《傳燈録》常云“作麽生”，言“作何事”也。又去聲，義同。(87 頁)

18. 拌得/判

《藻》:“判”與“拌”同，俗作“㨗”。揚子雲《方言》:“楚人揮棄物謂之拌。”杜子美詩:“縱飲久判人共棄。”温庭筠詩:“夜聞猛雨判花盡。”今人云“判得如此”，猶言“自分如此”。(19 頁)

《略》:“判”與“拌”同，俗作“㨗”。揚子雲《方言》:“楚人揮棄物謂之拌。”杜子美詩:“縱飲久判人共棄。”温庭筠詩:“夜聞猛雨判花盡。”今人云“判得如此”，猶言“自分如此”，蓋計度絶望之辭。(66 頁)

19. 渾欲/渾

《藻》:“渾”，全也。杜子美詩:“白頭梳更短，渾欲不勝簪。”(19 頁)

《略》:“渾”，全也。杜子美詩:“白頭搔更短，渾欲不勝簪。”(64 頁)

20. 翻嫌/翻

《藻》:“翻”，反也。李義山詩:“本以亭亭遠，翻嫌脉脉疏。”又云:“千騎君翻在上頭。”(19 頁)

《略》:“翻”，反也。李義山詩:“本以亭亭遠，翻嫌脉脉疏。”

又云："千騎君翻在上頭。"(63 頁)

21. 除非/除

《藻》:《宋史・岳飛傳》:"楊么云:'欲犯我者,除是飛來。'""除是"猶云"唯有",今云"除非"是也。晏叔原《長相思詞》:"問相思,甚了期?除非相見時。"(20 頁)

《略》:《宋史・岳飛傳》:"楊么云:'欲犯我者,除是飛來。'""除是"猶云"唯有",今云"除非"是也。晏叔原《長相思詞》:"問相思,甚了期?除非相見時。"(49 頁)

(二)基本相同或部分摘録者。此類共 61 條,占全書 108 條的 56.48%。如下:

1. 阿

《藻》:"阿",我合切。顧氏《日知録》云:……愚按:阿本收歌韻,不載入聲。然方言多讀作我合切。南人稱阿,猶北人稱老。如白香山詩"常被老元偷格律"是也。又"阿堵"猶云"此個"也。《世説》:"舉卻阿堵物。"又云:"正在阿堵中。"今皆用入詩詞矣。(1 頁)

《略》:顧氏《日知録》云:……愚案:阿本收歌韻,不載入聲。然方言多讀作俄合切,故附卷末。南人稱阿,猶北人稱老。如白香山詩"常被老元偷格律"是也。又"阿堵"猶云"此個"也。《世説》:"舉卻阿堵物。"又云:"傳神寫照,正在阿堵中。"(283 頁)

2. 驀

《藻》:"驀",忽然也。馬莊父《孤鸞詞》:"驀地剌桐花上,有一聲春喚。"(2 頁)

《略》:"驀",忽也。馬莊父《孤鸞詞》:"驀地剌桐花上,有一聲春喚。"(270 頁)

3. 格是/格

《藻》：白香山詩："如今格是頭成雪。"元微之詩："隔是身如夢。"洪容齋《隨筆》云："格、隔義同，猶云已是也。"又白香山詩："都子新歌有性靈，一聲格轉已堪聽。"與"纔"字意同。（2頁）

《略》：白香山詩："如今格是頭成雪。"元微之詩："隔是身如夢。"洪容齋《隨筆》云："格、隔義同，猶云已是也。"又白香山詩："都子新歌有性靈，一聲格轉已堪聽。"此"格"字，"甫"也，"纔"也。（270頁）

4. 劇

《藻》："劇"，《説文》云："尤甚也。"又"快"也。《世説》："今日與謝孝劇談一出來。""一出"猶云"一番"，方言也。（2頁）

《略》："劇"，《説文》云："尤甚也。"《世説》："今日與謝孝劇談一出來。""劇"猶"快"也。"一出"猶云"一番"，方言也。（270頁）

5. 遮莫/莫

《藻》：郭頒《古墓斑狐記》："遮莫千試萬慮，其能為害乎。"杜子美詩："遮莫鄰雞下五更。""遮莫"猶云"盡教"也。又盧祖臯詞："溪魚堪膾，切莫論錢。""切莫"猶云"慎毋"，方言也。（2頁）

《略》：……郭頒《古墓斑狐記》："遮莫千試萬慮，其能為害乎。"杜子美詩："遮莫鄰雞下五更。""遮莫"猶云"盡教"也，一任其如何也。又盧祖臯詞："溪魚堪膾，切莫論錢。""切莫"猶云"慎毋"，方言也。（268頁）

6. 莫是/莫

《藻》：包何詩："莫是上迷樓。""莫是"，方言，猶云"恐是"

也。(3頁)

《略》:……包何詩:“莫是上迷樓。”“莫是”者,方言,猶今云“恐是”也。……(268頁)

7. 若為/若

《藻》:柳子厚詩:“若為化得身千億,散作峰頭望故鄉。”杜荀鶴詩:“承恩不在貌,教妾若為容。”“若為”猶云“如何”也。又王摩詰詩:“明到衡山與洞庭,若為秋月聽猿聲。”杜子美詩:“幸不折來傷歲暮,若為看去亂鄉愁。”並是不可奈何之辭。(3頁)

《略》:……柳子厚詩:“若為化得身千億,散作峰頭望故鄉。”杜荀鶴詩:“承恩不在貌,教妾若為容。”“若為”猶云“如何”也。又王摩詰詩:“明到衡山與洞庭,若為秋月聽猿聲。”杜子美詩:“幸不折來傷歲暮,若為看去亂鄉愁。”此“若為”,近於“那堪”。然“如何”“那堪”,並是不可奈何之辭,則其義亦同也。(266頁)

8. 朅來/朅

《藻》:《吕氏春秋》:“膠鬲見武王于鮪水,曰:‘西伯朅來,無欺我也?’”“朅來”,語本此。顔延年《秋胡》詩:“朅來空復。”(4頁)

《略》:《吕氏春秋》:“膠鬲見武王于鮪水,曰:‘西伯朅來,無欺我也?’武王曰:‘不子欺,將伐殷也。’膠鬲曰:‘朅至?’武王曰:‘將以甲子日至。’”注云:“朅,何也。”又顔延年《秋胡》詩:“朅來空復辭。”注云:“朅,與盍同。”《正字通》云:“朅,發語辭。朅來,猶聿來,或以為去來也。”愚案:“去來”之説非。(259頁)

9. 萬一/壹

《藻》:史達祖《東風第一枝》詞:“萬一灞橋相見。”“萬一”猶云“儻”也。(4頁)

《略》：……史達祖《東風第一枝》詞："萬一灞橋相見。""萬一"，或然之辭，猶云"儻"也。(248頁)

10. 不道/不

《藻》：李義山詩："不道劉盧是世親。""不道"猶云"不謂""不料""不意"。(4頁)

《略》：……又李義山詩："不道劉盧是世親。""不道"猶云"不謂"也。……(244頁)

11. 特地/地+特①

《藻》：《漢書·丙吉傳》："西曹地忍之。"李奇云："地，猶第也。"師古云："地，亦但也。"王仲初詩："楊柳宮前忽地春。"又作"特地"。方雄飛詩："落絮縈風特地飛。""特地"，方言，猶云"故故"也。(4—5頁)

《略》：《漢書·丙吉傳》："西曹地忍之。"李奇云："地，猶第也。"師古云："地，亦但也，語聲之急耳。"愚案："地"與"第"音同，故通也。又王仲初詩："楊柳宮前忽地春。"此"地"字，語助也。(189頁)

《略》：……方雄飛詩："落絮縈風特地飛。""特地"，方言，猶云"故故"也。(279頁)

12. 剩欲/賸

《藻》："賸"與"剩"同，餘辭也。杜子美詩："剩欲提攜如意舞。"皮襲美詩："剩欲與君終此志。"温飛卿詩："剩欲一名添鶴寢。""剩欲"猶云"唯欲"。又杜牧之詩："賸肯新年歸否？江南綠草迢迢。""剩"若云"尚"也。"尚"是冀望餘情，故"剩"可借為"尚"也。(5頁)

---

① "地+特"表示"地"條和"特"條。下同。

《略》:"賸"與"剩"同,餘辭也。杜子美詩:"剩欲提攜如意舞。"皮襲美詩:"剩欲與君終此志。"温飛卿詩:"剩欲一名添鶴寢。""剩欲"猶云"唯欲"。……又杜牧之詩:"賸肯新年歸否?江南綠草迢迢。"此"剩"字若云"尚"也。"尚"是冀望餘情,故"剩"可借為"尚"也。(232頁)

13. 定應/定

《藻》:"定",的辭也。《世説》:"卿云艾艾,定是幾艾?"子山《蕩子賦》:"聞道夫婿定應回。"李義山詩:"人間定有崔羅什。"(5頁)

《略》:"定",的辭也。……《世説》:"卿云艾艾,定是幾艾?"庾子山《蕩子賦》:"聞道夫壻定應回。"李義山詩:"人間定有崔羅什。"(232頁)

14. 徑須/徑

《藻》:"徑",猶直也。杜子美詩:"過客徑須愁出入。"(5頁)

《略》:"徑",猶直也。……杜子美詩:"過客徑須愁出入。"(232頁)

15. 正爾/正

《藻》:陶淵明詩:"禦冬足大布,麄絺以應陽。正爾不能得,哀哉亦可傷。"又《襄陽耆舊傳》:"莫作孔明擇婦,正得阿承醜女。""正得"與"正爾"皆當時俗語。(5頁)

《略》:……陶淵明詩:"禦冬足大布,麤絺以應陽。正爾不能得,哀哉亦可傷。""正爾"即"正唯"也。……《襄陽耆舊傳》:"莫作孔明擇婦,正得阿承醜女。"諸"正"字猶"止"也。"正得"為"止"者,"即"之轉也。……(230—231頁)

16. 更覺/更

《藻》:杜子美詩:"更覺良工心獨苦。"南唐後主《清平樂》

詞："離恨恰如春草，更行更遠還生。""更"猶"益"也、"愈"也。(5頁)

《略》：……杜子美詩："更覺良工心獨苦。"南唐後主《清平樂》詞："離恨恰如春草，更行更遠還生。"此"更"字猶"益"也、"愈"也。(229頁)

17. 向

《藻》：白香山詩："得作羲皇向上人。"許棠詩："難問開元向前事。""向上"，"已上"也。"向前"，"已前"也。又通與"儻"意。韓退之《進平淮西碑文表》："向使撰次不得其人。"(6頁)

《略》：……白香山詩："得作羲皇向上人。"許棠詩："難問開元向前事。""向上"，"已上"也。"向前"，"已前"也。又《後漢書·張衡傳》："向使能瞻前顧後，援鏡自誡，則何陷於凶患乎！""向使"，猶"假使"也。又通作"向"。韓退之《進平淮西碑文表》："向使撰次不得其人，文字曖昧，雖有美實，其誰觀之。"(225頁)

18. 借如/藉[①]

《藻》："藉"與"借"同，設辭也。《詩·大雅》："借曰未知，亦既抱子。"《史記·陳涉世家》："藉第令毋斬，而戍死者固什六七。"張曲江《封事》："借如諸司清要之職，當用第一之人。""借如"，"假若"也。凡詩中用"借"字，俱仿此。(6頁)

《略》："藉"與"借"同，設辭也。《詩·大雅》："借曰未知，亦既抱子。"《史記·陳涉世家》："藉第令毋斬，而戍死者固什六七。"《漢書》蘇林注云："藉，假也。"張曲江《封事》："借如諸司清要之職，當用第一之人；及其要官闕時，或以下等叨進。""借

---

① 甲辰本正文詞條標目作"借與"，誤。

如”，“假若”也。（224 頁）

19. 乍可/乍[1]

《藻》：庚子山《哀江南賦》：“乍風驚而射火。”又王仲初詩：“乍到宫中憶外頭。”“乍”猶“甫”也，今謂“初到”曰“乍到”也。又元微之詩：“乍可沉為香，不能浮作瓠。”又云：“乍可為天上牽牛織女星，不願為庭前紅槿枝。”“乍可”，“寧可”也。（6 頁）

《略》：……庚子山《哀江南賦》：“乍風驚而射火。”又王仲初詩：“乍到宫中憶外頭。”此“乍”字猶“甫”也，今謂“初到”曰“乍到”也。又元微之詩：“乍可沉為香，不能浮作瓠。”又云：“乍可為天上牽牛織女星，不願為庭前紅槿枝。”“乍可”，“寧可”也。（224 頁）

20. 渾箇/箇

《藻》：“箇”與“个”同。庚子山《鏡賦》：“真成箇鏡特相宜。”“箇”，方言“此”也。皮襲美詩：“檜身渾箇矮。”“渾箇”猶云“如此”。又韓退之詩：“老翁真箇似兒童。”此“箇”字，語助也。又王觀《慶清朝慢》詞：“晴則箇，陰則箇，餖飣得天氣有許多般。”“則箇”，亦語辭也。王泠然詩：“河畔時時聞折柳，客中無箇不沾裳。”“無箇”猶云“無一箇”，省也。（7 頁）

《略》：“箇”與“个”同。庚子山《鏡賦》：“真成箇鏡特相宜。”“箇”，方言“此”也。皮襲美詩：“檜身渾箇矮。”“渾箇”猶云“如此”。又韓退之詩：“老翁真箇似兒童。”此“箇”字，語助也。又王觀《慶清朝慢》詞：“晴則箇，陰則箇，餖飣得天氣有許多般。”“則箇”，亦語辭也。……王泠然詩：“河畔時時聞折柳，客中無箇不沾裳。”“無箇”猶云“無一箇”，省也。……（222 頁）

---

[1] 甲辰本正文詞條標目作“作可”，誤。

21. 若个/箇

《藻》：唐《鹿門詩》："若个傷春向路傍。"猶云"那个"。又李咸用詩："干戈滿地能高卧，只箇逍遥是謫仙。"猶云"這个"也。章穎《小重山》詞："身閑無箇事，且登臨。""無箇事"猶云"無一件事"。此又以"一件"為"一箇"也。(7 頁)

《略》：……唐《鹿門詩》："若個傷春向路傍。""若个"，猶云"誰何"，俗云"那箇"也。章穎《小重山》詞："身閑無箇事，且登臨。""無箇事"猶云"無一件事"。此又以"一件"為"一箇"也。(223 頁)

22. 較

《藻》："較"，比量之辭。王仲初詩："今日踏青歸較晚。"又通作"覺"。《世説》："魏武謂修：'我才不及卿，乃覺三十里。'"(8 頁)

《略》："較"，比量之辭。王仲初詩："今日踏青歸較晚。"又通作"覺"。《世説》："魏武謂修：'我才不及卿，乃覺三十里。'"……(221 頁)

23. 旋逐/旋

《藻》："旋"，事非豫為之也。王仲初詩："旋翻曲譜聲初起。"又范忠宣公《義莊規矩劄子》云："旋逐立定規矩，令諸房遵守。""旋逐"，方言也。(8 頁)

《略》："旋"，事非豫為之也。王仲初詩："旋翻曲譜聲初起。"又范忠宣公《義莊規矩劄子》："亦逐旋立定規矩，令諸房遵守。""逐旋"，方言也。言隨事特為定立規矩也。又"旋旋"，猶"漸漸"也。(219 頁)

24. 算便/算＋便

《藻》："算"、"便"二字義皆"料"也。姜夔《揚州慢》詞：

“杜郎俊賞，算如今重到須驚。”陸叡《瑞鶴仙》詞：“便行雲都不歸來，也合寄將音信。”（9 頁）

《略》：“算”，猜意之辭，猶“料”也。姜夔《揚州慢》詞：“杜郎俊賞，算如今重到須驚。”（218 頁）

《略》：……又假令之辭，猶云“縱”也。陸叡《瑞鶴仙》詞：“便行雲都不歸來，也合寄將音信。”（219 頁）

25. 見説/見

《藻》：韓退之《黄州賊事宜狀》：“臣自南來，見説江西所發，共四百人。”白香山詩：“見説白楊堪作柱。”按：唐人多以“聞説”為“見説”。當時方言如此。（9 頁）

《略》：……韓退之《黄州賊事宜狀》：“臣自南來，見説江西所發，共四百人。”白香山詩：“見説白楊堪作柱。”案，唐人多以“聞説”為“見説”，當時方言如此也。又通作“現”……（218 頁）

26. 謾道/漫

《藻》：萬楚詩：“西施謾道浣春紗。”義山詩：“漫誇天險劍為峰。”是也。又杜子美詩：“漫勞車馬駐江干。”“漫”亦通“謾”，猶云“輕易”也。又杜詩：“忽漫相逢是别筵。”“忽漫”猶云“率爾”也。（9 頁）

《略》：……李義山詩：“一名我漫居先甲，千騎君翻在上頭。”此“漫”字，與“謾”通，猶云“虚”也、“枉”也、“徒”也。如萬楚詩：“西施謾道浣春紗。”義山詩：“謾誇天險劍為峰。”是也。又杜子美詩：“漫勞車馬駐江干。”此“漫”字亦通“謾”，猶云“輕易”也。又杜詩：“忽漫相逢是别筵。”“忽漫”猶云“率爾”，亦“謾”之轉也。（216 頁）

27. 好在/在

《藻》：李義山詩：“好在青鸚鵡。”“好在”，今蜀人語猶爾也。

又王仲初詩："在先教示小千牛。"方言凡豫為之，曰"在先"。（9頁）

《略》：……又《孟子》："惡在其為民父母也。"李義山詩："好在青鸚鵡。"此"在"字，語助辭，今蜀人語猶爾也。又王仲初詩："在先教示小千牛。"方言凡豫為之，曰"在先如何"也。（213頁）

28. 不會得/會

《藻》：姜夔《長亭怨慢》詞："樹若有情時，不會得青青如此。""不會得"猶云"不解得"，方言也。（9頁）

《略》：……姜夔《長亭怨慢》詞："樹若有情時，不會得青青如此。""不會得"猶云"不解得"，方言也。（212頁）

29. 耐可/奈

《藻》：韓退之詩："人生誠無幾，事往悲豈奈。""豈奈"猶云"如何耐得"也。又《廣雅》云："奈，那也。"李太白詩："耐可乘流直上天。""耐"與"奈"通，"耐可"猶云"那可"也。（10頁）

《略》：……又音奴箇切。韓退之詩："人生誠無幾，事往悲豈奈。""豈奈"猶云"如何耐得"也。又《廣雅》云："奈，那也。"愚案：那，何也。李太白詩："耐可乘流直上天。""耐"與"奈"通，"耐可"猶云"那可"也。（211頁）

30. 奈何/奈

《藻》：《書·五子之歌》："為人上者，奈何不敬。""奈何"猶云"如何"，俗云"為甚"也。《楚辭·九歌》："愁人兮奈何。"《九辨》："君不知兮可奈何!"此"奈何"猶云"如之何"，俗云"怎樣"是也。（10頁）

《略》：《廣韻》云："如也。"《書·五子之歌》："為人上者，奈何不敬。""奈何"猶云"如何"，俗云"為甚"也。……又《楚辭·九歌》："愁人兮奈何。"《九辨》："君不知兮可奈何!"此"奈何”猶云“如之何”，俗云“怎樣”是也。“可奈何”者，“無可奈何”，若為商較之辭也。此類雖是“無可如何”，然其語氣緩。……（210—211 頁）

31. 取次/次

《藻》：皮襲美詩：“等閒遇事成歌詠，取次沖筵隱姓名。”“取次”猶“造次”。“次”者，舍止之所也。“取”者，僅足之辭也。（10 頁）

《略》：皮襲美詩：“等閒遇事成歌詠，取次沖筵隱姓名。”“取次”猶“造次”。“次”者，舍止之所也。“取”者，僅足之辭。《論語》朱注云：“造次，急遽苟且之時。”蓋以所造之次，非從容暇豫之時，僅僅舍止而已也。（190—191 頁）

32. 畢竟/竟

《藻》：李義山詩：“鶯花啼又笑，畢竟是誰春。”猶言“究竟”也。皮襲美詩：“醉鄉終竟不聞雷。”義亦同。（10 頁）

《略》：……皮襲美詩：“醉鄉終竟不聞雷。”“終竟”，重言也。又李義山詩：“鶯花啼又笑，畢竟是誰春。”“畢竟”猶“究竟”也。……（228 頁）

33. 大都/大

《藻》：李山甫詩：“大都為水也風流。”（10 頁）

《略》：……又李山甫詩：“大都為水也風流。”“大都”，“大凡”也。自“大率”以下，雖義有微別，然總之是“都凡”之辭也。（207 頁）

34. 恁

《藻》：“恁”，方言“此”也。姜夔《疎影》詞：“等恁時重覓幽香，已入小窗横幅。”又黄機《水龍吟》詞：“恨荼蘼吹盡，櫻桃過了，便只恁成辜負。”（11 頁）

《略》："恁"，方言"此"也。姜夔《疏影》詞："等恁時重覓幽香，已入小窗橫幅。"又黄機《水龍吟》詞："恨荼蘼吹盡，櫻桃過了，便只恁成孤負。"此"恁"字猶云"如此"。言便只是如此，遂過卻春也。(179 頁)

35. 甚

《藻》："甚"，《廣韻》："劇過也。"姜夔《探春慢》詞："甚日歸來，梅花零亂春夜。"齊天樂詞："夜涼獨自甚情緒。""甚"猶"何"也。又周密《一枝春》詞："東風尚淺，甚先有翠嬌紅嫵。""甚"，俗云"為甚"也。(11 頁)

《略》："甚"，《廣韻》云："劇過也。"……又姜夔《探春慢》詞："甚日歸來，梅花零亂春夜。"齊天樂詞："夜涼獨自甚情緒。"此"甚"字猶"何"也。又周密《一枝春》詞："東風尚淺，甚先有翠嬌紅嫵。"此"甚"字猶云"如何"，俗云"為甚"也。(178—179 頁)

36. 等閒/等

《藻》：元微之詩："總被天公沾雨露，等頭成長盡生涯。""等頭"猶云"一般"。又孟東野詩："文魄既飛越，宦情唯等閒。"李義山詩："莫訝韓憑為蛺蝶，等閒飛上別枝花。"皮襲美詩："等閒遇事成歌詠。""等閒"與"等頭"皆唐人方言，輕易之辭也。(11 頁)

《略》：……元微之詩："總被天公沾雨露，等頭成長盡生涯。""等頭"猶云"一般"。又孟東野詩："文魄既飛越，宦情惟等閒。"李義山詩："莫訝韓憑為蛺蝶，等閒飛上別枝花。"皮襲美詩："等閒遇事成歌詠，次取沖筵隱姓名。""等閒"猶云"尋常"，輕易之辭也。(173 頁)

37. 這/者

《藻》：蜀主王衍《醉妝詞》："者邊走，那邊走。"毛晃云："凡稱此箇為者箇，俗多改用這字。這乃迎也。”按：“這”音彥，今借作“者”，讀作“者”去聲。韋縠《才調集》載無名氏詩云：“三十六峰猶不見，況伊如燕這身材。”唐詩用“這”字始此。（12頁）

《略》：……蜀主王衍《醉妝詞》：“者邊走，那邊走。”“者邊”猶云“此邊”也。毛晃云：“凡稱此箇為者箇，俗多改用這字。這乃迎也。”愚案：“這”音彥，今借作“者”，讀作“者”去聲。韋縠《才調集》載無名氏詩云：“三十六峰猶不見，況伊如燕這身材。”唐人用“這”字始此。（165頁）

38. 可要/可

《藻》：李義山詩：“可要昭陵石馬來。”又云：“此情可待成追憶。”又云：“可在青鸚鵡。”方雄飛詩：“棲身可在深。”“可要”猶云“何用”。“可在”猶云“何必”。又黄機《酹江月》詞：“黄昏可更，子規聲碎煙塢。”賀鑄《清平樂》詞：“楚城滿目春華，可堪遊子思家。”“可”猶云“那”也。又盧祖皋《賀新涼》詞：“可是功名從來誤。”“可是”，疑辭也。（12頁）

《略》：……李義山詩：“可要昭陵石馬來。”又云：“此情可待成追憶。”又云：“可在青鸚鵡。”方雄飛詩：“棲身可在深。”此“可”字，何辭也。“可要”猶云“何用”。“可在”猶云“何必”。又黄機《酹江月》詞：“黄昏可更，子規聲碎煙隖。”賀鑄《清平樂》詞：“楚城滿目春華，可堪遊子思家。”此“可”字猶云“那”也。“可”得為“何”，故亦得為“那”也。又盧祖皋《賀新涼》詞：“可是功名從來誤。”“可是”，疑辭也。……（158—159頁）

39. 好為/好

《藻》：“好”猶“善”也，珍重相屬之辭。李義山詩：“好為麻姑到東海，勸栽黄竹莫栽桑。”（12頁）

《略》：“好”猶“善”也，珍重付屬之辭。……李義山詩：“好

為麻姑到東海，勸栽黄竹莫栽桑。”(157 頁)

40. 儘教/盡

《藻》：柳永《卜算子》詞：“儘無言誰會高意。”周密《探春詞》：“儘教寬盡春衫。”“儘”猶“任”也。(12 頁)

《略》：……柳永《卜算子》詞：“儘無言誰會高意。”周密《探春詞》：“儘教寬盡春衫。”此“儘”字猶“任”也。今云“任其如何”，曰“儘如何”也。(153 頁)

41. 看取/取

《藻》：岑嘉州詩：“別君能幾日，看取鬢成絲。”白香山詩：“聽取新翻楊柳枝。”“取”，語助也。(13 頁)

《略》：……岑嘉州詩：“別君能幾日，看取鬢成絲。”白香山詩：“聽取新翻楊柳枝。”此“取”字，語助也。(146 頁)

42. 幾許/許

《藻》：《古樂府》：“奈何許，石闕生口中，銜碑不得語。”“許”者，語之餘聲。如李太白詩：“奈何成離居，相去復幾許。”杜子美詩：“我生本飄蓬，今復在何許。”似乎“幾許”為“幾何”，“何許”為“何所”。然相去復幾，便是“幾何”；今復在何，便是“何所”。“幾何”“何所”之義，不因“許”字而見，特借“許”字為助句耳。(13 頁)

《略》：《古樂府》：“奈何許，石闕生口中，銜碑不得語。”《世説》：“直以真率少許，便足對人多多許。”“許”者，語之餘聲，不為義也。如李太白詩：“奈何成離居，相去復幾許。”杜子美詩：“我生本飄蓬，今復在何許。”似乎“幾許”為“幾何”，“何許”為“何所”。然相去復幾，便是“幾何”；今復在何，便是“何所”。“幾何”、“何所”之義，不因“許”字而見，特借“許”字為助句耳。……(141—142 頁)

43. 猥

《藻》：殷仲文詩："猥首阿衡朝。"五臣云："言已以凡猥妄首朝端也。"（13 頁）

《略》：……殷仲文詩："猥首阿衡朝。"五臣云："言已以凡猥妄首朝端也。"……（139 頁）

44. 作底/底

《藻》：韓退之詩："潮州底處所。"又云："有底忙時不肯來。"李義山詩："柳映江潭底有情。""底"，"何"也。温飛卿詩："去帆不安幅，作底使西風。"言帆不安幅，將用何物以使西風也。（13 頁）

《略》：……韓退之詩："潮州底處所。"又云："有底忙時不肯來。"李義山詩："柳映江潭底有情。"此"底"字，"何"也，那也。又元微之詩："那知下藥還沽底。"此"底"字，猶云"此"也。又通作"抵"。温飛卿詩："去帆不安幅，作抵使西風。"言帆不安幅，將用何物以使西風也。（128 頁）

45. 爾來/爾

《藻》：温飛卿詩："爾來何處不恬然。""爾來"猶"近來"也。（14 頁）

《略》：……温飛卿詩："爾來何處不恬然。""爾來"猶"近來"也。（127 頁）

46. 更堪/堪

《藻》：盧綸詩："舊業已隨征戰盡，更堪江上鼓鼙①聲。"此"堪"字猶云"那堪"，省文也。又李義山詩："黄金堪作屋。"此"堪"字猶云"可"也。（14 頁）

---

① 甲辰本、李朝變本作"鼙"，誤。

《略》：……盧綸詩："舊業已隨征戰盡，更堪江上鼓鼙聲。"此"堪"字猶云"那堪"，省文也。又李義山詩："黄金堪作屋。"此"堪"字猶云"可"也。(118 頁)

47. 寧當/寧

《藻》：韓退之《送張道士》詩："天空日月高，下照理不遺。或是章奏繁，裁擇未及時。寧當不竢報，歸袖風披披。""寧當"猶云"豈可"。又《晉書·王衍傳》："何物老嫗，生寧馨兒。""寧"，去聲，與"恁"同。劉夢得詩云："為送中華學道者，幾人雄猛得寧馨。""寧"又作平聲。《世説》"冷如鬼手馨"，"正自爾馨"，"如馨地寧可鬬戰求勝"，並語之餘，不為義也。又陸暢《雪》詩："天公寧底巧，剪水作冰花。""寧底"即"寧馨"也。(15 頁)

《略》：……韓退之《送張道士》詩："天空日月高，下照理不遺。或是章奏繁，裁擇未及時。寧當不竢報，歸袖風披披。""寧當"猶云"豈可"。又《晉書·王衍傳》："何物老嫗，生寧馨兒。"此"寧"字，本作去聲，與"恁"同，俗云"如此"也。劉夢得詩云："為送中華學道者，幾人雄猛得寧馨。"則"寧"字又可作平聲矣。馨，餘語聲。《世説》"冷如鬼手馨"，"正自爾馨"，"如馨地寧可鬬戰求勝"，並語之餘，不為義也。又陸暢《雪》詩："天公寧底巧，剪水作冰花。""寧底"，即"寧馨""爾馨""如馨"也。(105 頁)

48. 真成/成

《藻》：庾子山《鏡賦》："真成箇鏡特相宜。"聶夷中詩："地底真成有劫灰。""真成"猶云"真箇"。"箇鏡"之"箇"猶云"此"也。又李義山詩："鳥言成牒訴，多是恨彤蟾。""成牒"之"成"，猶今云"成千成萬"之"成"。又高觀國《鳳棲梧》詞："不成日日春寒去。""不成"猶今云"難道"，宋人方言也。(15 頁)

《略》：語助也。庾子山《鏡賦》："真成箇鏡特相宜。"聶夷中詩："地底真成有劫灰。""真成"猶云"真箇"。"箇鏡"之"箇"猶云"此"也。又李義山詩："鳥言成牒訴，多是恨彤襜。""成牒"之"成"，猶今云"成千成萬"之"成"。"成牒而訴"者，訴之多也。又高觀國《鳳棲梧》詞："不成日日春寒去。""不成"猶今云"難道"，宋人方言也。(102—103 頁)

49. 從

《藻》：杜子美詩："五株桃樹亦從遮。"又云："客至從嗔不出迎。"此"從"字，詩中屢用。言聽其所如何而不與之校也。(16 頁)

《略》：……杜子美詩："五株桃樹亦從遮。"又云："客至從嗔不出迎。"此"從"字亦有"隨"意，言聽其所如何而不與之校也。(4 頁)

50. 索

《藻》：李義山詩："單棲應分定，辭疾索誰憂。""索誰憂"猶云"要誰憂"，今俗云"須索如何"也。(16 頁)

《略》：……李義山詩："單棲應分定，辭疾索誰憂。"此"索"字猶"須"也。"索誰憂"猶云"要須誰憂"，今云"要當如何"曰"須索如何"也。(269 頁)

51. 剛

《藻》：陸魯望詩："不知謝客離腸醒，臨水剛添萬恨來。"皮襲美詩："終然合委頓，剛亦慕寥廓。"按，方言僅如此曰"剛"，適如此亦曰"剛"。(17 頁)

《略》：陸魯望詩："不知謝客離腸醒，臨水剛添萬恨來。"皮襲美詩："終然合委頓，剛亦慕寥廓。"案，方言僅如此曰"剛"，適如此亦曰"剛"。皮詩則僅辭也，陸詩則適辭也。(100 頁)

52. 尋常/常

《藻》：杜子美詩："酒債尋常行處有。"十尺曰"尋"，倍尋曰"常"。今借作"平常"之辭。《説文》云："五度：分，寸，尺，丈，引也。"十尺曰"丈"，則"常"乃二丈也。(17頁)

《略》：……杜子美詩："酒債尋常行處有。"十尺曰"尋"，倍尋曰"常"。今借作"平常"之辭。尋常得為平常者，《説文》云："五度：分，寸，尺，丈，引也。"十尺曰"丈"，則"常"乃二丈也。此皆五度最始之數，故得借為"平常"耳。(97—98頁)

53. 收將/將

《藻》：李義山詩："收將鳳紙寫相思。""收將"，今方言猶云"收得"也。又庾子山《春賦》："眉將柳而争緑，面共桃而競紅。""將"字猶"與"也。韋應物詩："無將別來近，顏鬢已蹉跎。"又云："無將一會易，歲月坐推遷。""無將"猶云"莫以"。又程伯淳詩："將謂偷閒學少年。"邵堯夫云："我將謂取卻幽州也。""將謂"猶今云"只道"是也。又周密《謁金門》詞："屈指一春將次盡。"(17頁)

《略》：……《顏氏家訓》："命取將來，乃小豆也。"李義山詩："收將鳳紙寫相思。"此"將"字，今方言助句多用之，猶云"得"也。又庾子山《春賦》："眉將柳而争緑，面共桃而競紅。"《史通·雜述篇》："子之將史，本為二説。"此"將"字猶"與"也、"及"也。又韋應物詩："無將別來近，顏鬢已蹉跎。"又云："無將一會易，歲月坐推遷。""無將"猶云"莫以"。又程伯淳詩："將謂偷閒學少年。"邵堯夫云："我將謂取卻幽州也。""將謂"，疑辭，猶今云"只道"是也。又周密《謁金門》詞："屈指一春將次盡。""將次"，幾欲之辭……(96頁)

54. 可中/中

《藻》：王仲初《鏡聽詞》："可中三日得相見"。"可中"，正適之辭，猶俗云"恰好"也。(18 頁)

《略》：中，《廣韻》云："堪也。"《史記·外戚世家》："武帝擇宫人不中用者，斥出歸之。"又王仲初《鏡聽辭》："可中三日得相見。""可中"，正適之辭，猶俗云"恰好"也。(1 頁)

55. 假饒/饒

《藻》："饒"，《廣韻》云："餘也。"杜子美詩："浣花溪裏花饒笑。"言多餘也。又杜牧之詩："饒是少年須白頭。"楊龜山云："外邊用計用數，假饒立得功業，只是人欲之私。""假饒"猶云"縱令"也。(18 頁)

《略》："饒"，《廣韻》云："餘也。"杜子美詩："浣花溪裏花饒笑。"言多餘也。又杜牧之詩："饒是少年須白頭。"楊龜山云："外邊用計用數，假饒立得功業，只是人欲之私。"此"饒"字，"縱"也、"任"也。"饒"得為"縱""任"者，"饒"讓也，讓而不與之校，故得轉為"縱""任"也。"假饒"猶云"縱令"，設辭也。(77 頁)

56. 偏勞/偏

《藻》：杜子美詩："杜酒偏勞勸。"李義山詩："清露偏知桂葉濃。"(18 頁)

《略》：……杜子美詩："杜酒偏勞勸。"李義山詩："清露偏知桂葉濃。"(74 頁)

57. 端的/端

《藻》：鮑明遠詩："容華坐消歇，端為華髮侵。"韓退之詩："端來問奇字，為我講形聲。""端"猶云"定"也。今云"定如何"也。高觀國《祝英臺近》詞："魂夢西風，端的此心苦。"李義山詩："錦瑟無端五十弦。"又云："今古無端入望中。""無端"猶云

"無故"。(19 頁)

《略》:……鮑明遠詩:"容華坐消歇,端為華髮侵。"韓退之詩:"端來問奇字,為我講形聲。"此"端"字猶云"定"也。今云"端的如何",是"定如何"也。高觀國《祝英臺近》詞:"魂夢西風,端的此心苦。""端的",確辭也。又李義山詩:"錦瑟無端五十弦。"又云:"今古無端入望中。""無端"猶云"無故",不知其然之辭。(65 頁)

58. 都大/都

《藻》:元微之詩:"莫畫長眉畫短眉,斜紅傷豎莫傷垂。人人總解争時勢,都大須看各自宜。""都大"猶俗云"多大",言如何樣大小也。(19 頁)

《略》:……元微之詩:"莫畫長眉畫短眉,斜陽傷豎莫傷垂。人人總解争時勢,都大須看各自宜。""都大"猶俗云"多大",言如何樣大小也。(56 頁)

59. 殊未/殊

《藻》:江淹《擬古》詩:"日暮碧雲合,佳人殊未來。"並是了辭,俗語。(19 頁)

《略》:《詩·國風》:"殊異乎公路。"《漢書·韓信傳》:"軍皆殊死戰。"師古曰:"殊,絶也,謂決意必死也。"愚案:"殊"云"絶"者,極辭也。今云"絶如此""絶不如此",猶云"了如此""了不如此"也,非特為決意之辭而已。如《漢書·昌邑王傳》:"前賀西至長安,殊無梟。"魏文帝《與吴質書》:"孔璋章表殊健。"《襄陽耆舊傳》:"諸葛孔明拜龐德公於床下,公殊不令止。"江淹《擬古》詩:"日暮碧雲合,佳人殊未來。"並是了辭、絶辭,豈可云"決無梟"、"章表決健"乎。(50 頁)

60. 過了/了

《藻》：歐陽永叔《青玉案》詞："一年春事都來幾，早過了三之二。""過了"猶言"過卻"，方言助語也。（20頁）

《略》：……歐陽永叔《青玉案》詞："一年春事都來幾，早過了三之二。""過了"猶云"過卻"，方言助語也。（157頁）

61. 齊頭/齊

《藻》：王仲初詩："老人上壽齊頭拜。""齊頭"，方言也。（20頁）

《略》：《漢書·食貨志》："陛下損膳省用，出禁錢以振元元寬貸，而民不齊出南畝。""齊"，皆也。又王仲初詩："老人上壽齊頭拜。""齊頭"，方言"皆"也。（57頁）

（三）襲用與己見雜糅者。此類共16條，占全書108條的14.81%。如下：

1. 恰

《藻》："恰"，適當之詞。杜甫詩："野航恰受兩三人。"又云："自在流鶯恰恰啼。""恰恰"，鳥聲。（1頁）

《略》："恰"，適也。杜子美詩："野航恰受兩三人。"（282頁）

2. 合

《藻》："合"，"應"也。《史記·司馬相如傳》："然則受命之符，合在於此矣。"杜子美詩："褊性合幽棲。""應合總成龍。"陸游詩："此身合是詩人未，細雨騎驢入劍門。"則"合是"二字亦唐、宋人方言矣[①]。（2頁）

《略》："合"，"應"也、當也。《史記·司馬相如列傳》："然則受命之符，合在於此矣。"杜子美詩："褊性合幽棲。"又云："蓬萊

① 原作"也"，據甲辰本、李朝孌本、日本天保二年本改作"矣"。

足雲氣，應合總成龍。”“應合”，重言也。(281頁)

3. 著

《藻》：“著”，附麗也，猶今言“土著”之“著”。許用晦詩：“逢著仙人莫下碁。”李義山詩：“記著南塘移樹時。”又杜子美詩：“迷方著處家。”李義山詩：“著處斷猿腸。”“著處”，一作“觸處”，王仲初詩“諸院門開觸處行”可證。(3頁)

《略》：“著”，方言語助也。許用晦詩：“逢著仙人莫下碁。”李義山詩：“記著南塘移樹時。”又杜子美詩：“迷方著處家。”李義山詩：“著處斷猿腸。”“著處”猶云“到處”也。(262頁)

4. 卻

《藻》：温飛卿詩：“莫羨相如卻到家。”又云：“香輦卻歸長樂殿。”又云：“卻逐嚴光向若邪。”又李義山詩：“何當共剪西窗燭，卻話巴山夜雨時。”趙嘏詩：“溪頭盡日看紅葉，卻笑高僧衣上塵。”司空表聖詩：“逢人漸覺鄉音異，卻恨鶯聲似故山。”又方澤詩：“貪看飛花忘卻愁。”君山老父詩：“日暮忘卻巴陵道。”又邢鳳《春陽曲》：“舞袖弓彎渾忘卻。”皆方言，猶云“了”也。(3頁)

《略》：“卻”，“還”也……温飛卿詩：“莫羨相如卻到家。”又云：“香輦卻歸長樂殿。”又云：“卻逐嚴光向若邪。”又“轉”也。李義山詩：“何當共剪西窗燭，卻話巴山夜雨時。”趙嘏詩：“溪頭盡日看紅葉，卻笑高僧衣上塵。”司空表聖詩：“逢人漸覺鄉音異，卻恨鶯聲似故山。”又方澤詩：“貪看飛花忘卻愁。”君山老父詩：“日暮忘卻巴陵道。”此“卻”字，方言語助，猶云“了”也。(261頁)

5. 没

《藻》：“没”字只“没世”二字見《論語》，向疑不應作“莫”字用。按《小爾雅》云：“没，無也。”王仲初詩：“暗中頭白没人知。”則古人有用之者矣。又謝康樂詩：“陰霞屢興没。”讀“蔑”，

莫列切。(4 頁)

《略》："没"，《小爾雅》云："無也。"王仲初詩："暗中頭白没人知。"(256 頁)

6. 稍稍/稍

《藻》：韓退之詩："余初不下喉，近亦能稍稍。""稍稍"，"漸漸"也。本《史記·食貨志》："稍稍置均輸，以通貨物。"杜子美詩："稍喜臨邊王相國，肯稍金甲事春農。""稍"，"頗"也，皆俗語。(8 頁)

《略》："稍"，《説文》云："出物有漸也。"……愚案：諸書多訓"稍"為"漸"，未有它訓也。然此字實有兩義：一為漸辭，一為頗略之辭。如……《（史記·）食貨志》："孔僅使天下鑄作器，三年，至大司農，列於九卿。而桑弘羊為大司農中丞，管諸會計事，稍稍置均輸，以通貨物。"此"稍"字，漸也。"稍稍"，"漸漸"也。如……杜子美詩："稍喜臨邊王相國，肯銷金甲事春農。"此"稍"字，"頗"也、"略"也、"少"也。"漸"非遽然之辭，故"稍"亦得為"少""略"也。(221 頁)

7. 料

《藻》：史達祖《東風第一枝》詞："料故園不卷重簾，誤了乍來雙燕。""料"，計度也。《左傳》："臣料虞君。"《賈誼傳》："竊料匈奴之衆。"義同。(8 頁)

《略》："料"，意計之辭。史達祖《東風第一枝》詞："料故園不卷重簾，誤了乍來雙燕。"(222 頁)

8. 陡覺/陡

《藻》："陡"與"斗"通，猝然也。張九齡《勅日本書》："雲霧斗暗，所向迷方。"汪莘《憶秦娥》詞："夜來陡覺霜風急。"韓退之詩："斗覺霜毛一半加。"(11 頁)

《略》："陡"與"斗"通，猝然也。張九齡《勑日本書》："丹墀真人廣成等入朝東歸。初出江口，雲霧斗暗，所向迷方。"汪莘《憶秦娥》詞："夜來陡覺霜風急。"（178頁）

9. 似曾/似

《藻》：元微之詩："子蒙將此曲，吟似獨眠人。""吟似"猶云"吟向"。又宋人詩："似曾相識燕歸來。"（13頁）

《略》……元微之詩："子蒙將此曲，吟似獨眠人。""吟似"猶云"吟向"。（133頁）

10. 只

《藻》：杜子美詩："寒花只暫香。"又云："只想竹林眠。"又云："只道梅花發。""只"，俗言也。（14頁）

《略》：……又《莊子·徐無鬼》："請只風與日相與守河，而河以為未始其攖也。"杜子美詩："寒花只暫香。"又云："只想竹林眠。"此"只"字，義同"止"，猶云"但"也。（121頁）

11. 可能/能

《藻》：李義山詩："固有樓堪倚，能無酒可傾。"岑嘉州詩："別君能幾日。"黄昇《鵲橋仙》詞："夜來能有幾多寒。"此"能"字亦是寧辭。凡云"能幾何"，猶言"寧有幾何"也。羅昭諫詩："我未成名君未嫁，可能俱是不如人。""可能"猶云"可堪""可耐"。"能""耐"古通。《禮記·禮運》："故聖人耐以天下為一家，以中國為一人者，非意之也。"鄭注云："耐，古能字也。"又許用晦詩："西去皤溪猶萬里，可能垂白待文王。"此言皤溪既已迢遠，如何能以垂白之年，待文王之求乎？義與"可堪"相近。又李義山詩："堪歎故君成杜宇，可能先主是真龍。"又楊僕"移關三百里，可能全是為荆山"。猶云"未必能"也。又韓退之詩："杏花兩株能白紅。"皮襲美詩："檜身渾箇矮，石面得能皾。"唐子西詩："桃花

能紅李能白。”此“能”字與“恁”同，亦可作去聲，方言“箇樣”也，“得能”即“箇樣”，吴人語也。（14 頁）

《略》：……李義山詩：“固有樓堪倚，能無酒可傾。”“固有”、“能無”，並用《論語》，足知“能無”非不得不然之義也。又岑嘉州詩：“别君能幾日。”李義山詩：“未知歌舞能多少。”黄昇《鵲橋仙》詞：“夜來能有幾多寒。”此“能”字亦是寧辭。凡云“能幾何”，猶言“寧有幾何”“能得幾何”也。又羅昭諫詩：“我未成名君未嫁，可能俱是不如人。”“可能”猶云“可堪”“可耐”。“能”“耐”古通。《禮記·禮運》：“故聖人耐以天下為一家，以中國為一人者，非意之也。”鄭注云：“耐，古能字也。”又許用晦詩：“西去磻溪猶萬里，可能垂白待文王。”此言磻溪既已迢遠，如何能以垂白之年，待文王之求乎？義與“可堪”相近。又李義山詩：“堪歎故君成杜宇，可能先主是真龍。”此“可能”乃不定之辭，猶云“未必能”也。言蜀險雖足倚仗，而天命不可假易。不惟故君已成杜宇，即恐先主亦非真龍。故結云：“將來為報奸雄輩，莫向金牛訪舊蹤”也。又韓退之詩：“杏花兩株能白紅。”皮襲美詩：“檜身渾箇矮，石面得能顣。”唐子西詩：“桃花能紅李能白。”此“能”字與“恁”同，亦可作去聲，方言“箇樣”也，“得能”即“箇樣”，吴人語也。（108—109 頁）

12. 羸得/羸

《藻》：杜牧之詩：“十年一覺揚州夢，羸得青樓薄幸名。”“羸得”猶今云“剩得”也。又“輸卻”，義亦同。高啓詩：“賽門不曾輸。”（16 頁）

《略》：“羸”，餘也。杜牧之詩：“十年一覺揚州夢，羸得青樓薄幸名。”“羸得”猶今云“剩得”也。（102 頁）

13. 些子兒/些＋兒

《藻》："些子"，方言也。宋太祖夜幸後池，召當直學士盧多遜，賦《新月》詩，請韻，曰："些子兒。""兒"亦方言，不可作兒孫字讀。又史邦卿《夜行船》詞："過收燈有些寒在。"（16 頁）

《略》："些"，少許之辭。史邦卿《夜行船》詞："過收燈有些寒在。"（88 頁）

《略》："兒"，方言語助辭。宋太祖夜幸後池，召當直學士盧多遜，賦《新月》詩，請韻，曰："些子兒。"（29 頁）

14. 各各/各

《藻》：《漢書·劉盆子傳》："各各屯聚。"《吴志·甘寧傳》注："時諸英豪各各起兵。""各各"亦方言，重言也。入詩甚雅，古人多未用，故附載之。（18 頁）

《略》：……又《後漢書·劉盆子傳》："各各屯聚。"《吴志·甘寧傳》注："時諸英豪各各起兵。""各各"，重言也。（268—269 頁）

15. 公然/然

《藻》：杜子美詩："公然抱茅入竹去。""公然"者，明知如此，無所顧忌也。又"居然"二字，詩詞中用者甚多，皆方言也。（18 頁）

《略》：……韓退之《論淮西事宜狀》："至於分兵出界，公然為惡，亦必不敢。"杜子美詩："公然抱茅入竹去。""公然"者，明明如此，無所顧忌也。（72 頁）

16. 鎮

《藻》："鎮"作"常"字看。今人詩多有用鎮日，疑其無出處。李義山詩已有"蠟花常遞淚，箏柱鎮移心"之句。（20 頁）

《略》：李義山詩："蠟花常遞淚，箏柱鎮移心。""鎮"，"常"

也。“鎮”有“定”義，故得為“常”也。(216頁)

(四)只見於《方言藻》而不見於《助字辨略》者。此類共10條，占全書108條的9.26%。

這些條目可以區分為兩種情況：一是條目和内容為《方言藻》所獨有，《助字辨略》没有相應的條目，共有9條，即“箇箇、也知、番、故故、得得、認得、勾留、莫遣、周遮”等。二是條目名稱相同而内容基本不同，有1條，即“纔/纔”，對照如下：

《藻》：杜詩：“春水纔添四五尺。”“纔”訓“始”也、“僅”也、“暫”也。方言與“剛”意同。又染繒一入曰“纔”。(21頁)

《略》：“纔”與“裁”“財”“才”並通。《廣韻》云：“僅也。”《漢書·晁錯傳》：“遠縣纔至。”《史記·張儀傳》：“雖大男子，裁如嬰兒。”《漢書·文帝紀》：“太僕見馬遺財足。”師古云：“財，與纔同，少也。”愚案：“少”“僅”義同。《水經注》：“林鄣據嶮路才容軌。”又《後漢書·馮異傳》：“旦日，赤眉使萬人攻異前部，異裁出兵以救之。”《張酺傳》：“宜裁加貸宥，以崇厚德。”此“裁”字，“略”也、“少”也。又《蜀志·魏延傳》：“延大怒，纔儀未發，率所領徑先南歸。”此“纔”字猶云“方”也。(58頁)

三、《方言藻》相關問題討論

上文的對勘顯示，《方言藻》與《助字辨略》完全相同、基本相同和部分襲用這三類情形的條目總共有98條，占全書108條的90.74%，單是前兩類也有82條，占全書108條的76%。為了正確看待《方言藻》與《助字辨略》的高度雷同，很有必要首先釐清一些史實。

1. 關於《助字辨略》的版本源流，楊樹達1925年為長沙楊氏刻本撰寫的跋語中曾作過簡練描述："確山劉武仲先生《助字辨略》五卷，初刻於清康熙五十年辛卯海城盧氏承琰。越六十八年，為乾隆四十四年己亥，長白國泰得其書于盛氏柚堂，取而重刻之。又越七十六年，為咸豐五年乙卯，聊城楊氏以增得傳鈔本，延高君均儒重刊，是為海源閣本。此三本皆鏤板也。最近有文學社據海源閣所排印之巾箱本，不知排印年月，蓋當清末時。盧氏初刻，余未得見。國氏所據當為盧刻，故簡首有盧氏序文。海淵閣所據之傳鈔本亦係據盧刻，而高君伯平校勘時似未見國刻本，故頗有國刻字不訛誤而楊刻誤者，楊刻卷首亦無國序，皆其證也。"①

2.《助字辨略》初版者是盧承琰，其刻序寫成於康熙五十年（1711），這比《方言藻》初版的乾隆甲辰（1784）要早 73 年。國泰重刻此書在乾隆四十四年（1779），也比《方言藻》初版早 5 年。如果單純從時間上來看，《方言藻》襲用《助字辨略》完全可能。但劉淇的《助字辨略》康熙初版和國泰乾隆重刻本流布不廣。藏書家楊以增是《助字辨略》第三個本子即咸豐海源閣本的重刻者，該本子有其子楊紹和的跋語。據楊紹和跋語記載，楊以增從錢泰吉的《曝書雜記》中得知劉淇著有《助字辨略》一書，但"每遇濟上交遊，諮求之，尠有知其人者"②。後從友人處得一冊，楊以增跋尾云："《助字辨略》雖已梓，而未能流布，世之懷才不遇如劉君者，可勝道耶！"③ 如果確因流布不廣，而李調元著作時没有見到過《助字辨略》的話，那完全是另一性質的事情了。

3. 由於歷史條件限制，與前人著作暗合，或同時代學者之間

---

① 《助字辨略》第 306 頁。

② 同上，第 289 頁。

③ 同上，第 290 頁。

相互暗合，古代頗為常見。比李調元稍晚的王引之（1766－1834）所撰《經傳釋詞》就有不少與《助字辨略》暗合的例子。王引之撰於嘉慶三年（1798）的自序説，他所以要撰寫《經傳釋詞》這部書，是因為“自漢以來，説經者崇尚雅訓……而語詞之例，則略而不究”，在其父王念孫“發明意恉，渙若冰釋”的啓發下，“引而申之，以盡其義類”，成“《經傳釋詞》十卷，凡百六十字”①。王氏自序以及全書，既未提到劉淇的《助字辨略》，也未提到李調元的《方言藻》，王氏撰成此書距離《助字辨略》初版已經 87 年，距離《方言藻》初版也有 14 年了。科學研究的核心要素體現在三個主要方面，即觀點、材料和方法，無論説它們是暗合還是襲用，都應該從這三個基本方面去證明。

4. 藏書家錢泰吉（1791－1863）應該是最早注意到劉氏《助字辨略》與王引之《經傳釋詞》並予以比較的人。其《曝書雜記》云:《助字辨略》“先秦兩漢舊籍，引據該洽，實為小學書之創例”。“刊於康熙五十年，海城盧承琰撰序，謂所著尚有《周易通説》《禹貢説》若干卷。謹檢《四庫總目》，俱未著録，則劉君所著鮮傳本矣。”“近時王伯申尚書著《經傳釋詞》十卷，其撰著之意略同此書，詁訓益精密。然創始之功，不能不推劉君也。”②

劉毓崧（1818－1867）的海源閣本跋語可以稱得上是第一篇研究性質的文字。他的觀點非常鮮明：《助字辨略》康熙盧氏刻本“傳播未遠，故高郵王文簡公亦未獲見”，《經傳釋詞》所言與《助字辨略》有不少條目的觀點相同，都屬於“暗合”。常語習見虛詞的解釋相同，不足為奇，所以劉毓崧没有舉例説明，而他所舉的

① 王引之《經傳釋詞》第 3－6 頁，中華書局，1956 年。

② 《助字辨略》第 285 頁。

30 例都屬於"最精確者"。他認為這些例證都是王引之"深造自得之語"，只是與《助字辨略》的意指"不謀而同"。除此而外，《助字辨略》還有推闡引證比《經傳釋詞》"更詳，可補其未備者"，有"與《釋詞》微異，可存以俟考者"，有"其義為《釋詞》所未述，而犁然當於人心者"，有"其字為《釋詞》所未載，而鑿然合於古訓者"等。更為重要的是，兩書在研究方法和研究材料上是有很大區別的。關於研究方法，劉毓崧指出："同一援據舊文也，《釋詞》必舉其最初，而此書不必盡從其朔。同一發明通假也，《釋詞》能窮其究竟，而此書未能盡獲其源。"關於研究材料，劉毓崧說："《釋詞》所述者上自九經三傳，下迄周秦西漢之書，而東漢以還，則概從其略。此書所述者，自經傳、諸子、《史》《漢》外，旁涉近代史書、雜説、文字、詩詞。蓋《釋詞》以經傳為主，故採録不多。此書以助字標名，故臚陳較廣。緣體裁小異，斯去取有殊耳。然此書雖搜羅甚富，而斷限最嚴……誠能循其條目，觸類旁通，則東漢以後宋元以前之書，其詞氣異同，均能洞悉。"① 楊樹達的跋語對劉毓崧論述進行了補充。楊樹達認為，《助字辨略》"與王氏《釋詞》相較，自有遜色"。他認可劉毓崧的比勘、論述，指出劉毓崧的討論"尚有未盡者"，補充論述了兩點，而以第二點為重點。第一點是，他認為劉書有一些王氏未及或勝過王書的條目；第二點是，他認為劉書也存在不少"偶不審核，至於誤解"的情況。儘管如此，他認為"劉氏生於清學初啓之時，篳路藍縷，其功甚巨。"②

5. 劉毓崧所謂"暗合"，實際上是指觀點相同，並不是指文字相同。請以他所舉的第一條"與"為例。《助字辨略》卷三"與"

---

① 《助字辨略》第 290—305 頁。

② 同上，第 306—315 頁。

條釋義有“及也、若也”“如也”“與其，反設之辭”“猶共也”“相與者，比合之辭”等。《經傳釋詞》卷一“與”條釋義有“及也”“猶以也”“猶為也”“猶謂也”“如也”“語助也”。從兩書的各項具體釋義可以看出，《釋詞》的意義概括與排列比《助字辨略》要更嚴整、更科學些。其中“與，如也”，是劉毓崧認為兩書“暗合”最典型的例證。現引出對照如下，《經傳釋詞》簡稱《詞》，省略文獻例證處使用省略號：

《略》：《漢書·高帝紀》：“今某之所就，孰與仲多。”師古云：“與，亦如也。”《匈奴傳》：“單于自度，戰不能與漢兵。”師古云：“與，猶如也。”《東方朔傳》：“上復問朔：‘方今公孫丞相……司馬遷之倫，皆辨知閎達，溢于文辭，先生自視何與比哉？’”師古云：“何與，猶言何如也。”張平子《西京賦》：“此何與于殷人屢遷，前八而後五。”李善云：“《廣雅》云：‘與，如也。’言欲遷都洛陽，何如殷之屢遷乎。”（140 頁）

《詞》：《廣雅》曰：“與，如也。”《大戴禮·四代篇》曰：“事必與食，食必與位，無相越逾。”“與”，“如”也。言事必如其食，食必如其位也。《晏子春秋·問篇》曰：“正行則民遺，曲行則道廢，正行而遺民乎？與持民而遺道乎？”“與”，亦“如”也。言將正行而遺民乎，如其持民而遺道乎也。《墨子·兼愛篇》曰：“若大國之攻小國也，大家之亂小家也，强之劫弱，衆之暴寡，詐之謀愚，貴之敖賤，此天下之害也。又與為人君者之不惠也，臣者之不忠也，父者之不慈也，子者之不孝也，此又天下之害也。又與今人之賤人，執其兵刃毒藥水火以交相虧賊，此又天下之害也。”“又與”，猶“又如”也……“與其”，皆謂“如其”也。或但謂之“與”……“何與”，猶“何如”也……“孰與”，猶“何如”也……（17—18 頁）

對比可見，《助字辨略》和《經傳釋詞》雖然同樣以“如”釋“與”，但兩書所使用的具體材料和論證方式都不一樣。這與上文對勘所呈現的情形完全不同，《方言藻》與《助字辨略》文字相同、相近的程度和高度雷同的條目在全書中所占的比例，顯然是不能用“暗合”來解釋的。

6.《清史列傳》謂：李調元“少聰敏好學，父化枏宦浙中，調元往省，遍遊浙中山水，遇金石即手自摹搨，購書萬卷而歸。由是益奮於學，自經史百家以及稗官野乘，靡不博覽。群經小學皆有撰述”。李調元“生平宦跡所至，輒訪問山川風土人物，其有為古人所未志者，即筆録之，以為談資。官通永道時，值《四庫》館開，每得善本，輒遣胥録之，因輯自漢迄明蜀人著述罕傳秘笈，彙刊之，名曰《函海》，其表彰先哲，嘉惠來學，甚為海内所稱。”[①]

李調元自幼聰敏好學，隨父親遊歷了很多地方；乾隆二十八年進士及第後，他任職的地方主要在京城和廣東，這些都是經濟文化很發達的地區，特别是京城。他還趕上了清朝編纂《四庫全書》這一盛事，1782年曾奉旨護送一部《四庫全書》去瀋陽。據《清史列傳》介紹，李調元有抄録、收集、購買善本秘笈的愛好，在上述地區遊歷中收穫很豐，在他50歲左右的時候就校勘、輯纂、刻印了收有150種圖書的大型叢書《函海》，其中包括他和他父親的著作。去職回籍後的二十年，讀書、寫作、校刊書籍以及經營萬卷樓成了他的全部，嘉慶五年（1800）萬卷樓毁於匪患，兩年後李調元就在悲憤鬱積中去世了[②]。

7.從李調元的履歷簡介中可以推測，儘管《助字辨略》流布

① 中華書局1987年版王鐘翰點校本《清史列傳》卷七十二第5916—5918頁。

② 同上。

不廣，但是刻意搜訪金石圖籍的他，極有可能得到了《助字辨略》。但李調元是一位正直的讀書人，除了詩文創作，還致力於儒家經典研究，在“三禮”上用力尤多；他也是朝廷命官，職位雖不高，但官聲不錯。因此，李調元不至於惡意抄襲，讓這麽一種小書自毁清譽。我們猜測最大的可能是，李調元對古今詩詞中的方言俗語確實有興趣，從年輕時就開始積累這方面的材料；得到《助字辨略》並見到其中感興趣的内容就隨手摘録了出來，與自己積累的材料混編在一起。時間一長，竟然忘了哪些東西是别人的，哪些是自己的，編輯刊印《函海》時就以《方言藻》之名匯為一册了。不管具體原因是什麽，《方言藻》到底是怎樣成書的，該書與《助字辨略》高度雷同則是不争的事實！

本文與張敏合作

原載於《語文研究》2015 年第 3 期

《漢語方言大詞典》古文獻引用問題例説

由許寶華教授和宮田一郎教授聯合主編的《漢語方言大詞典》(中華書局 1999 年 4 月第一版)，是一部原創性傳世之作，其價值、成就、貢獻以及對學習、研究古今漢語方言的意義，已有多位著名語言學家發表過中肯而又精湛的評論，筆者深表贊同，該詞典不久前又獲得了國家級大獎，自然也是當之無愧。

前一段時間因為做方言學史的課題而經常翻檢該詞典，於是有機會發現該詞典在古方言文獻引用方面存在的一些問題，覺得實在是美中不足。因為筆者非常希望該詞典能更符合“典”的要求，包括古方言文獻的引證，也因為我們希望代表國家出版水準的中華書局能把工作做得更好，所以願意從所碰到的有問題的詞條中挑選出一些來作簡要説明，以供編者和出版者在該詞典再版修訂時參考。

問題的出現有編者的責任，也有出版者的責任，詞典的使用者無法説清，所以，我們下面只就問題的客觀情形作簡單分類。每一類舉出三個例子，每條例子先照該詞典原文引録，包括標點符號，並在其後的括弧中注明所引文字在該詞典中所屬的詞頭和所在的頁碼，然後另行出“按”字，“按”字後面是我們的訂正意見。

一、人名顯誤例

1.《周禮·地官》“國凶札”鄭玄注：“～謂疾疫死亡也。越人謂死為～。”（“札”，第 1110 頁）《周禮·考工記·輈人》：“必～其牛後。”漢鄭玄注：“關東謂紂為～。”（“緧”，第 6377 頁）

按：詞典所説“鄭玄注”都是鄭玄引鄭司農説，並非鄭玄本人的話。“鄭玄注”當改作“鄭玄注引鄭司農”。

2.《爾雅·釋草》：“卷施草拔心不死。”漢王逸注：“～也。”（“宿莽”，第 5800 頁）

按：王逸没有注過《爾雅》。“王逸”當作“郭璞”。

3.《儀禮·聘禮》：“四秉曰～。”唐孔穎達疏：……（“筥”，第 5193 頁）

按：孔穎達所作五經正義中没有《儀禮》，為《儀禮》作疏的是賈公彦。“孔穎達”當作“賈公彦”。

二、書名顯誤例

1.《吕氏春秋集釋》：“草化為蚈。”高誘注：……（“秦渠”，第 4572 頁）

按：《吕氏春秋集釋》為近人許維遹所著，1935 年清華大學印行，1955 年文學古籍刊印社再版，東漢高誘自然不可能為它作注。編者引用《吕氏春秋》高誘注可能所據正是許維遹集釋本，結果誤高誘所注《吕氏春秋》為《吕氏春秋集釋》。“《吕氏春秋集釋》”當作“《吕氏春秋》”。

又，“草化為蚈”當作“腐草化為蚈”，語出《吕氏春秋·季夏紀》，引文脱“腐”字。

2. 漢劉熙《釋名疏證補·釋首飾》：“簂，恢也，恢廓覆髮上也。魯人曰～。《後漢書·烏桓傳》：‘中國有簂。’注：‘簂，音吉悔反，字或作幗，婦人首飾也。’”（“頍”，第 4603 頁）

按：漢劉熙著《釋名》，《釋名疏證補》是清人王先謙為畢沅《釋名疏證》而作，這是書名誤。

此條引文問題也多：“簂，恢也，恢廓覆髮上也。魯人曰～。”是《釋名》文，不是《釋名疏證補》文，此一誤；“《後漢書·烏桓傳》：‘中國有簂。’注：‘簂，音吉悔反，字或作幗，婦人首飾也。’”既不見於畢沅疏證，也不見於王先謙疏證補，此二誤。引文一誤自然是與書名誤密切相關的，引文二誤竟不知其所由生。再一個問題是，如果從始見書的角度來要求，引《儀禮·士冠禮》“纓屬于缺”鄭玄注“滕薛名簂為頍”，當比引《後漢書·烏桓傳》李賢注更為合適。

3. 清郝懿行《爾雅釋義·釋鳥》。（“[illegible]子”，第 5857 頁）

按：“《爾雅釋義》”當為“《爾雅義疏》”。

三、引文字誤、字脱、字衍例

1.《詩·鄭風·子矜》序：“子矜，刺學校廢也。”漢鄭玄注：“鄭國謂學為校，言可以校正道義。”（“校”，第 4596 頁）

按：“校正”之“校”當作“挍”，“道義”之“義”當作“藝”。

2.《公羊傳·哀公六年》：“陳乞使人迎陽生～其家。”漢何休解詁：“～為齊人語。”（“于諸”，第 193 頁）

按：何休解詁原文為："于諸，寘也，齊人語也。"此引脱"寘也"二字，衍"為"字。

3. 漢劉熙《釋名·釋衣服》："荆人謂草屨曰～。絲、麻、韋、草，皆同名也。～，措也，言所以安措足也。"（"𧃒"，第7532頁）

按："荆"字後脱"州"字，"謂草屨"三字衍。

四、引文删節不當例

1. 漢劉熙《釋名·釋首飾》："頍，傾也。著之傾近前也，齊人曰～。"（"帨"，第4808頁）

按："頍"字前有"魯人曰頍"四字，不當删；"齊人曰～"之後有"釋形貌也"四字，也不宜删。補上不當删節的文字後，標點符號也要作相應改動："魯人曰頍，頍，傾也，著之傾近前也。齊人曰～，釋形貌也。"

2.《離騷》："～江離與辟芷兮，紉秋蘭以為佩。"漢王逸注："～，被也。"（"扈"，第5836頁）

按：王逸注文"被也"後面有"楚人名被為扈"六字，不當删。

3.《淮南子·泛論訓》："抱～而汲。"（"甀"，第6184頁）

按："泛"，通行本作"氾"。《淮南子》此句高誘注："甀，武，今充州曰小武為甀，幽州曰武。"當引證。

五、引文脱標、誤標例

1.《釋名·釋宫室》："大屋曰廡，并冀人謂之～。"（"㡢"，第2835頁）

按："大屋曰廡"後有省略，當標省略號。

2. 清郝懿行《爾雅義疏·釋親》："稚者，幼禾也。稚婦名以此。然則幼者為稚婦，長者當為稙婦。故《釋名》云：'青徐人謂長婦曰～。'禾苗先生者曰稙，取名於此也。是稙稚對言，此稚長對言者，互相明也。"（"稙長"，第6595頁）

按："青徐人謂長婦曰～。禾苗先生者曰稙，取名於此也。"這是《釋名》文，"是稙稚對言"以下是郝懿行的話，該詞典下引號誤標。

3.《周禮·天官·漿人》："漿人掌共王之六飲，水、漿、醴、涼、醫、酏，入於酒府。"賈公彥《疏》："案《內則》飲內有～無涼，彼鄭云：'以《周禮》"六飲"校之，則～，涼也。'紀莒之間名諸為～。"（"濫"，第6688頁）

按："紀莒之間名諸為～"仍然是鄭玄注《禮記·內則》語，不是賈公彥疏解語，所以"涼也"後面的下引號應當移到"紀莒之間名諸為～"的後面。

該詞典《凡例》説："有一小部分文獻書證係轉引自第二手資料。"這當然是該詞典文獻引用出現種種問題的根本原因，不過，本文以上列舉的問題也不能全部歸咎於這一原因。參與編寫的人員文獻功底參差不齊，對待文獻書證引用的態度謹嚴不一，出版社審稿、校對時有疏漏，等等，都是值得加以檢討的原因。該詞典存在的問題並不限於上述所説，比如不少古方言詞依例當收卻失收了，或者雖列有詞條卻漏釋了該詞的古方言詞義，等等，都是修訂時應該注意解決的問題。例如："長鋏"，古南方方言，《楚辭·九章·涉江》："帶長鋏之陸離兮。"漢王逸注："長鋏，劍名也。其所握長劍，楚人名曰長鋏。"此詞該詞典失收。"兄弟"，在古方言中有結成婚姻關係的意義，《公羊傳·僖公二十五年》："其言來逆婦何？兄弟辭也。"漢何休解詁："宋魯之間名結婚姻為兄弟。"該詞典"兄弟"一詞下没有這一義項。因為這些不屬於古文獻引用方面的問題，所以本文没有就此展開討論，只是在文末順便提及一下，但對《漢語方言大詞典》來説，這類問題並不是不重要。

原載於《語言研究》2004 年第 4 期

盧以緯《語助》"俗語"考論

元代盧以緯的《語助》作為漢語言學史上的第一部虛詞專著，草創之功不能泯滅。胡奇光先生認為："它是從訓詁學、辭章學裏分離出來，獨立進行虛字規律探索的第一本書，從這點上，可以說，《語助》一書的問世，便成了漢語語法學創立的一個徵兆"①。這是筆者迄今所見到的對盧氏《語助》所作的最為深刻而允當的評論。

盧氏在《語助》中常引用"俗語"來作解釋，這無疑是該書的一個特色。這一特色已得到當代研究者的關注，如何九盈先生在討論該書的研究方法時，就已經把"將文言虛字與俗語進行比較研究"單獨作為一條提了出來，並認為"這部分材料很值得重視"②；胡奇光先生也認為該書"開了以口語解釋文言虛字的先例"③。但是，對《語助》中的"俗語"進行專題研究的文章還較罕見，因而筆者擬在本文中先集中考核《語助》中的"俗語"，然後具體討論

① 胡奇光《中國小學史》第228頁，上海人民出版社，1987年。
② 何九盈《中國古代語言學史》第196頁，河南人民出版社，1985年。
③ 胡奇光《中國小學史》第228頁。

它在漢語史和漢語言學史研究中的價值，祈盼大方之家有以教之。

上篇　《語助》“俗語”考

《語助》一書共列有 66 個條目，解釋了 126 個“語助”，其中單音節的“語助”60 個，複音節的“語助”66 個；《語助》的 66 個條目中有 20 個條目引用了“俗語”材料①。下面引文前所標數字為本文所編序號，引文中方括内為本文據盧氏文意所補，引文後圓括號内為劉燕文校注本所編序號，筆者所考内容另起一行以“按”字領之。

盧氏援引“俗語”解釋“語助”，絶大部分是正確的、可信的，列舉如下：

(1)“乎”字多疑而未定之辭。或為問語，只是俗語“麽平”字之意。(第 2 條)

按，盧氏指出在問句中使用有疑問不確定之意的“乎”，相當於俗語中的“麽”字，讀平聲。王力先生在《漢語史稿》中曾説過：“‘嗎’的較古形式是‘麽。’”②“在上古用‘乎’的地方，現代也可以用‘嗎’或用‘呢’。”③“麽”表示疑問語氣並非肇始於元代，唐代用例中字或寫作“摩”，或寫作“磨”“麽”。例如，《祖堂集》卷五“德山和尚”：“師問岩頭：‘還會摩？’對云：‘不會。’”《變文集》卷六《不知名變文》：“到後劫之中，某乙得個自在女人之名，和上後劫之中，本得個孩子之身，共為夫妻，之者得罪磨？”

---

① 據劉燕文《語助校注》本，中州古籍出版社，1986 年。

② 王力《漢語史稿》中册第 452 頁，中華書局，1980 年。

③ 同上，第 451 頁。

賈島《王侍御南原莊》詩："南齋宿雨後，仍許重來麽?"宋以後則常寫作"麽"。例如，辛棄疾《江神子·聞蛙蟬戲作》詞："斜日綠蔭枝上噪，還又問：是蟬麽?"王實甫《西厢記》第一本第二折："小娘子莫非鶯鶯小姐的侍妾麽?[①]"

(2)［者］或有俗語"底平"字意。(第 4 條)

凡"之"字多有"底平"字意。(第 5 條)

按，"底"讀平聲，即音 dī。盧氏的解釋表明"者""之"都是"底平"的來源；證之中古漢語，"底"確有相當於現代漢語"的"或"地"的用法，其中相當於"的"的"底"與盧釋正合。例如，《無常經講經文》："到家各自省差殊，相勸直論好底事。"辛棄疾《夜遊宫·苦俗客》："有箇尖新底，説底話非名即利。"姚守中［粉蝶兒］《牛訴冤》："我是一個直錢底物，有我時田園開闢，無我時倉廩空虚。"宋以後"的"字作結構助詞使用的例子已可以見到。例如，《宣和遺事》後集："［傅］察乃傅光俞的從孫也。"錢愐《錢氏私志》："則是一個有血性的漢子。"王實甫《西厢記》第一本第四折："老的小的，村的俏的，没顛没倒，勝似鬧元宵。"但是，"的"字還有一種經常性的用法，即出現在動詞後面，也寫作"地"，略同於現代漢語的"着"，表示動作狀態的持續，這是與上述各例中的"底"和"的"並不相同的。例如，隋本《博望燒屯》一［醉中天］："我請你個玄德公安然坐的。"王實甫《西厢記》第一本第一折："山門下立地，看有甚麽人來。""底"一直用到現代，現代舊語體文中專用作表示領屬關係，例多不贅，但"的"最後還

---

① 江藍生、曹廣順《唐五代語言詞典》第 253 頁云："'麽'字功能與現代漢語中'嗎'相似，作疑問語氣詞多用於一般疑問句……現'麽'的字形在唐五代多寫作'磨、摩'……寫作'麽（么）'是宋代以後的寫法，現唐代文獻中的'麽（么）'字，當是後人改動的。"上海教育出版社，1997 年。

是完全取代了“底”。

(3)［亦］是俗語“也”字之意，“不亦説乎”，謂“莫不也有喜悦處麽平”，但“也”意緩，“亦”意頗切。(第 12 條)

按，盧氏的觀察是細密的，在這一條中，他不僅指出了“亦”和俗語“也”意同，而且注意到它們之間語意緩急的細微差别。作為副詞的“亦”和“也”都是表示相同、並列或强調、委婉等意的，中古漢語中“也”字的這種用例已較常見。例如，《太平廣記》卷二四二引《乾撰子》：“又問曰：‘足下正名何？’對曰：‘名論。’又曰：‘賢兄改名乎？’詘曰：‘家兄也名論。’”《全唐詩》卷八六九中宗朝優人《回波詞》：“回波爾時栲栲，怕婦也是大好。”《京本通俗小説·碾玉觀音》：“也不干風事，也不干雨事，也不干柳絮事，也不干蝴蝶事，也不干黄鶯事，也不干杜鵑事，也不干燕子事，是九十日春光已過，春歸去。”關漢卿《望江亭》第三折：“着我過去切鱠，得些錢鈔養活我來也好。”

(4)［乃］或有如俗語“卻又”之“卻”字意。(第 15 條)

按，這種用法的“乃”為轉折副詞，如《詩經·鄭風·山有扶蘇》：“不見子都，乃見狂且。”“卻”本為動詞，為“返”“回”之意，由此引申為“反而”“倒”之意的副詞，與“乃”字的上述用法相當。例如，李白《江夏行》詩：“為言嫁夫婿，免得長相思。誰知嫁商賈，令人卻愁苦。”司空圖《漫書五首》詩之一：“逢人漸覺鄉音異，卻恨鶯聲似故山。”又《河湟有感》詩：“漢兒盡作胡兒語，卻向城頭罵漢人。”

(5)《孟子》：“惡，是何言也。”釋“惡”字為驚歎聲，微帶些嗔意，比《尚書》“禹曰‘於’”，歎聲甚别。彼“於”字旨悠婉，此“惡”字旨真而切。又與“惡在其為民父母”“夫子惡乎長”不同。此“惡”字釋為“猶何”，有俗語“那平裏”“怎生”之意。

"時子惡知其不可"，是説時子那裏知道是使不得。"惡乎宜乎？抱關擊柝"，是説怎生便合恁地居抱關擊柝之職。（第 48 條）

按，盧氏在此條中指出，"惡"字除作語氣詞和疑問代詞用外，還可以釋為"猶何"，有俗語"那平裏""怎生"之意，即疑問副詞的用法，相當於現代漢語的"怎麽"，並舉了《孟子·公孫丑上》和《孟子·萬章下》兩個例子。"那"作疑問副詞或表示反詰的副詞，魏晉時已有用例，唐以後使用得更為廣泛。例如，《東觀漢記·劉玄載記》："更始韓婦人曰：'莽不如此，帝那得為之。'"《南史》卷五十八《韋叡傳》："鼎于都會時謂之曰：'卿是好人，那忽作賊？'"劉肅《大唐新語》卷八："高宗曰：'此人那解我意，遂有此句？'"張文成《遊仙窟》："少府頭中有水，那不生蓮華？""那裏"用在反問句，則意表否定。例如，董解元《西廂記諸宫調》卷二："那裏到一個時辰外？"《警世通言·金令史美婢酬秀童》："正在農忙之際，諸事俱停，那裏有什麽錢糧完納？"寫作"那裏每"也是表"怎麽"的意思。例如，董解元《西厢記諸宫調》卷八："鶯鶯情性，那裏每也悄無了貞共烈？"鄭光祖《㑳梅香》第二折："有他那親筆寫的情詞，揣着吟稿，呀，那裏每不見了！"相當於現代漢語"怎""怎麽"之意的，唐代一般用"争"。例如，白居易《題峽中石上》詩："争得便歸湘浦去，卻持竿上釣魚船。""怎"作"怎麽""如何"講，宋代已有用例。例如，李清照《聲聲慢》詞："梧桐更兼細雨，到黄昏點點滴滴，這次第，怎一個愁字了得。""怎生"的用例在中古漢語中也很多。例如，吕岩《絶句》："不問黄芽肘後方，妙道通微怎生説？"辛棄疾《醜奴兒近》詞："更遠樹斜陽，風景怎生圖畫？"《元典章·刑部四》："委因舊患風病證舉發，昏迷不省，不知怎生將喬老打死。""怎麽"的用例南唐以後亦可見到。例如，劉崇遠《金華子雜編》卷下："怎麽人家夫人娘子，吃得如許多飯食?”楊梓《豫讓吞炭》第二折:“你如今待怎麽説?”盧氏只舉俗語“怎生”而不及“怎麽”,也許是出於下述兩個原因:一是“怎生”在當時口語中用得更為普遍;二是“怎麽”還表示“無論如何”、“好歹”之意,只在表達請求時使用,與此不同。

(6)[惟、唯、維]書文中此三字通用,有如俗語“只”字之意。(第52條)

按,“只”用在名詞、名詞性詞組、代詞之前表示强調,中古漢語中也早有用例,到元代已是經常性的用法。例如,韓愈《過始興江口感懷》詩:“憶作兒童隨伯氏,南來今只一身存。”《東坡夢》三[叫聲]白:“只小官在此飲酒,有何妨礙?”《賺蒯通》一[賺煞尾]:“細躊躇,究竟何如?只俺可不誡前車與後車?”《五代史·漢上》:“您下梢只恁地狼狽,怎不教他失望!”《初刻拍案驚奇》卷二十:“只這兩句言語,道盡世人情態。”這種用法的“只”,與上古漢語中的“惟(唯、維)”在下述用例中的表意完全相當,例如《孟子·萬章下》:“夫義,路也;禮,門也。惟君子能由是路出入是門也。”《論語·泰伯》:“唯天為大,唯堯則之。”《詩經·鄭風·揚之水》:“終鮮兄弟,維予與女。”

(7)[豈]反説以見意,有如俗語“那$_{上}$裏是”之意。(第54條)

按,“豈”表示反詰,自古以來一直使用,而且無論是書面語還是口語。中古漢語中的用例如《變文集》卷一《王昭君變文》:“塞外豈中論,寒心不忍聞。”又卷二《廬山遠公話》:“但弟子東西不辨,南北豈知。”又卷六《目連緣起》:“無念子心,豈知善惡。”還可於“豈”後添加語助“可”,例如《變文集》卷三《晏子賦》:“黑羊之肉,豈可不食?黑牛駕車,豈可無力?黑狗趁兔,豈可不得?黑雞長鳴,豈可無則?”不過,當口語中有了表示反詰的其他詞之後，“豈”的書面語色彩逐漸濃厚。“那”讀上聲表示反詰，自魏晉時就有用例，唐以後用得更為普遍。例如，李中《寄左偃》詩：“垂名如不朽，那恨雪生頭。”《變文集》卷二《廬山遠公話》：“雷音之下，有鼓難鳴；碧玉之前，那逞過鐵。”吕天用［一枝花］《秋蝶》：“金風不念香須少，玉露那憐粉翅嬌，風露催殘冷來到。”“那裏”表反詰，例已見前，此不贅。

(8)［已］本訓“止”，亦有語終而止，為語助之辭，如“不屑就已”、“可知已”、黄石公曰“即我已”。此有俗語“了”字之意，如曰：“王之所欲可知了”“山下之石即是我了”。(第 59 條)

按，盧氏以“了”對譯“已”，與中古漢語的語言事實完全吻合。“了”用在句尾，表示句中所陳述的事件、狀態的實現或完成，或者用在動詞、形容詞之後，表示動作的完成或實現，這兩種用法的“了”在中古和近代漢語中都有大量用例。例如，《變文集》卷一《漢將王陵變文》：“大難過了，更有小難，如何過得?”王定保《唐摭言》卷九：“暨榜除之夕，沆巡廊自呼隱者三四，矍然頓氣而言曰：‘鄭隱，崔沆不與了，卻更有何人肯與之。’”白居易《如夢令》詞：“鬓鬢彈輕鬆，凝了一雙秋水。”沈傳師《寄大府兄侍吏》詩：“將軍破了單于陣，更把兵書仔細看。”《京本通俗小説·碾玉觀音》：“不則一日，到了潭州，卻是走得遠了。”關漢卿《竇娥冤》第一折：“事到如今，也顧不得别人笑話了。”《紅樓夢》第三十一回：“寶玉向案上斟了茶來，給襲人漱口。”

(9)［爾、耳］二字同義通用，亦有分别。如“則可謂云爾已矣”“然而無有乎爾”，則“爾”字有帶“此”字意處，俗言“恁地”。(第 61 條)

按，“爾”本有“此”意，盧氏所舉《論語·述而》和《孟子·盡心下》兩例正是。中古漢語中的“恁”本為遠指代詞，相當於現代漢語的“那”。例如，馮延巳《憶江南》詞：“今日相逢花未發，正是去年，別離時節。東風次第有花開，恁時須約重來。”“恁時”即“那時”。不過，“恁”跟“麽（么）”組合時，除有“那麽”之意，還有“這麽”之意。前者例如吕岩《窯頭坯歌》詩：“聖賢三教不異門，昧者勞心休恁麽。”後者例如《大正藏》卷四十七《筠州洞山悟本禪師語録》：“林云：‘老和尚何不速道。’師曰：‘子得恁麽性急！’”盧氏所説的“恁地”一詞，宋代以後已有用例，也作“恁的”“恁麽”“恁麽地”等，意即“如此”“這樣”。例如，《朱子語類》卷六：“纔有這意思，便自恁地好，便不恁地乾燥。”莊綽《雞肋編》卷下：“前世謂‘阿堵’，猶今諺云：‘兀底’；‘寧馨’猶‘恁地’也，皆不指一物一事之詞。”柳永《晝夜樂》詞：“早知恁地難拚，悔不當初留住。”董解元《西廂記諸宫調》卷四：“料想當日別離不恁的苦。”柳永《定風波》詞：“早知恁麽，悔當初，不把雕鞍鎖。”《五燈會元》卷十四：華藥智朋禪師：“師即契悟，乃曰：‘元來恁麽地！’”《水滸傳》第一回：“既然恁地，依著你説，明日絶早上山。”元代“恁地”是常用語，意思是“這樣”或“那樣”；與“此”意相當的，即意為“這樣”的用例如，盧摯［蟾宫曲］《贈歌者劉氏》：“誰恁地教人斷魂，是東風吹墮行雲。”《小孫屠》二十齣：“是前日不合恁的，一時同設計，到今日自伏不是。”

（10）［故曰］乃是在先曾有此語，今舉而説之，俗語“所以説道”。（第11條）

按，盧氏的意思是，“故曰”後面是對上文的總結、概括或結論，上文是因，這裏是果，並直接用俗語對譯：“所以”譯“故”，“説道”譯“曰”。文言的“故曰”和俗語的“所以説道”都是詞組。作用、意思相當於“故”的“所以”，上古漢語中已有用例，並一直沿用到現代漢語。劉淇《助字辨略》卷三“所”字條云：“《孟子》：‘所以不願人之膏粱之味也。’‘所以不願人之文繡也。’所以猶云故也。”又如，《荀子·哀公》：“君不此問，而問舜冠，所以不對。”颜之推《颜氏家訓·慕賢》：“世人多蔽，貴耳賤目，重遥輕近……所以魯人謂孔子為‘東家丘’。”李白《與韓荊州書》：“一登龍門，則聲譽十倍，所以龍盤鳳逸之士，皆欲收名定價於君侯。”《紅樓夢》第六十二回：“他和林妹妹是一日，他所以記得。”

(11)［逮夫］“逮”即“及”也，俗語“到得此時”之意。（第28條）

按，“逮”釋“及”，相當於俗語的“到”；盧氏以為“夫”為實指，所以用“此時”譯之。“到得”的“得”已經是動態助詞，在“到得此時”中表示行為動作的完成，相當於現代漢語的“了”，這種用法在唐以後已較常見。例如，《變文集》卷一《伍子胥變文》：“到得南岸，應是舟舡，溺在水中。”楊萬里《辛亥元日送張德茂自建康移帥江陵》詩：“到得我來恰君去，正當臘後與春前。”《警世通言·杜十娘怒沉百寶箱》：“有本事出幾兩銀子與我，到得你跟了他去，我别討過丫頭過活卻不好？”

(12)［未嘗］俗語“未曾”之意。“嘗”即是“曾”，喻如曾經口食之而知其味也。（第36條）

按，“未嘗”和“未曾”同，都有“不曾”之意，而且自古及今，都既見用於書面語，也見用於口語，相較而言，“未曾”的口語色彩更濃一些。“未嘗”的用例如，《論語·雍也》：“非公事，未嘗至於偃之室也。”蘇軾《朝辭赴定州論事狀》：“陛下為政九年，除執台諫外，未嘗與群臣接。”《二刻拍案驚奇》卷九：“孺人想著外甥女兒，雖然傍著兄嫂居住，未嘗許聘人家。”《老殘遊記》第七回：“我自從掛牌委署斯缺，未嘗一夜安眠。”前兩例為文言文，後兩例為古白話。“未曾”的用例如，《墨子·親士》：“緩賢忘事，而能以其國存者，未曾有也。”韓愈《辛卯年雪》詩：“生平未曾見，何暇議是非。”《老殘遊記》第一回：“依我看來，駕駛的人並未曾錯，只因兩個緣故，所以把這船就弄的狼狽不堪了。”前一例為先秦漢語例，後兩例為唐以後漢語用例。

(13)［嘗謂］俗語“不特而今説，也曾每每説道”。(第35條)

按，這個是詞組。“嘗”是副詞，意思是“曾經”，自古及今的用法是一致的，如《論語·衛靈公》：“俎豆之事，則嘗聞之矣。”魯迅《而已集·讀書雜談》：“我也嘗見想做小説的青年……”“嘗謂”意即“曾經説”，或“曾經説過”。盧氏用俗語句釋之，雖有增字為訓之嫌，但意思還是顯豁的。

(14)［借曰］俗語“假如説道”。(第44條)

按，這是個表示假設的詞組，其中表假設的是“借”，盧氏釋為“假如”。“借”表假設一般見於文言文。例如，《詩經·大雅·抑》：“借曰未知，亦即抱子。”《資治通鑒·後晉高祖天福三年》：“借有二人坐獄遇赦，則曲者幸免，直者銜冤。”由“借”組成的表假設的詞語有“借使”“借如”“借令”“借若”“借或”等，後三個詞語唐宋以後纔見到用例。例如，王安石《贈曾子固》詩：“借令不幸賤且死，後日猶為班與揚。”《資治通鑒·唐肅宗至德元載》：“借若諸子之請，則將何為乎？”王若虛《五經辨惑下》：“夫卯兼五者之惡，借或可除，而曰有一於人皆所不免，然則世之被戮者，不勝其衆矣！”和“假如”一樣表假設的詞語還有“假令”“假使”“假設”“假若”“假或”“假是”等，後三個用例稍晚，大致為晉以後。例如，《後漢書·桓帝紀下》：“假若上之所為而民亦為之，向其化也，又何誅焉？”《能改齋漫録》卷十八《神仙鬼怪·中宵牛語》：“然事關幽顯，理未可知，假或可知，其中宵牛語之事，亦可知矣。”馬鈺《滿庭芳·寄段録事孫助教道友等》詞：“不管傍人冷笑，殷勤地，常常謹謹專專。假是蘇秦陸賈，説不回肩。”

盧氏援引“俗語”解釋“語助”，也存在一些問題和錯誤，大致説來，有三種情況：一是基本解釋不能算錯，但不準確，（15）（16）兩條即是；二是或因誤解俗語詞或因誤解文言詞而誤釋，（17）（18）兩條即是；三是所釋無據，全憑臆解，（19）條即是。

（15）“其”字是指那事、物而言，“於”字俗語“向這個”之意。句中有“其於”兩字連下者，是説那人、那事在這個事、物上。（第 3 條）

按，“於”是介詞，“向”也是介詞；“向這個”意思是“對這個”“朝這個”。“向”字的這種用法，魏晉南北朝以後已見用例。例如，劉義慶《世説新語·雅量》：“後有人向庾道此。”元稹《感夢》詩：“填填滿心氣，不得説向人。”《變文集》卷七《故圓鑒大師二十四孝押座文》：“若向二親能孝順，便招千佛護行藏。”張鷟《朝野僉載》卷五：“令大漸，曰：‘願納言莫説向宰相，納言南無佛不説。’”《酷寒亭》三［罵玉郎］：“井水向階下潑。”盧氏以“向”釋“於”是對的，但是“於”不等於“向這個”，“這個”是“向（於）”的對象。換言之，“於”相當於介詞“向”，但不等於介詞詞組“向這個”，用“向這個”釋“於”不準確。

（16）［以］亦有如俗語“將去”之意，“把來”之意。（第 14 條）

句中凡“何以”二字有“何用”意，有“何為”意，有俗語“把什麼”之意。（第 46 條）

按，結合這兩條看，盧氏所釋為“以”字的介詞用法，他認為“以”同俗語中“將”“把”的用法一樣。魏晉南北朝以後的中古漢語中，已能見到相當於文言介詞“以”字這種用法的“將”和

“把”，“把”的用例稍晚於“將”。“將”字用例如，《玉臺新詠·古樂府〈上山采靡蕪〉》：“將縑來比素，新人不如故。”《變文集》卷一《漢將王陵變文》：“將鬥戰為業，以獵射為能。”白居易《宿藍溪對月》詩：“清影不宜昏，聊將茶代酒。”王安石《書湖陰先生壁》詩：“一水護田將綠繞，兩山排闥送青來。”《金瓶梅詞話》第一回：“將一個兜轎抬了武松。”《救風塵》三［滾繡球］：“那好人家將粉撲兒淺淡勻，那裏像喒乾茨臘手搶着粉。”“把”字用例如，李白《清平樂》詞：“應是天仙狂醉，亂把白雲揉碎。”姚合《借別》詩：“似把剪裁別恨，兩人分得一般愁。”蘇軾《飲湖上初晴後雨》詩：“欲把西湖比西子，淡妝濃抹總相宜。”董解元《西廂記諸宮調》卷三：“把窗兒紙微潤破，見君瑞披衣坐。”《五代史·梁上》：“但是小生自小兀坐書齋，不諳其他生活，只得把這教學糊口度日。”《小孫屠》四齣：“等它來時，把幾句勸它則個。”但是盧氏用“將去”“把來”釋“以”則不準確，如果不結合第46條，很容易使人把“將”和“把”誤當作動詞。

(17) 者，或有俗語“聻”宜夜切，本宜止切字意。“也”字間或亦有“聻”字意。乃里切，音你，指物貌。或有俗語“底平”字意。(第4條)

“何則”“何者”，俗語“如何聻”之意，“則”聲微緊於“者”字。“何也”亦是“如何聻”，其意……句中凡“何以”二字有“何用”意，有“何為”意，有俗語“把什麽”之意。(第46條)

按，盧氏說“者”“也”有“聻”字意，是錯誤的。何九盈先生指出：“‘聻’是個疑問語氣詞，《廣韻》收有此字（見於此韻）。‘聻’跟‘者’‘也’的作用顯然不同。‘何者’‘何也’所發出的疑問來自疑問代詞‘何’，‘者’‘也’能跟‘何’結合，但它們卻不是疑問語氣詞，而‘嘾’是不折不扣的疑問語氣詞。”[①] 劉燕文在《語助》校注中舉例闡明了何氏的觀點。第4條注（1）云：“如《論語·先進》：‘安見方六七十如五六十而非邦也者？’這裏‘者’字所發出的疑問語氣來自疑問副詞‘安’，‘嘾’則是疑問語氣詞，相當於現代漢語的‘呢’‘嗎’，‘者’字與‘嘾’字不同。”注（2）云：“《戰國策·齊策》：‘此誰也？’‘也’字雖然出現在疑問句句尾，但句子所表示的疑問語氣來自疑問代詞‘誰’。‘也’和‘嘾’字不同。”第46條注（2）云：“‘何則’‘何者’都是‘為什麽呢’的意思，但‘則’‘者’不同於‘嘾’。”注（3）云：“《孟子·梁惠王上》：‘鄰國之民不加少，寡人之民不加多，何也？’‘何也’是‘為什麽’的普遍説法……‘何也’的‘也’字不同於‘嘾’字。”

（18）［甚矣、甚哉］“甚”字猶吴人俗語“曷”字。凡此二字在句首者，欲揚言下文事物太煞去之意，故先以此發語。（第31條）

按，這一條也是盧氏誤説，劉燕文在該條注（1）中已分析得很明白：“‘甚矣’‘甚哉’的‘甚’是形容詞。盧以緯説‘甚’字猶吴人俗語‘曷’字是誤解。吴語‘曷’是語氣詞，表感歎，相當於‘呵’。‘甚’與‘曷’並不相同。‘甚哉’‘甚矣’放在句首雖然也表感歎，但感歎語氣發自‘哉’‘矣’，不發自‘甚’。”

（19）［諉曰］俗語“縱然説道”。（第45條）

按，盧氏認為“諉曰”是文言“語助”，有表示假設的用法，這是没有根據的臆説。“諉”作為一個詞，是實詞，煩勞或推託、推委的意思。《説文解字·言部》：“諉，累也。”《漢書·胡建傳》：“執事不諉上，臣謹以斬，昧死以聞。”顔師古注：“諉，累也。言執事者，當見法即行，不可以事累於上也。”《漢書·賈誼傳》：“然

---

① 何九盈《語助校注序》，劉燕文《語助校注》。

尚有可諉者，曰疏，臣請試言其親者。”颜注引蔡謨曰：“諉者，託也。尚可託言信、越等以疏故反。”有同義叠韻詞“諈諉”“諉諈”，意為囑託或煩重貌。《爾雅·釋言》：“諈諉，累也。”郭璞注：“以事相屬累為諈諉。”《列子·力命》：“眠娗、諈諉、勇敢、怯疑四人相與遊於世。”張湛注：“四名皆假託寓言。諈諉，煩重貌。”颜真卿《曹州司法參軍秘書省麗正殿二學士殷君墓碣銘》：“解褐杭州參軍，刺史宗璟，以相國之重，簡貴自居，每所揖，每見君，必特加禮敬，政事之諉諈者，皆諮決焉。”顯然，“諉”從來就没有表假設的用法。

下篇　《語助》“俗語”論

一、關於《語助》中的“俗語”概念

《語助》所説的“俗語”究竟是指什麽，盧氏自己没有界定。要準確地了解它，既要知道這一名稱的淵源所自，又要對該書所涉辭例加以歸納。

我們今天提到“俗語”，通常有兩種理解，一是指“俗話”，即指一種廣泛流傳在群衆口頭上、結構相對固定的通俗語句[①]；一是指俗語詞[②]。毫無疑問，“俗語”是屬於口語層面的，它是相對於書面語而言的。漢代以後，漢語的書面語和口語的差别越來越大，人們通常把這種書面語稱之為文言或文言文，用文言寫出的作品也

① 《現代漢語詞典》第1240頁：“（俗語）通俗並廣泛流行的定型的語句，簡練而形象化，大多數是勞動人民創造出來的，反映人民的生活經驗和願望。……也叫俗話。”商務印書館，2012年。

② 黄征《漢語俗語詞研究的幾個理論問題》，《杭州大學學報》，1992年6月第22卷第2期。

叫文言文。文言文是在先秦書面語的基礎上形成的，它在中國整個封建社會一直被作為主要書面語形式。然而隨着歷史和社會的發展，口語適時地發生着相應的變化，並對文言文産生越來越明顯的影響和滲透，所以自漢代以來就有學者對口語（包括口語詞）予以關注。元代以前已出現了諸如"鄙語""通俗文""俗語""通俗語""流俗語""俗人語""俗間常語""俗言""俗説""俗名""直語""俚語"等名稱，但是古人使用這些名稱時也没有明確界定，有時指俗話，有時也指諺語、成語、俗語詞，甚至俗字。

下面這些例子都是指成語以上的語言單位的：《禮記·曲禮上》："名子者，不以國，不以日月，不以隱疾，不以山川。"鄭玄注："……俗語云：隱疾難為醫。"陸璣《毛詩草木鳥獸蟲魚疏》："俗語云'澀如杜'是也。"《埤雅》卷八《釋鳥》："故俗語曰：鴟鴞生雕。"《風俗通義》佚文："俗説：燕太子丹為質於秦，始皇執欲殺之，言能致烏白頭、馬生角者，可得生活。"《埤雅》卷一《釋魚》："俗説：魚躍龍門，過而為龍。"《史記·楚世家》："鄙語曰：牽牛徑人田，田主取其牛。"《漢書·王陵傳》："鄙語曰：兒婦人口不可用。"《孔子家語·子路初見》："子曰：'里語云：相馬以輿，相士以居。'"《埤雅》卷一《釋魚》："故俚語曰：洛鯉伊魴，貴於牛羊。"

但是，指俗語詞的還是多數。"鄙語"在辭書中出現得最早，《方言》卷二："釗，薄，勉也。秦晉曰釗，或曰薄，故其鄙語曰薄努，猶勉努也。"此"鄙語"是指俗語詞。東漢服虔有《通俗文》一書，已佚，根據清代任大椿輯録的380餘條看，《通俗文》所收全部是詞語。《説文解字》在"殉""隶""幸"三個字下稱引過"俗語"，分别為"俗語謂死曰大殉""俗語以書好為隶""一曰俗語以盜不止為幸"，"大殉""隶""幸"亦為詞語。《漢書·叙傳》顔師古注云："《左傳》云'高其閈閎'，舊通俗語耳，非專楚也。"

《漢書·蕭何傳》颜注引臣瓚云："流俗語云'天漢'。"《漢書·陳勝傳》颜注："今俗人語稱但者，急言之則音如弟矣。"可見"通俗語""流俗語""俗人語"所指也常為詞語。《颜氏家訓·書證》："北土通呼揚一由，改為一顆，蒜顆是俗間常語耳。"這裹的"俗間常語"實際也是指詞語。《論語·陽貨》："其未得之，患得之。"何晏《集解》云："患得之者，患不能得之，楚俗言。"《颜氏家訓·書證》："馬莧堪食，亦名豚耳，俗名馬齒。"《匡謬正俗》卷一："《詩》鄭氏箋云：'鵲之有巢，冬至加功，至春乃成。'此言始起冬至，加功力作，'巢'蓋直語耳。""俗言""俗名""直語"也常指詞語。

盧氏所用的"俗語"概念，既有所承紹，又有他本人的理解包含於其中，這個概念基本上指"俗語詞"。如果我們注意到盧氏用俗語詞組作釋時，被釋者也往往是詞組這一現象，將更加堅定我們上面的認識。儘管我們現在還不能認定盧氏是最早在較為嚴格的"俗詞語"意義上理解並運用"俗語"這一概念的人，但是有志於從事俗語詞研究史和俗語詞研究理論建設的同志不應該忽視盧氏《語助》中所作的努力。

二、關於《語助》稱引的"俗語"資料在漢語史研究中的價值

（一）由於盧氏注意從語言的歷史發展着眼，所以在解釋文言"語助"時所稱引的"俗語"，大多有助於顯示它們之間的古今嬗變關係。盧以緯是教書先生，他寫作《語助》本不出於語言研究的目的，而是"患來學者抱疚猶彼若，爰摭諸語助字，釋而詳説之"①。因此，他在闡釋各個"語助"的意義和用法的過程中，非常重視運用比較的方法。古今比較的客觀效果，則闡明了"語助"的古今嬗變。

① 胡長孺《語助序》，劉燕文《語助校注》。

（二）《語助》中所保存的一些俗語資料，對漢語史其他方面的研究也有價值。例如“聻”，日本漢學家太田辰夫在《中國語歷史文法》中專門研究了這個詞[①]，楊聯陞先生也曾就禪宗語録中的“聻”字發表過專論[②]，但二位都没有談到盧以緯關於“聻”字的意見。盧以緯的《語助》在第 4 條和第 46 條的解釋中稱引了俗語詞“聻”，盧氏認為“者”“也”與“何”結合時有俗語“聻”字意，這是誤解，本文上篇已經辨明。但是盧氏所提供的材料在漢語史研究中仍然很有意義。對此，何九盈先生講得很充分，現移録如下：“1. 它可以證明，‘聻’不只是出現在禪宗語録中，同時也是一個民間俗語詞，而且這個詞在元代還保存。2. 關於‘聻’的讀音，盧以緯引用了《廣韻》的‘乃里切，音你’，又注了‘宜夜切，本宜止切’。這三個音是什麽關係呢？我以為‘乃里切，音你’是北方音，也是當時的通語的讀音；而‘宜夜切’的聲韻調都有别於‘乃里切’，當是盧以緯的浙江方音，‘本宜止切’可能是永嘉方言讀書音。宜止切與乃里切比較接近，前者讀 yǐ（假定疑母已經消失），後者為 nǐ。3. 太田辰夫説：‘“聻”變成“呢”，這是没有疑問的。……“呢”字是否在宋代使用了，還是一個疑問。因為迄今為止還没有發現可信的資料。’王力先生説：‘“呢”的出現時代似乎也應該推到元代。在元曲裏，我們可以看到個别用“呢”的例子。’‘聻’究竟是什麽時候變為‘呢’的呢？王力先生的意見比較可信。不過要補充兩點看法：一點是盧以緯為何用‘聻’而不用‘呢’來釋‘者’‘也’呢，這個事實起碼可以説明，‘呢’在元代

① 太田辰夫著，蔣紹愚、徐昌華譯《中國語歷史文法》第 364 頁，北京大學出版社，1987 年。

② 楊聯陞《禪宗語録之“聻”》，臺灣《清華學報》14 卷。

的使用還不普遍；另一點是，‘聻’變成‘呢’首先是北方方言中實現的，然後纔流傳到南方。在盧以緯的方言中，‘聻’讀作‘宜夜切’，是不可能直接轉變成‘呢’的。”①

例如“底”，《語助》中有三個地方談到它，分別為第 4 條、5 條、49 條。前兩條原文本文上篇已引述，第 49 條原文如下：“於中著一‘猶’字，蓋是不可直以‘惜’字訓‘愛’字，故云一似可惜底平意思。”何九盈先生認為這三條材料可以證明兩個問題：“1.‘底’和‘者’‘之’的關係。章炳麟在《新方言》中認為‘底’不唯源於‘之’，也源於‘者’。我認為這個看法是可信的。盧以緯所揭示的‘底’與‘者’和‘之’的關係，為章炳麟的看法提供了新的證據。2. 關於‘底’的聲調問題。‘底’在《廣韻》為上聲字，但來源於‘之’‘者’的‘底’字下面都注明應讀平聲，使這個問題得到了徹底解決。原來‘之’變為‘底’，不僅聲近韻近，聲調仍然保持平聲；‘者’和‘底’雖原本聲調相同，都是上聲，但來源於‘者’字的‘底’，聲調亦變為平聲。來源於‘之’、‘者’的‘底’，實際上應看作假借字。”②

三、關於《語助》稱引“俗語”資料解釋文言“語助”在漢語言學史上的意義

（一）從漢語的表達實際出發，開了以“俗語”解釋文言“語助”的先河。盧以緯撰寫《語助》的本意並不是為了研究語言，而是為教學生作文。他的好友胡長孺在《序》中說得很清楚：“‘乎、歟、耶、哉、夫者，疑辭也；矣、耳、焉、也者，決辭也。’昔人（指柳宗元——引者注）是言，為用字‘不當律令’發，惜概而弗

① 何九盈《語助校注序》。

② 同上。

詳。予友盧子允武，以文誨人，患來學者抱疢猶彼若，爰摭諸語助字，釋而詳説之。見者目豁心悟，悉喻所謂，成人之意厚矣！文豈易言！莊、左、馬、班，手段固殊；韓、柳、歐、蘇，家數亦別，然資助於餘聲、接字，同一律令。作文者不於此乎參，其能句耶？[①]”又云：“是編也，匪語助之與明，乃文法之與援。”[②] 盧氏撰寫《語助》，探討、講釋“語助”運用的規律，就是為了教授學生“文法”（即作文之法）。胡文煥將此書編入《格致叢書》時易名為《助語辭》，並删去胡長孺的《序》而換上自己的序。胡文煥在《序》中也指出了盧書的這一特色：“助語之在文也，多固不可，少固不可，而其間誤用更不可，則其當熟審也明矣。苟非熟審之，是未勉為文之累。雖琬琰錦繡，奚益哉！故諺有之云：‘之乎者也已焉哉，用得來的好秀才。’蓋謂此易曉而不易用也。”[③]

服務於這一目的，盧氏堅持從漢語表達的實際出發，並盡可能地聯繫“俗語”，努力探索“語助”所表示的語氣、聲情、意態以及關聯等作用，而不是鑽進九經三傳的故紙堆中就文言講文言。例如：他用“俗語”的“也”解釋文言的“亦”，並進一步指出它們有意緩、意切之別；既用“俗語”“向這個”解釋文言的“於”字，又進一步分析“其於”與“於其”的分別：“其於”是近指性，“是説那人、那事在這個事、物上”，“於其”則有遠指性，是“向那事、物”；“爾”“耳”同義通用，但有區別，在解釋它們的區別時，盧氏稱引“俗語”，認為“‘爾’有帶‘此’字意處，俗言‘恁地’”，而“‘耳’字直為語餘聲”，用今天的話來説，在作句末語氣

① 胡長孺《語助序》。

② 同上。

③ 胡文煥《助語辭序》，劉燕文《語助校注》。

詞用時，“爾”“耳”通用，但“爾”兼有指代意味，“耳”則為純粹的語氣詞。

緊密聯繫口語，堅持從漢語表達的實際出發，努力把語法與修辭綜合起來，着重研究虛詞的運用規律，盧氏的這種研究方法在漢語言學史上具有導夫先路的意義。學術界把具有這種特點的虛詞研究稱為修辭派，與以王引之《經傳釋詞》為代表的訓詁派相區別，後來清代袁仁林的《虛字説》、俞樾的《古書疑義舉例》以及劉師培、楊樹達對俞著的補和續補，一直到現代的吕叔湘先生、陳望道先生等大家，都繼承了這種語法研究和修辭研究相結合的傳統，並取得了很大的成就。

（二）從漢語音義結合的特點出發，重視語音在虛詞意義研究中的作用。語言中的詞，無論是實詞還是虛詞，都是音義結合體；語音是語義的物質外殼，語音變了，語義就可能有區別，甚至很不同。漢字作為漢語的書寫符號，有時一個字可能記録幾個詞，也有時幾個字可能記録的僅僅是一個詞。盧以緯當然不可能有這樣科學的理論認識，但是由於他立足於語言的實際，注意活的語言，重視語音在虛詞意義研究中的作用，這就使他的研究客觀上被置於漢語音義結合的特點之上。

他已初步認識到“發聲不同，意亦自别”①，因而他重視語音的描寫。例如，他在《語助》第 2 條説，表示疑問的文言虛詞“乎”就是“俗語”中的“麽”字之意，並特意注明“麽”讀平聲，在第 12 條用當時口語翻譯“不亦悅乎”時云“莫不也有喜悅處麽”，於“麽”下也注明讀平聲；“麽”讀平聲，即音 mā，則相當於現代漢語的“嗎”。上文已經説到，他在《語助》中三個地方談

① 盧以緯《語助》第 1 條，劉燕文《語助校注》。

到來源於“者”和“之”的“底”，都特意注明“底”讀平聲；“底”讀平聲，即音 dī，則相當於現代漢語的“的”，只是近現代漢語當結構助詞用的“底”和“的”都讀輕聲，音 de。他如第 54 條説表示反問的“那裏是”，“那”讀上聲，“那”讀上聲即音 nǎ，相當於現代漢語的“哪”；又如上文曾詳細討論到的“聻”，盧氏既注了《廣韻》裏的音，又注了南方方音；等等。盧氏的注音不僅直接服務於《語助》所要進行的辨義，而且為漢語史研究提供了寶貴的綫索。

重視語言的音義關係，不拘牽於漢字字形，這既是對秦漢以來“聲訓”傳統的繼承，又是對它的發展，同時更為明清以來“因聲求義”這一語言研究方法開了風氣之先。

綜上所述，盧以緯不僅第一個用“俗語”解釋文言虛詞，而且已經基本上在“俗語詞”意義上使用“俗語”這一概念；《語助》中所稱引的“俗語”對漢語史研究具有重要的價值和意義；盧氏重視口語、重視語音，即重視漢語表達的實際和漢語自身的特點，在漢語言學史上同樣具有重要意義並有特殊貢獻。所有這些都表明，盧氏和他的《語助》在漢語言學史上應占有一席之地。當然，在肯定《語助》的價值和地位的同時，我們也應該看到作為漢語言學史上的第一部虛詞研究專著的草創局限，比如對“俗語”没有進行明確界定，没有嚴格區分詞與非詞，虛詞意義和用法的解釋不全面，有時欠準確甚至還有個别失誤，等等，但儘管如此，我們對它的上述基本評價仍然是可以成立的，其價值也是值得充分肯定的。

本文與袁建林合作

原載於《東南文化》2000 年第 1 期

關於“漢字統一”的幾點思考

自從中國大陸實施漢字簡化方案之後，關於繁簡字的争論就没有停止過，近些年來更是空前熱烈，可以説已經成為全社會關注的熱點問題。充分的自由的討論是非常有益的。非理性的網絡言論不必考慮，參與討論的漢語言文字學專家也好，其他各界朋友也好，態度都是嚴肅的、認真的，討論的氛圍非常健康。近幾年來的討論也漸次深入，幾乎涉及現行漢字系統的方方面面，有些討論還延展到歷史漢字系統。討論提出了不少主張，比如“以簡統繁”“廢簡回繁”“繁簡並存”“取消繁簡”，以及“識繁寫簡”等等。排除非學術的原因，我認為上述主張都有自己的道理，值得嚴肅認真地對待，并進行科學嚴謹的分析。

我贊成“漢字統一”！所以要加上引號，是因為擔心學理上的誤解。如果從漢字系統的整體角度來看，我認為根本就不存在漢字是不是統一的問題，繁體字也好，簡化字也好，都是漢字系統的有機組成部分。本文所以提出“漢字統一”問題，實質上是從漢字的現代應用層面（即現代印刷體）而不是從漢字系統的層面提出的，同一篇文章、同一本書，有的地區用繁體字印刷，有的地區用簡化字印刷，甚至同是使用繁體字還有筆形筆畫的差異，這就是我所説的需要統一的問題。嚴格來説，所謂“漢字統一”，實質上是現行漢字標準化的問題。

下面就此談幾點自己的思考。

1. 現行漢字有没有可能實現統一？我認為，回答這一問題需要明白漢字和漢語的關係。

漢字是漢語的書寫符號，它根植於漢語。漢語以單音節語素為主，“其特點是，形式方面具有節律性，内容方面具有自足性，形式與内容相統一，就形成了漢語特有的自相似性”；漢語的這些特點“要求表達它的漢字也必須具有自身的節律性與自足性，從而具備與漢語相適應的自相似性”；“可以這樣説，只要漢語生生不息，漢字就相伴而行，成為當今世界上獨一無二的萬歲文字”①。漢語史和漢字史證明上述論斷是正確的。

漢字不僅根植於漢語，而且不斷適應并契合於漢語，這種適應和契合最重要的表現之一就是，在漢字的發展過程中不斷得到整理并實現統一。

漢字整理與統一，史不絶書：傳説黄帝史官倉頡造字，其實他就是古代最早對文字作整理統一的人；我們所以能够看到兩周鐘鼎銘文那樣規整，是因為周代史官史籀整理統一成為大篆；戰國時代“言語異聲、文字異形”的狀況在秦統一之後得到根本改觀，是因為李斯主持對西周以來的正體字進行必要的改進之後把漢字的書寫系統統一了；程邈開始整理奠定後來楷書基礎的隸書，第一部楷書

---

① 李圃《節律性、自足性與自相似性——談談漢語的特點與漢字的特點》，原載《中國文字研究》2008 年第 2 辑，總第 11 輯，本文引自李春曉教授 2010 年 6 月 27 日轉來李先生修改調整後的電子版文稿。

字典——顧野王《玉篇》的編撰宗旨也是為了漢字的規範化；南北朝漢字使用混亂不堪，初唐着手整理規範，其後出現了一系列指導正字寫法的"字樣"書，終於使楷書體成為漢字書寫系統的正宗，"雖然後代時有變化，但總的說來，仍是楷書體"，"字樣學出現的又一成果是正字法成了歷代文字工作的傳統"[①]。

2. 現行漢字統一的方向是什麽？我認為，這一問題的答案只能從漢字發展史及其規律中去尋找。

漢字根植於漢語、服務於漢語，并不斷契合於漢語，這一根本要求必然帶來漢字與漢語的矛盾：為了有效表達，漢語要求漢字音義清晰明確；作為書寫符號，人們自然會希望它越簡便越好。因此，漢字與漢語的這一基本矛盾成為漢字發展的根本動力，并決定着漢字的發展方向：繁化簡化現象並存，而簡化成為主導趨勢。這是事實，也是規律。

從字體發展的幾大階段來看，漢字從甲骨文、金文、篆書，經過隸變，最後定型於楷書，字體越來越簡化，因而越來越好寫。從漢字的構形來看，"簡化實始於商代，始於甲骨文"[②]，甲骨文、西周早期金文幾乎每個字的結構都可以理解和分析，經過隸變則發生了更趨符號化的根本改變，"現代漢字的基本筆畫是在隸變過程中形成的"[③]。隸變之後，簡化也没有停止，這就是後來的草書、行書。對於古文字來講，隸書及其草書、行書，以及最後定型的楷書，就是它的簡化字，而且是成系統的簡化。

楷書在魏晉出現之後就能見到它的簡體字了，以後逐漸增多，

---

① 胡奇光《中國小學史》第 131 頁，上海人民出版社，1987 年。

② 陳煒湛《漢字簡化始於甲骨文説》，《語文現代化論文集》第 282 頁，商務印書館，2001 年。

③ 趙平安《隸變研究》第 59 頁，河北大學出版社，2009 年。

這就是與正體字相對的俗字。如同語言中的通語與方言、雅言与俗語的關係類似，“正字和俗字是相輔相成的”[①]，也是不斷轉化的，俗字成為正字發展豐富的直接來源。宋代印刷術的發明擴大了簡體字的流行範圍和影響，書籍中的簡體字數量也在急劇增加，此後新的簡體字仍然不斷出現。可見，漢字簡化從來就没有停止過。

有人曾經做過一個有意思的研究，這項研究從另一個側面印證了漢字不斷簡化的史實。這項研究以 1986 年重新公布的《漢字簡化總表》為準，從第一表和第二表中選取了 388 個字頭（含簡化偏旁）進行溯源，結果抄録如下：

始見於先秦的 49 字，占 12.63％；始見於秦漢的 62 字，占 15.98％；始見於魏晉南北朝的 24 字，占 6.18％；始見於隋唐的 31 字，占 7.99％；始見於宋（金）的 29 字，占 7.47％；始見於元朝的 72 字，占 18.56％；始見於明清的 74 字，占 19.09％；始見於民國的 46 字，占 11.86％；始見於中華人民共和國成立後至 1956 年《漢字簡化方案》公布的 1 字，占 0.26％[②]。

3. 如何討論現行漢字的統一問題？我認為，應該首先要確定邏輯論域，排除問題不具同一性的干擾。

現行漢字要不要統一，能不能統一，如何實現統一，討論很多，分歧也很大。如何看待這些分歧，以求達成共識？我認為這就涉及如何開展討論、如何使討論置於科學軌道之上的根本問題。“漢字統一”的問題如此重大，出現分歧是很正常的，科學研究、學術討論就是為了從這些分歧中最終尋求到科學的結論。但是現存

① 張涌泉《漢語俗字研究》第 3 頁，嶽麓書社，1995 年。

② 張書岩等編著《簡化字溯源》，語文出版社，1997 年。該書後附有《簡化字始見時代一覽表》。

分歧的具體情形非常複雜，從學術的角度看，其中最突出的問題，就是很多討論不處於同一個邏輯論域，因此我認為，首先應該排除問題不具同一性的干擾。

第一，“漢字統一”問題是個專業性的學術問題，應該嚴格限定在學術範圍内，由學界進行科學的而非感情的研究與討論。語言没有階級性，没有政治性，文字也没有階級性和政治性。語言文字的這一根本屬性決定了無論語言問題，還是文字問題，研究和討論都應該在語言學和文字學的學術領域内。帶上濃厚情感色彩的主張是行不通的，比如，簡單地要求中國大陸廢除簡體字恢復繁體字就不現實，而簡單地要求中國臺灣以及其他使用繁體字的地區無條件地使用簡體字也行不通。

第二，漢字是漢語的書寫符號，非漢語使用漢字的問題不應當和作為漢語書寫符號的漢字放在一起討論。無論是從單字看，還是從書寫符號系統來看，為漢語服務的漢字，和為日語、朝鮮語等非漢語服務的書寫符號系統中的漢字，性質完全不同，把中日韓使用的漢字攪合在一起討論“漢字統一”是没有意義的。

第三，漢字根植於漢語，但是漢字並不是漢語本身，也就是説，漢字問題與漢語問題關係最為密切，但是漢字問題並不就是漢語問題。中華民族的海内外子孫，只要母語是漢語，在語言交流上就存在需要“語同音，詞同義”之類的問題，在文字上則面臨需要“書同文”的問題。這兩個問題有很多交叉，但是并不完全同一，因此討論“漢字統一”應該也必須置於漢字問題的邏輯論域之内。

第四，非漢語通語用字即方言字，也不應該放在漢語通語書寫符號系統中來討論。漢語方言如此複雜，各方言在語音、詞彙、語法方面都有一些自身的特點，方言字是與方言詞彙密切相關的重要問題；當然方言字也可能被吸收到通用漢字中來，儘管如此，“漢字統一”仍然只能置於記録通語的漢字範圍内，不能把方言字攪纏在一起討論，否則就會影響并干擾“漢字統一”方案的有效尋找①。

第五，漢字統一只能針對印刷體（包括計算機字庫），不可能去統一手寫體。任何語言的文字都有手寫體，漢字也一樣。不同的人，甚至同一人在不同年齡阶段、不同的場合所使用的手寫體也會不同，所以手寫體永遠不可能統一，因而與手寫相關的問題也不應該納入“漢字統一”問題的討論之中。

第六，“漢字統一”需要解決的問題不僅僅就是繁簡字，還應該釐清現代漢語書寫系統廣義和狹義的不同。作為現代漢語書寫符號的漢字，是一個複雜的系統，真正做到“書同文”，就必須要涉及宏觀和微觀兩個層面的系統問題，包括字量、字體（新舊字形）、字序、字音、字形（字構）、字義（詞義、語素義）等一系列問題。如果是廣義的書寫系統，除了漢字之外，還涉及標點符號、數字、横排豎排等問題。

第七，“漢字統一”需要解決的只是現行漢字系統内很少的一部分問題，並不是整個系統的問題。現在整個社會關注的焦點是繁簡字，其實繁體字與簡化字是互相對待的概念，其所指範圍是特定的。因此，在這個意義上的繁體字或簡化字自身都不是獨立自足的漢字系統，换句話説，無論是中國大陸還是中國臺灣等其他地區，使用的都是同一個漢字系統，其中歷史傳承而且共同使用的漢字都是該系統中的最主要的部分，有區別的只是該系統中很有限的一部

① 當然，即使都是通語，中國大陸的普通話、中國臺灣的“國語”等也存在需要“語同音、詞同義”的問題，這方面存在的差異自然會影響到“書同文”，但是畢竟有限，也可控。

分。

4. 現行漢字怎麽纔能實現統一？我認為，應該正視問題、加强研究，遵循規律、實事求是。

從漢字的現代應用層面看，最突出的問題就是漢字系統中那很有限的一部分，即簡化字和與之相對的繁體字。因此，實現“漢字統一”需要解決的最棘手的問題就是，如何找到繁簡統一的最大公約數。

我們知道，簡化是漢字歷史發展的主導趨勢，簡化字是漢字歷史演變的邏輯結果。我們也知道，20 世紀上半葉很多專家學者都極力提倡使用簡化字，并做了大量研究工作，國民政府在 30 年代還曾經為此做過積極的推動。抗日戰爭爆發迫使簡體字運動中斷，50 年代之後簡化字推廣工作在中國大陸得到了延續，1956 年公布了《漢字簡化方案》，1964 年公布了《簡化字總表》，從而成功推行了簡化字。只要不帶個人感情色彩，只要客觀地承認上述史實，就應該認識到中國大陸簡化字實際上代表了漢字的最新發展，統一繁簡字的途徑也就顯而易見。我認為，實現現行漢字統一的最經濟最有效的途徑就是，以中國大陸簡化字為基礎，對其中不合理的部分進行必要的改進，包括恢復少量繁體字，規範筆形筆畫筆順，製訂能够滿足現代生活需要的字量足够的《通用規範漢字總表》，並且明確規定，嚴格禁止表外類推。

如果上述意見能够成立，那麽首先就要對《簡化字總表》展開科學研究，把問題先充分揭示出來，然後根據問題的性質，分類進行專題研究，確立普遍接受的原則，提出可行的解決方案。中國大陸現行簡化字飽受詬病的最大問題集中在下述三點，“一對多”簡化字（或稱“非對稱性繁簡字”），類推簡化字，為簡而簡的無理據符號代替字①。

“一對多”簡化字中的絶對多數，在表達現代漢語時並没有問題，遭到詬病的主要原因是電腦繁簡轉换帶來的麻煩。我認為電腦轉换出現的問題不能成為廢除“一對多”簡化字的理由，因為這是另外一個問題，也許隨着計算機技術的發展，用不了多久就能够圓滿解決。在目前條件下，如果是為了研究需要，或者其他必須使用繁體字撰寫文稿的需要，可以直接運用繁體字輸入，這與社會通用規範字不是一個性質的問題。如果因研究或者工作需要必須使用繁體字，而自己又不能熟練掌握并準確運用，我覺得只能承認自己不稱職，這就好比研究甲骨文、金文等古文字，既不認識又不會寫，就指望電腦替你準確轉换，這絶不可能算作古文字專家。廣義的漢字系統，包括歷代全部漢字，古文字也不例外，但是現行通用漢字並不是這樣性質的系統，因此不能要求它承擔所有表達任務，即使全部恢復成繁體字，也一樣承擔不了這樣的任務。當然，我并不認為現有的“一對多”簡化字中就不存在值得研究的問題，經過認真研究後確認不合理，就應該減少這些“一對多”簡化字，1986 年重新發表《簡化字總表》時恢復了“覆”“囉”等，明確它們不再作為“复”“罗”等的繁體字處理（“囉”類推作“啰”），明確讀“liào”（瞭望）時作“瞭”，不簡作“了”，就是很好的處理先例。

類推簡化字受到詬病的主要原因是，這類簡化字中的一部分破壞了某些偏旁和部件使用的規律性和系統性。首先必須指出，簡化類推並不是漢字簡化方案的發明，歷史上每次重要的漢字整理與統一過程，都有簡化類推的現象，隸變可以作為典型例證，很多古文字的偏旁或部件原本并不相同，隸變之後卻相同了，例如“敦”、

① 全部問題當然不止這些，這裏只是舉例性質。

"淳""醇"、"鶉"中的"享"與"郭"中的"享"。但是，我仍然認為現行類推簡化字有值得深入研究的問題，因為古代類推簡化時也許并没有自覺地意識到下述思想：漢字不僅僅是記録漢語的符號，漢字系統也不單純是書寫符號系統，漢字個體和漢字系統本身都承載着文化。因此具有現代科學思想的今人，在思考并推行漢字簡化時應該盡最大可能不破壞漢字的結構規律和系統，用這樣的觀念來審查簡化字，有些確實需要再行斟酌。比如："虫"是"虺"的本字，作為漢字形符，"虫"的構字能力很强，"蟲"和"虫"音義都不同，把"蟲"簡化成"虫"之后，以"虫"作形符的所有漢字的理據就都被改變了。"單"簡化為"单"，類推出"阐""禅""掸""蝉""婵""弹""惮""郸""殚"等，"戰"卻簡化為"战"；"盧"簡化為"卢"，類推出"颅""泸""鲈""舻""胪""鸬""垆""栌""轳"等，而另一批以"盧"為聲旁的字卻又類推成"炉""芦""庐""舻""驴"等；"讓"簡化作"让"，"釀"卻簡化作"酿"，但是"嚷""壤""攘""瓤"等又不簡化。諸如此類，確實是問題。當然，其中有些類推問題可以得到合理解釋，比如"勤"，如果按照偏旁類推，左右分别為"又"和"力"，就會和"勸"的簡化字"劝"雷同，所以"勤"字無法再簡化。但是類推簡化存在的問題並不都是有理的，對於無理的類推應該重新逐一審查。回避問題，甚至曲為之説，不是科學的態度。

無理據符號代替字也是受到質疑最多的。符號字自古就有，"在文字畫階段，已經開始用抽象的圖形，或者用象征等比較曲折的手段來表意了"，比如"一""二""三""四"的古字①；"在文字形成過程剛開始的時候，通常是會有少量流行的記號被吸收成為

① 裘錫圭《文字學概要》第 3 頁，商務印書館，1988 年。

文字符號的”，比如“五”“六”“七”“八”的古字①。漢字發展過程中也不斷出現記號字、半記號字②。以《説文解字》“一”部為例，該部包括部首“一”在内共有五個字，另四個字是“元”“天”“丕”“吏”，但是根據古文字資料分析，後面四個字中“一”的理據和《説文解字》關於“一”的解釋並不相同；“元”字上面的“一”是指示頭部位置所在；“天”上的“一”是被突出的頭形；“丕”和“不”原本就是一個字，有無“一”不構成音義上的區别；古文字“吏”字的下面是隻手，上面是一件器物——可見這些字中的“一”其實已經是没有相同理據的符號了。符號字，或者漢字結構中無法説清楚的符號，是客觀存在，而且自古存在。那麽為什麽簡化字中的符號代替字會受到詬病呢？我認為主要原因應該是，人們不能接受把已經定型的有理字改變成無理字，而不是簡單地反對符號字或者偏旁部首的符號化。比如簡化字中的“鸡”“凤”“圣”“对”“树”“邓”“戏”“仅”“难”“叹”“汉”“艰”“欢”“观”“劝”“轰”“聂”等，其中的“又”分别替代了以前的不同偏旁；類似的符號還有“文”“乂”“不”等等，都代替了不止一個以前的偏旁。這類符號的替代，唯一的效果就是比原字減少了筆畫數，但是符號本身無理據可解，還混淆了原有的字際系統關係。符號代替字還存在自亂其例的現象。比如：“溪”“澄”就不能類推而把右邊改成“又”，否則就都成“汉”了，而“暵”“熯”右邊又没有改成“又”；“仅”的“又”代替了“堇”，但是具有相同偏旁的“谨”“僅”“瑾”“覲”“槿”“廑”“墐”等卻没有簡化；“鄧”簡化作“邓”，而“瞪”“蹬”“凳”“澄”等又不簡化。

① 裘錫圭《文字學概要》第 4 頁。

② 同上，第 13—15 頁。

綜上所述，我贊成現代漢字印刷體實現統一，統一的方式或者途徑是，以中國大陸簡化漢字為基礎，展開深入研究，既要遵循漢字發展規律和結構規律，又要照顧全社會的約定俗成，改其必改，改其該改，製訂出《通用規範漢字總表》作為用字規範，並在相當長的時間内保持基本穩定，同時為日韓等非漢語國家改造、改進所用漢字提供參考。

原載於《中國文化研究》2010 年第 4 期

下編　研習、回憶與序評

試論陸宗達、王寧對當代訓詁學的主要貢獻

前　言

中國傳統語言學萌芽於先秦，創立於秦漢，至清而臻古代巔峰，顧炎武奠定基礎，戴震成一代宗師，乾嘉段王所取得的成就最為卓著。俞樾以乾嘉皖派漢學的實事求是精神和治學門徑為依歸，尤重高郵王氏之學，為晚清樸學大師。章太炎師從俞樾，黃侃師事章太炎，乾嘉之學得以在 20 世紀繼承並發展成為章黃學派。

訓詁學在兩千多年的發展中，涌現了很多傑出學者，形成了辭書、傳注、考釋三大主要形態，積累了一大批著作和豐富的訓詁材料，成為研究、建設、發展訓詁學的寶貴遺産。傳統訓詁學在取得巨大成就的同時，也有自身的歷史局限，比如自古以來缺乏理論建構，它和我國其他許多傳統學科一樣，不重視理論闡述，在豐富的訓詁實踐中雖然偶見饒有價值的理論光輝，卻没有得到系統闡述和科學論證。這種狀態限制了傳統訓詁學走向科學化，妨礙了它的現代化。因此，充分掌握訓詁材料，全面梳理、探賾索隱、準確把

握、科學提取、系統總結、批判繼承、推陳出新，就成為 20 世紀以來訓詁學者的歷史使命。

清末民初，章太炎、劉師培等開始總結傳統訓詁學，特別是清代語言文字學。因為這一代學者既有對傳統及其成就的全面把握和深刻理解，又有對西學東漸而來的西方語言學的清晰瞭解，所以他們能在這一基礎上實現新的超越，他們的總結也極大地影響了後來的研究。與章、劉同時代而曾拜二位為師的黃侃，“提出了‘少則九千，多則數萬’的‘諸夏之文’皆可‘繩穿條貫’的設想，並且助成章太炎撰輯《文始》；同時總結了‘有條理系統始得謂之學’的理論；還創製和强調了把‘文字’‘義理’‘史事’‘制度’結合起來進行傳統語言文字研究的條例。他的這些灼見與成果，有的是從章太炎、劉師培的學説中生發出來的，同時對於章、劉的學説的形成起了重大的推動作用”①。至此，訓詁學的現代學科體系初步建立，錢玄同、吴承仕、劉文典、沈兼士、胡以魯、馬宗霍、姜亮夫、徐復等以及楊伯峻、潘重規、陸宗達、殷孟倫、劉賾、黄焯、洪誠等章黄學派的後繼學者步武前賢，添磚加瓦，訓詁學科的理論建設得以不斷深入、逐步豐滿。

由於衆所周知的原因，新中國成立後相當長的時間内無法從事學術研究，訓詁學和其他傳統學科一樣發展艱難。新時期到來之後，黄焯、洪誠、陸宗達、殷孟倫、周大璞、徐復等學者適時擎起大旗，團結力量，組建學會，開展研討，創辦期刊，舉辦培訓，建設學科，編寫教材，培養人才……訓詁學終於迎來了發展的春天：積極開拓學術視野，逐漸明確學科定位，深入探討理論方法，主動解決實踐問題，不斷完善理論體系。這些積極的努力，使訓詁學重

① 宋永培《當代中國訓詁學》第 26 頁，廣東教育出版社，2000 年。

新煥發了巨大的生機，進入了一個全新的歷史發展階段，一批中青年學者迅速成長起來，黄焯、陸宗達、周大璞、洪誠、張永言、趙振鐸、郭在貽、王寧等兩代學者的論著都深刻地引領着新時期訓詁學的走向。

陸宗達、王寧作為新時期訓詁學兩代重要領軍人物的代表，為訓詁學在當代的發展付出了極大的心血，作出了重要貢獻，這些貢獻已然成為當代學術史的重要組成部分。陸王師生切磋時間之長、合撰論著之多，更是令人欽羡。1979 年陸先生改寫《訓詁淺談》而撰《訓詁簡論》時，王寧即已介入該書的資料工作（見《訓詁簡論》後記），其後開始合作撰寫論著。合作出版的著作有：《訓詁方法論》（中國社會科學出版社 1983 年）、《古漢語詞義答問》（甘肅人民出版社 1986 年）、《訓詁學的知識與應用》（語文出版社 1990 年）、《訓詁與訓詁學》（山西教育出版社 1996 年）等。合作發表的論文有：《因聲求義論》（《遼寧師院學報》社科版 1980 年第 6 期）、《古漢語詞義研究——關於古代書面漢語詞義引申的規律》（《辭書研究》1981 年第 2 期）、《文獻語義學與辭書編纂》（《辭書研究》1982 年第 2 期）、《談比較互證的訓詁方法》（《訓詁研究》第 1 輯）、《爾雅（經書淺談）》（《文史知識》1983 年第 2 期）、《論求本字》（《漢中師院學報》1983 年創刊號）、《談訓詁學的理論建設》（《青海師院學報》社科版 1983 年第 2 期）、《談段王之學的繼承和發展》（《語文學習》1983 年第 12 期）、《訓詁學的普及和應用》（《中學語文教學》1984 年第 7 期）、《淺論傳統字源學》（《中國語文》1984 年第 5 期）、《從“武”的本義談因字形求本義的原則》（《辭書研究》1984 年第 5 期）、《今注與古注》（《中學語文教學》1985 年第 1 期）、《説“炙”》（《中國烹飪》1985 年第 6 期）、《訓詁學和現代詞語探源》（《中學語文教學》1985 年第 8 期）、《傳統字源學初探》(《語言論文集》,北京語言學會 1985 年編)、《〈説文解字〉與本字本義的探求》(《詞典和詞典編纂的學問》,上海辭書出版社 1985 年)、《訓詁學的復生、發展、應用與訓詁方法的科學化》(《中華文史論叢［增刊］》語言文字專輯［上],上海古籍出版社 1986 年),《話説"丹青"》(《文史知識》1987 年第 3 期),《章太炎與中國語言文字學》(《百科知識》1987 年第 5 期)等①。陸先生故去之後,王寧"堅定地沿着這條道路走下去"②,1996 年中國國際廣播出版社出版的《訓詁學原理》結集了此前的研究成果,2009 年高等教育出版社出版的《訓詁學》則是訓詁學理論建構的全面集成。

研讀陸宗達、王寧的論著,把二位先生在訓詁學理論建設上的貢獻置於章黄學術傳統的視域和新時期訓詁學發展的坐標上進行觀照,對訓詁學的繼往開來定會大有裨益。值此章黄學術思想研討會暨陸宗達先生誕辰 110 周年紀念會召開之際③,我們談點兒體會,撲次如下,謹向王先生請教,並祈望能够抛磚引玉。

一、立足當代語言科學學科體系,確立訓詁學的學科地位並闡明訓詁原理

在中國古代,訓詁學的學科地位是明確的。古代雖然没有語言學或語言文字學這一類名稱,但有一個富有中國特色的獨創概念叫

---

① 據王寧《訓詁學的知識與應用》所附《陸宗達論著目録》整理,語文出版社,1990 年。

② 王寧《訓詁學原理》自序第 1 頁,中國國際廣播出版社,1996 年。

③ 2015 年 8 月 24 日至 26 日,盛會在北京師範大學舉辦,本發言被安排為大會報告。

“小學”。“小學”指稱文字學始於西漢，東漢至隋唐逐步包括了訓詁學、音韻學，明確用“小學”指稱文字音韻訓詁之學則始於宋代，並且一直沿用至清末。20 世紀初，章太炎提出用“語言文字之學”取代“小學”[①]，這當然不是簡單的名稱替換問題，新名稱則意味着研究語言文字的方法不能局限於離析性的考釋，而要進行綜合性的研究[②]。章氏的這一獻議，被認為“標志着傳統小學的終結和中國現代語言學的開始”[③]。

20 世紀的中國語言學和整個人文社會科學都納入了新的學科體系，語言學的學科結構也因此發生了巨大的變化，訓詁學是否還有存在的價值？它的學科地位如何確立？這自然成為訓詁學在當代發展的首要問題。對此，陸宗達、王寧作了長期深入的思考，並由王寧執筆撰寫了一系列重要論著。1981 年初，陸先生與王先生開始討論如何使訓詁學重返當代的問題，當年 5 月合作撰寫了《訓詁學的復生、發展與訓詁方法的科學化》，在 1983 年出版的《訓詁方法論》一書中列在首篇成為全書總論。經過五年的訓詁學教學實踐之後，王寧在上述研究的基礎上進一步思考，於 1986 年撰寫成《試論訓詁學在當代的發展及其舊質的終結》，1988 年發表在《中國社會科學》第 2 期。王先生的思考一直不斷補充不斷深化，1992 年在《中國語文》創刊四十周年紀念會上發表了《再論訓詁學在當代的發展》，2012 年在《蘇州大學學報》第 4 期發表了《談訓詁學在 21 世紀的發展趨勢》。

---

① 章太炎《論語言文字之學》，《國粹學報》丙午（1906）第十二、十三號。

② 這一小節的撰寫，主要參考胡奇光《中國小學史》第 1—3 頁，上海人民出版社，2005 年。

③ 濮之珍、高天如《“五四”運動和中國現代語言學》，《中華文史論叢》增刊語言文字研究專輯（上），上海古籍出版社，1982 年。轉引自胡奇光《中國小學史》。

關於確立訓詁學在當代的學科地位這一重要問題，王先生1995年底作了這樣的概括："訓詁學在當代的學科地位，應當從三個方面來認定：第一，訓詁學是古代'小學'的一個分支，'小學'是中國語言文字學的前身，這是從章太炎確定後就不存在異議的。需要進一步確定的是訓詁學在語言學領域裏從主體上應與哪個部門銜接。根據訓詁學的歷史狀況和現代語言學已經形成的學科結構，在語言學領域裏，訓詁學應當與漢語詞彙學和語義學銜接。訓詁學理論建設應當大量借鑒詞彙學和語義學的已有成果；而從訓詁學中開掘、概括出的理論原理，也必然是對漢語詞彙學和語義學的充實，甚至使這兩門學科現有的體系發生重要的變化。第二，訓詁學就其時代特點及其既定任務來説，與漢語歷史詞彙學和歷史語義學又是不能等同的。主體之外，這門古代的學科事實上還要產生兩大分支，那就是漢語詞源學和詞典（辭書）學。前者是理論科學，後者是應用科學。這兩大分支與當代靠引進創建的詞源學和在實踐中總結出的辭書學必然合流。第三，訓詁學就其原有的應用價值來説，本來就承擔着古代文獻解讀和古代文化傳播的任務。這門以應用為主的實用訓詁學，在理論建設逐步完善以後，體系上也會發生深刻的變化；不但會更好學，而且會更好用。以上三個方面，應當使訓詁學在當代的學科地位得到更準確的界定。很多關於訓詁學學科性質的混亂説法，也將會得到進一步的澄清。"①

王寧關於訓詁學學科定位的論述，意義重大。在研究對象上，王先生確認詞彙為訓詁學研究的核心。傳統訓詁學涉及的面很寬，不僅包括詞義解釋，還包括句讀分析與語法闡釋、修辭手段和表達方式的説明，甚至包括串講大意、分析篇章結構等等。王先生基於

① 王寧《訓詁學原理》自序第3—4頁。

當代語言科學的學科結構，把語法學的內容歸語法學，把修辭學的內容歸修辭學，把文章學的內容歸文章學，從而確認了當代訓詁學研究的對象是詞彙，也因此確認了當代訓詁學與“漢語詞彙學和語義學的銜接”。在研究任務上，王先生强調了訓詁學與漢語詞彙學和語義學的不同，即除了詞彙研究的主體之外，還要産生理論學科漢語詞源學和應用學科漢語辭書學。對古代文獻的詞彙與詞義和古人的注疏與訓詁，當代訓詁學仍然要作為主體研究任務，但是並不限於此，當代訓詁學還要謀求從傳統字源學向科學的漢語詞源學發展，承擔把訓詁學的歷代成果包括當代成果總結到辭書之中，這是詞彙學和語義學無法完全承擔的任務。在應用價值上，古代文獻的解讀和古代文化的傳承，始終是訓詁學獨特的使命，漢語詞彙學與語義學和歷史詞彙學與歷史語義學以及其他相關學科都會提供支持，但這些學科都無法取代當代訓詁學對這一特殊使命的承擔。

誠如宋永培所説：“揭示訓詁原理，是指從理論上闡明訓詁的成因、實質、規律、方法等，以便探求漢民族語言文字的系統與根源。”[①] 訓詁原理的探索，清代學者就已經開始了，戴震、段玉裁、王念孫等學者均有所貢獻。20 世紀以來，劉師培、章太炎、黄侃以及其他很多學者又陸續有所闡發，陸、王二先生貢獻最大，王先生最為全面。宋永培先生這樣評述：“對訓詁原理作出全面、概要性的説明的，是王寧先生於 1986 年出版的《訓詁原理概説》（到 1996 年，王寧先生的《訓詁學原理》由中國國際廣播出版社出版）。這是第一部系統地揭示與論説訓詁原理的著作，從總體上看包括三個内容：一是對訓詁現象的科學解釋；二是對訓詁方法科學依據的理論説明和從程序上加以分解；三是對文獻詞義的存在形

① 宋永培《當代中國訓詁學》第 72 頁。

式、運動規律、特點性質的科學論述。”①

據王先生介紹：《訓詁原理概説》本是她在青海師院講課的提綱，1981 年油印過，1983 年王問漁編纂《訓詁學的研究與應用》一書時收入，1986 年出版，1996 年收入《訓詁學原理》一書時又作了删改和增補②。1996 年版《訓詁原理概説》的内容除引言外，有：訓詁材料中的詞與詞義、形義關係、音義關係、詞義引申、訓釋論、纂集論、考證論。下面對王先生的“考證論”提要介紹，以窺王先生在理論探索上創造性貢獻之一斑。

詞義考證是有步驟的，王先生概括為考證對象→直接綫索→旁證→結論這樣四步，並指出：“考證是一項綜合性的工作，它要綜合應用訓詁學形音義統一的方法，利用文獻語言與已有的訓釋材料，利用已知的詞義來求得未能肯定的詞義，利用老結論來證新結論。”③ 古代詞義考證資料汗牛充棟，王先生從考釋目的和論證取向的不同加以考察，把它們歸納為證實與反駁兩大類型，“對已有的結論加以考察，證明其正確，屬於證實類”④，“對已有的結論提出異議，以證據推翻之；同時提出新的證據而易以新的結論，屬於反駁類”⑤。考證材料儘管紛繁複雜，其内在的結構是可以分析的，王先生歸納為發疑、取證和釋理三個部分，並具體分析了發疑的規律、取證的方法以及釋理的原則。接下去王先生還重點介紹了考音與考義這兩項主要考證内容，從而構成了點面結合的考證論。這是一個創造性的貢獻，在王先生之前没有任何一部訓詁學著作能把訓

① 宋永培《當代中國訓詁學》第 75 頁。
② 王寧《訓詁學原理》第 355 頁。
③ 同上，第 74 頁。
④ 同上。
⑤ 同上，第 75 頁。

詁考證這一被視為很玄妙的問題從原理到具體操作方法闡述得如此深刻而又如此清晰、簡明。

二、總結兩千多年的訓詁實踐與經驗，系統概括並科學論證訓詁方法

王力曾經説過："我們所謂語義學（semantics）的範圍，大致也和舊説的訓詁學相當。但是，在治學方法上，二者之間有很大的差異。"[①] 訓詁學這一歷史悠久的中國傳統語言學科，在現代學科體系下仍然具有旺盛的生命力，經過陸宗達、王寧等的不懈努力，逐步走上了科學化進程，其標志既有學科的準確定位，也有研究方法上的科學化。陸先生和王先生在訓詁方法論的研究上投放了極大的精力，既全面、系統地總結繼承了舊訓詁學的寶貴經驗，又按照現代學科體系的要求進行了科學論證，從而建構了方法論體系，為當代訓詁學作出了又一重大貢獻。

20世紀三四十年代上半葉出版的訓詁學著作都曾對訓詁方法論問題給予過專門關注，如何仲英的《訓詁學引論》列"訓法"九、"詁法"七[②]，胡樸安《中國訓詁學史》專列一章曰"清代訓詁學之方法"[③]，齊佩瑢《訓詁學概論》專列一章曰"訓詁的施用方術"[④] 等。這些著作歸納總結之功甚巨，且介紹詳賅、例證豐

① 王力《新訓詁學》，原載1947年《開明書店二十周年紀念文集》第173－188頁，本文所引據王力《龍蟲並雕齋文集》（上）第315頁，中華書局，1980年。

② 何仲英《訓詁學引論》第7－15頁，《萬有文庫》第一集一千種，商務印書館，1933年。

③ 胡樸安《中國訓詁學史》第269－352頁，商務印書館，1939年。

④ 齊佩瑢《訓詁學概論》第96－178頁，中華書局，1984年。

富，但總結提煉、嚴謹論證乏力，構建科學的方法論體系還有待後之賢哲。王力 1947 年提出建設“新訓詁學”，其所指是“語義學(semantics)”研究[①]，大致相當於現在通稱的漢語詞彙史研究，當然意義重大，但沿着這條路走下去並不能使舊訓詁學這一學科獲得新生。陸宗達 1957 年在《中國語文》第 4 期上發表《談談訓詁學》、1964 年在北京出版社出版《訓詁淺談》並於 1980 年修訂增補後再版《訓詁簡論》，預示着當代訓詁學即將呼之欲出。陸宗達、王寧《訓詁方法論》1983 年出版，則標志着“當代中國訓詁學終於誕生了”[②]；王寧《訓詁學原理》等論著的問世，則實現了對訓詁學相關專題的深度歷史總結和科學理論闡述。

《訓詁方法論》的撰寫完全出於學科的理論自覺。作者説：“任何一門學問，如果它只能解決一個個的具體問題，卻不能提出一系列科學的方法，或者雖然運用着一整套的方法，而這些方法的正確性卻未能從理論上得到證明，在應用中就難免有因缺乏科學理論指導而産生的盲目性，也就很難向現代科學發展，要想普及並便於更多的人來應用它則尤為困難。”[③]《訓詁方法論》是在充分總結傳統訓詁學經驗、全面吸收章黄理論、積極借鑒西方語言學説的基礎上所作的科學理論升華。作者説：“沿着舊訓詁之學提出的課題，學習並總結前代訓詁學家的豐富經驗，訓詁學在探求、證實、訓釋和整理詞義時，便産生了三種方法，即：根據形義關係的規律而有的‘以形索義’方法，根據音義關係的規律而有的‘因聲求義’方法和根據詞義本身運動變化與相互聯繫的規律而有的‘比較互證’方

① 王力《新訓詁學》，《龍蟲並雕齋文集（上）》第 315 頁。

② 宋永培《當代中國訓詁學》第 56 頁。

③ 陸宗達、王寧《訓詁方法論》第 20 頁，中國社會科學出版社，1983 年。

法。”作者將前兩者概括為“通過詞形探求詞義”，將第三種概括為“從詞義本身規律中探求詞義”[①]，從而建構出一個完整的訓詁方法論系統，並對這三種方法從原理上進行了科學論證。科學總結出這三種方法，意義重大，而從原理上對這三種方法進行科學論證，則前無古人、意義深遠。

“以形索義”是訓詁學最早提出的重要方法，《説文解字》是這一方法運用的經典。那麼這一方法今天是否還能使用，其科學依據是什麼，使用這一方法時有什麼樣的條件限制、需要輔助進行哪些研究工作等，這些都要從理論上予以科學闡述。作者説：“古代書面漢語是用漢字記録的，經過數千年，古代口頭語言早已消亡，漢字就成為瞭解古代漢語的樞紐。漢字是表意文字，最早的漢字是按照字義來繪形的，所以，字形和字義往往發生直接的聯繫。這就使通過字形來推求和證明文獻的詞義成為可能。”[②] 意即，形義統一及其作為早期漢語書面語的規律是“以形索義”方法的客觀基礎和理論依據。“但是，字和詞都在不斷地發展，造字時形義統一的原則，越到後來就越看不清楚，甚至漸漸在發展中被破壞了。所以，‘形義統一’不是在一切情況下都絶對成立。”[③] 因此，在運用字形探求詞義的具體實踐中要有限制性條件，他們提出“必須在本字、本義、筆意這三個條件具備的情況下纔能使用”[④]。由於完全具備這三個條件的用字並不多，所以他們指出：“要想運用‘以形索義’的方法，必須對形義關係變化發展的規律和形義脱節的各種表現作

① 陸宗達、王寧《訓詁方法論》第 28 頁。
② 同上，第 31 頁。
③ 同上，第 37 頁。
④ 同上，第 69 頁。

深入細緻的探討。”[①] 同時還得進行“匡謬、離析、歸納、追溯、核證”等嚴謹細緻的輔助研究工作。

訓詁學自覺重視聲訓自漢代始，至清代則把“因聲求義”作為訓詁方法而理論化了。音與義的關係，戴震、王念孫、段玉裁、阮元等清代學者都有論述，現代學者黃侃總結論之最詳：“小學分形音義……三者雖分，其實同依一體……三者之中，又以聲為最先，義次之，形為最後。凡聲之起，非以表情感，即以寫物音，由是而義博焉。聲、義具而造形以表之，然後文字萌生。昔結繩之世，無字而有聲與義；書契之興，依聲義而構字形……因此以談，小學徒識字形，不足以究言語文字之根本，明已。”[②] 陸、王二先生因此認為：“語義的發展變化從本質上是依託於聲音而不依託於字形的。”“離開了聲音這個因素，是不可能通過形、音、義的統一來正確解釋古代語言的。”[③] 這就是因聲求義方法的原理所在。他們還進一步分析了音與義在語言的詞裏所發生的具體關係，指出，在語言發生的起點，音與義的聯繫是偶然的，但以舊詞為基礎而產生新詞就能構成詞族，“在同一詞族中，派生詞的音和義是從其語根的早已經約定俗成而結合在一起的音和義發展而來的，因此帶有了歷史的可以追索的必然性。這就是所謂的‘音近義通’現象”[④]。由此可知，“因聲求義”方法只適用於同根詞而不適用於同音詞；除此而外，因聲求義還有探求名物來源的特殊作用。他們指出，利用音義關係還有與因聲求義相反的路徑，這就是“以義正音”。他們不僅透徹地分析了因聲求義方法的原理以及具體研究路徑，而且明

---

① 陸宗達、王寧《訓詁方法論》第 42 頁。

② 黃侃《聲韻略說》，《黃侃論學雜著》第 93 頁，上海古籍出版社，1980 年。

③ 陸宗達、王寧《訓詁方法論》第 79 頁。

④ 同上，第 80 頁。

確規定了這種方法運用的條件：一要運用古聲韻的研究成果，同時要掌握豐富的訓詁音變材料；二要核證於古代語言，做到信而有徵。

"比較互證的訓詁方法"最具繼承發展之功。作者這樣解釋："運用詞義本身的内在規律，通過詞與詞之間意義的關係和多義詞諸義項的關係對比，較其異，證其同，達到探求和判定詞義的目的，這種訓詁方法，可以稱作'比較互證'。"[①] 比較互證方法是建立在詞義的"概括性與具體性統一"和"共通性與民族性統一"這兩種特性基礎之上的，作者特别指出，詞義的民族性所給予我們的啓發是，"發展漢語詞義學，硬搬蘇聯或西歐的詞彙學或詞義學理論是不能全然解決問題的，必須在漢語自身詞義的具體研究中總結出規律"[②]。作者由此深入闡述了引申這一詞義運動的基本形式，揭櫫了理性的引申、狀所的引申和禮俗的引申這三種引申類型及其具體規律，介紹了如何"在引申系列中觀察比較詞義的異同"[③] 以及如何"用比較的方法驗證和辨析詞的意義"[④]。

陸、王二先生不僅從理論上闡明了上述訓詁方法，而且指出運用這些方法需要堅持的一些原則。作者首先强調，無論使用哪種訓詁方法，都"必須核證古代文獻語言，並聯繫古代社會的生活、習俗、歷史和典章制度"[⑤]；其次强調，三種訓詁方法"必須結合起來使用"，針對具體問題可以"側重使用其中的一種方法"[⑥]；第三

① 陸宗達、王寧《訓詁方法論》第131頁。
② 同上，第139頁。
③ 同上，第161頁。
④ 同上，第168頁。
⑤ 同上，第28頁。
⑥ 同上，第29頁。

强調，“在運用訓詁方法時，必須以文字學和音韻學的研究成果為工具”，因為“這三門學科是不可分割的”[①]；第四强調，訓詁學的研究“必須以斷代研究為基礎”，以便對特殊規律進行總結[②]。上述科學方法的建構，是他們基於對舊訓詁學的深刻瞭解，包括對其局限性的深刻瞭解，也是他們基於對語義學等現代語言科學的全面把握和科學吸收。

三、基於訓詁學理論建設的要求，梳理術語體系並闡明其定稱和定義的原則

一門學科理論的完整建構並走向成熟，必須有一套完善的術語體系。訓詁學在漫長的發展過程中，積累了大量的術語，清代以來不少學者對其中的一些術語進行了專門研究，如顧炎武的《日知録》、段玉裁的《説文解字注》及《周禮漢讀考》、阮元的《經籍纂詁》之“凡例”、陳壽祺的《漢讀舉例》中都有一些精闢的説明[③]，以章太炎為代表的近代學者在訓詁術語的定稱與定義上也作出了積極努力和重要貢獻[④]。但“總的説，舊的訓詁之學具有明確界説的術語是不多的，而且，已有的術語中也有一些不够恰當。這説明許多詞義現象還沒有經過歸納綜合而從本質上加以説明”[⑤]。“自覺地、在現代思維科學和現代語言理論的指導下來進行，幾乎還沒有

① 陸宗達、王寧《訓詁方法論》第 29 頁。

② 同上。

③ 詳參楊端志《訓詁學》第 266 頁，山東文藝出版社，1986 年。

④ 王寧《訓詁學原理》第 21 頁。

⑤ 陸宗達、王寧《訓詁方法論》第 14 頁。

開始"[①]。因此，當代訓詁學理論建設更為艱巨細緻的任務正是術語的定稱與定義，陸、王二先生尤其是王先生，在這一方面作出的貢獻是系統而全面的。

1981 年《訓詁學的復生、發展與訓詁方法的科學化》檢討傳統訓詁學的局限時，就把"概念模糊、術語含混"列為首要問題[②]；1982 年王寧撰寫的《談訓詁學術語的定稱與定義》[③]，首次全面討論了這一問題；1992 年在《再論訓詁學在當代的發展》的發言中，再次强調舊訓詁學的改造"首先是訓詁學的術語清理工作"[④]；在推進訓詁學科學化的過程中，陸、王二先生一開始就很重視術語，如在《訓詁方法論》一書中就專門附録了《訓詁學名詞簡釋》，以交代自己著作沿用和新用術語的内涵和外延[⑤]。

王寧是這樣介紹他們的術語研究工作的："術語係反映一門學科的科學體系，是它的理論建設已經成熟的表現。這個問題我們在 1988 年以前已經多次提出，但是由於當時很多方面的理論層次還没有劃分清楚，因此不敢貿然去全面整理訓詁學術語。現在，一些比較關鍵的問題已經日益明瞭，建立一套有系統的訓詁術語似乎可以着手。進行這一工作的關鍵除了對舊訓詁學已有的概念進行必要的清理外，更重要的是作好繫聯同類概念、辨明異質概念的内在差異、區分臨近概念、理順上下位概念的層次這四件工作。""在建立訓詁學術語體系的時候，必須把關於總體系統的術語，置於術語體

① 王寧《訓詁學原理》第 21 頁。

② 陸宗達、王寧《訓詁方法論》第 12 頁。

③ 原載 1983 年《遼寧教育學院學報》第 2 期，後收入《訓詁學原理》第 20－31 頁。

④ 王寧《訓詁學原理》第 17 頁。

⑤ 陸宗達、王寧《訓詁方法論》第 173－191 頁。

系的最高層次。"[①] 撰寫於 1982 年、發表於 1983 年而收入 1996 年版《訓詁學原理》一書的《談訓詁學術語的定稱與定義》，是王先生關於訓詁術語研究的代表作，下面着重評介。

王先生首先總結了傳統訓詁學在術語問題上的得失，言“得”準確到位，言“失”深中肯綮。王先生認為，乾嘉以來的學者包括章黄在内，貢獻很大：“發掘了一批舊術語的確切含義，使某些現象的實質更為準確、深刻地顯露出來”，如黄侃揭示“反正為訓”的本質是“漢語裏的一種特殊的引申規律”[②]；“借助於一些被後代接受了的舊術語，從原理上為其確定了新的定義”，如章太炎賦予“轉注”與“假借”以新内涵，“説明了文字孳生與節制的辯證關係”[③]；“他們確定了一批新術語的名稱和定義”，如宋代以“直音”之名區别反切之法，段玉裁開始系統準確使用“引申”概念[④]；“他們對各種訓詁學術語的定稱和定義也作過一些討論”，有些意義不大，有些涉及原理則很有意義[⑤]。由於傳統訓詁學的原理没有得到系統闡述，所以“術語問題仍然處於較為混亂的狀態”[⑥]，主要表現有：“一部分術語定稱不够恰當，不能反映它所標志的現象的實質，或容易引起人們對這種現象的誤解”，如“通轉”“一聲之轉”或“陰陽對轉”[⑦]；“一部分術語雖然被廣泛應用，但無明確界説，或隨着不同的應用者而有多種互不一致甚至互相矛盾的界説，違背科學術語含義必須固定而單一的原則”，如“假借”一名，“有

① 王寧《訓詁學原理》自序第 4—5 頁。
② 王寧《訓詁學原理》第 21 頁。
③ 同上，第 21—22 頁。
④ 同上，第 22 頁。
⑤ 同上。
⑥ 同上。
⑦ 同上，第 23 頁。

的是指諸多引申義依託同形，也有的是指意義不相關的同音字互相借用”[①]；“由於界説不明，含義不清，術語所標識的概念和它反映的現象範圍不定”，如“通假”一名，有人專指“同音借用”，有人還包括“同源通用”[②]；“還有的確定了術語，規定了術語的内涵、外延，也作出了明確的界説，但在具體應用時，又不自覺地違反術語的定義，任意擴大它的範圍”，如章太炎在《文始》中明確“變易”是指“文字自身形體的改易”，但在實際所指中“卻出現了很多不完全同義的派生詞”，以致自亂其例[③]。

王先生提出了訓詁學術語定稱與定義的原則，這些原則在理論上得到了科學闡釋，在實踐上具有研究指導意義。王先生提出這些原則是基於確定術語所必須完成的以下兩項工作：“（1）給已經定稱的術語下定義——即有名而求實；（2）給已經發掘和認識了的訓詁現象定稱——即有實而命名。”[④] 她據此從四個方面提出了原則意見：一是關於舊術語的襲用問題。對於早已普及且符合約定俗成原則的術語，可以“全部沿用或部分采用”，前者如“義界、聲訓、直音、破讀”等，後者如“互訓、孳乳、引申”等[⑤]。二是關於新術語的定稱問題。王先生將此區分為三種情況並予以説明：其一為新發掘的原理無舊術語可襲而需確立新術語，如“用以構成其他字的成分”稱之為“構件”，其中“形音義具備的”可以稱之為“成字構件”，而“不成字的，只起結構作用的單筆劃與複筆劃”可以

① 王寧《訓詁學原理》第 23 頁。

② 同上。

③ 同上，第 24 頁。

④ 同上。

⑤ 同上，第 24—25 頁。

稱之為“非字構件”[①]；其二，舊術語之下需分設另一層次新術語，對原來一稱之下包含的不同現象加以區分，如訓詁家所説的“本義”，實際指稱兩種現象，從文字角度可把講漢字構字意圖的，稱之為“造意”，從詞彙角度可把講詞的某一義項的，稱之為“實義”[②]；其三，對舊術語中混入的其他概念，需另立與之並列的新術語，如“聲訓”中不僅有“推源”，還有對同源字之間的繫聯，後者可稱之為“繫源”[③]。三是關於新舊術語的定義問題。王先生强調的定義原則有準確、確定、單一且須結合漢語特點等[④]。四是關於預防性的限定問題，王先生强調的是，“定稱和定義都要特别防止從根本上混淆文字現象與語言現象”[⑤]。

王先生從訓詁原理科學化的要求出發，特别指出訓詁學術語必須具有系統性。王先生説：“訓詁學術語的確定必須隨着訓詁原理的研究和闡述而漸趨完善。”“訓詁學原理的研究越科學，訓詁學術語的系統性便越清楚。”[⑥] 訓詁術語的系統性包括科學原理的貫穿性、相鄰相近概念的聯繫與區别性以及概念之間的層次性等特點。比如在論述術語的層次性問題時，王先生這樣舉例分析道：“一般把訓釋方法分成義界、直訓、推源，或分成義訓、形訓、聲訓，實際這是兩種分類標準下劃分出來的：從訓釋目的看，可以分成義訓（釋義）和聲訓（推源或繫源）；義訓中包括一種特殊的訓釋即旨在發掘與形相貼切的本義的形訓；從訓釋方式看，可以分成義界和直

---

① 王寧《訓詁學原理》第 26 頁。

② 同上。

③ 同上，第 27 頁。

④ 同上。

⑤ 同上，第 27—28 頁。

⑥ 同上，第 29 頁。

訓。這幾個概念是交叉或包含關係，不是全然的並列關係。"[1] 可見，王先生提出的訓詁術語的系統性要求，既是對訓詁學内在規律的深刻把握，也是對訓詁原理科學化的理論概括[2]。

四、基於當代語言科學，燭照舊訓詁而釐清了一些基礎理論問題

兩千多年的傳統訓詁學取得了巨大的成就，也存在很多局限，影響訓詁學現代化進程的因素除了社會、政治原因之外，這些局限則是學科自身的問題。陸、王二先生指出：訓詁學的發展落後於語音學、語法學等學科，"主要表現在它的理論建設尚未真正完成。由於未能進一步科學化、理論化、系統化，從而妨礙了它的普及，因此，應用也只限於少數專門家的範圍。"[3] 新時期以來，他們與學界同仁一起致力於訓詁學的科學化，研究内容不僅包括學科定位、原理闡發、方法的科學化、術語體系的建構等這類宏大論題，也包括具體概念的辨析、訓詁專書研究，甚至具體文獻語言或個別詞語的訓詁這類微觀問題。微觀問題未必就是小問題，其中不少問題甚至是訓詁學理論建設的重要基礎問題，比如"字"與"詞"就是"最影響訓詁理論科學化"的關鍵概念[4]。他們非常重視"字"與"詞"這兩個概念的辨析，且不惜筆墨，反復闡述。

---

① 王寧《訓詁學原理》第 30 頁。

② 宋永培《當代中國訓詁學》第 77－81 頁，對王寧在術語問題上的貢獻有更為具體的評述，可參。

③ 陸宗達、王寧《訓詁方法論》第 7 頁。

④ 同上，第 12 頁。

“字”和“詞”在舊訓詁學裏“時常發生混淆”[①]，因此必須首先在理論上釐清二者的性質。《訓詁方法論》論述道：“字是詞的書寫符號，它從所記録的詞上承受了音與義。在古代文獻中，除少數多音節的詞外，一個字就表示一個詞。在具體的語句中稱一個字為一個詞，或稱一個詞為一個字，一般不會産生什麽大問題。但是，就字與詞的本質來看，二者絶不是相同的東西。詞是語言中表義的最小單位，它是音義的結合體。而字則是書寫詞的符號，字形對語言來説，是外在的東西。而且，一個字並不只與一個詞對當，同樣，一個詞也並不只有一個字與它相應。同詞異字現象與同字異詞現象普遍存在。何況，它們並非同一階段的産物，而且各自遵循不同的規律發展變化。在研究字與詞的産生、發展、變化時，既要看到它們相互聯繫的一面，又要看到它們本質區别的一面。在這種情況下，‘字’與‘詞’這兩個概念是不能混淆的。”[②] 同詞異字現象包括異體字、廣義分形字、正俗字等；同字異詞現象則包括同音借用字、同源通用字等[③]。

“字”與“詞”在實踐中也需要進行區分，包括字的造意與詞的本義。關於“字”與“詞”的區别，王先生在 1981 年所撰《訓詁原理概説》中提出了四條：第一條是，“詞是語言本身的建築材料，而字只是記録語言的符號”；第二條是，“文字和語言不是同一時期産生的，在討論它們的歷史發展時，不能混為一談”；第三條是，“在使用過程中，字與詞的對當關係是不平衡、不整齊的”；第四條是，“即使是古代漢語，也並非所有的詞都是單音節的，在多

① 陸宗達、王寧、宋永培《訓詁學的知識和應用》第 18 頁，語文出版社，1990 年。

② 陸宗達、王寧《訓詁方法論》第 12—13 頁。

③ 陸宗達、王寧、宋永培《訓詁學的知識和應用》第 19—20 頁。

音節的單純詞或合成詞中，字與詞就成為完全不同的東西”[①]。“本義”是一個與“字”“詞”密切相關的概念。舊訓詁家所講的本義並不都是現代語言學所説的詞本義，在舊訓詁學那裏這兩者是混淆不分的。舊訓詁學確定本義時總是先根據《説文解字》的解説，而《説文》解説中實際上包含了兩種情況，一是字的造意，一是字的實義。“造意是以實義為依據的，但有時它僅是實義的具體化、形象化，而並非實義本身。造意只能説字，實義纔真正在語言中被使用過，纔能稱為詞的本義”[②]。因此，造意與實義事實上就形成兩種狀態：一是，説解既是造意，又是實義，也就是説，造意就是實義，就是詞的本義。如“彎，持弓關矢也”“岡，山脊也”“崩，山壞也”等皆是。另一種是，説解僅僅是造意，不是實義，也就是説，字本義與詞本義不是一回事。如“塵，鹿行揚土也”“齊，禾麥吐穗上平也”“突，犬從穴中暫出也”等，文獻語言中“塵”指塵土而與鹿無關，“齊”訓齊整而不專指禾麥，“突”謂衝撞而並不限於犬[③]。

古代書面文獻的訓釋材料被漢字記録下來的情形異常複雜，王先生對此進行了深入分析和細緻概括。她的概括對我們正確認識並科學利用舊訓詁資料很有幫助：“一、可能是一個字（character），如形訓中的被釋字。二、可能是一個多義項的詞（Lexical word），如詞典中作詞頭的字。三、可能是一個只具單義項的詞項（Lexical item），如義訓中的被训釋字。四、可能是一個言語中體現出的意義（Sense），如某些隨文釋義單訓中的訓釋字。五、可能是一個

① 陸宗達、王寧、宋永培《訓詁學的知識和應用》第 18－21 頁。又王寧《訓詁學原理》第 35－37 頁。

② 陸宗達、王寧、宋永培《訓詁學的知識和應用》第 21 頁。

③ 同上，第 22 頁。

被最小切分的義素（Sememe），如義界中的主訓字。”① 她指出：“這些單位如不區分，不但語義分析方法難以建立，連字、詞、義的客觀描寫也有困難。”② 她進而主張對字、詞、義的單位進行層次區分，廢除用“字本位”的方法觀察詞義。對應上述五種不同單位，她舉出下列一組材料：1.《説文解字》：“齊：禾麥吐穗上平也。”2.《經籍籑詁》集録：品：式也，率也，同也，齊也，衆庶也，格也，等差也……3.《爾雅》：“初、哉、首、基、肇、祖、元、胎、俶、落、權輿，始也。”4.《詩經・周南・芣苢》：“采采芣苢。”毛傳：“采，取也。”又“薄言捋之。”毛傳：“捋，取也。”5.《説文解字》：“袒，衣縫解也。”王先生指出，例1“齊”的身份只能是一個字；例2“品”是一個多義項的詞；例3除“權輿”外，其他各個漢字都只是一個具單義項的詞項；例4“采”“捋”訓“取”，是《詩經》這首詩裏體現出的言語意義，相當於一個義位；例5“解”標識的是從一個單義項裏分析出的義素。王先生説：“這五種同樣被漢字記録的單位，既有字與詞的不同質的區别，又有詞義的不同範圍的區别，還有多義詞的詞項、義位與義素的不同層次的區别。這就打破了既往訓詁學籠統以‘字’為單位來理解古代注釋材料的慣例，而透過漢字的表面形式，可以構建出字、詞、義層次的結構框架。”“這種有層次的結構布局，使詞義的内部成分分析有了可能，同時，由於明確了一個漢字所表示的究竟是哪一個層次的意義單位，就避免了實踐中的失誤。”③

要實現客觀描寫字、詞、義的目的，使得訓詁學走向科學化，

---

① 王寧《訓詁學原理》自序第18—19頁。

② 同上，第19頁。

③ 王寧《訓詁學理論建設在語言學中的普遍意義》，《中國社會科學》1993年第6期；又王寧《訓詁學原理》第205—207頁。

還必須接受切合漢語實際的科學詞彙語義學的指導。漢語的詞義系統異常複雜，漢語詞義結構單位的確定以及詞義間各種聯繫的闡發等，應當成為訓詁學着力研究並深入探討的重要問題。隨着上世紀烏爾曼、阿普列祥、蒙塔古等學者的努力，西方語言學逐漸“打破純形式研究為主流的格局向語義投去關注目光”①；訓詁學要謀求理論化、系統化、科學化，以實現學科的當代定位，就必須積極借鑒當代語言學包括詞彙語義學的先進成果，對自身不合理的部分進行改造。“未能認真汲取西方普通語言學養分和詞義研究的經驗是封閉的表現；過分强調資料積累、小學專著研究、漢唐詮釋和乾嘉學風，眼睛只向後看，是保守表現”②。“在學術工作上，踏着古人的腳步走路而不吸收外國的新理論和新方法，路子是會越走越窄的。”③ 陸、王二先生特别是王先生，所以能大膽改造舊訓詁學而促進其在當代的發展，正是因為他們清楚地知道，語言的民族特點決定了必須扎扎實實繼承舊訓詁學的優秀成果，而語言的世界共同性特點則決定了“借鑒不但是必要的，而且是可能的”④。

五、着力探索漢語詞源學，充實當代訓詁學的內涵並提升其科學化水平

王寧在論述訓詁學在當代的學科地位時曾經指出：“這門古代

---

① 王寧《訓詁學與詞彙語義學論集序》第 2 頁，《訓詁學與詞彙語義學論集》，語文出版社，2011 年。

② 何九盈語，轉引自許威漢《訓詁學讀本》第 446 頁，上海交通大學出版社，2011 年。

③ 嚴學宭語，轉引自許威漢《訓詁學讀本》第 446 頁。

④ 王寧《訓詁學原理》第 11 頁。

的學科事實上還要産生兩大分支，那就是漢語詞源學和詞典（辭書）學。”[①] 陸、王二先生非常重視漢語詞源學的研究。陸宗達在1964年出版的《訓詁淺談》裏已經談到“推原”工作[②]，1980年在《訓詁簡論》裏進一步加强了對這一題目的論述[③]。上世紀80年代之後，他們在這方面發表了更多論著：1980、1983、1984和1985年先後發表的有《音聲求義論》《訓詁方法論》《淺談傳統字源學》和《訓詁學和現代詞語探源》等，集中體現了陸、王二先生在這個時期關於漢語詞源學的思考。陸宗達還單獨發表了《“且”和它的同源詞釋證》《“咸、諴、协、協、勰”同源考》《“時”、“待”同源説》等論文，均收入《陸宗達語言學論集》。王寧單獨撰寫且比較集中討論到漢語詞源學的論著有：1980年撰寫的《訓詁原理概説》，1984年撰寫的《論訓釋》（發表時分為兩篇，即1988年的《論詞義訓釋》和1989年的《論形訓與聲訓》。以上諸篇收入《訓詁學原理》)，《中國社會科學》1995年第2期發表的《漢語詞源的探求與闡釋》，《陝西師範大學學報》（哲社版）2001年第1期發表的《關於漢語詞源研究的幾個問題》，《北京師範大學學報》（人文社科版）2002年第4期發表的《詞源意義與詞彙意義論析》等。總結繼承傳統訓詁學在字源學方面的研究經驗和成果，吸收融合印歐詞源學的理論與方法，充實當代訓詁學的内涵並提升其科學化水平，是陸、王二先生對當代訓詁學的又一重要貢獻。

對傳統訓詁學研究字源詞源的經驗、理論與局限作出全面總

① 王寧《訓詁學原理》自序第3頁。

② 陸宗達《陸宗達語言學論文集》第150頁，北京師範大學出版社，1996年。

③ 陸宗達《訓詁簡論》第111—117頁，北京出版社，1980年。

結，這是陸、王二先生的首要貢獻，其代表作為《淺談傳統字源學》[1]。作者認為："字源問題是傳統訓詁學的老課題，作為訓詁學分支的字源學，與印歐的詞源學不論在目的上還是方法上，都有顯著的差異。"[2] 發展字源學並使之科學化，需要從字源原理出發，總結傳統字源學之所得，分析其所失。

作者認為：同根詞派生"有的音有稍變，更造新字，因成他詞"，例如"超"派生出"卓"；"有的音雖無變，字分數形，遂為異語"，如"舞、巫、武"。可見，"同源的派生詞的音義，由於都是從根詞早已結合在一起的音義直接或間接發展而來，因此帶有歷史的、可以追溯的必然性。""因此，音近義通説便成為詞彙理論中可以成立的規律。"[3] 作者指出：同根詞的派生與同源字的孳乳密不可分，因為"詞的派生推動了文字的孳乳"，"所以，同源字的産生從本質上説，是詞彙派生現象，不是單純的文字問題"[4]。傳統字源學的問題在於，"没有科學地規定它的適應範圍"，在理論上"發生以偏概全的片面性"，在實踐上繫聯同源詞"也就多有失當"[5]。

作者對漢語和漢字之間的關係具有精到的認識："同源字是同源詞的表現形式，同源字之間的本質聯繫是音近義通，與字的形體本來没有什麽關係。但是，漢字是表意兼表音的文字，音與義在字

① 此文最初發表在《中國語文》1984 年第 5 期，署名陸宗達、王寧。《陸宗達語言學論集》和王寧《訓詁學原理》均收入此文。王寧先生收入時作了修改，這裏引用時依據《陸宗達語言學論文集》。

② 陸宗達《陸宗達語言學論集》第 317 頁。

③ 同上，第 319 頁。

④ 同上。

⑤ 同上。

形上是有所反映的。”[①] 據此，作者從形體關係上把同源字細分為三種類型：一是與形體無關的，如“欺”與“譎”、“藩”與“屏”；二是同聲符的，如“毌”與“貫、遺”“仍、艿、孕”；三是同形的，如“數”四音四義，義衍音變，雖未造新字，然亦分化為同形同源字[②]。由於形聲字逐漸增多，第二類同源字成為主要類型，於是“産生了‘右文説’”；“右文説”有它的合理性，但同聲符可以成為同源字，並非意味着凡同聲符的字都是同源字，更不能説同源字只有形聲字，“右文説”走向謬誤的關鍵就在於，將“形聲系統與同源系統簡單地等同起來，把孳乳造字的某種習慣所形成的局部規律説成了它的總規律”[③]，因而在理論上造成了混亂，在實踐上出現很多牽强附會的繫聯。

作者進一步深入分析了歷史的推源、平面的繫源，並且對聲訓、語根作了辨正。傳統字源學用“聲訓”來表示字源，“清代學者稱之為‘推源’或‘推因’”。“聲訓”有其合理性，也有很大的局限，最突出的問題就是，“聲訓”不能區别歷史的推源和平面的繫源，實際做的工作“大部分是平面的局部繫源和一部分不完全推源”[④]。作者在一一釐清字源理論的術語之後，以《釋名》為例具體分析了哪種聲訓雖然是合理的但屬於不完全推源，哪些聲訓反映了音近義通的關係但無法探求詞義來源。作者認為，章太炎的《文始》“是以《説文》的初文、準初文為起點企圖全面繫聯同源詞的創始之作”，“以初文和準初文為繫源的起點，未始不是一個可行的

① 陸宗達《陸宗達語言學論集》第 320 頁。

② 同上，第 320—322 頁。

③ 同上，第 323 頁。

④ 同上，第 325 頁。

辨法"[①]。但前人談聲訓和章太炎都"没有意識到自己的工作僅是平面繫源，反而用歷史推源的術語來闡述問題"，比如把初文、準初文稱作"字根""語根"，對繫聯出來的字詞硬要作歷史的編排，這就"使後來的人對他們的工作難以理解了"[②]。

作者認為："傳統字源學在進行繫源工作時，采用了訓詁學形音義統一的方法。觀察他們的具體工作程序，不外是在音同或音近的詞群中求其義通者，或在義通的詞群中求其音同音近者，這樣工作的結果，保證了詞與詞之間音且近、義且通，從理論上説，應當是一種有效的辦法。"但實際工作中問題卻很多，《釋名》中明顯錯誤有十之五六，《文始》也近十之三四，"問題的關鍵在於如何準確掌握音近義通的規律"[③]。作者繼而討論了同源字之間的聲音關係，重點評述了近代訓詁家們的具體做法，提出了一些值得深入研究的問題；作者認為，傳統字源學"在義通問題上，相對説來，局限就小一些，成功的經驗則多一些"[④]，並概括了三條：首先"排除借字、借義"，其次"藉助古文獻語言材料的比較來證其義通"，再次"繫聯同源詞必須與整理多義詞的詞義協同進行"[⑤]。

植根於乾嘉以來的學術傳統，秉承章黄的學術思想，把現代詞源學的理論與方法借鑒到訓詁學之中，豐富當代訓詁學的内涵，提升當代訓詁學科學化水平，是陸、王二先生特别是王寧的重要貢獻。王先生所撰講義《訓詁原理概説》已經呈現了《淺論傳統字源學》一文的基本内容，對音義關係等專題的論述更深入的是同年與

① 陸宗達《陸宗達語言學論集》第 328 頁。
② 同上，第 329 頁。
③ 同上。
④ 同上，第 330 頁。
⑤ 同上，第 330—332 頁。

陸先生合作發表的《因聲求義論》[①]，王先生《論訓釋》對“聲訓”的詞源學價值有更深刻的挖掘，而《漢語詞源的探求與闡釋》及後來的多篇論文則更深入地闡明了她的詞源學思想。

王寧基於訓詁學革新與發展的要求，提出了對漢語詞源學性質與意義的科學認識。她認為：“漢語詞源學是一門以探求漢語詞的原初造詞理據和音義狀態為目的的學科。”“詞源的探求遠涉史前語言的狀態，近及漢語、漢字的形音義，加上詞源意義的潛在特點和漢字多不直接表音的局限，使它的研究需要多學科的支撐，因而具有相當的難度，成為訓詁學的尖端課題之一。”[②] 漢語詞源研究既要進行詞源探索，又要進行詞源闡釋，而詞源闡釋則“超出了語言的本體研究，具有了宏觀語言學的意義與價值。科學的漢語詞源學應當是這兩方面工作的結合”[③]。自漢代研究詞源專著《釋名》開始，到晚近章太炎的詞源專著《文始》，傳統訓詁學積累了一大批珍貴的研究資料和成果，現代以來又有很多學者不斷探索，在理論上和實踐上都取得了不少進步，但是關於漢語詞源研究對於當代訓詁學的意義與價值以及它所應當進行的工作，卻很少有人能够提高到如此地位加以論述。

學科定位還體現在科學術語的定稱與定義上，陸、王二先生為此專門釐清了一系列字源、詞源概念，包括“約定詞（原生詞）、派生詞、同源派生詞（同源詞）、非同源派生詞、根詞、源詞、孳

① 陸宗達、王寧《音聲求議論》，《遼寧師院學報》（社科版）1980 年第 6 期。後收入《訓詁方法論》。

② 王寧《漢語詞源學將在二十一世紀有巨大發展》，《漢語詞源研究》（第一輯），吉林教育出版社，2001 年。

③ 王寧《訓詁學原理》第 146 頁。

乳、孳乳字、同源字、根字、源字、詞族、字族、推源、繫源”等[①]。同時深入研究傳統訓詁學所積累的豐富寶藏，不斷挖掘詞源研究的寶貴資源。比如假借，一般認為有兩種，即本無其字的假借和本有其字的假借，前者是《説文》六書之一，後者是文獻用字現象。他們則認為：本無其字的假借“是指詞義已經發生變化，離本義較遠了，理應分化出新詞，但卻不因此而另造新字，仍在原字上賦予新義”[②]，所以這種假借“並非反映同音詞問題，而實質上是反映同根詞問題”[③]。實乃灼見卓識。比如聲訓，一般認為就是以音釋義的訓詁方法，對其中之“義”卻很少能進行更細緻的分析並從規律上予以説明。王先生認為，詞義内部實際存在着表層使用意義和深層詞源意義兩種不同的因素，“義訓是表述使用意義的，而聲訓則是通過同源詞來顯示詞義特點即詞源意義的”，“古人因其訓釋詞與被訓詞的音近關係而以‘音訓’名之，反而把歸納詞源意義的訓釋實質給掩蓋了”[④]。確乎深中肯綮。

按照現代語言科學研究要求，在漢語詞源研究方法上進行了積極探索。王寧充分吸收古代訓詁學家的寶貴經驗，積極借鑒西方語言學理論與方法，針對傳統字源學中存在的主要問題，“對探求詞源意義的操作方法和文化歷史背景對闡釋詞源的作用這兩個問題進行闡述”[⑤]。由漢語詞彙史觀之，漢語詞彙的積累過程可劃分為原生、派生與合成三個階段。她指出：“傳統字源學所關注的，是把同源派生詞繫聯在一起，從中歸納出它們的詞源意義”；“科學的漢

① 王寧《訓詁學原理》第134—135頁。

② 陸宗達、王寧《訓詁方法論》第83頁。

③ 同上，第84頁。

④ 王寧《訓詁學原理》第106頁。

⑤ 同上，第146頁。

語詞源學應當首先繼承這一點，並進一步完善有關這一工作的可操作方法"[①]。並提出，"科學的漢語詞源學除探討單音節派生詞的造詞理據外，還必須完成以下三方面的任務：第一，探求後代已成為單純詞的連綿詞與疊音詞的詞源；第二，探求漢語雙音合成詞的詞源；第三，分辨漢語詞與外來詞，並探求外來詞的來歷及其漢化的過程"[②]。對這三項任務如何完成，《漢語詞源的探求與闡釋》進行了具有示範意義的演示。

詞的同源關係既要音近，又要義通，但如何確定音近和義通卻是最大的難題。比如關於義通，傳統訓詁學積累了不少寶貴經驗，陸、王二先生曾經總結了三條，上文已經述及，但僅僅依靠這些經驗仍然不能避免義通探討中出現錯誤。王寧指出，必須將傳統訓詁學的經驗從理論上闡發清楚，這是"使漢語詞源學研究方法科學化的關鍵"；在實際探討中，義通仍然會出現錯誤的主要原因是理論存在缺陷，"一是把漢字的造字理據與漢語的造詞理據混同，另一個是把詞源意義與詞彙意義混同"[③]。關於詞源意義的實質與內涵，王寧論述道：漢語詞源學的"意義"與詞彙學的"意義"實質不同，屬於完全不同的範疇，"詞彙意義指的是語言的詞的概括意義，它是詞彙學的研究對象"，而"詞源意義是同源詞在滋生過程中由詞根（或稱語根）帶給同族詞或由源詞直接帶給派生詞的構詞理據"，它是詞源學研究的對象[④]。根據詞源意義的抽象性及它在語

① 王寧《訓詁學原理》第 148 頁。

② 同上。

③ 王寧《關於漢語詞源研究的幾個問題》，《陝西師範大學學報》（哲社版）2001 年第 1 期。

④ 王寧《詞源意義與詞彙意義論析》，《北京師範大學學報》（人文社科版）2002 年第 4 期。

義結構中所處的層次，王寧借鑒西方語義學的義素分析法，用兩分法分析詞的意義内部結構，把“含着詞義的類别”的部分稱作“類義素”，把“含着被人們共同觀察到的詞義特點”，即理據，稱作“核義素”或“源義素”，並在此基礎上形成了一套探求詞源的科學操作方法①。經過王先生的分析、論證和創造性概括②，作為訓詁學的一個傳統研究分支，漢語詞源研究從理論到方法都走上了科學化的道路。

六、利用訓詁學的理論與方法，力主重建基於訓詁學的漢語詞彙語義學

王寧主張訓詁學“與漢語詞彙學和語義學銜接”③，强調重建基於訓詁學的漢語詞彙語義學，並為之作出了積極努力，這是她對當代中國語言學提出的一個重大命題。她所説的“銜接”，我們理解，應該包含如下兩個方面的内容：一是，運用現代詞彙語義學的理論和方法去分析訓詁材料，挖掘傳統訓詁學中潛在的規律與原理，從而建立具有現代科學意義的理論訓詁學。她指出，這種進入語言學的理論訓詁學，是與作為文獻學工具學科的應用訓詁學有所區别的：“應用訓詁學與理論訓詁學都是訓詁學本體的研究，理論訓詁學是從應用訓詁學中提升的結果，理論訓詁學的發展，又豐富了應用訓詁學，使應用訓詁學更富於理性化，也更易於為現代學者

---

①　王寧《漢語詞源的探求與闡釋》，《中國社會科學》1995 年第 2 期。

②　同源詞之間意義關係采用公式進行抽象概括，就是王先生的發明創造，詳見王寧《漢語詞源的探求與闡釋》。

③　王寧《訓詁學原理》自序第 3 頁，中國國際廣播出版社，1996 年。

特别是初學者所接受”[①]。本文前五節所評述的内容，基本上都屬於陸、王二先生特别是王先生在這一方面所作出的貢獻。另一個方面是，利用從傳統訓詁學中總結、挖掘出來的原理和方法，去豐富、發展現代詞彙語義學，從而實現現代詞彙語義學在訓詁學基礎上的重建。王寧這一思想的形成大致可以區分為兩個階段，這兩階段當以《試論訓詁學在當代的發展及其舊質的終結》一文為界。下面簡要介紹並對幾篇重要論文予以評述。

王寧跟隨陸先生讀研究生時，就“已經有了比較强烈的現代意識”，作了不少理論性質的札記，這些札記編輯整理起來成為80年代初在青海師大使用的《訓詁學原理》講義，“後來又加工成1983年出版的《訓詁方法論》”[②]。在1988年之前這一階段，王先生的工作重點是總結舊訓詁學、改造舊訓詁學，其中有些工作已經涉及到第二個方面的内容，比如對詞義引申的研究[③]，就是訓詁學與詞彙語義學共同關注的典型論題。但明確提出訓詁學與漢語詞彙語義學的關係且産生重要影響的是《試論訓詁學在當代的發展及其舊質的終結》一文。王先生在該文中指出：“訓詁學是帶着應用和理論兩個目的而進入當代的”[④]，“理論的目的是發展漢語語義學的需要”[⑤]，“要豐富中國的漢語語義學，理所應當地要從訓詁學中吸取歷史的材料”，“訓詁學的生命力，維繫在建立漢語語義學的需要上”[⑥]。“對漢語語言學中建立已較成熟的學科，訓詁學的任務是用

---

① 王寧《談訓詁學在21世紀的發展趨勢》，《蘇州大學學報》2012年第4期。

② 王寧《我和中國的傳統語言文字學》，《文史知識》1997年第3期。

③ 王寧《訓詁原理概説》第54—59頁；陸宗達、王寧《訓詁方法論》第134—161頁，“談‘比較互證’的訓詁方法”。

④ 王寧《訓詁學原理》第5頁。

⑤ 同上，第7頁。

⑥ 同上，第8頁。

自己的材料、課題和結論去充實它們”；“對漢語語言學中尚未形成或建立尚不成熟的學科，訓詁學的任務是以自己的經驗和理論來促使它們產生、豐富與完善”。“從漢語語言研究的必要性和訓詁學所能提供的可能性來看，訓詁學應當與之銜接的，主要是古漢語語義學”①。1992 年在《中國語文》創刊四十周年紀念會上的發言中，王先生再次强調，訓詁學“就原理的探討而言，理應與漢語詞彙學和語義學銜接”②。《中國社會科學》1993 年第 6 期的《訓詁學理論建設在語言學中的普遍意義》，王先生 1996 年把題目改為《訓詁學與語義學》，觀點更為鮮明。王先生回顧了八九十年代理論訓詁學的發展，認為在這一過程中，“訓詁學與現代語義學發生了相互吸取的關係”，訓詁學在吸收現代語義學架構自己的理論體系的同時，“充實豐富了現代語義學”，“為現代語義學提供了更為可行的、具有普遍意義的操作方法”③。1996 年，王先生在論述訓詁學在當代的學科地位時，明確提出：“根據訓詁學的歷史狀況和現代語言學已經形成的學科結構，在語言學領域裏，訓詁學應當與漢語詞彙學和語義學銜接。訓詁學理論建設應當大量借鑒詞彙學和語義學的已有成果；而從訓詁學中開掘、概括出的理論原理，也必然是對漢語詞彙學和語義學的充實，甚至使這兩門學科現有的體系發生重要的變化。”④ 此後的 20 年來，基於訓詁學的漢語詞彙語義學的重建，成為王先生一直關注的主要論題，“並在此命題下開設了專題課”⑤。

---

① 王寧《訓詁學原理》第 13 頁。
② 同上，第 15 頁。
③ 同上，第 204 頁。
④ 王寧《訓詁學原理》自序第 3 頁。
⑤ 參王寧《談訓詁學在 21 世紀的發展趨勢》。

《寧夏大學學報》2004年第4期刊載的《漢語詞彙語義學的重建與完善》，完整闡述了王先生關於這一命題的思想。她認為："遵循漢語的事實、繼承和發揚自己的優秀傳統、學習借鑒西方真正先進的語言學理念，在方法上走向辨證和綜合，應當是今後發展的趨勢。"並且預測："21世紀中國語言學學科結構的進一步完善，應當是文字學的回歸和語義學打破語音、詞彙、語法的格局得到大力發展。"她指出，"語義學的興盛是世界語言學的發展趨勢"，也是"漢語語言學的必然"；既要借鑒西方語言學的語義觀，更要堅持"從中國傳統語言學繼承下來並在現代發展起來的語義觀"，而正確的語義觀應該是"語義中心論""詞彙意義系統論"和"語義的獨立研究價值"，"這種徹底的語義觀，纔可以使語義學脱離語法學而成為獨立的語言學門類"。文章從三個方面舉出漢語語言事實，對上述語義觀予以證實。從歷時和共時的角度所觀察到的語言事實證明，"詞彙的存在和演變不完全依賴語法"；雙音詞語素是按照意義系統的内在聯繫互相選擇的，"語法解釋不了雙音詞語素的結合關係"；"詞彙意義自成系統"，比如"雙音合成詞與現代漢語單音詞在表意功能上構成系統分布，或互補分布"，"詞彙分化是自身系統的能量加減交替，不受語法的制約"等。因此，她提出："漢語詞彙語義學的重建和完善，要堅持内容決定形式、形式對内容起反作用的觀點，也要堅持内因起主導作用的觀點。"①

研究漢語雙音詞的結構與意義，是詞彙語義學的任務，王先生曾以此為例具體展示了訓詁學的原理和方法對漢語詞彙語義學的充實和豐富。"大量的語言事實表明，口語詞的構詞能量，往往低於

① 王寧《漢語詞彙語義學的重建與完善》，《寧夏大學學報》（人文社科版）2004年第4期。

來自先秦文獻的文言詞”，前者如“丢”，後者如“失”；“構成現代漢語雙音詞的不自由語素，相當一部分保留着先秦文獻的古義”，如“的確”一詞中的“的”；“不少現代漢語雙音詞本來是先秦漢語的詞組，它們是在後代凝成一體後再經過引申而成為雙音詞的”，如“責備”。上述事實説明，研究漢語雙音詞的結構與意義，無法脱離先秦文獻語言，“通過訓詁材料，使用訓詁方法來搜求、勾稽先秦文獻語言對現代漢語詞彙的直接影響，不但可以加深對現代漢語中各種詞彙現象的理解，而且可以使‘五四’以前脱節的言與文之間的既差異又統一的事實，被描述得更為清楚。”具體説來，運用訓詁學的原理解決問題可以有這樣一些途徑和方法：通過訓詁材料可以探求雙音詞語素的古義，如“失言、失態、失足”等雙音詞中的“失”保存了古義，即《説文》所釋之“縱”。通過訓詁材料可以探尋雙音詞語素凝結的語義和文化原因，如“風”和“俗”自古連用，後來“風俗”成為雙音詞，但組詞時現代漢語只説“習俗、禮俗”而不説“習風、禮風”，原因是“先秦漢語‘風、俗’在相對而言的時候是有差别的”。現代漢語還有不少雙音詞早在古代就已經結合，結合的理據存於先秦，正確解釋仍必須向上追尋，如“介紹”的結合就是源自周代的禮制。通過訓詁材料可以探尋雙音詞語素結合的原始語法模式，如“顔色”本來是偏正結構，引申出色彩義之後纔成為聯合結構；“救死”與“救生”二詞並存而同義，但“救死”是止死，“救生”是“救而生之”，語素古義和原始語法模式都不一樣①。

詞彙意義，即詞的語言意義，是詞彙語義學探討的核心課題，

---

① 王寧《訓詁學與漢語雙音詞的結構與意義》，《語言教學與研究》1997 年第 4 期。

訓詁學的研究成果同樣能够豐富充實詞彙語義學。詞彙意義，即詞的語言意義，簡稱詞義，它具有社會性、經驗性、民族性和系統性等特性。在討論詞義的民族性時，王先生使用了訓詁學研究詞義引申的成果，結合認知語義學的隱喻和轉喻來解釋。她論述道："事物的相似性和共現性，不是純粹客觀事物的客觀關係，而是客觀事物在人的心理中的反映。因此，相似性與共現性必然帶有民族的特色。所以，漢語的隱喻和轉喻，只能從漢語的語言事實中去尋求，而不能完全套用其他語言的現成規律來解釋。"在説明隱喻的民族性時，她引用了"同狀的引申"。《訓詁方法論》指出："兩種事物本質不同，形狀、性質、用途、特徵相似，可以引申，即可以同詞或同根。"例如：絞繩的工具稱之為"互"，掛肉的架子形似，所以也叫"互"；劈柴叫"斯"，甕破叫"甈"，聲音散裂也叫"嘶"，流冰叫"澌"，把東西扯裂叫"撕"，這些詞由於破裂的狀態一致而同源；划船叫"鋘"，後作"划"，犁地叫"鏵"，二字同源，划船破浪而行與犁地破土而進，其用一也。上述事實説明，"在不同的語言裏，哪些事物同狀，事物之間哪些特徵相似，也就是具有像似性"，具有民族性，"普遍性的概括是建立在不同民族的差異性基礎上的"。在説明轉喻的民族性時，她引用了"同所的引申"。《訓詁方法論》指出："在同一事物身上，具有多種不同的性狀，這些性狀因為同時在一個事物中出現而發生聯繫，便能互相引申。而這些性狀與它所存在的事物之間也有必然聯繫，也可以相互引申。"例如："横"的本義是栓門的插關，由此引申出縱横義，又引申出阻擋、蠻横義；"方"的本義是"併船"，由這種船的形象而發展出"比方"，孳生出"相仿"的"仿"。上述事實説明，"每個民族都有自己獨特的生活，常見的事物也是有差異的，經常出現的事物和性狀很多，不同民族的關注點也是不同的；所以同所的引申便不能不帶有本民族的特點”[①]。

結　語

傳統訓詁學如何走向現代化、科學化而獲得新生，百餘年來衆多學者孜孜以求，提出了很多有價值的意見，並為之作出了積極探索，取得了很多成就，毫無疑問，陸、王二位先生是其中的傑出者。作為訓詁學薪火相承的兩代學者，陸、王二先生一方面秉承乾嘉章黄樸學之風，認真總結傳統訓詁學的研究成果，積極汲取國外語言學理論中的營養，含英咀華，深造自得；另一方面身體力行，以矻矻治學之精神踐行前哲學術之道，開一時學術氣象，沾溉學林，啓牖後學。學術唯新，繼承與借鑒則是他們革新、發展訓詁學的核心精神。我們相信，陸、王二先生這種宏大貫通的學術視野、嚴謹求實的治學精神、高度的歷史使命感與學術擔當意識以及所取得的豐碩成果，必然會影響一代又一代學人沿着這條科學化的訓詁學道路繼續努力下去。

後記：本文草成後呈請張博教授、李運富教授、王立軍教授諸友審正，謬承各位肯定並多有指教，本文修訂完善時吸收了他們所貢獻的智慧，特別是第六節的增補。謹記於此，並致謝忱。

本文與游帥合作

原載於《文獻语言学》第三辑，中華書局 2016 年

---

① 王寧《論詞的語言意義的特性》，《北京師範大學學報》（社科版）2011 年第 2 期。

再讀《中國小學史》

——為胡奇光先生八十壽辰而作

學習古代漢語首先得繼承前人的成果，而繼承前人成果則應該首先學習漢語研究的歷史。我接觸到的第一本關於漢語研究史的書，是王立達先生出版於 20 世紀 50 年代的《漢語研究小史》，80 年代後王力先生、何九盈先生、濮之珍先生、胡奇光先生的語言學史著作陸續出版，第一版第一次印本均及時購得，都看過不止一遍。這些著作和陸續重印的中華人民共和國成立前出版的文字學史、訓詁學史、音韻學史等中國傳統語言學分支學科史對我走進古漢語研究領域幫助很大。在這些著作中，以“小學”為題的只有胡奇光先生的著作，特色鮮明，非常有學術個性，我很喜歡。胡先生的弟子們要為先生出版一本八十壽誕紀念文集，并得知先生希望文集中有我的文章，因此我毫不猶豫地決定寫寫這本書，并把我的這個想法告訴了友生魏鵬飛君，邀請他一起來重讀胡先生的《中國小學史》，共同商量提綱，由他起草，我來修訂定稿。

一、從文化史的角度去撰寫，着力於纵与横的贯通，这是先生著作的鲜明特色

中華人民共和國成立前的文字學史、訓诂學史、音韻學史大多是在中國傳統語言學的框架下所進行的評述，王立達先生的《漢語研究小史》以及王力先生等所著語言學史则是用現代語言學的觀點所進行的撰寫。這些著作的共同特徵是，把語言文字學從豐富而紛繁的文化史中剝離出來，着重叙述并評論歷代研究的主要内容、重要成果和語言文字學家。這種寫法的優勢非常明顯，但也有不足：對作為“小學”的中國古代語言文字學的特徵以及它的發生、發展及其複雜原因，没有構成有機而完整的闡述，從而影響到對相關歷史現象探讨論述的深度。《中國小學史》采用了不同於上述著作的寫作思路，胡先生在2005年版《前言》中指出：《中國小學史》“是從文化史角度去撰寫的。從文化史角度去撰寫，着力於‘通’字，講‘縱通’，也講‘横通’，要從小學與名學、哲學，與經學，與佛學，與詩學、曲學，與考據學的互動關係中，着重展現小學自身發展的歷程。换句話説，這部《中國小學史》，就是一部從文化史角度寫的中國古代語言文字學史。”

《中國小學史》之所以采用這樣的寫作方法，是因為胡先生對中國傳統語言文字學——“小學”的特點有着深刻而科學的認識。中國小學與外國語言學當然會有很多共同點，也都重視語言與文化的關係，但是中國小學有自己獨特的歷史傳統，并呈現出自己鮮明的特點。胡先生把“小學”的特點概括為三條，即“小學研究的核

心是形音義三者的關係"[①]，"小學發展的根本方向是解決古代文字上的實際問題"[②]，"小學發展的基本途徑是攝取本土語言文字上的創造與借鑒外國語言學的新知"[③]。這些概括平實而精當。比如"小學的根本方向是解決古代文字上的實際問題"，先生開頭如此論述："作為小學萌芽的字書，如《史籀篇》《倉頡篇》等，都是為了更好地進行識字教育。但後來的小學研究，逐漸形成了解決古代書面語上實際問題的傾向，那是與經學的研究有關的：經學是古代文化的主體。"[④] 并深刻地指出："小學為解釋經籍服務，這一點確定了小學研究中種種不同的關係。"[⑤] 包括語文事實與語文理論、文字與語言、古代與當代、雅言與方言之間的種種關係，從而令人信服地解釋了為什麼小學會以語文事實的研究為主、以文字的研究為主、以古代研究為主、以雅言研究為主。

文化史的寫作特點貫穿於先生的全書。只要瀏覽一下全書目録，并拿它與其他語言學史著作進行簡單對比，就能清晰地看到，毋庸贅述。在各章的專題分析中也充分體現這一特點。比如先生這樣指出文字起源問題緣何那麼重要："古代研究語言的依託在文字。文字是文化的標志。探討文字的起源，要涉及民族文化起源的問題。"[⑥] 又如先生揭示道：在中國古代，"研究語言作用的學説出現在研究語言本體的學説之前"[⑦]。"小學因古文經學以立"[⑧]。再如先

---

① 胡奇光《中國小學史》第 7 頁，上海人民出版社，2005 年。
② 同上，第 8 頁。
③ 同上，第 11 頁。
④ 同上，第 8 頁。
⑤ 同上，第 9 頁。
⑥ 同上，第 16 頁。
⑦ 同上，第 19 頁。
⑧ 同上，第 47 頁。

生分析道：東漢佛學傳入，激起古代中印文化交流的波瀾，漢唐之間小學打上了這種文化烙印，“主要表現為從俗字書到字樣書、由儒家義書到佛家義書的演變。語言理論也出現新的局面：為探索語言達意能力，而興起了長期的言意之辯”① 等等，均屬真知灼見。

在語言學史著作中把“姓氏、稱謂、避諱”作為獨立一節，這是先生的獨創，也反映了先生文化史視角的卓異識斷。先生一落筆就指出：“在重視處理人與人關係的古代中國，姓氏、稱謂、避諱的研究，成了探索語言與文化關係的重要問題。”② 先生的敏鋭與深刻由此可見。姓氏之學源遠流長，對姓氏、稱謂、避諱這種語言文字與文化密切相關的特殊現象的研究，清代學者顧炎武、錢大昕、王引之、梁章鉅等人均有著述。關於避諱，先生如此論述：“避諱所用的方法有改字、空字、缺筆、改音等種，造成了古籍文字上的混亂，給後人留下了災難。尤其是人姓、人名、謚號、官名、地名、年號、書名之類，常常因避諱而改字，一改字就亂了歷史事實。”③ 先生指出，錢大昕等人關於避諱的研究，“不僅從文化上暴露了封建專制主義的罪惡，而且從文字上恢復了古籍的原來面目”④。

二、在文化史的框架中挖掘經傳注疏中的小學礦藏，是先生著作的一大亮點

從現代語言學的觀點出發，一般都會説中國古代語言學是經學

① 胡奇光《中國小學史》第 104 頁。

② 同上，第 274 頁。

③ 同上，第 279 頁。

④ 同上。

的附庸。附庸意即不是獨立學科，論者的西化立場自然非常明顯。西方的叫語言學，中國的叫小學，純粹用西方的學説體系來評論中國古代學術一定會發現這樣那樣的問題，純粹用中國的學説體系去評論西方古代學術也一樣會發現這樣那樣的不足。其實，無論中國外國東方西方，學術史都是文化史的組成部分，所以中國小學史放在中國文化史的背景下討論是理所應當的。

中國文化史的主體是經學，小學與經學密不可分，所以胡先生極為重視經學與小學的關係，并着力從中挖掘出豐富的小學資源，識見宏通，這對正確認識中國語言學史并從事中國語言學的研究都是極有意義的。請看兩個公認的典型例證。

衆所周知，漢代經學昌盛，特别是經今古文之争，是與小學的發展互相促進的，漢代的學術常常被稱為“鄭許之學”。先生深切洞悉這一點，所以在討論兩漢時代小學創立時，特設“鄭玄研究小學的方向”一節，指出“許著《説文》，重在明本義；鄭撰經注，大抵通假借。一着眼於語文的本體，一立足於語文的運用，各在自己的領域裏，達到了一代學術的最高峰。”① 鄭玄没有小學專著流傳下來，所以傳統的看法都以為鄭玄是經學家，而不是小學家。胡先生指出：“鄭玄是經學家兼小學家……他所釋字義，多有自創新解之處，只是被繁多的經文淹没，不像專著那樣令人注目；特别是他的注文裏，時有關於小學的真知灼見，雖寥寥數字，卻有關小學研究的方向。”② 在遍考鄭玄群經注文的基礎上，胡先生感歎道：鄭玄的“成就之高，影響之大，古代經師中，無人可比”③。并對

① 胡奇光《中國小學史》第 91 頁。
② 同上。
③ 同上。

他的小學研究方向總結出了兩個重要方面：一是“首揭‘就其原文字之聲類，考訓詁’的原則”①，二是“着手探求禮儀、習俗等專名的根源”②。可見，乾嘉學者奉為圭臬的“訓詁音聲，互為表裏”，鄭玄已經導夫先路；“鄭玄詮釋名物，不僅明其所以，而且時常求其所以然”③。“對虛詞及句式的探討，鄭玄亦有初創之功”④，比如“語助”“重言”“互言”“互辭”“互文”“省文”等術語都是鄭玄的首創，“這一切，均為我國語法研究，提供歷史資料”⑤。胡先生從零碎的注疏中挖掘到鄭玄的語言學思想，自由出入小學和經學，科學總結出了鄭玄研究小學的方向，從而闡明了延續至清代的學術血脉，功莫大焉。

語言學史家都很重視孔穎達《五經正義》。王力先生在《中國語言學史》中指出：“孔疏在《十三經注疏》中占重要的地位，對後代訓詁有很大的影響”⑥；“孔穎達作疏的長處在於以五經融會貫通，特别是善於以本書證本書。”⑦ 孔穎達稱詞的正確用法為“語法”，劉世儒先生在《孔穎達的詞類説與實詞説》一文中指出，這是孔疏中有價值的“語法見解”⑧。胡先生認為，“漢唐之間，訓詁學與音韻學不同，不是同詩學結合，而是依然同經學結合，以至擴大到同佛學結合”⑨，孔穎達《五經正義》一出，“東漢以來紛紜矛

---

① 胡奇光《中國小學史》第 91 頁。
② 同上，第 94 頁。
③ 同上。
④ 同上，第 95 頁。
⑤ 同上，第 96 頁。
⑥ 王力《中國語言學史》第 99 頁，山西人民出版社，1981 年。
⑦ 同上，第 100 頁。
⑧ 胡奇光《中國小學史》第 153 頁引。
⑨ 同上，第 117 頁。

盾的師説一掃而空”[①]。胡先生緊扣經學特點去論孔穎達之小學。比如胡先生指出：“他繼《公羊傳》之後，明確地指出動詞有及物與不及物之分”[②]；“還認為動詞有主動、被動之分……這是孔的一大發現”[③]。一詞多義在經文中具體詞義的確定要看上下語境，“這語境，孔稱之為‘義勢’”[④]。“義勢”也稱“文勢”。“從郭璞的‘隨事為義’到孔穎達的‘各隨文勢’，標志着我國語境説的發展。”[⑤] 胡先生論述道：“與鄭玄一樣，孔穎達重視對古漢語特殊句式的揭示。除鄭説的‘互文’‘省文’之外，他還發現了‘倒言’即‘倒文’，指詩文中特意顛倒語序的現象；‘變文’，指詩文中特意變换文字的現象。”[⑥] 這些更為細緻的發現，體現了先生在宏通視野下的敏鋭洞察力。

三、精練簡明、脉絡清晰，史識史論精彩紛呈，這是先生著作的再一個特點

小學歷經兩千多年，需要寫值得寫的内容很多很多，胡先生只花了二十六七萬字，用“發端”“創立”“發展”“轉折”“終結”五個關鍵詞，就把小學史的邏輯脉絡清晰描述出來。看看近些年出版的著作，一個很小的專題，動輒幾十萬甚至上百萬字，材料獲取手段的電子化、網絡化無疑是直接原因，問題是著作雖然不斷加厚，

---

① 胡奇光《中國小學史》第 153 頁。
② 同上，第 154 頁。
③ 同上。
④ 同上。
⑤ 同上，第 155 頁。
⑥ 同上。

語言事實的發現或者理論與觀點的創新卻越來越少，這些著述與胡先生的著作相比，高下相去為何如邪？

在相關專題的討論中，到處能見到先生手執如椽之筆舉重若輕的風采。請看第三章“從俗字書到字樣學”一節在論述“南北朝統一與字樣學”的問題時，他說：“到了初唐，纔有了整理異體、辨別俗訛、統一字體的運動，産生了一系列‘字樣’之書，‘字樣’書，可説是古代正字法手册。唐代正值中印文化與南北文化匯流之際，更要求作為民族文化符號的文字，有個統一的規範。文字有音、形、義三種要素。字音的統一，大體上由隋陸法言的《切韻》來完成（詳三章五節）；字義首先是經典釋義的統一，由孔穎達的《五經正義》作為官方頒布的標準（詳三章七節）；字樣的統一，則由顏師古的《字樣》奠定良好的基礎。”① 用了不到兩百字，運動的發生、文字規範的背景、形音義的規範標準等説得一清二楚，還在行文中補充交代了字樣書的性質。

寫史不能戴上有色眼鏡，既不能厚今薄古，更不能厚外薄中，科學的史識史斷决定高水平的史論。下面以清代學術的述評為例，看看先生精彩的論述。

顧炎武“提出了由音韻文字通經子百家的路綫”②，胡先生指出，他的最終目的并不止於此，顧炎武“説的通經子百家，不僅指考釋古代文獻語言，恢復古書的原貌，而且還指保存漢族的古代文化遺産，以求重新恢復漢族的政治地位”③。也就是説，顧氏確立的學術路綫實際上是：小學→通經→明道→救世。康乾時代統治者

---

① 胡奇光《中國小學史》第 117 頁。

② 同上，第 210 頁。

③ 同上，第 211 頁。

“一手抓文字獄，一手抓古代文獻整理”，再和“閉關鎖國的政策一湊合，就決定了漢族學者不能探討漢語與外語的一般規律，只能研究漢語本身的實際問題，把目光從近代轉向古代漢語”①。到了戴震就只能講“明道”，“不再公開講‘救世’了”②。戴震的門生段玉裁、王念孫、王引之等人連“明道”也做不到了。這是民族的悲哀，也是文化的無奈。儘管如此，胡先生認為清代學者“始終抓住由音韻文字通訓詁的路綫不放”，他們“是以民族精神作為治學的動力，采取近代的科學方法，發揚求實、創新、鍥而不捨的學風，纔在中國學術史上寫下光輝篇章的”③。

提到阮元，語言學史一般都是介紹他主編的《經籍籑詁》，僅此而已，而胡先生在著作中則專設一節，題“阮元論語言與文化”，獨樹一幟。先生指出：阮元的真本領不在《經籍籑詁》，“而是從語言文字考求古代文化。對他來説，‘鐘鼎’與‘九經’在考古上有同樣的意義，他還撰有《積古齋鐘鼎彝器款識》十卷。他探求古代文化的做法是：從聲音出發，結合文字的考釋一起進行，并以文字古義作為考定古代文化的一個依據。實際上，他是把顧、戴製定的樸學路綫創造性地用於金文考古”④。先生的結論從第一手材料而來，見識更是勝出一籌。先生關於阮元有很多獨到見解，比如“在‘寓義於形’的古文字裏，殘存着古代文化觀念的痕迹。率先發現這個秘密的，大約是阮元”⑤；“從語言文字上探索古代文化，這條

① 胡奇光《中國小學史》第 211 頁。
② 同上，第 212 頁。
③ 同上。
④ 同上，第 268 頁。
⑤ 同上。

航道是由阮元開闢的"[①]，等等。

四、結　語

胡奇光先生的《中國小學史》構思於 1963 年，動筆於 1984 年，寫成於 1986 年，上海人民出版社將其列入《中國文化史叢書》出版於 1987 年，前後歷時 24 年；進入新世紀，上海人民出版社將該書收入《專題史系列叢書》，胡先生修訂後出版於 2005 年，距離初版 18 年，距離醞釀此書已經 42 年了。毫無疑問，這是先生所有著作中時間與精力花費最多的一種。該書對部分小學專著的編者、體例、成書年代等內容介紹偏少，以及音韻學史內容稍顯單薄，主要是受文化史寫作框架和體例的制約。新版還有一些文字錯訛，特別是"索引"中尚有脱漏訛誤，先生竟至一條條手訂後送人，很是感人。

《中國小學史》出版後即獲得高度贊譽，修訂本又增補訂訛，精益求精，定將持續嘉惠學林，尤其是年輕學子。宋永培、端木黎明曾評論道："本書從文化史角度去研究小學史，即把小學看作一種歷史文化現象，以'詞與物'的關係為主綫，從宏觀上探求小學與别的文化形態（如哲學、名學、經學、佛學、文學、考據學、考古學等）的交互影響，從微觀上考察訓詁、文字、音韻、語法等具體分支的分合遞變的軌迹。書中對小學名著，大抵從微觀與宏觀上去透視……本書提出了與王力《中國語言學史》等不同的看法，如對中國小學的歷史分期作了與衆不同的劃分，以歷史事實突破小學為經學附庸的舊説，修正了中國語言理論自《荀子》以後没有嗣響

---

① 胡奇光《中國小學史》第 274 頁。

的結論，率先對語言規範化、文字改革等小學史的有關内容進行歷史考察，揭示中國古代研究語言文字密切結合社會的傳統，這些都是從文化史角度研究小學史的必然結果。”[①] 我們深表贊同。

本文與魏鵬飛合作
原載於雷漢卿、楊永龍、胡紹文主編
《語林傳薪——胡奇光教授八十華誕慶壽論文集》，
四川教育出版社，2014 年

① 宋永培、端木黎明《中國文化語言學辭典》第 325 頁，四川人民出版社，1993 年。

諸子研究的一部力作

——評《諸子箋校商補》

劉如瑛教授的新著《諸子箋校商補》[①]，靈活地運用了文字、聲韻、訓詁、校勘等知識，參之以語法、修辭、邏輯之學，採取了多種方法和手段，對《論語》《孟子》《荀子》《老子》《莊子》《管子》《晏子春秋》《墨子》《商君書》《韓非子》《孫子兵法》《吕氏春秋》等十二部子書的疑難之點，作了深層的考察和多角度的觀照，從而解決了不少懸而未決的問題，糾正了前人的若干錯箋與誤校，為正確理解並進而研究諸子著作提供了重要依據。《商補》是諸子研究的新收穫，也是作者在吸收前人成果的基礎上有所突破、發展和開拓的一部力作。

漢語一詞多義，古漢語更是如此。不認識某詞在某句的確詁，很少有不發生誤解的。例如"居"有"治"之一義，早見於《逸周書・作雒》的孔晁注，淵深博洽如清代學者王念孫氏尚且有忽於此，認為《管子・輕重戊》中"室屋漏而不居""室屋漏者得居"

① 山東教育出版社，1995 年，以下簡稱《商補》。

兩句的“居”都是“治”字之誤，並由誤解而致誤校。《論語·子路》：“子謂衛公子荆善居室。”善居室者，善治其家室之意。學者或解為“居家度日”，則誤解而致誤箋。《商補》準確地解釋了“居”字，遂糾正了上述誤校與誤箋。又如“吐”有“棄”義，見於玄應《一切經音義》卷十一所引《倉頡篇》，以此來解《莊子·在宥》“墮爾形體，吐爾聰明”及《晏子春秋·内篇問上七》“功不遺罷，佞不吐愚”兩句的“吐”字，涣然冰釋，然王念孫、俞樾、劉師培以至現代諸家皆昧於此義，而以“吐”為誤字。《商補》發之，乃袪衆惑。《莊子·應帝王》：“無為名尸，無為謀府，無為事任，無為知主。”郭象注及成玄英疏皆以“任”為“自任”“任用”，解作動詞，實際上“名尸”“謀府”“事任”“知主”的構詞法皆用譬喻修辭格，尸、府、任、主四字都是名詞，“任”訓為“車”，見於《淮南子》的《道應訓》《説林訓》兩處高誘注，《商補》此解可正郭象注以來一千七百年的沿誤。

在箋校中，《商補》還從古人用詞中注意到一種與偏義複詞相反的現象。《莊子·大宗師》：“九日而後能外生。”生，指生死。同篇：“同則無好也。”好，指好惡。《應帝王》：“吾鄉示之以太沖莫勝。”勝，指勝負。同篇：“有虞氏其猶藏仁以要人。”仁，指仁义。《墨子·經説下》：“遠近，修也；先後，久也。”修，指修、短；久，指久、暫。《商補》發現的這種現象可以名之為複義單詞。

假借為“六書”之一，古籍屢見，解為本字則扞格不通，知其所假則犁然而當。《管子·輕重己》：“此三人者（按：指孤、鰥、寡）皆就官而衆。”自俞樾、張佩綸以至郭沫若諸家皆以“衆”不可解而斷為字誤，何字之誤則諸説不一。殊不知“衆”與“終”通，例證甚多，言上述三種人皆由官養而終其身。《商補》此解，可袪衆惑。前人箋校之作，亦有不當視為通假而誤以為通假者。如

《管子·山權數》："蓋天下，視海内長譽而無止，為之有道乎?"聞一多謂"蓋"通"盍"，郭沫若謂"蓋"通"闔"。《商補》指出，"蓋"有"合"義，見於《史記·司馬相如列傳》索隱所引文穎注，本字既明，不必視為"盍"或"闔"之假字。

動詞的被動用法，諸子書中亦常見，然每為人忽略，因而不得確解。《墨子·耕柱》："古者周公旦非關叔，辭三公，東處於商奄。"《商補》指出"非"讀為"誹"，在這裏是被動用法，言周公見誹於關（同"管"）叔，乃辭三公之位，東居商奄。欒廷梅、劉師培、王焕鑣諸家察不及此，於是注説不一。《韓非子·飾邪》："此暴君亂主之所以惑也，人臣賢佐之所以侵也。""侵"也是被動用法，言人臣賢佐之所以受到侵害，而非人臣賢佐侵害他人。太田方不得其解，説是"賢佐者，奸臣之僞賢者也"，大謬。《管子·任法》："彼幸而得之，則主日侵。"此"侵"亦指被侵，尹知章注為"見侵"，得之。他如《韓非子·八説》"意欲不宰於君"，同書《五蠹》"鐵銛短者及乎敵"，均釋為被動句，始符原作之意。

《商補》不僅於實詞通曉衆義，於虚詞之用也能燭察幽微，有所發現。如"夫""非"可通。《管子·戒》："夫唯有羽翼以通其意於天下乎。"《霸形》作："非唯有羽翼之故，是以能通其意於天下乎。"此一證；"夫""匪"均可訓"彼"，"匪"又通"非"，故"夫"可訓"非"，此二證；古音"夫""非"同為"非"紐，音同義通，此三證；《吕氏春秋·聽言》："夫去人滋久，而思人滋深欤。""夫"猶"非"，《商君書·賞刑》："聖人非能通知萬物之要也，故其治國舉要以致萬物，故寡教而多功。"《韓非子·八經》："故非用人也不取同，同則君怒。""非"均猶"夫"，此四證。認識"非"有"夫"之一義，便解決了多處的箋校問題。又如"凡"可訓"夫"。《墨子·七患》："凡五穀者，民之所仰也。"《韓非子·解老》："凡兵革者，所以備害也。"同書《内儲説下六微》："凡有季孫與無季孫於我孰利？"《吕氏春秋·蕩兵》："凡兵也者，威也。"同書《淫辭》："凡言者，以諭心也。"同書《知分》："凡人物者，陰陽之化也。"皆其例。《老子》十六章"夫物芸芸"，傅奕本、范應元本均作"凡物䞨䞨"，《玉篇·云部》引《老子》作"凡物云云"，亦其證。蓋"凡""夫"二字均為"並"紐，故可通。

必須全面通曉虚詞的用法，否則便會生出箋校上的問題。《管子·四稱》："仲父不當盡語我昔者有道之君乎？吾亦鑒焉。"張文虎謂"亦"字蓋"以"字之誤，理由是"此第一問，不當云'亦'"。陶鴻慶之説與張同。《商補》指出，"亦"字不誤，這裏不是用為承上之詞，而是純作語助，其證具見王引之《經傳釋詞》卷三。又如《商君書·弱民》："有以知其然也，楚國之民……"此"也"猶"者"，以啓下文；同篇"釋權衡而操輕重者"，此"者"猶"也"，結束文句。《經傳釋詞》卷四、卷九分别舉例闡明"者""也"二字往往同義互訓，嚴可均等學者見不及此，謂有脱訛，實不然也。《商補》此類對虚詞的闡説，不一而足。

《商補》從諸子用語中發現，在先秦時期"所"與"所以"的區分尚不嚴格而往往混用。《商君書·慎法》："夫舉賢能，世之所治也。"《韓非子·和氏》："此世所亂無霸王也。"《吕氏春秋·壹行》："人之所乘船者，為其能浮而不能沉也。""所"，均猶"所以"。《莊子·胠篋》："法之所無用也。"王夫之《莊子解》云："所無用，猶言所以無用。"《吕氏春秋·執一》："吴起見其所以長，而不見其所以短；知其所以賢，而不知其所以不肖。"同書《壹行》："夫天下之所以惡，莫惡於不可知也。""所以"，均猶"所"。《韓非子·説疑》："凡術也者，主之所以執也；法也者，官之所以師也。"《定法》則作"術者……此人主之所執也"，"法者……此臣之所師也”。足證“所”與“所以”的混用。由於發現這一現象，《商補》指出了前人若干處誤校。

在實詞中，古籍常有“複語”的現象，虛詞亦或如此。《吕氏春秋·上農》有“此大任地之道也”句，“大任地”之説，吕書及他書均無。《商補》指出“大”乃“夫”之形誤，“此夫”乃複詞，“夫”亦猶“此”，舉《莊子》《荀子》《韓非子》《史記》等書所用“此夫”為證，因而精確地校正了“大任地”之誤。《墨子·尚賢中》有“者以賢者衆而不肖者寡”句，《商補》指出“者”是“此”字之誤，“者”“此”二字草書形近，墨書中有“者”訛為“此”之例，可證二字易混。墨書中另有用“此以”者兩例（《管子·内業》“此以長壽”，亦用“此以”）。“此以”連詞比較少見，故前人多忽略之。

古漢語句法往往在動詞與所帶賓語之間加“於”字，《商補》指出這一現象，也糾正了前人的多處誤校。《韓非子·揚權》：“道不同於萬物，德不同於陰陽，衡不同於輕重，绳不同於出入，和不同於燥濕，君不同於群臣。”舊注於各句下分別注為“故能生於萬物”“故能成於陰陽”“故能知其輕重”“故能正於出入”“故能均於燥濕”“故能制於群臣”。注文“於”字均置於動詞與賓語之間，“生於萬物”即生萬物，乃動賓結構而非動補結構，他句亦然。陳奇猷未察及此，以為注文“生於萬物”“成於陰陽”的“於”字為衍文，“正於出入”“均於燥濕”“制於群臣”的“於”字為“其”字之誤。若如陳説，則注文幾乎每句皆誤，未免不合情理。同書《難四》：“〔陽虎〕欲伐於季孫。”王先慎亦以為衍“於”字，可知其誤已久。

《商補》指出，“曰”字除一般用法外，尚有用作自為問答之詞或更端之詞。如《論語·陽貨》記孔子問宰我：“食夫稻，衣夫錦，於女安乎？曰：安。女安則為之……”句中“曰：安”字，並非宰我之答，而是孔子虛擬作答，但是很多標點本均誤以為宰我之答。又《吕氏春秋·先識覽》：“〔周威公〕去苛令三十九物，以告屠黍，對曰：‘其尚終君之身乎？’曰：‘臣聞之……’”劉文典以為下“曰”字衍，而不知此“曰”字乃更端之詞，《禮記·檀弓下》、吕書《驕恣》均有其例。知此，可免誤校而得其確解。

諸子書中還存在着一種比較特殊的省略句式，蔣錫昌《莊子哲學》已經指出莊子的省字法（《齊物論》“因是已，已而不知其然，謂之道”句，下“已”字承上文而省“因是”二字）。《商補》認為，不僅莊子如此，諸子亦或採用此法。如《商君書·墾令》：“過而廢者不能匿其舉，過舉不匿，則官無邪人。”所云“過舉不匿”即上句的省略語。《商補》還指出，《莊子·庚桑楚》：“有為也欲當，則緣於不得已；不得已之類，聖人之道。”下“不得已”即承上句而省略之。這種省字法雖屬罕見，但已出現於戰國中期。

諸子書很重視修辭，每每出現結構勻稱的排偶句，從詞組結構上可以察知某詞的確切含義。《吕氏春秋·審時》：“百日食之，耳目聰明，心意睿智，四衛變强。”此“變”非變化之變意。“變”通“辯”，“辯’通“便”，可知“變”通“便”。便者，便捷之意，與“强”為類義詞，組成聯合結構，與“聰明”“睿智”相對稱。同書《正名》：“故君子之説也……足以喻治之所悖，亂之所由起而已矣。”所云“治之所悖，亂之所由起”乃言治、亂兩方所由，按之古籍語例，當為對稱結構，可知“悖”上脱“由”字。《管子·四稱》：“不仁群處，以攻賢者，見賢若貨，見賤若過。”末兩句為對偶形式，俞樾謂下“賢”字當作“貴”，與“賤”相對，其説是，但有未盡。“過”乃“禍”之假，馬王堆漢墓帛書《戰國策》有以“過”為“禍”之例。貨、禍皆為名詞，相應。尹知章注，解作經過之“過”，則非。《吕氏春秋·有度》：“通意之悖，解心之繆，去德之累，通道之塞。”此亦排偶句，兩“通”字重，其一當為“達”字，“通”“達”二字同義，本書及《莊子》均有證。《商補》對於這類問題也不輕易放過。

《商補》在校勘中還注意發現規律。比如《商補》指出了一種鄰行而誤的現象，就是發前人所未發，可為校勘學補充一項法則。《管子·君臣下》“牽於衣食之利”句，“牽”上脱“民”字，而下文“分民”之“民”字衍（尹知章所見本衍“民”作“分民也”），蓋因校者補“牽”前“民”字於行間，後人誤置於“分”下，造成鄰行一脱一衍現象。這一現象在《管子·輕重丁》《墨子·尚賢下》《韓非子·外儲説左下》《吕氏春秋·有度》等篇均曾出現，《商補》從語法、文脉等方面也作了論證。再比如義反而誤，這一校勘義例也是《商補》所首創。《孟子·萬章上》：“使浚井，出，從而揜之。”此“出”字乃“入”字之誤；《墨子·非攻下》：“以此效大國，則小國之君説。”此“大”字乃“小”字之誤；《韓非子·孤憤》：“則貴重之臣必在繩之外矣。”此“外”字乃“内”字之誤；同書《八經》：“故民勞苦而輕官。”此“輕”字乃“重”字之誤。義反而誤，緣於心理現象，人們在疏忽時往往誤書與原字意義相反的字。這一義例，非細心審察、讀透紙背者不能發。

《商補》還十分注重從語法、語義、語例、文脉、語勢等方面去進行分析，證例或取自本篇、本書，或兼採他書，綜合探討，實事求是，言必有據，信而有徵，富有膽識而又非常嚴謹，因而大大提高了箋校的準確性、科學性，絶非向壁虛造、鑿空妄説者可比。《荀子·成相》：“治之道，美不老，君子由之佼以好。”鍾泰以為指人不衰老，《商補》認為主語是“道”而非指人，言治道永不衰朽，故君子“由”之，乃由其道而非由其人。《管子·任法》：“法者不可恒也，存亡治亂之所從出，聖君所以為天下大儀也。”尹知章注：“君為天下儀表也。”《商補》指出全句主語是“法”而不是“聖君”，“為天下”猶治天下，言法是聖君治天下的最大的尺度。這就糾正了尹注之誤，以證儀或儀表指法而不指君。《管子·明法解》：“匡主之過，救主之失，明理義以道其主，主無邪僻之行，蔽欺之患，此臣之所以為功也。”《商補》審察上下文例，揆以文理語法，斷定“主無邪僻之行”句首當有“使”字。補上脱去的“使”字，既合文例語法，又使辭意相應。類此者多，不一一舉。

《商補》箋校的特色，還體現在注意聯繫人物的身份、思想以及中心論旨和史實等方面進行考察。《論語·微子》記子路反尋荷蓧丈人而不遇發出的一段感歎，《商補》認為這段感歎不僅子路不能道出，孔子其他弟子也不能道出，乃是孔子的儒家首領身份，盱衡天下形勢而發出的，因而推定“子路曰”當有誤。朱熹所見宋初福州寫本，“路”下有“反子”二字，正説明感歎乃發自孔子。《荀子·賦》：“弟子勉學，天不忘也。”《商補》認為荀子有戡天思想，《天論》所謂“大天而思之，孰與物畜而制之”，“錯人而思天，則失萬物之情”，則知“天不忘也”有誤，因與荀子思想不符，而疑為“矢”之形誤。荀子雖處亂世而猶矢志勉學，以待時機，這纔符合荀子思想。《晏子春秋·内篇問下》第十七章：“無私與，維德之授。”王念孫謂“無私與”上當有“民”字。然考之晏子思想，君位民授，未嘗論及。《商補》則以為當脱“天”字，證之下文“待天而已矣”，可知此校是矣。《墨子·非命上》舉湯與文王兼愛交利、尊天事鬼的兩例，兩處文字相對稱，唯文王例中無“率其百姓以上尊天事鬼”一句。《商補》指出，文章强調尊天事鬼方能使“天鬼富之”，故而斷定這句是脱文。

以上所述，僅僅是《商補》成就最突出、特色最明顯的幾個方面。著名學者徐復教授在序言中盛贊該書為"諸子之功臣"，誠非虛譽；"教師出版基金"資助該書出版，極富眼力。

原載於《中国典籍与文化》1996年第3期

吴金華先生的研究方法與治學精神

引　言

吴金華先生（1943.11—2013.6）是當代最優秀的語言學家、文獻學家之一，他在漢語史研究領域和《三國志》等重要古籍的整理上做出了傑出貢獻。吴先生的研究方法與治學精神，内涵非常豐富，本文擬從三個方面展開論述，即語言研究的文獻方法、文獻方法的運用特色和超越自我的治學精神。這些雖不能全面揭示吴先生治學的精髓，甚至未必能得其要領，但確實是我的真實體會，希望這些體會能够為全面總結吴先生學術的專家和撰寫新中國語言學史的學者提供一點有價值的參考。

一、語言研究的文獻方法

吴先生的漢語史研究，主要集中在訓詁與歷史詞彙領域，兼及語法史。吴先生在漢語史研究中密切聯繫文獻，而且特別重視運用文獻方法解決問題。

關於訓詁與歷史詞彙研究的重點，吴先生曾作過如下概括：一曰“古義時語，迄今未見注釋者，試釋之”，二曰“古書疑義，衆説紛紜者，試理之”，三曰“古今注家偶有誤解者，試辨之”，四曰“句讀之誤以致文理不通者，試正之”①。詞彙研究為什麼必須與文獻研究緊密結合？吴先生認為，從事古籍整理研究，“常常會碰到一些語詞方面的問題”，包括“文本鑒定”，“語詞的判定”，和“古義、時語及孤例的求證”等②。語言與文獻兼治這一重要研究方法，吴先生自謂得其師之傳。吴先生回憶道：徐復先生説，“訓詁的重點是解析古書疑義，訓詁的生命在於發明，即不斷發現問題、不斷破譯難題，將古漢語的研究推向縱深；校勘的目的是掃除文本訛誤，浩如煙海的古書積誤是永遠掃不完的，積累校勘的經驗，豐富校勘的方法，這是古籍整理工作中歷久彌新的課題。訓詁與校勘雖然是兩種學問，但這兩種學問以及與此相關的各種學問必須結合起來，也就是把文獻整理與古漢語研究結合起來，合之則雙美，離之則兩傷。”徐復先生説：“科研的方式方法多種多樣，不應當厚古薄今，也不必喜新厭舊，我們應當充分運用最有效的方法；在攻堅式的學術研究中，只有能够不斷發現問題並且能够大規模解決難題的方法纔是有效方法。”吴先生表示：“我願意向這個方面繼續努力。”③

下面舉三個例子，兩個詞彙的，一個語法的，借此具體體悟一下吴先生運用語言與文獻兼治的方法解決問題的過程。

六朝詞語“護前”，吴先生認為釋為“護短”是錯誤的，當釋

① 吴金華《三國志校詁》凡例第 2 頁，江蘇古籍出版社，1990 年。

② 吴金華《三國志叢考》第 294 頁，上海古籍出版社，2000 年。

③ 吴金華《古文獻整理與古漢語研究》序言第 1—2 頁，江蘇古籍出版社，2001 年。

為“猶言争强好勝”。《三國志·吴書·朱桓傳》：“（朱）桓性護前，耻為人下。”歷來大型辭書均引此例為書證，把“護前”釋為“護短”的同義詞。吴先生首先考之有關史實，指出“但見朱桓任性使氣，未見其人飾非護短”。接着檢索六朝以來相關用例，舉出四條，包括《三國志·蜀書·關羽傳》：“（關）羽聞馬超來降，舊非故人，羽書與諸葛亮，問超人才可誰比類。亮知羽護前，乃答之曰：‘孟起兼資文武……猶未及髯之絶倫逸群也。’羽美鬚髯，故亮謂之髯。羽省書大悦，以示賓客。”證明“護前”的内涵是“逞强好勝，不容許别人争先居前”。然後再舉出充分的文獻用例，從訓詁上證實“護前”的“護”應理解為“提防、阻遏、排摒之義”，“前”是指“心目中或事實上的競争對手”①。徐復先生盛贊這一考釋，認為“出色當行，可以解頤”②。

漢語詞彙史上有這樣一些詞，如“侵潤”“袍澤”“民獻”“乃心”“疏附”“將順”“昏作”“致届”“用舍”“友于”“孔懷”，等等，其中個别的如“友于”之類，以往雖曾有人提及，但基本上都是作為修辭現象來討論的，並没有作為一類詞彙現象予以系統、深入研究。吴先生敏鋭地發現了這一語言事實，始稱之為雅言詞，後改稱典故詞。吴先生指出：“在漢魏以來兩千多年的漢語複音詞中，跟俗語詞相映成趣的雅言詞，即利用傳世文獻中的詞語或故實所構成的新詞，是典故構詞法的産物。”“典故詞，即歷代文人利用古代

---

① 吴金華《古文獻研究叢稿》第121—123頁，江蘇教育出版社，1995年。王繼如先生閲讀拙文並詳細批注提示：“護前”的詞彙義為“争强好勝”，没有異議。但“護”當作何解，則有不同意見，王繼如、方一新等曾著文討論，參見王繼如《魏晉南北朝疑難詞語辨析三則》（《中國語文》1990年第5期）、方一新《中古詞語“護前”“覺損”考辨》（《中國語文》2007年第5期）。

② 徐復《〈古文獻研究叢稿〉序》。

典籍中的詞語或故實所創造的新詞，是特定時代所流行的經典文化的產物。”[1] 王力先生從構成方式上把漢語複音詞分為三類[2]，而吴金华認為“古漢語複音詞中的典故詞，在構成方式上不屬於以上三類”[3]。吴金華第一次系統揭示了這一詞彙現象[4]。吴先生指出，“它不同於模仿古語或暗引古籍的古典語，也不同於成語”，其基本特點是，“跟原典的語詞相比，形音義發生了或顯或隱的變化”，“跟俗語詞相比，内涵豐富是雅言詞的又一特點”；這類詞的構詞方式有四類，即“截引式，縮略式，提要式，藏謎式”；其表意方式的基本規律就是所蘊涵的原典義，可大别為四類，即“對原典全篇主題的隱括”“原典全句大意的隱括”“是原典中通俗詞語的借代”和“原典義的正面發揮”；吴先生指出，“了解雅言詞的性質和特點，有助於提高《三國志》整理研究的水平”，“有助於提高辭書編纂的水平”[5]。對於漢語詞彙史來説，吴先生所揭示的這一詞彙現象無疑是一項重要發現，所發現的這一詞彙事實，在漢語詞彙學上也有深入研究的意義與價值。如果不是從大量文獻出發，如果不是從語言事實出發，永遠也不可能有如此重要的發現；單純從理論到理論，甚至只從西方理論出發，更是永遠也見不到這一語言事實，當然也就談不上發現，更談不到據此去做理論分析和理論概括了。

“所見”等於“所”，“為……所見”的語法意義相當於“為……所”或“為……見”，這一重要語言事實是吴先生在研讀《後漢書》《三國志》《晉書》等文獻時發現的。這一組文章有七篇，吴

---

① 吴金華《古文獻整理與古漢語研究續集》第46、20頁，鳳凰出版社，2007年。

② 王力《漢語史稿》第344頁，中華書局1980年。

③ 吴金華《古文獻整理與古漢語研究續集》第20頁。

④ 吴金華《〈三國志〉雙音節雅言詞散論》，《古漢語研究》2007年第2期。

⑤ 吴金華《古文獻整理與古漢語研究續集》第48—50、52、55—57、59頁。

先生介紹説："《試論'R為A所見V'式》及《〈試論'R為A所見V'式〉補正》試圖通過廣泛調查文獻資料，特别是漢譯佛經中豐富的語言事實，對被動句'為……所見'式作較為具體的描述；《南北朝以前的'為……之所'式》也抱着填補漢語史空白的宗旨對被動句'為……之所'式陳述一孔之見；《'R為A見V'式述例》《'為……見'式兩例商兑》及《古漢語被動句'為……見'式補説》則本着'例不十，不立法'的原則，在努力搜集中、外文獻資料的基礎上，探測被動句'為……見'式及其相關的'被……所'式等等在漢語史上的源流，並對'為……見'式的變式及其同形異實之例加以考察。"[①] 這組文章發表之後，很快引起漢語史學者的關注，並為楊伯峻和何樂士二位先生的著作所採用[②]。

二、文獻方法的運用特色

研究語言不離文獻方法，研究文獻緊密結合語言，即語言與文獻兼治，這在吴先生的整個治學道路上貫徹始終，篇篇文章、本本著作皆可為證。吴先生文獻方法的運用特色，可概括為如下八項，即：文獻異文，糾察關係；字詞考釋，洞明音聲；體味句讀，訂訛正謬；匯通文獻，信而有徵；窮搜博采，考鏡源流；每下一義，廣徵衆本；訓詁考索，還原為先；鉤玄索隱，博稽文史。上列各項容有交叉，因來自個人體會，非關邏輯，請讀者諸君明鑒。

① 吴金華《古文獻研究叢稿》題記第2頁。

② 楊伯峻、何樂士《古漢語語法及其發展》（修訂本）第681－683頁，語文出版社，2001年。

（一）文獻異文，糾察關係

古代文獻，尤其是版本衆多且系統複雜的重要古籍，異文既多又雜，只有細緻勘比考究、洞察字際關係，纔能得其真諦。

例如，《三國志・魏志・王粲傳》注引《魏略》："君且止，我年八十，不能老為君溺攢也。"錢大昕《諸史拾遺》："按董昭、吴質皆濟陰人，質欲溺鄉里，則昭亦在應溺之列，故云'溺攢'。"盧弼《三國志集解》："官本《考證》：'攢，宋本作襸。'弼按：宋本作攢。"錢氏所解"似未中的"，而"盧氏羅列異文，亦不云'攢'字何解"。吴先生認為，"'攢'讀為'灒'，字之借也。"並舉《説文解字》"灒"字釋為證，闡釋道："'污灑'，以污水揮灑也；'水中人'，其水灑濕人身也。'溺攢'即撒溺以污人，此必當時俗語。"並進一步釐清了字際關係與致誤之由："疑原文本作'灒'，傳寫而為從'手'之'攢'，輾轉又為從'木'、從'衣'之字，其義遂不可曉。"①

又如，《三國志・魏志・華佗傳》："小兒戲門前，逆見，自相謂曰：'似逢我公，車邊病是也。'"盧弼《集解》："'似逢我公……'九字，范書《佗傳》作'客車邊有物，必是逢我翁也。'"吴先生論定："'我公''我翁'，皆古人自稱其父之語。"並舉出《睡虎地秦墓竹簡・編年記》《焦氏易林》《後漢書・宦者・張讓傳》載漢靈帝語以及《太平御覽》卷九十二引司馬彪《續漢書》《廣雅・釋親》等文獻用例和故訓證明"翁""公"的字際關係，確不可易。②

再如，《三國志・吴志・樓玄傳》："舊禁中主者自用親近人作

① 吴金華《三國志校詁》第130頁，江蘇古籍出版社，1990年。

② 同上，第162頁。

之，或陳親密近識，宜用好人。”吴先生通過版本對勘，指出：“陳校本的‘近識’來自淵源於南監本的金陵活字本，其中‘識’係‘職’的訛字，其他版本均作‘近職’。晉司馬彪《後漢書·輿服志》：‘尚書幘收，方三寸，名曰納言，示以忠正，顯近職也。’近職指在皇帝身邊服務的重要職事，如尚書、‘禁中主者’之類。”[①]

（二）字詞考釋，洞明音聲

文獻流傳過程中緣於各種因素而形成用字歧異，尤其是文字通假，成為閱讀理解的難點，因此自古以來文獻語言學家都特別重視突破文字蔽障而以聲音通訓詁，吴先生在這方面創獲尤多。

例如，《三國志·魏志·蔣濟傳》注引《列異傳》：“雖云夢不足怪，此何太適？適亦何惜不一驗之？”黄生《義府》卷下：“‘雖云夢不足怪，此何太適適！’‘適’與‘的’同，言夢中事雖未可信，然何的的分明如此。”吴先生贊成黄説，認為：“標點本割裂‘適適’一詞，非。‘適’‘的’二字古音相同，例得通假。”然後舉《韓非子·奸劫弑臣》“廢正的”見於《戰國策·楚策四》，其中“的”作“適”為證，推斷“適適”當讀為“的的”。並進一步推闡道：“古人形容所見分明，常用‘的的’一詞。例如《淮南子·説林訓》：‘的的者獲。’高誘注：‘的的，明也，為衆所見，故獲。’再如《搜神記》卷十叙謝奉、郭伯猷二人同夢之事：‘謝云“卿知吾來意否？”因説所夢。郭聞之悵然，云“吾昨夜亦夢與人争錢，如卿所夢，何期太的的也！”’其中‘何期太的的’與‘此何太適適’語意大同。”[②]

又如，《三國志·蜀志·黄忠傳》：“金鼓振天，歡聲動谷，一

① 吴金華《三國志叢考》第301頁。

② 吴金華《三國志校詁》第100頁。

戰斬淵。”吴先生云：“‘歡聲’二字舊無注。辭書或釋為‘喜悦之聲’，大謬。”“既云‘金鼓振天’，自當殺聲動谷；敵我血戰之際，喜悦之聲何來?”吴先生指出；“此‘歡’當讀為‘讙’，字之借也。”並舉例證明“古稱群呼為‘譟’‘鼓譟’；或稱之為‘讙’‘讙呼’”。吴先生的解釋是：“‘讙’與‘歡’古音相同，故‘歡聲’得借為‘讙聲’。《公羊傳・文公六年》稱晉襄公為‘晉侯讙’，《史記・晉世家》作‘襄公歡’。《禮記・樂記》‘鼓鼙之聲讙’，鄭玄注：‘讙或為歡。’《藝文類聚》卷二百四十七‘歡’作‘讙’。此皆二字通用之證。”①

再如，《三國志・吴書・吴主傳》注引《吴書》：“(趙）咨頻載使北，魏人敬異。”張舜徽主編《三國志辭典》以“多年”釋“頻載”。吴先生認為：“《辭典》從字面上釋‘載’為年，不明‘載’是‘再’的同音通用字。”吴先生指出：“‘頻載’，通常寫作‘頻再’。”引《晉書・藝術・索紞傳》《宋書・劉康祖傳》等三例，論云：“其中‘頻再’與‘屢’同義，足為明證。”②

（三）體味句讀，訂訛正謬

古書句讀標點，誠非易事，稍有差池，則誤解原意；文字訛誤，特别是那種校正與否均能讀通的訛誤，若不能勘正，就會以訛傳訛。吴先生讀書之細、考證之精，在其著作中隨處可見。清人評盧文弨説，别人讀書受書之益，而盧氏讀書則書受盧氏之益。當代漢語史學者亦能承此美譽者，我以為當首推吴先生。

例如，《後漢書・張魯傳》：“（曹）操入南鄭，甚嘉之。又以（張）魯本有善意，遣人慰安之。魯即與家屬出逆，拜鎮南將軍，

① 吴金華《三國志校詁》第204頁。

② 吴金華《古文獻整理與古漢語研究》第202頁，江蘇古籍出版社，2001年。

封閬中侯，邑萬户。”吴先生認為，“逆”字應該屬下，理由有三：其一，“上文説張魯率衆‘奔南山’，是竄山而藏了；這裏説‘魯即與家屬出’，指棄南山而出降。‘出’與‘奔’前後相應，所以本文應當在‘出’後斷句。”其二，“‘逆’是半途邀迎之義，與事理相合……這裏的‘逆拜’與上文的‘遣人慰安之’都是對張魯‘本有善意’的嘉獎。”其三，“西晉陳壽《三國志》卷八《魏志·張魯傳》載此事云：‘魯盡將家出，太祖逆拜鎮南將軍。’在‘逆’前冠以‘太祖’二字，文義極明。”①

又如，《宋書·符瑞志上》：“今年青龍在庚子，《詩推度災》曰：‘庚者，更也。子者，玆也。聖人制法天下治。’又曰：‘王者布德於子，治成於丑。’此言今年天更命聖人，制法天下，布德於民也。魏以改制天下，與《詩》協矣。”吴先生的推理與論證都非常精彩：“《詩推度災》作為讖緯之書，並不簡稱為‘《詩》’，就像讖緯書《春秋漢含孳》《易運期讖》《孝經中黄讖》不得簡稱為《春秋》《易》《孝經》一樣。《詩》在當時文獻中只是《詩經》三百篇的專名，用在這裏不成義例。本文的‘詩’，應該是‘時’的誤文，可據《三國志》卷二《魏志·文帝紀》注引《獻帝傳》改正。上文説‘今年青龍在庚子’，指‘天時’已至；這裏説‘與時協矣’，指人事跟天時正好相應。不僅如此，前面一大段講‘此魏得歲與周文、武受命相應’，後面一大段講‘魏以十月受禪’等等，都是鼓吹‘與時協’的神話，意在説明曹魏的代漢屬於時來運至、勢所必然。”②

再如，《宋書·臧質傳》：“太祖謂可大任，欲以為益州事，未

① 吴金華《古文獻整理與古漢語研究》第93頁。

② 同上，第117頁。

行，徵為使持節……徐兗二州刺史。”吴先生云：“‘事’字當屬下。‘為益州’即出任益州刺史，是史家常文。”並進一步指出：“‘事’即公文，‘事未行’指公文尚未下達，這也是當時習語，又如本書卷七《劉延孫傳》：‘又欲以代朱修之為荆州，事未行，明年卒，時年五十二。’跟‘事未行’相對而言的，是‘事行’，指公文到了有關部門，例如《世説新語·方正》：‘王述轉尚書令，事行便拜。’”最後論定道：“校點本以‘為益州事’為一讀，大誤。”①

（四）匯通文獻，信而有徵

無論是勘正訛誤，還是揭示時語、古義，均須材料充分，比例分析，匯通證明，只有這樣，結論纔可靠、可信。這是中國古代語文學的法寶，也是顛撲難破的真理，吴先生的研究謹遵此道，所獲結論堅塙難易。

例如，《三國志·魏志·樂陵王茂傳》：“如聞茂頃來少知悔昔之非，欲脩善將來。”前人多説“如”字為“加”字誤，吴先生認為“‘如聞’不誤”，舉本志《華歆傳》《晉書·劉聰載記》《宋書·何承天傳》《南齊書·武十七王·竟陵文宣王子良傳》《梁書·王僧辯傳》《魏書·盧玄傳》《周書·蘇綽傳》七條材料證明，“‘如聞’乃魏晉南北朝習語，其用例亦不限詔文。郁、錢、周諸氏均博極群書，未免失之眉睫”②。

又如，《三國志·魏志·文帝紀》注引《獻帝傳》魏王曹丕詩云：“喪亂悠悠過紀，白骨縱横萬里，哀哀下民靡恃，吾將佐時整理，復子明辟致仕。”令曰：“昔周文三分天下有其二，以服事殷，仲尼歎其至德；公旦履天子之籍，聽天下之斷，終然復子明辟，書

① 吴金華《古文獻整理與古漢語研究》第122頁。

② 吴金華《三國志校詁》第127—128頁。

美其人。吾雖德不及二聖，敢忘高山景行之義哉?”吴先生分析道：“乍一看，這不過是引用了《尚書·洛誥》：‘周公拜手稽首曰：朕復子明辟。’但是從語言的角度考察，《尚書》的話至少可以分析為‘復’‘子’‘明辟’三個語詞，而曹丕的‘復子明辟’已經是漢魏時代的四字格成語。”在列舉漢魏以來文獻證據之後，吴先生從詞義的發展變化的角度論述道：“《尚書》的‘明辟’猶言明君，‘子’是用於第二人稱的尊稱，‘復’作為動詞，通常認為指‘歸還（政權）’；王莽、曹丕的‘復子明辟’指塚宰歸政於天子。”①

再如，《晉書·五行志中》：“王恭在京口，百姓間忽云‘黄頭小兒欲作賊，阿公在城，下指縛得’。”吴先生認為：“‘阿公在城下指縛得’應當作一氣讀之，語氣上的停頓應在‘城下’之後；如果要分斷，只宜在‘下’後一逗。”並據史實指出，王恭兵敗被俘，“謡言預示的‘城下’受縛，即應驗於此”。接着從語言的角度分析，“‘指縛得’的‘指’，相當於今語‘直接’”，有《三國志·褚裒傳》以及同書《隱逸·龔玄之傳》用例可證，宋人的句讀亦可參證，從而證明“點校本似以‘下指’為伸手之義，事屬可商”②。

（五）窮搜博采，考鏡源流

可靠的訓詁，需要搜集大量文獻用例與故訓資料；而揭示詞語發展、闡明意義變化，不僅需要條分縷析，還需要考鏡源流。吴先生在這方面給我們提供了豐富的典型案例。

例如，《三國志·魏志·典韋傳》：“矢至如雨，韋不視，謂等人曰：‘虜來十步，乃白之。’等人曰：‘十步矣。’又曰：‘五步乃白。’等人懼。”胡三省《通鑑注》：“‘等人’者，立等以募人，及

---

① 吴金華《三國志叢考》第309頁。

② 吴金華《古文獻整理與古漢語研究》第104頁。

等者謂之‘等人’。或曰，‘等人’，一等應募之人也。”吴先生云：“兩説皆非。‘等人’猶言等伍、等類，與‘及等’‘應募’之事無涉。”舉出《大藏經》卷三吴康僧會譯《六度集經》卷一兩例、卷四一例，如“自與商人入海采寶，所獲弘多，還國，置舟步行，道乏無水，得一井水，呼等人汲之，卻自取飲”，證明這些句子中的“等人”都是指與菩薩同行的一夥商人。然後把考證擴大到“等人”的同義詞範圍，引證《三國志·武帝紀》注引《魏略》中的“等伍”、《宋書·孝義·卜天生傳》中的“等類”，並訓釋其義，從而論定：“‘等人’‘等伍’‘等類’於義無殊，均謂同伴也。”①

又如，《三國志·魏書·楊阜傳》：“頃者天雨，又多卒暴。”錢劍夫《〈三國志〉標點本商榷》釋“卒暴”為“猝（卒）雨與暴雨”。錢文把“卒暴”分解成二詞，吴先生認為不妥。據《廣雅·釋詁三》“暴，猝也”這一故訓，吴先生指出：“‘卒暴’是同義二字並列的雙音詞，它的反義詞是‘漸’。例如，《漢書·師丹傳》載丹上漢成帝書曰：‘詔書比下，變動政事，卒暴無漸。’《孟子·萬章下》：‘孔子先簿正祭器。’趙岐注：‘孔子仕於衰世，不可卒暴改戾，故以漸正之。’”並從漢語發展史的角度進行了探討，揭示出“先秦語彙中的‘卒’‘卒然’，在漢代往往變成‘卒暴’”，而“作為漢魏常語的‘卒暴’一詞，在《三國志·魏書》中並不止《楊阜傳》一例”②。

再如，《三國志·吴志·闞澤傳》：“居貧無資，常為人傭書，以供紙筆，所寫既畢，誦讀亦遍。追師論講，究覽群籍，兼通歷數，由是顯名。”“追師”，局本作“追思”。盧弼《集解》説，宋本

---

① 吴金華《三國志校詁》第118頁。

② 吴金華《古文獻研究叢稿》第119—120頁。

"思"作"師"。吴先生曾見蘇州大學所藏《三國志》陸敬批跋本有眉批云"'師'字義長",他認為"陸敬批跋本的眉批非常可取",因為"'追師'是漢晉常語",所舉證據有謝承《後漢書·蘇章傳》"蘇章……負笈追師,不遠萬里",范曄《後漢書·李固傳》李賢引注謝承書曰"(李)固……負笈追師三輔,學五經,積十餘年",《晉書·儒林·董景道傳》"董景道……千里追師,所在惟晝夜誦讀,略不與人交通"三例,並論定説:"'追師'者,尋求經師也。"①

(六)每下一義,廣徵衆本

徐復先生説:《三國志校詁》"廣徵衆本,每下一義,皆妥貼寧極,遂成定論"②。誠哉是言!不僅《校詁》,吴先生其他論著亦皆鮮明地體現這一特點。

例如,《三國志·吴志·潘璋傳》:"璋為人麤猛,禁令肅然,好立功業,所領兵馬不過數千,而其所在常如萬人。"除官本外,其他各本都作"好立功夫",吴先生斷定,"此'功夫'並非'功業'之誤",繼而證之《隸釋》卷四載漢桓帝建和三年《廣漢長王君治石路碑》、《大藏經》卷四康孟祥譯《中本起經》卷下、《三國志·魏志·董卓傳》注引《續漢書》、又《王肅傳》載肅太和四年上疏、又《鄭渾傳》、《華陽國志》卷十一載向攀語王濬、《大藏經》卷四姚秦竺佛念譯《出曜經·雜品》等用例,謂上述各例中的"'功夫'均謂興造、建築之事,與《潘璋傳》義合。璋領兵不過數千,然屯營張飾,常如萬人,足見'好立功夫'者,非喜建戰功之謂,但言其奢泰耳",因此指出:"標點本不取宋、元、明諸本之

① 吴金華《古文獻整理與古漢語研究》第182頁。
② 徐復《〈三國志校詁〉序》第4頁。

‘功夫’，徑從後出官本之‘功業’，以致文義轉晦，失擇善之旨矣。”①

又如，《三國志·魏志·武帝紀》注引《魏武故事》：“孤祖父以至孤身，皆當親重之任，可謂見信者矣，以及（子植）［子桓］兄弟，過於三世矣。”標點本《校記》：“‘子桓’，從何焯、沈家本説。”盧弼《集解》：“元本、馮本‘桓’作‘植’。官本《考證》：‘何焯曰：“《文類》作‘子桓’，‘植’字乃‘桓’字傳寫之訛。對臣下不以稱子之字為嫌，觀《陳思王傳》注中諸令屢稱‘子建’，則此為‘子桓’決矣。”’”吴先生云：“百衲本作‘子桓’。何焯等無從得見此本，故旁求于宋、元人所撰《事文類聚》。近人張元濟《三國志跋》盛贊百衲本之優點，乃至有‘一字千金’之歎，此‘桓不誤植’亦屬其例。盧弼之撰《集解》，無視百衲本而迷信局本，失之不考；標點本之校字，則棄本證而求旁證，未可為法。”②

再如，到20世紀80年代末，吴先生已得《三國志》傳本幾十種。吴先生曾經把這些傳本按照抄寫刻印的時代及其形態分為三類，由此可見對傳本的搜求之勤：“（一）古寫本。其中彌足珍貴的，有晉寫本《魏志·臧洪傳》殘卷（存370餘字）、晉寫本《吴志·吴主傳》殘卷（存570餘字）、晉寫本《吴志·步騭傳》殘卷（存440字）、晉寫本《吴志·虞翻陸績張温傳》殘卷（存1090餘字）四種……（二）宋元明清舊刻本。其中影響較大的，有百衲本（民國二十年商務印書館據紹興、紹熙兩種刻本配合影印）、元本（元大德年間池州路學刊本）、陳本（明陳仁錫刊評點本）、馮本（明南監馮夢禎刊本）、監本（明北監敖文禎刊本）、毛本（明毛晉

① 吴金華《三國志校詁》第264—265頁。

② 吴金華《古文獻研究叢稿》第137頁，江蘇教育出版社，1995年。

汲古閣刊本)、吴本(明吴琯西爽堂刊本)、殿本(清乾隆四年武英殿刊本)、金陵活字本(清同治六年金陵書局活字印本)、局本(清光緒十三年江南書局刊本)十種……(三)中華書局標點本……"[①]

(七)訓詁考索,還原為先

還原是顯真的工作。包括漢語史在内的所有基於古文獻進行的研究,首先得保證文獻的真實可靠,不僅文本要真實可靠,文字也要不存在訛誤。在這方面,吴先生堪稱楷模,下面從吴先生新近發表的一篇文章中舉出幾例[②],即可證明。

例如,《徐陵集校箋》卷四《為始興王讓琅邪二郡太守表》:"自甘泉通火,細柳屯兵,旁帶戎臣,頗同疆埸。"許逸民《校記》:"'臣",《藝文類聚》作'塵',今據明抄本、屠本、張燮本、張溥本、吴本改。"吴先生云:"《藝文類聚》的'戎塵'屬於詮釋學的問題,它不屬於明顯的訛誤,因而不能用校勘的方法來處理。"然後從三個方面予以論證:其一,"'戎塵'並不是'不改就講不通'的畸形詞語。就語詞的結構和意義而言,它跟'胡塵'屬於同一個類型。"其二,"'旁帶戎塵'一句,指藩國與'戎塵'接近,所以下句有'頗同疆埸'之歎……此處以'戎塵'喻指邊警不可忽視,故下文云'應思馬駿之功''宜慕曹彰之勇',前後呼應,文理密察。"其三,"共時的語料表明,'戎塵'在徐陵的筆下也不止一例。《校箋》卷十二載《册陳王九錫文》有云:'雖金陵佳氣,石壘天嚴,朝暗戎塵,夜喧胡鼓。'徐陵以'戎塵'對'胡鼓',其義甚明

① 吴金華《古文獻研究叢稿》第89—90頁,江蘇教育出版社,1995年。

② 吴金華《中古語詞的異化與還原——以〈徐陵集校箋〉為例》第129—134頁,《漢語史學報》第九輯,上海教育出版社,2010年。

……這裏的‘戎麈’，可作為《校箋》卷四的‘戎臣’屬於後人臆改‘戎麈’的内證。”

又如，《徐陵集校箋》卷六《為貞陽侯與太尉王僧辯書》：“今荆陝淪覆，正是江北數縣，即東南藩翰，萬里而遥。主甲治兵，艫舳相接，長波天限，方漢城池，修德綏民，中興可待。”許逸民《校記》：“‘主’，《文苑英華》作‘坐’，今據屠本改。”吴先生云：“六朝的文章為了增加古雅的色彩，不惜借用罕見的古詞。‘坐甲’跟‘塚卿’一樣，也是從先秦文獻中借來的語詞。‘坐甲’始見於《左傳·文公十二年》‘裹糧坐甲，固敵是求’。唐孔穎達疏曰：‘甲者，所以制禦非常，臨敵則被之於身，未戰且坐之於地。’從六朝文人使用‘坐甲’一詞的情況來看，它在中古時代指‘披甲而坐’的狀態，這是業已全身武裝的將士所處的臨戰狀態……宋人所編《文苑英華》卷六七七的‘坐甲’，文從字順；明屠隆的《徐孝穆集》作‘主甲’者，如果不是抄刻之訛，恐怕屬於武斷臆改。”

再如，《徐陵集校箋》卷七《為陳宣帝答周武帝論和親書》：“夫聖君明辟，司禦兆民，則天象地，佇育黔首。”許逸民《校記》：“‘佇’，《文苑英華》作‘亭’，今據明抄本、屠本、張燮本、吴本改。”吴先生云：“利用當時社會所流行的‘經典’來創造形形色色的‘典故詞’，是六朝文士的拿手好戲。《文苑英華》作‘亭’是對的，明人把‘亭’改成‘佇’，使大文豪徐陵的文集中出現了‘佇育’這樣的畸形語詞，實在該批而不該取。”並揭示道：“《老子》云：‘長之育之，亭之毒之，養之覆之。’這就是中古典故詞‘亭育’産生的温床。”繼而指出：“‘亭育’雖然誕生於六朝，但它從梁到清，屢為文士所用……特别值得一提的是，《漢語大詞典》還收録了‘停育’，指出‘停’通‘亭’，並揭示書證——南朝梁劉孝綽《謝給藥啓》：‘一物之微，遂留停育，名醫上藥，爰自城府。’

又指出‘停’在《藝文類聚》卷八一中作‘亭’。”因此推論：“徐陵文中的‘亭育’，在傳抄過程中或許有寫成‘停育’的文本，明鈔本等後出文本的輯校者不知‘停’‘亭’通用，又不熟悉‘亭育’這一類似乎眼生的‘典故詞’，於是乎就把‘停’字改成了形近的‘佇’；至於‘佇育’是不是固有的語詞，那就任從讀者隨意猜測罷了。”

（八）鉤玄索隱，博稽文史

清代學者戴震曾指出，古文獻研究的基本路徑是“由字以通其詞，由詞以通其道”，而每個詞語、每個意義的考定都得“貫群經、本六書”，不僅如此，還要博稽文史，纔能“有所會通，然後知聖人之道”[①]。吴先生深得其中三昧，並為徐復先生所推許[②]。

例如，《三國志·魏志·武帝紀》注引《英雄記》：“辟大將軍何進府進符使，匡于徐州發强弩五百西詣京師。”吴先生云：“查考漢制，三府掾屬中並無‘進符使’之職。此文當於‘府’字絶句。《全後漢文》卷七十八蔡邕《陳寔碑銘》叙其為三公所辟，一則曰‘辟司徒府，納規建謀，匡弼三事’，再則曰‘復辟太尉府，遷太丘長’，三則曰‘辟大將軍府，道之興廢，有分於命，乃離密網，以就禁錮，潛伏不試’；此云‘辟大將軍何進府’，句例相同。然則‘進符使’三字應屬下句讀，‘進’即何進，‘符’指符信，‘使’乃派遣之義。漢劉熙《釋名·釋書契》：‘符，付也，書所敕命於上，付使傳行之也。’募兵須憑符信，史書多有記載……此言募兵而無符信，則被人依法上告也……標點本蓋不明‘符’字之義，誤以

① 戴震《與是仲明論學書》，《戴震集》第183－184頁，上海古籍出版社，1980年。

② 徐復《〈三國志校詁〉序》。

‘進符使’為官號，遂致斷句不當。”①

又如，《三國志·魏志·陳群傳》注引《先賢行狀》：“豫州百姓皆圖寔、紀、諶之形象。”吴先生云：“‘豫州百姓’云云，事屬可疑。‘三君之名’高則高矣，安得合州之民皆圖畫其形象！揆之事理，‘百姓’必為‘百城’之誤。當時郡縣分屬十三州，各州所轄之縣邑少者五六十城，多者百餘城，約而言之則稱‘百城’。《後漢書·郡國志》載：‘豫州刺史部郡國六、縣邑公侯國九十九。’故‘豫州百城’實指九十九城之行政機構。《全三國文》卷二十六邯鄲淳《漢鴻臚陳紀碑》叙此事云：‘豫州刺史嘉懿至德，命敕百城圖畫形象。’《初學記》卷十二‘鴻臚卿’引謝承《後漢書》曰：‘陳紀，字元方，遭父太丘長寔憂，嘔血絶氣。豫州嘉其至行，表上尚書，圖畫百城，以勵風俗。’可為佐證。《後漢書·陳紀傳》李賢注、《世説新語·德行》注引《先賢行狀》均作‘豫州百城’，當據改。”②

再如，《漢書·昭帝紀》：“令郡縣常以正月賜羊、酒。”《漢書·龔勝傳》：“長吏以時存問，常以歲八月賜羊一頭、酒二斛。”楊樹達《漢書管窺》以為《昭帝紀》“正月”當為“八月”之誤。王先謙《漢書補注》引清學者齊召南疑《龔勝傳》“八月”為“正月”之誤。吴先生云：“齊疑非是，楊説可信。”吴先生舉證豐富資料，對於這一觀點進行了周詳的論證，其中第一條理由就是先秦文化史：“從漢昭帝的詔文可以看出，韓福等五人是當時郡國按‘有行義者’的標準推選出來的高年模範……為什麽把賜羊酒的時間選定為‘八月’？這跟上古時代流傳下來的養老禮制有關。《禮記·月

① 吴金華《三國志校詁》第 5 頁。

② 同上，第 134 頁。

令》：‘仲秋之月……是月也，養衰老，授几杖，行麋粥飲食。’東漢鄭玄注：‘助老氣也。’唐孔穎達疏：‘此論養老及製衣服之事，皆此月所為。’《吕氏春秋·仲秋紀》也有上引《月令》中的一段文字，東漢高誘注：‘陰氣發，老年衰，故共養之。授其几杖，賦行飲食麋粥之禮。今之八月，比户賜高年鳩杖粉粢是也。’很清楚，仲秋之月就是八月……據高誘注文可知，直到東漢末期還在全國範圍内實行過八月敬老之禮，由此也可推見這種古禮在去古不遠的西漢必有相當的影響。”①

三、超越自我的治學精神

吴先生的治學精神更是寶貴遺産，值得深入總結，並發揚光大。本文僅論述一點，即精益求精、不斷超越自我的治學精神。

精益求精，並不斷超越自我，是吴先生一貫的追求。吴先生1995年説：“我對自己撰寫的東西，從來没有滿意過。儘管下筆時不乏自信，可是過不了多久我就發現有些地方應當補充甚至必須修正了。於是乎又寫續篇，並且續篇之後又有補訂，弄得没完没了。”② 2000年説：“本書由十篇文章組成，這些論文曾陸續發表過，這次借結集出版的機會，又作了修改和補充。”③ 2007年説：“就我而言，對舊文進行這樣那樣的修改，實在是非做不可的事情；因為我文筆不敏，没有文不加點、一揮而就之才，每撰一文總是屢經修改而仍覺言不盡意，直到非付梓不可之日纔勉强告一段落，所

---

① 吴金華《古文獻研究叢稿》第309—310頁。
② 吴金華《古文獻研究叢稿》題記第7頁。
③ 吴金華《三國志叢考》弁言第1頁。

以，利用結集的機會盡可能地消釋舊文中的遺憾，是一項不可省略的工作。更何況自己的思想認識還能與時俱進，所以我又常常這樣想：既然如今的認識又隨着歷史的車輪前進了一程，那麽，趁結集之時反映出自己的新認識，既可以説明自己的思想尚未僵化並以此自慰，又説明自己到了'覺今是而昨非'的時候還不乏及早更正的能力，於人於己都有利無害，又何樂而不為？如果讀者棄我前此發表的同題之作，而以本集改定之文為批評指正的對象，則不勝感謝之至。"①

《三國志叢稿》所收多半是訂補舊作的論文，由此可以大致了解吴先生修訂的規模，亦可與吴先生的自述構成互證。文集中有兩篇關於易培基《三國志補注》的論文，後一篇為補充前文而作："《略論易氏〈三國志補注〉》是1998年在'海峽兩岸古籍整理與傳統文化學術研討會'上宣讀的論文……《易氏〈三國志補注〉今證》作為前文的補充，撰成於1999年5月。"② 第四篇是關於晉寫本殘卷的文章，這篇文章修訂補充次數最多："《晉寫本〈魏志·臧洪傳〉殘卷初探》撰成於1988年，原先發表於《古文獻研究文集》第二輯（《南京師範大學學報》1989年增刊）；1995年收入《古文獻研究叢稿》時，本文的初次發表年代由'1989'訛成了'1987'。這次收入《叢考》，不僅更正了《叢稿》的訛誤，還參考新疆博物館李遇春先生文章中公布的資料對本文作了修補。李文題為《吐魯番出土〈三國志·魏書〉和佛經時代的初步研究》，發表於《敦煌學輯刊》1989年第1期，其撰寫及發表年代恰與本文相同；所不同的，只是李文的資料必定來源於晉寫本《魏志·臧洪傳》殘卷的

① 吴金華《古文獻整理與古漢語研究續集》前言第2頁，鳳凰出版社，2007年。
② 吴金華《三國志叢考》弁言第1頁。

原件，而我依據的僅僅是《新疆歷史文物》的殘卷縮影圖版。由於圖版太小，有些字句難以確認，墨點符號更無法看清，所以初稿的釋文跟新疆博物館收藏的原件不可能完全吻合。”[①]《〈三國志校詁〉及〈外編〉訂補》《〈三國志〉待質録》《嶽麓版〈三國志〉修訂後記》，“這三篇文章都是對自己舊作的修正與補充”；1987 年撰成《三國志校詁》之後，吴先生陸續看到新的本子，加上掌握了電腦查閱資料的技術，所以“回過頭來翻翻舊作，發現有些地方已非改不可，有些地方還應當補充”，於是撰寫了這三篇文章[②]。《叢考》共收入 10 篇文章，有 6 篇是對舊作的修訂增補，而這 10 篇文章都公開發表過，結集時又都“作了修改和補充”[③]，吴先生的嚴謹以及精益求精的治學精神躍然紙上。

在《〈三國志校詁〉及〈外編〉訂補》一文的導言中，吴先生概括説，訂補舊作主要包括三個方面，即“立論可商者，商之”“論據不足者，補之”和“引證有誤者，改之”[④]。我數了一下，僅這篇文章就訂補舊作近 70 條，下面分類各舉二例。對舊論進行修正的，如：《三國志 · 魏志 · 武帝紀》“及其得賢也，曾不出閭巷，豈幸相遇哉？上之人不求之耳”，《校詁》謂“不”當作“博”，屬於音近而訛[⑤]；《訂補》謂認定“不”字誤並無確證，“實則原文未必有誤”[⑥]。又如：《三國志 · 魏志 · 武帝紀》“若文俗之吏，高才異質，或堪為將守”，《外編》謂“文俗”似當作“文治”[⑦]；《訂補》謂“非是”，“文俗”不誤，“指通曉

---

① 吴金華《三國志叢考》弁言第 3 頁。

② 同上，弁言第 5 頁。

③ 同上，弁言第 1 頁。

④ 同上，第 220 頁。

⑤ 吴金華《三國志校詁》第 14 頁。

⑥ 吴金華《三國志叢考》第 222 頁。

⑦ 吴金華《古文獻研究叢稿》第 142 頁。

吏法、明於習俗並且善於用吏法苛求於人”[①]。對舊論補充證據的，如：《三國志·魏志·武帝紀》“卒能成就王業，聲著千載”，《外編》謂“聲著”似當作“著聲”[②]；《訂補》補充兩證，一證為紹興本、劉氏嘉業堂本的早期版本不作“聲著”，一證為著聞、著稱、著名等與“著聲”同類的文例[③]。又如：《三國志·魏志·郭淮傳》注引《世语》“淮妻，王淩之妹。淩誅，妹當從坐，御史往收”，《校詁》謂“御史”當據《世説新語·方正》注改作“侍御史”[④]；《訂補》謂影宋本《太平御覽》卷五百二十引《魏志》正作“侍御史”，此是可補的本證[⑤]。對舊作引證之誤改正的，如：《三國志·魏志·張遼傳》“遼奉聖旨，豨不敢害也”，《外編》謂“聖旨”始見東漢和帝章和二年詔文[⑥]；《訂補》謂西漢已有其語，見劉向文[⑦]。又如：《三國志·蜀志·劉焉傳》注引陳壽《益部耆舊傳》“故號曰（致止）[至止]”，《外編》説“《册府元龜》卷八百三十二引此作‘至止’，即用本字”[⑧]；《訂補》核實後訂正為“殘宋本《册府元龜》卷八百三十三”[⑨]。

我相信，今後研究吴先生學術的人一定會有很多，研究者也一定會關注吴先生是如何對自己的論著進行不斷修訂的，由此不僅能學到方法，更學到精神。吴先生對學問的嚴肅與敬畏，吴先生自我修正的學術勇氣和嚴謹求真的學術品格，於今而言，尤其珍貴！

① 吴金華《三國志叢考》第 222 頁。
② 吴金華《古文獻研究叢稿》第 142 頁。
③ 吴金華《三國志叢考》第 222 頁。
④ 吴金華《三國志校詁》第 148 頁。
⑤ 吴金華《三國志叢考》第 229 頁。
⑥ 吴金華《古文獻研究叢稿》第 197 頁。
⑦ 吴金華《三國志叢考》第 227 頁。
⑧ 吴金華《古文獻研究叢稿》第 240 頁。
⑨ 吴金華《三國志叢考》第 231 頁。

結　語

最近幾年，我曾應邀到一些地方舉辦講座，包括復旦大學古籍所、浙江大學古籍所、哈佛大學東亞系、北京大學中文系、武漢大學文學院、國家圖書館文津講壇等，儘管所講的具體内容不完全一樣，但是我都會强調下述觀點：漢語史研究、中國古代語言學經典著作研究，可以而且應該運用不同的方法，包括傳統語言學方法、現代語言學方法，相鄰學科的研究方法，甚至跨學科的研究方法，舉凡與研究内容相適應的方法、能够滿足研究目標實現的方法，都是好方法；但是各種研究方法並不處在同一個層次上，文獻學的方法纔是最基本的方法，研究古文獻不可或缺，研究古漢語同樣不可替代。這一觀點繼承自劉君惠先生、徐復先生等前輩學者，在請益於吴先生和閱讀吴先生的論著中則有了更為深切的體會。為撰寫這篇文章而重讀吴先生論著時，不僅使我更加堅定了上述認識，而且使我更加深切地體會到一個真正的學者應該具有怎樣的治學精神。

附記：2013 年國慶長假期間撰成初稿，隨後呈請吴師母張敏文先生審正，並得到了很重要的修改意見；當月中旬完成二稿後，郵發給吴先生衆多門生和學界中青年專家請教，得到很多鼓勵；魯國堯先生是吴先生生前最為敬重的兄長，故特請魯先生審訂，魯先生手訂拙稿並評之曰："述論周詳，得其肯綮。"

原載於《語言科學》2014 年第 3 期

邢公畹先生論對外漢語教學

——為紀念邢公畹先生100周年誕辰而作

邢公畹先生（1914.10—2004.7）是當代中國最傑出的語言學家之一，他在語言理論研究、漢語語法研究，特別是少數民族語言研究和漢臺語比較研究等漢藏系語言的比較研究領域，取得了卓越的成就。邢先生還親身參與了對外漢語教學工作，1953至1956年，他從執教的南開大學被派往蘇聯教授漢語，先後任教於莫斯科東方學院、莫斯科大學[①]。自此而後，邢先生十分關注對外漢語教學及其研究，並就對外漢語教學問題發表了一系列研究論文，提出了很多深刻的見解。今天讀來，啓發尤深。

綜觀邢先生的對外漢語教學研究論文，其內容可以概括為如下幾個主要方面：關注特殊的語言現象，主張細化語言描寫；强調研究語言的深層結構，重視探尋語言之間存在的普遍規律；提倡本體研究與實際應用的緊密結合，不僅重視在課堂上傳授“語言”知識，而且重視在語境中的“言語”交流。

---

① 《邢公畹先生自述》，《南開語言學刊》第四輯，2004年。

一、關注特殊現象　强調細化描寫

（一）關注特殊的語言現象

邢先生指出，用來分析語言結構的理論可以增加我們的知識，但對語言教學和語言學習的用處並不是很明顯。指導外國學生學習漢語，與其讓他們記住一些抽象的公式，不如記住一些具體的例句①。他十分强調對特殊類型的句子進行細緻描寫，要把它們的特點介紹給學生，並在此基礎上給出一些規律性的東西②。比如漢語的連鎖複句就是一種很有特點的句型，邢先生先後在三篇文章中以這種句型為例，説明為什麽要關注語言中的特殊現象。

什麽是連鎖複句？邢先生的解釋説明極為深入淺出③。如："臺灣回歸祖國是中國的内政，不容任何外人干涉"，在這個複句中，第一分句的賓語是第二分句的主語，按照漢語的習慣可以不重複，第二分句和第一分句就構成互相連鎖、互相依存的關係。邢先生説，這種複句就是連鎖複句，而"他這樣衝撞我，我就不能答應"之類的句子，後句必須有主語，則不屬於連鎖複句④。

邢先生更重視語言事實的舉證。他從《魯迅小説集》《趙樹理選集》中搜集了 46 句連鎖複句，並用它們的英譯和俄譯加以對照⑤。如：

---

① 邢公畹《怎樣學好漢語》，《語言教學與研究》1981 年第 2 期。

② 邢公畹《説漢語的"連鎖複句"——紀念〈語言教學與研究〉創刊五周年》，《語言教學與研究》1984 年第 3 期。

③ 同上。

④ 邢公畹《論漢語的"連鎖複句"——對〈官話類編〉一書連鎖複句的分析》，《世界漢語教學》1990 年第 3、4 期。

⑤ 邢公畹《説漢語的"連鎖複句"——紀念〈語言教學與研究〉創刊五周年》。

（1）我先前東邊的鄰居叫長富，是一個船户。（《魯迅小説集》）

My former neighbor on the east side was called *Chang Fu*. He was a boatman.

Нашего соседа зовут Чанфу；он-лодочник.

（2）她有個女兒叫小娥，嫁到離村五里的王家寨。（《趙樹理選集》）

Her own daughter named *Hsiao O*, who lived in a village about two miles away…

Ее родная дочь Сяо-э былаа выдана замуж в соседнее、местечко Ванцзячжай，ли за пять отсюда.

邢先生還從《官話類編》中搜集了 141 句連鎖複句[①]。該書是美國傳教士 C. W. Mateer 所寫，1892 年初版。這部書系統記録了清末的北京口語，通過該書大體上可以看出當時口語裏這種連鎖複句的基本面貌，它們顯示的是近代漢語向現代漢語過渡的情形。如：

（3）這是會上議定的章程，不能更改。

This is the settled policy of the society and cannot be changed.

為了簡潔提煉連鎖複句的特點，邢先生使用公式進行總結，以符號表達為[②]：NP1＋VP＋NP2，∅＋VP＋NP，∅－NP2。VP 是動詞組，NP2 是它的賓語；∅代表一個空位，意義是 NP2，但在語法上不等值。∅所代表的空位不是一般性省略，添補後反而累贅。在調查的語例中，VP 為“是”和“有”的句子共占 2/3 左右，可知這兩個動詞易形成“連鎖複句”。又因考慮到公式是根據

① 邢公畹《論漢語的“連鎖複句”——對〈官話類編〉一書連鎖複句的分析》。

② 邢公畹《説漢語的“連鎖複句”——紀念〈語言教學與研究〉創刊五周年》。

印歐語的情況設計的，並不是全部語言的基本規則，另外，賓語還有使動詞的意義具足並依附於動詞而存在這樣的特點，故把公式修改為 N1＋V1＋N2，∅＋V2（＋N3），∅與 N2 同指[①]。

就是連鎖複句這樣一種句型，邢先生不僅舉出了大量語例説明其結構形式，細緻描寫它的特殊之處，而且用相應的外語譯文進行對照，讓外國學生更容易瞭解漢語和英語、俄語在結構上的不同之處，從而使學生更加準確地瞭解漢語中這種句子的特點。由此可見，為了對對外漢語教學有所幫助，邢先生在研究中更突出針對性和實用性，這體現了一個大學者在對外漢語教學上的良苦用心。

（二）為教學而强調細化描寫

邢先生認為，細化描寫不僅是發現搭配規律、深化語法研究的途徑，而且是使語言教學取得有效成果的重要手段。在談到語詞搭配的問題時，邢先生指出，不管對詞類進行細緻的再分類工作有多少困難，為了滿足社會實踐的需要，語言教學工作者和機器翻譯工作者都應該不懈努力[②]。

為了清晰地證明上述意見，邢先生舉例分析，很有説服力[③]。例如，“他讀着報，没有聽見人叫他”，這句話正確；“他進着門，没有看見小王在門外掃地”，這句話錯誤。邢先生指出，探究對錯的原因應尋找動詞小類的意義。深入研究並細分小類就能發現：“讀”“寫”“吃”“喝”“唱”等動詞是“非結束性動詞”，後面能加“着”；而“進”“到”“出”“忘”“允許”等動詞是“結束性動詞”，後面不能加“着”。又如，“我喝了涼水”“冷石頭”這些説法可以

① 邢公畹《論漢語的“連鎖複句”——對〈官話類編〉一書連鎖複句的分析》。

② 邢公畹《語詞搭配問題是不是語法問題》，《安徽師範大學學報》1978 年第 4 期。

③ 同上。

説；“香蕉喝了涼水”“冷孩子”就不可以説。只有深究下去纔能發現能説與不能説的原因：“喝”是指人的行為的詞，“冷”是指物的屬性的詞。只有對各類詞進行更為細緻的描寫，纔能更好地更準確地發現語詞搭配的規律，從而能够更為有效地指導對外漢語教學。

邢先生研究問題、解決問題傾向於精細化，這一特點不僅體現在語法研究上，而且體現在語音教學上。例如，邢先生在教留學生捲舌音時，强調把捲舌音看作是從母音開始的捲舌過程，即 [a]：[ar]；[u]：[ur]；[ə]：[ər]；[ɤ]：[ɤr]；[o]：[or]。李思敬先生在其著作《漢語“兒”[ɚ] 音史研究》中將 [ɚ] 符號的音值定為 [əʅ]，並指出：“北京地區的‘兒’‘耳’‘餌’‘爾’‘邇’等字的實際音值是先發央元音 [ə]，隨後再帶一個捲舌元音。這個捲舌元音約略相當於 [ʅ] 而略鬆、略弱。[ə] [ʅ] 並不同時，不是一個發音動作。[ɚ] 符號所代表的這些字的實際讀音是 [əʅ]。”邢先生非常贊成這一觀點，認為以此指導教學易於取得效果，並據此提出了兒化音的具體教學方法：“歐洲語言裏多有 [ʃ] 音，讓學生在 [ʃ] 的基礎上練習改變為 [ʂ]。之後再讓學生單獨發 [ʂ]，但要延長、放鬆、元音化，用國際音標表示就是 [ʂʐʅ]，這樣實際就可以得到 [ʅ] 音。得到 [ʅ] 音，就容易學習複合元音 [əʅ] 了。”[①] 由此可見，邢先生不僅對漢語的現象觀察得很細緻，而且對不同語言之間的差異觀察得也很細緻，並從細緻處着手處理教學難點，讓學生對比鮮明、感受清晰、容易學習，從而提高教學效果。

---

① 邢公畹《對外漢語 [ɚ] [ï] 兩音位的教學及 [ɚ] 音史的問題——評李思敬〈漢語“兒”[ɚ] 音史研究〉》，《語言教學與研究》1995 年第 3 期。

二、探究深層結構　把握語言共性

（一）探究語言的深層結構

人們平常所講的每一句話，都是一串能表達意思的包含着語法組織的綫性聲音序列。邢先生認為：這一綫性聲音序列體現的是語法學上的結構關係，這是語言的表層結構，而支持和制約它的是深層的意義結構①。只要細化語詞描寫，就能把搭配問題轉化成語法問題，搭配規律的發現正是語法研究深化的體現，這一過程也將逐步觸及語言的深層意義結構②。因此，在對外漢語教學實踐中，探究語言的深層結構直接關係到教學效果。

為了證明上述觀點，邢先生舉了一個教學中碰到的實例③。一個芬蘭學生寫出過這樣的病句："這個國家的產品，到富裕國出口。"邢先生没有從介詞的位置入手去解釋這句話的病因，而是着眼於動詞的語義特徵進行分析：漢語的不及物動詞可分為兩類，一類是"移動位置動詞"，"跑""跳""走""飛""滚"等詞都是。以"跑"為例，"到操場上/跑"≠"跑·到/操場上"。因為前句"操場上"放在"到"後，表示"到"的目的地，"到操場上"是介詞詞組，作"跑"的狀語；後句"操場上"放在"跑到"的後面，表示"跑到"的目的地，"到"字輕讀，跟動詞"跑"構成一種複合動詞，病句中的"出口"就是這類動詞。從邏輯上講，一個國家的產品是不會運到别國再出口的，所以正確的説法只能是："這個國

① 邢公畹《現代漢語具有"位置移動"語義特徵的動詞》，《漢語研究》第三輯，南開大學出版社，1993年。

② 邢公畹《語詞搭配問題是不是語法問題》。

③ 邢公畹《現代漢語具有"位置移動"語義特徵的動詞》。

家的產品/出口到/富裕的工業國/。”還有一類不及物動詞是“不移動位置動詞”，“住”“坐”“站”“躺”“睡”等詞都是。介詞可出現在這類動詞的前後，意思相等，“在天津/住”＝“住・在/天津”。邢先生指出，從表面上看，芬蘭學生的病句是介詞位置問題，實質上卻是複雜的漢語動詞的不同類屬的區別問題，只有從深層的語義特徵着眼，纔能找到出現毛病的關鍵。語言深層意義結構上的問題多如牛毛，這種研究越深入，對對外漢語教學越有利。

邢先生還引用賈彥德先生的觀點從理論上進行了闡述[①]。賈彥德先生指出，語法、語音與外界没有直接聯繫，只有語義是社會、自然、心理現象在語言中的反映，是交際中説話人或思想者思想的體現。語音、語法都是為語義服務的[②]。邢先生非常贊同這一説法，並指出，語言的深層結構就是語義結構，而語義結構又可以分成表層的和深層的。表層語義結構是指符合語法的義位序列，深層語義結構是指一段共時存在的有組織的思想。同一思想可以用不同的語言去表達，思想中義位的標志是各民族語詞的音響形象。邢先生進一步指出：從語義學的角度來觀察，教學所及只是語義的表層結構，而交際中所觸及的卻是語義的深層結構；對外漢語教師如能對漢語的深層結構深入理解，在教學上是大有好處的[③]。

（二）把握語言之間存在的普遍性

邢先生指出，從語言的深層結構中可以看出，語言之間的普遍性大於差異性[④]。無論在理論上還是應用上，對語言之間普遍性的

① 邢公畹《論語言的深層結構和對外漢語教學》，《語言文字應用》1996 年第 2 期。

② 賈彥德《漢語語義學》，北京大學出版社，1992 年。

③ 邢公畹《論語言的深層結構和對外漢語教學》。

④ 同上。

研究都是很重要的。只有深入研究了語言的普遍性，纔可以實現從宏觀上對語言現象作出解釋①。語言之間如果没有普遍性，進行外語教學就成為不可能的事了，因此，從事對外漢語教學工作應該重視人類語言普遍性的研究②。

邢先生指出，從語言的對比研究中可知語言之間存在共同的語法範疇③。現代漢語中有“看，聽”與“看到，聽到”等對應的動詞，馬慶株先生借用藏語語法的命名，稱“看，聽”義的動詞為自主動詞，“看到，聽到”義的動詞為非自主動詞。因為“看，聽”等動作受個人意願支配，可以自己做主；而“看見一個人”不能説我願意看見，那個人就出現，這類動作不是由自己的意願做主的④。邢先生贊成這種觀點，並進一步指出，曼谷泰語裏有“Du^{1}（看）、Faŋ^{2}（聽）”與“Hen^{1}（看到）、jin^{2}（聽到）”，英語裏有“to look（看）to listen（聽）”與“to see（看到）to hear（聽到）”等，動詞的自主和非自主的語義特徵能够同樣出現在漢、藏、英、泰語裏，這正是語言之間存在普遍性的一種體現。

邢先生還舉出了中英文“是”字句可以互譯的例證⑤。他從文藝作品及其英譯中搜集了 46 組有代表性的“是”字句，通過對比分析，概括為四大類。一是賓語為名詞。例如：

（4）我們/是/馬克思主義者/。

We/ are/ Marxists/.

---

① 邢公畹《論語言普遍性的研究》，《中國語文》1990 年第 6 期。

② 邢公畹《論語言的深層結構和對外漢語教學》。

③ 邢公畹《論語言普遍性的研究》。

④ 馬慶株《自主動詞和非自主動詞》，中國語言學會第三届（1985）學術年會論文，《中國語言學報》第三輯，商務印書館 1988 年。

⑤ 邢公畹《論語言的可譯性》，《語言學論輯》第 1 輯，天津人民出版社，1993 年。

二是“的”字結構充任主語或賓語。例如：

(5) 最可憐的/是/我的大哥/。

The most deplorable/ is/ my elder brother/.

三是主賓之間並不是簡單的同一或類屬的關係。例如：

(6) 那個東西/是/什麽價錢/?

What price/is/ that article/?

四是“是”字的主賓語同形，表示“是否可以改變”。例如：

(7) 忙時候/總是/忙時候。

It/was/the middle of the harvest season/and/the next day/ was/a workday/.

(8) 失意人/也不會總是/失意人/.

Lame dogs/do not remain/lame/forever/.

46 組有代表性的“是”字句雖然用法複雜，但可以實現互譯，這正是語言普遍性的表現。邢先生指出，雖然各語言社會所建立的傳播信息的編碼系統及其編排方式和編排原則各不相同，但它們都必須具有音位系統，語素和語素結構模式是一致的。人類生活在同一個“自然”系統裹，具有同一的生存和發展目的，這就保證了全人類語言裹的“意思”具有普遍性①。

即使是特色句子，也會呈現出共性語法特徵。邢先生所舉的例子是“存現句”，他在對比英譯、俄譯的基礎上分析了其成句特徵。一是單純存現句，動詞多用“有”。例如：

(9) /桌上/有/盞·燈/。

/There is/a lamp/on the table/. /

/на столе/ (имеется，есть，находится) / лампа/. /

---

① 邢公畹《論語言的可譯性》。

二是非單純存現句，主語是處所助詞，名詞是施動者，動詞為不及物，帶“着”，但不表示動作進行，只表示動作産生的狀態。例如：

（10）/橋腳上/站着/一個・人/。/

/Some one/was standing/at the foot of the bridge/. /

/На мосту/кто—то/стоял/. /

三是出現消失句，賓語無定，是施事（或為主體）；動詞帶“了”，為不及物。例如：

（11）/小路上/又・來了/一個・女人/。/

/Another woman/came down/the path/. /

/На дорожке/появилась еще/одна женщина/. /

邢先生分析其成句特徵時着眼於“方位詞”在句中位置，指出“方位詞”在漢語中作主語，在俄語中作狀語，在英語中則置於句子末尾。雖然三種語言中構成“存現句”的表層結構有差别，但這種差别並不影響它們能表達出相當的意義，因為“存現句”在漢、英、俄語裏呈現的主要特點是相同的，即表方位的部分、表存現的謂詞部分、表無定的存現主體部分這三大部分的意義必須顯示清楚[①]。邢先生用漢外語言對比研究的方法，揭示出語言之間的普遍規律，對對外漢語教學具有重要的指導意義。

三、語言為體　言語為用

（一）對外漢語教學中的“語言”與“言語”關係

索緒爾把人類語言活動劃分為“語言”和“言語”兩方面，邢

① 邢公畹《論語言的深層結構和對外漢語教學》。

先生認為，這個劃分可以用在對外漢語教學上[①]。中國哲學上有“體”“用”這對範疇，借而用之，可以説語言為體，言語為用。作為交際的本體是語言，使用這個工具來進行交際的是言語[②]。語言是社會共有的結構系統，不受個人的意志支配；言語指個人憑藉前者所説的話，是言語活動中受個人意志支配的部分。邢先生指出，這種相互依存的關係施之於對外漢語教學，就是教學内容和教學目的之間的關係[③]。對外漢語教學中所教的内容是作為“語言”的漢語，聽、説、讀、寫訓練都是圍繞這個中心進行的；對外漢語教學的目的是要求學生能把作為“語言”的漢語轉化為自己的“言語”，使他們能用漢語説話，自由表達課文之外的自己的意思。對外漢語教學過程就是這樣一個從一般到特殊、從語言到言語的過程。

（二）“語言”轉變成“言語”的“專化作用”

“語言”到“言語”的轉化，邢先生稱之為“專化作用”。這一術語本是葉斯柏森講實體詞與形容詞的差别所在而使用的，被邢先生推演開來，用以説明語言裏的句子進入言語時所起的作用。邢先生定義説，從一個一般性的、公設性的句子轉化為實際生活中確有所指，能傳達一定信息的句子的功能，叫語言的“專化作用”[④]。邢先生强調，人類之所以有語言之體，就是為了要有言語之用[⑤]。語言是一種符號系統，必須具有從一般性的意義組合轉化為個别的、不可窮盡的言語裏的句子的功能。外國學生在學習漢語的過程

---

① 邢公畹《從對外漢語教學看“語言”“言語”劃分的必要性》，《世界漢語教學》1993 年第 2 期。

② 邢公畹《論語言的深層結構和對外漢語教學》。

③ 邢公畹《從對外漢語教學看“語言”“言語”劃分的必要性》。

④ 邢公畹《語言的“專化作用”和對外漢語教學》，《世界漢語教學》1987 年預刊第 1 期。

⑤ 邢公畹《論語言的深層結構和對外漢語教學》。

中，語言知識積累到一定程度之後，就會逐漸把漢語轉化為自己的言語。對外漢語教師需要設法誘導，加速“專化作用”。而“專化作用”的發生，語境起着重大作用。語境包括對話的時間、處所，詞語所指和對話的上下文，對話者之間的關係，有無共同的歷史回憶，是否在同一種風俗習慣、文化傳統中，對話者的知識水準，對話者當時的情緒等等[①]。因而，要加速“專化作用”的發生，需要對外漢語教師具備很高的素養。

（三）“語言”“言語”的劃分與對外漢語教學

邢先生認為，“語言”和“言語”的劃分，對“專化作用”的認識，在對外漢語教學實踐中具有重要意義[②]。首先會促使我們關注“言語”教學。邢先生指出，正確認識到“語言”是教學內容，“言語”是教學目的，對外漢語教師就必然會關注“言語”教學。邢先生建議道，應該在高年級開設一門“談話”課，這門課不同於按課文進行教學的“口語”課，而是就某個話題讓學生自主談，教師針對在這個過程中暴露出的不合漢語規範的句子給予分析説明。這樣的課能促使學生把學到的漢語“語言”知識轉化為自己的“言語”交際能力，並正確表達出自己的想法。還會促使我們重視“語境”作用。認識到語言的專化作用，就會在教學中設法加速它的發生。學生叙述課文時，通常所用的仍是語言裏的模式，所以在課堂上要安排一些假設的語境，讓學生多開口説自己的想法；還要組織學生到校外進行漢語實踐，在真實的語境中提高他們的漢語表達能力[③]。

① 邢公畹《語言的“專化作用”和對外漢語教學》。
② 邢公畹《從對外漢語教學看“語言”“言語”劃分的必要性》。
③ 邢公畹《語言的“專化作用”和對外漢語教學》。

四、邢公畹先生對外漢語教學研究的啓示

從1953年在蘇聯教授漢語始，到20世紀八九十年代發表一系列研究論文止，邢先生與對外漢語教育事業有長達四十多年的關係。邢先生憑藉語言學家的深厚功力，結合一綫教學的體驗，在深入思考的基礎上所發表的一系列對外漢語教學研究論文，是基礎研究與應用研究結合的典範，是接地氣的真學問，可以稱得上“頂天立地”。這些成果也是漢語國際教育學科的寶貴遺產，值得深入學習，並在漢語國際教育實踐中予以應用，發揚光大。

綜上各節所述，邢先生對外漢語教學研究及其成果給予我們的最大啓發約有四端。

對外漢語教學要針對漢語自身的特點。吕必松先生曾經如此總結過，邢先生們的這種研究為對外漢語教學提供了“短綫産品”，是直接結合教學需要、針對外國人學習漢語的特點和難點開展研究的成果。上世紀70年代中期以前，研究成果主要體現在集體編寫的教材和教師的個人教案中，直到邢先生等老一輩語言學家陸續參與到這一領域，研究内容纔得到了極大的拓寬和提升[1]。

對外漢語教學要重視漢外語言的對比研究。四丨多年前，漢外語言對比研究在對外漢語教學與研究領域得到高度重視，學者們據之發現不同語言的共性和漢語的個性，揭示漢語的特點和規律，把握教學重點，解釋分析學生的錯誤[2]。其倡導者正是邢先生等老一輩語言學家，他們站在研究隊伍的最前列，以敏鋭的學術觸覺和他

① 吕必松《我國對外漢語教學學科理論的發展》，《語文建設》1990年第3期。
② 同上。

們目光如炬的一系列論文，引領着對外漢語教學研究的大方向。

對外漢語教學需要依託對漢語的深入研究。邢先生提出將語法研究深入到對具體語詞的細緻描寫，强調進入語義層面剖析問題，要發掘語言深層結構規律等重要觀點，如今已成學界共識。鄭定歐先生在闡述“詞彙語法”（Lexicon－grammar）理論時指出，越來越多的語言學家認識到語法研究要落實到詞彙上面，認識到描寫語言要從語法規則的解釋轉向詞彙事實的解釋[①]。張旺熹先生認為，漢語語法研究不斷從句法向語義、語用層面的深度拓展，為我們語法教學上的深化提供了可能[②]。

對外漢語教學要堅持語言為體、言語為用。劉珣先生指出，對外漢語教學最直接、最根本的目的就是培養學生運用漢語進行交際的能力[③]。李泉先生提出，教學實踐應注重課堂教學的交際意識[④]。近年來，“拋錨式教學法”“支架式教學法”“任務型教學法”的討論和課堂教學實驗等都是對外漢語教學界的熱點，其主要共同點是，都很關注如何讓學生融入情境，以便完成貼近生活的教學任務。而在這些教學理念中，我們都能够清晰地看到邢先生這輩學者學識的傳承、嬗變與發展。

一代語言學大家邢公畹先生關於對外漢語教學的研究成果，立意高遠，腳踏實際，見解精微，歷經數十年實踐檢驗，愈發顯示出其見遠識卓，異彩大放！

---

① 鄭定歐《詞彙語法理論與漢語句法研究》，北京語言文化大學出版社，1999年。

② 張旺熹《對外漢語語法教學理論認識的深化——〈對外漢語教學語法探索〉讀後》，《語言教學與研究》1994年第3期。

③ 劉珣《對外漢語教育學引論》，北京語言文化大學出版社，2000年。

④ 李泉《對外漢語課堂教學的理論思考》，《中國人民大學學報》1996年第5期。

後記：拙稿草成後，曾郵發給有關專家徵求意見，張博教授、程娟教授、施家煒博士多有賜教，劉珣先生則鼓勵有加，特致謝忱！

本文與王雪波合作

原載於《國際漢語教學研究》2014 年第 3 期

蔣雲從先生對我的教導和幫助

蔣禮鴻先生出生于1916年2月9日，丙辰年，自字“雲從”[①]。雲從先生誕辰百年，浙江大學舉辦國際學術活動紀念先生，推動歷史漢語學科的研究，非常有意義。很榮幸能够受邀與會，於是借機説説雲從先生對我的教導和幫助，以此紀念這位語言學、敦煌學大師，表達我的感恩之情。

我和先生的交往有三次通信和一次拜謁。先生的三封來信至今完好地保存着，我給先生的信卻没有留下底稿。在碩士論文框架成型之後，曾專程去杭州登門請益，這是我唯一一次見到先生。

我是“文化大革命”後恢復高考録取的第一届學生，即社會上習稱的“七七級”。我讀書的大學叫揚州師範學院，1952年創辦時為部屬蘇北師專，師資力量有老底子。大二下學期開始，我的興趣瞄向了古漢語，先後得到王善業教授和趙航教授的指導。趙航先生知道我有志考研，而當時的揚州師院没有招生權，所以鼓勵我主動向學界前輩請益。杭州大學古漢語學科聲名遠播，從一些資料中我

---

① 《蔣禮鴻集》第六卷第613頁《自傳》，浙江教育出版社，2001年。

知道了雲從先生，於是就有了冒昧的第一封信。

第一封信是 1980 年 4 月初發出的，大致内容是，請教先生怎麽學習古漢語，並説自己已經在讀段玉裁的《説文解字注》。發信完全是抱着試一試的心態，雲從先生這麽大的學者會不會理會一個外省小學校的在校生，毫無把握，然而我期待着。驚喜就在這種複雜心態中降臨，没過多久就收到了雲從先生 4 月 12 日撰寫的回信，那時的激動難以形容。雲從先生回信原文如下：

學誠同志：

我很忙，胡亂給你講一些：

你首先應向自己的老師請教，捨近就遠，下問及我，殊屬不合。

你要研究文字，是否可以這樣？

一、多讀先秦兩漢的文章，以後再讀各代的文章。一句話：基礎要廣一些，不要一開頭就“專”。

二、《説文解字》是必讀書，可用王筠的《説文句讀》作讀本，段玉裁的《説文解字注》是好書，太難了，以後讀。馬叙倫的《説文研究法》如找得到，也可一讀。

三、看一些古文字學的書，如朱芳圃的《甲骨學文字編》，郭沫若的《甲骨文字研究》，容庚的《金文編》等。

能够看了這些東西，在目前來説也算好了。

此復，致

敬禮！

蔣禮鴻

4 月 12 日

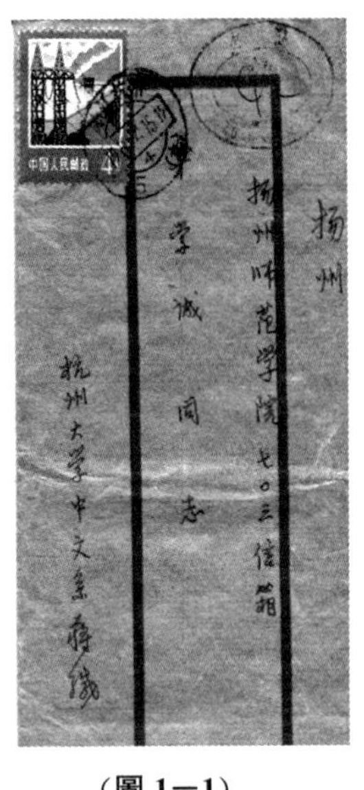

（圖 1—1）

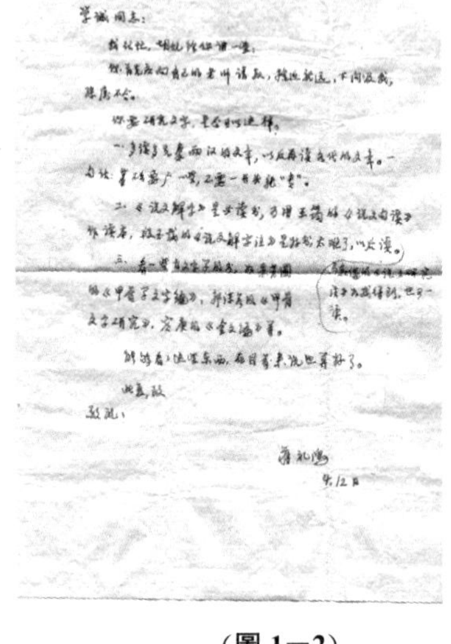

学诚同志：

（圖 1—2）

雲從先生那麽繁忙，没想到很快就回信了，而且耐心解答了我的問題，指示了學習的門徑。同年秋天，我第二次致信雲從先生，主要請教漢語史以及文字訓詁碩士研究生的備考問題。也很快就收到了雲從先生 11 月 27 日撰寫的回信。原文如下：

學誠同志：

您的問題非我所能回答，因為各校招生命題並不統一，各顯神通，外人無從捉摸。以我猜測，大致可以如此：

把基礎課程現代漢語、古代漢語復習好，再研讀《辭海》語言文字分册（四角五分，寄費平寄 6 分，掛號大約 2 角。我給您介紹買）中的有關部分。

古文字方面的參考書：

容庚：金文編

康殷：文字源流淺説（榮寶齋出版）

朱芳圃：甲骨學文字編

訓詁學方面的參考書：

周大璞：訓詁學要略（湖北人民出版社）

此致

敬禮！

蔣禮鴻

十一月廿七日

請代向蔣逸雪、許紹光、卞孝萱三位先生致候。

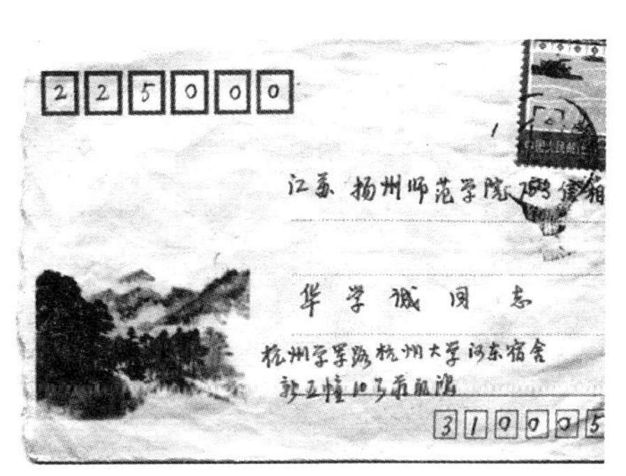

（圖 2—1）

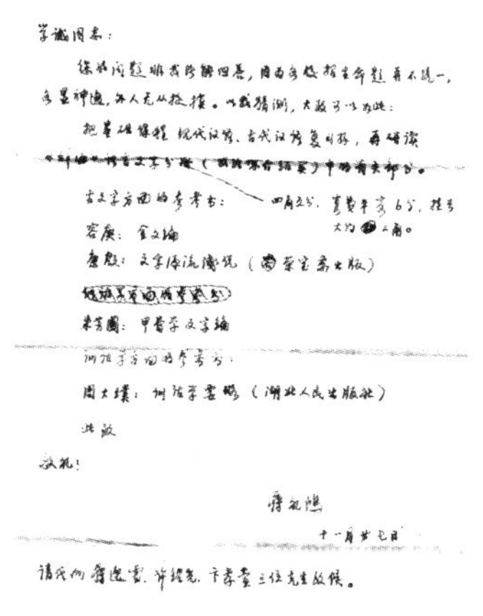

学诚同志：

古文字方面的参考书：

容庚：金文编

康殷：文字源流浅说（荣宝斋出版）

朱芳圃：甲骨学文字编

训诂学方面的参考书：

周大璞：训诂学要略（湖北人民出版社）

此致

敬礼！

蒋礼鸿

十一月廿七日

请代向蒋逸雪、许绍光、卞孝萱三位先生致候。

（圖 2—2）

蔣逸雪（1902—1985）、許紹光（1906—1998）、卞孝萱（1924—2009）三位先生均是揚州師範學院的教授，著名文史學者。這次致信雲從先生，除了簡要匯報讀書情況，主要目的是請教考研問題。先生不厭其煩地解答，連如何購買《辭海》語言文字分冊的具體事宜都交代得一清二楚，甚至還表示將親自介紹我購買。

遺憾的是，我的身體此後出現了狀況，神經衰弱導致嚴重失眠，什麼事情也做不成，畢業前錯過了報考雲從先生研究生的機會。收到雲從先生第二封回信時，我剛好撰就了平生第一篇學術論文。這篇文章是在看了 1980 年第 4 期《中國語文》上刊登的徐世榮先生的《反訓探原》一文而撰寫的，文章提出了三點質疑，一是“關於‘破讀’視為反訓成因的質疑”，二是“關於‘互換反訓’與‘假借反訓’的質疑”，三是“關於名‘反訓詞’為‘反訓字’的質疑”。寒假稍作修改後寄呈雲從先生斧正，我的信中一定提到了自己的身體近況。雲從先生 3 月 14 日覆信給我，還附了一封給《温州師專學報》主編殷惠中先生的推薦信。回信原文如下：

學誠同志：

尊稿看過，對徐先生提出的意見很有道理，我隨手給您改了幾個字，請酌。您是否可以試寄《中國語文》? 另寫介紹信一紙，您如高興，可試投《温州師專學報》。

您現在的問題首先是健康問題，神經衰弱對讀書是有妨礙的。一要採取積極治療，如打太極拳、氣功，服適量安眠鎮静之劑；二要樂觀；三要減少腦力勞動。讀書，慢慢來，“勿忘勿助長”，考研究生也可，不考也可。我算略略讀了些書，但並没有當過研究生。祝

康樂!

蔣禮鴻

1981. 3. 14

稿寄温州，温州師專殷惠中同志

（圖 3—1）

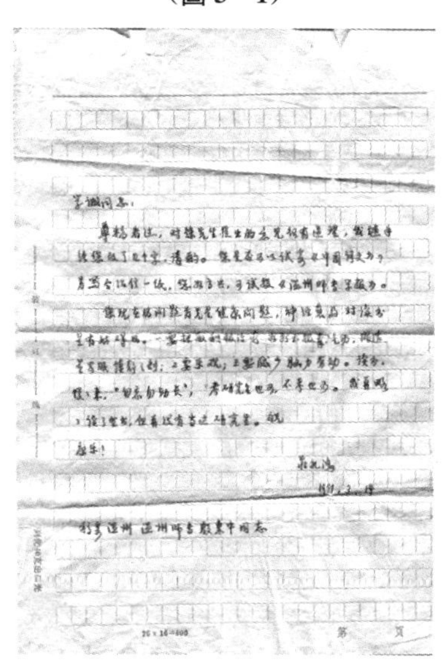

（圖 3—2）

雲從先生不僅批閱了我的文章、介紹刊物發表，還教導我如何調養身體，勉勵我讀書要做到“勿忘勿助長”。收到來信，我立即按照雲從先生的批注意見作了修改，並把改定的文章和先生的介紹信一起寄給了殷惠中先生，《溫州師專學報》1981 年第 1 期刊出了這篇題《讀〈反訓探原〉》的文章，這是我的文章首次見於正式學術刊物。文章定稿時覆寫了兩份，其中一份寄給了商榷對象徐世榮先生，徐先生不以後生小子質疑為忤，相反，很快回信給我，表示除對一條商榷意見有保留之外，另兩條意見都能接受，並建議我把文章投給《中國語文》。因為《温州師專學報》回復很快，並立即安排上了當年第1期，所以我就没有再投《中國語文》。順便記下這一細節，是為了懷念那個時代的學術風氣，更是為了感佩前輩學者的寬廣胸懷!

大學畢業後工作了三四年，1985年考入四川師大，忝列劉君惠先生門牆。當我的碩士學位論文通過開題並撰寫出詳細提要之後，君惠先生要求我轉益多師，鼓勵外出訪學。訪學共安排了兩次，一次是1987年春節過後，一次是1987年暑期。春節過後這次訪學的重要目的地就是杭州，君惠先生手書三封介紹函，命我登門拜謁姜亮夫先生、蔣雲從先生和郭在貽先生。記得那是2月中下旬，在杭大讀研並留校任教的大學同學王繼同陪同我拜訪了諸位先生，這次拜訪對畢業論文修改和其後的學術研究，受教良多。在雲從先生家裏坐了大概一個小時左右，具體談話内容已經記不清了，但見面一介紹，先生就記起了我，還特地詢問了我的身體恢復情況和這些年的工作與學習，鼓勵我好好努力。先生慈祥敦厚的音容笑貌至今如在眼前。

雲從先生曾經説過："我的學生或同行寄來的文章，我也多數提過意見，不以為厭。"① 我没有在杭大讀書，更未有緣分做先生的及門弟子，但先生照樣有求必應，誨人不倦。重讀雲從先生給我的來信，回憶拜謁先生的情景，感慨萬千。雲從先生的教導和幫助對我影響既深且遠，特别是下述幾點，對一個剛想入門的年輕人來説，特别重要。

一是要尊師重道。揚州師院的老師對我的成長幫助很大，現代

---

① 《蔣禮鴻集》第六卷第617頁《自傳》。

漢語老師陳晨先生、徐炳昌先生、李人鑒先生，古代漢語老師王世華先生、趙航先生、王善業先生等老師教給我最基礎的知識，趙航先生、王善業先生指導我打下了做學問的最初基礎。我在給雲從先生的第一封信中没有具體介紹上述背景，先生回信諄諄教導説："首先應向自己的老師請教，捨近就遠，下問及我，殊屬不合。"我體會，先生這一教導的核心精神是强調尊師重道。我一直銘記在心，對我的老師和前輩學者均敬如父尊，永遠感恩。

二是要多多讀書。雲從先生教導説：從事古代語言文字研究就得"多讀先秦兩漢的文章，以後再讀各代的文章。一句話：基礎要廣一些，不要一開頭就'專'"。先生自己做學問走的正是由博返約之路。先生在談讀書體會時説，自己"只問耕耘，不問收穫"，"鑽進去，沉下去"，"榮辱得失，概不縈懷"，"借債也要買書"[①]；先生所以如此看重讀書，是因為先生認為，"要得到一個精確的看法，就要通過博覽群書的途徑。所謂博覽群書，是就大範圍而説的；把範圍縮小，觀察一部書裏的衆多資料來得出一個看法，這也是'博'"[②]。隨着自己讀書逐漸多起來，研究實踐逐漸豐富起來，越發體會到當年先生的教導是給我傳授的真經。

三是要打好基礎。雲從先生教導我説，考研要"把基礎課程現代漢語、古代漢語復習好，再研讀《辭海》語言文字分册中的有關部分"，因為這些是學習漢語言文字學最基礎的知識。關於文字訓詁，先生主張要讀最基本的，如朱芳圃的《甲骨學文字編》、郭沫若的《甲骨文字研究》、容庚的《金文編》、康殷的《文字源流淺説》、周大璞的《訓詁學要略》等，這些都是當時能够見到的基礎

① 《蔣禮鴻集》第六卷第149－153頁《談談我的讀書體會和治學途徑》。

② 《蔣禮鴻集》第六卷第157頁《説博與精》。

學術參考書。雲從先生還特別强調："《説文解字》是必讀書，可用王筠的《説文句讀》作讀本，段玉裁的《説文解字注》是好書，太難了，以後讀。馬叙倫的《説文研究法》如找得到，也可一讀。"雖然後來我没有做文字研究，但這些基本書籍都按照雲從先生的教導認真看過，還花笨功夫把《説文》段注抄寫過一遍，這些學習對自己的研究道路和學術發展作用很大。我永遠懷念雲從先生，感念雲從先生。

2016 年 3 月浙江大學"紀念蔣禮鴻先生誕辰 100 周年暨第九届中古漢語國際學術研討會"論文

高山景行　精嚴淹博

——為紀念劉君惠先生逝世十年而作[①]

一、劉君惠先生小傳

先生名道龢，字君惠，號佩蘅，以字行。四川成都人。1912年10月27日（壬子年庚戌月丙子日，農曆九月十八日）生。

先生1937年畢業於國立四川大學中文系，畢生從事教育工作。1937年至1941年任四川省立成都師範學校教員，1941年至1947年任四川大學、金陵大學中文系講師、副教授、教授，1947年至1948年任中國鄉村建設學院教授，1948年至1949年任中國公學中文系教授兼系主任、南林文法學院教授兼中文系主任、代院長，1949年以後任川北大學、四川師範學院/四川師範大學中文系教授。

先生曾從蜀中鴻儒趙少咸先生問學，早年受章炳麟學術思想影

① 本文所引君惠先生的話，或取自本人當年的學術日記，或摘自先生的親筆信函。前者不加引號。

響甚巨，對哲學、文學、史學、語言學均有研究。新中國建立前，先生在金陵大學文學院主編的《斯文》月刊及金陵大學文學研究會會刊上發表有關我國歷史文獻的論文，同期主講訓詁學和諸子專書研究，撰有《諸子學導論》，編輯《訓詁學名著選編》，著有《〈方言疏證補〉補》等；在中國鄉村建設學院院刊發表《龍山十二論》，系統討論中國文化史上的許多重要問題。新中國建立後，先生精力聚於漢語、漢語學和漢語學史。在川北大學、四川師範學院/四川師範大學先後講授過現代漢語、古代漢語，為研究生主講訓詁學；1955年由四川師範學院印行教材《古漢語》與《古漢語參考資料》，1980年撰成《訓詁學略例》，於1984年由成都中醫學院印行，參編《漢語大字典》並擔任編委，撰寫《莊子字義疏證》。先生一生發表過很多重要論文，影響深遠者如《論王國維爾雅草木蟲魚釋例》《論王念孫方言疏證補》《讀黃侃論學雜著》《詩豳風七月新探——兼論語言與文化的聯繫》《是尊重古訓，還是墨守古訓》等。

先生1999年10月31日辭世，享年88歲。

先生治學之座右銘曰：審名實、重佐證、守規律、戒妄牽、斷情感、汰華辭。1986年夏，先生綴朱熹句“舊學商量加邃密，新知培養轉深沉”為聯，頌祝張永言先生壽，其題記曰：“永言同志窮研故訓，博綜文史，新知培養，舊學商量，探索愈深，涉獵益廣，徵九服之異言，考六代之絶語，辨章風謠，曲通萬殊，燭照之匠，自成一家矣。”此言先生亦足當之。

先生擅書法、精音律、諳熟醫書，作詩填詞則終生不輟。

先生為人儒雅方正、温柔敦厚，可謂高山景行；先生治學博古通今、中西融通，堪稱精嚴淹博。

二、上　篇

（一）初識先生

1983 年 10 月，中國訓詁學研究會在揚州召開“紀念段王學術討論會”，這是繼武漢（1981）、蘇州（1982）之後中國訓詁學界的第三次盛會，大家雲集，盛況空前。我有幸與會並參與會務，在這次研討會期間第一次見到了先生，並從此與先生結下終身師生之緣。

研討會在揚州第一招待所召開，大多數與會代表也都住在那裏，胡厚宣、殷孟倫、周祖謨和君惠先生等德高望重的老一輩學者則住在招待所對面的珍園。珍園是揚州古老的名園，先生下榻在園内深處幽静宜人的一個套房内。記得那是一天晚飯後，我隨訓詁學研究會副秘書長、揚州師範學院趙航教授去拜望先生。先生身着中山套裝，脚登圓口布鞋，朝後梳理的乌发一絲不苟，慈眉善目，和藹可親。那晚趙航教授和先生談到了訓詁學的歷史和現狀，談到了揚州學派與段玉裁和二王，談到了趙航教授正在研究的課題。先生知識淵博、思路縝密，論及前修先賢肅然起敬，談及研究現狀憂心忡忡；先生虽年逾古稀，但神采奕奕，川腔通語，娓娓道來；因為有我這樣一個後生小子侍座在側，先生總是深入而淺出之，並不時面對我作些補充性解釋，灼見真知，明白曉暢。其时我已有意報考研究生，但還没有最終選定報考哪位先生，此時暗下決心：君惠先生就是我要投考的導師！

會後我把報考君惠先生研究生的想法告訴趙航教授，他旋即致信舉薦，先生 1984 年元月 9 日復信趙航教授表示歡迎，並有話轉達於我，第一層意思是告訴我需要讀些什麼書，第二層意思是告訴我學習的原則："復習書目，殊難悉舉，舉其要者，亦即高名凱、葉蜚聲、王力、胡裕樹及黄伯榮數家之書，熟讀深思，自然有得，便可裕如也。""讀常見書，練基本功，不必旁騖也。""讀常見書、練基本功"，這句話對於希望走上學問之路的年輕人至為重要，我常常用先生這句話回復咨詢考研的學生，因為先生這句話是至理名言，是真理！

由於時間倉促，1984 年應試時外語得分距綫太遠，結果名落孫山。此後一年按照先生的教導静心讀書備考，1985 年報名後我把已經刊發的 14 篇大小文章，包括在《中國語文》上刊發的小文，給先生復印郵寄過去，先生很高興；1985 年初試，我的政治和專業課考得都非常優秀，但是外語還是没有過綫。先生為此親自到學校、四川省教育主管部門申請破格給我面試機會，當最終獲准的消息確認後，先生於 1985 年 4 月 5 日馳書趙航教授云："請轉告華君，準備復試，預計月内即可發出通知也。"興奮之情溢於言表。没有先生的切實幫助和提攜，就没有我之後的學術之路，因為當時我所在的單位明確告訴我，這是給我的最後一次報考機會。我的學術和學術之路，是先生奠定的，我永遠感激敬愛的先生！

（二）承學師門

1985 年秋天，我如願忝列先生門牆，在四川師大的三年以及畢業後到揚州工作的十年，我一直在先生的悉心指導下學習、研究。

我曾計劃研習高郵二王，而最後決定專攻揚雄《方言》，則是接受了先生的意見。自漢以來，由於特殊的歷史文化原因，歷代學者並没有像對待《爾雅》《説文》那樣重視《方言》，所傳版本舛誤很多，研究成果也相對較為單薄，《方言》的整理和研究得從最基礎的工作做起，困難很多也很大，而對我來講，這種專題系統研究則是全新的。所以大到版本流傳，前人研究的評價，今天研究的路徑，小到如何收集材料、整理資料，先生都給我以具體指導；我的讀書心得、小論文、階段成果，先生都細緻審閱、親筆批改，甚至查好資料抄在卡片上帶給我。

先生還給我引見了很多著名專家學者，並使我有幸得到了他們的指點，老一輩學者如周祖謨、蕭璋、姜亮夫、蔣禮鴻、李運益等先生，當時的中年學者如張永言、趙振鐸、王寧、許嘉璐、郭在貽等先生，到這些先生府上求教時我都帶有先生的親筆信。先生經常對我説的一句話就是，老師不僅要把你帶進學術，還要把你帶入學術界。先生這樣説了，也這樣做了。

我從 1986 年初開始梳理關於《方言》的歷代研究成果，特别是清代成果，在攻讀碩士學位期間做了一百多萬字的卡片，裝了滿滿兩隻紙箱，並在其後數年内陸續完成了郭璞、戴震、王念孫、盧文弨、劉台拱、錢繹、周祖謨等人的專書專論，其中錢繹論成為碩士論文，君惠先生領銜著述的《揚雄方言研究》一書第三編就是我上述成果的概述，而各篇專論則收入了 1991 年出版的論文集《潛齋語文叢稿》中。

1988 年夏季畢業離開成都直到 1998 年暑假之前的十年間，我在揚州的研究繼續在先生指導下進行，主要資料的收集整理和匯校匯證的計劃都曾經得到先生的指教。歷代主要注家研究的完成以《〈方言〉研究的歷史鳥瞰》於 1992 年發表為標志，此後主要致力於更廣範圍的材料搜集，同時針對周祖謨《方言校箋》做補正工作，並着手匯校匯證的具體準備，《方言》的整理與研究在繁重的教學和管理工作間隙堅韌地繼續着。

1990 年仲夏，我應約返回獅子山參加《揚雄方言研究》一書定稿，先生得知我的《潛齋語文叢稿》編成，欣然題簽，年底讀到拙著校樣後援筆賜序，字裏行間洋溢着鼓勵獎掖之情。在這次會間，我還帶去了一份訓詁學文選的編寫計劃，先生詳細審改了我的選目和體例，至今遺憾的是，《中國歷代訓詁學文選》於 1994 年出版前屈從出版社壓縮篇幅的要求而删去了先生希望入選的個别文章，希望未來能够有機會補救。

可以告慰先生的是，後來到上海攻讀博士學位，完成了周秦漢晉時期資料的爬梳、研究，基於這一研究而於 2001 年完成的博士論文《周秦漢晉方言研究史》在 2003 年被評為全國百篇優秀博士學位論文，2004 年獲得上海市哲學社會科學研究優秀成果獎，2006 年獲得全國高校人文社會科學研究優秀成果獎；更可告慰先生的是，《方言》校釋匯證的工作於 2005 年脱稿，一百萬字，成果《揚雄方言校釋匯證》2006 年由中華書局出版，2007 年經由王寧先生和魯國堯先生推薦，被評為王力語言學獎一等獎。

三、中　篇

（一）關於反訓

訓詁學上的反訓，是我學習、研究古漢語關注的第一個題目。徐世榮先生在 1980 年第四期《中國語文》上發表了《反訓探原》一文，我讀了之後有疑问，也有一些不同看法，在揚州師院王善業教授的指導下，我帶着問題選擇《詩經》作窮盡研究，1981 年年初寫成一篇長文，為了便於發表，分解為兩篇，一篇題《讀〈反訓探原〉》，直接就徐世榮先生文章中的三個值得商榷的問題進行討論，一篇題《〈詩經〉反訓詞拾零》。

其後幾年，刊物上又發表了好幾篇關於這一論題的文章，一方面因為自己學外語，準備考研，精力不够，另一方面則是因為自己在認識上没有深化，暫時還不能在理論上和實踐上釐清一些問題，所以没有繼續介入討論。獅子山上先生的精闢見解使我豁然開朗，我隨即展開後續研究，陸續發表了《五十年來反訓研究情況綜述》《反訓研究三題》和《繼承和借鑒都要實事求是——讀〈從"反訓"看古漢語詞彙的研究〉》三篇文章。

《反訓研究三題》發表在《四川師範大學學報》1986 年第 3 期上，該文表達了我關於反訓問題最核心的意見。文章中闡述的三個觀點是："反訓詞是客觀存在的語言事實"，"反訓詞的範圍不能任意擴大"，"反訓不是一種研究方法"。文章發表後，遵先生之命寄呈郭在貽先生指正，郭先生 1986 年 7 月 22 日復信道："惠贈大作，頃已奉到。捧讀一過，無任傾佩！近年來對反訓現象之研究，觀點極為混亂，其弊在好異求奇，乃置客觀事實於不顧。大作明晰透闢，有摧陷廓清之功，殊可嘉許。"這篇受到郭先生充分肯定的文章，觀點主要來自先生。1985 年 11 月 20 日陪侍先生，就反訓問題談自己的困惑並請教先生。先生說：我在給 1979 級研究生講課時就指出，反訓不是一種訓詁方法，如果把它看成是一種訓詁方法，就掩蓋了"反正同詞"或"反正同源"現象的實質。先生對我再次强调指出：反訓不是一種訓詁方法，而是一個客觀存在的語言事實。

《語文導報》1985 年 7、8 兩期上發表了蔣紹愚先生題為《從"反訓"看古漢語詞彙研究》的文章，該文正面闡述的主要觀點我們都很贊成，但是我們對蔣先生把以往反訓研究中存在的問題都歸咎於"古代的訓詁學家"、把值得肯定的科學方法都認為是"現代語言學的方法"感到難以接受，並認為這一問題涉及歷史科學研究中繼承和借鑒的問題，即繼承和借鑒到底應該遵循什麽原則的問題，我在《揚州師範學院學報》1987 年第 1 期上發表了《繼承和借鑒都要實事求是》一文，針對蔣先生的文章發表了不同意見。這篇文章的主要觀點也是來自先生。1985 年 11 月 28 日陪侍先生時，向先生介紹了蔣先生的文章和我的困惑，先生說：以往反訓研究中存在的問題不少，確實值得檢討；但是不能把反訓研究中存在的問題一股腦兒都算在傳統訓詁學的賬上，現代語言學的理論和方法也不是什麽都對、什麽問題都能解決；如果不這樣看就不是實事求是的科學態度。先生認為需要撰文辨正，这是重要问题，是具有方法論性質的問題。

（二）《説文》研究

在揚州師院讀本科期間，我在王善業教授和趙航教授指導下讀過一些書，花功夫最多的是段玉裁的《説文解字注》。記得《説文》段注是同學幫我從一位中學退休教師那裏借到的，每次只借給我兩册，還回去纔會借給我下面兩册。我因為太喜歡這部書了，怕以後借不着，就動手抄録，當段注影印本在上海出版時，全書即將抄完。這是一段非常有意義的“原始”訓練，從某種意義上講，這種訓練一直惠及我此後的學術研究。

在讀段注的過程中，我曾經思考過一些問題，一來是因為這部體大思精的著作很難貫通，二來是因為自己還沒有讀過幾部經典原著，所以没有敢下筆。來到獅子山不久，我把讀段注的情況和一些思考跟先生談了，先生支持我先做關於“一曰”條例的分析工作，先生説：這樣切入口小，便於把握，而且做這樣的小題目研究也有助於深入學習段注。當我準備撰寫文章時，看到《江西師範大學學報》1985 年第 1 期上發表了張志德《〈説文〉用“一曰”的體例和作用》一文，不過由於自己下了功夫，細讀張文還是發現了不少問題，比如所下斷語有與《説文》不盡符合者，概括義例尚有遺漏者，審例偶有粗疏或引例有與綱目不安者，等等，因此在總結以往研究成果的基礎上於 1985 年 11 月撰成《〈説文〉“一曰”義例試説》，後來發表在《内蒙古師大學報》1986 年第 4 期上。這是我到先生門下寫成的第一篇論文。

《説文解字》裏有“某與某同意”這樣一個術語，徐鍇已經注意到了，段玉裁、王筠也都講過，但是清朝以降就没有人再去深究它了，我自己讀《説文》讀段注時也没有過多關注它。1986 年 11 月 13 日陪侍先生，先生認為《説文》中這一現象值得深究。先生説：“某與某同意”的“意”不是指詞義相同，與《叙》中解釋六書所説的“同意相受”之“意”也不同，這個術語應該是指某字與某字造字的構思方法相同，前人所説都没有切中肯綮，今人也都忽略了這個條例。我隨後邀同門曾曉雲一起做這個題目，我們先把《説文》中的例子窮盡搜集，然後把《説文》解釋語和《叙》中所出現的“意”全部找出，接着進行分類研究，結果有了重要發現：第一個發現是，《説文》中實際存在着三個意義不一樣的“意”，即“同意相受”“意内而言外”和“某與某同意”。“同意相受”的“意”是指轉注字之間相同的意義；“意内而言外”的“意”相對於“言”而言，是指文字的内容；“某與某同意”的“意”是指創製文字的意圖。第二個發現是，“六書”和“某與某同意”雖然都是講文字構造，但前者是後人對構造方式的總結，後者則是許慎探索文字創製思維規律的概括。第三個發現是，上述解釋不僅能够全部適用於所有例子，而且彌補了我們對許慎文字學思想認識的缺環，即補充了“文字創製規律”，此規律和“文字結構規律”“文字運用規律”一起構成許慎文字學三定律。1987 年 5 月，研究成果由我最後寫定成《“某與某同意”與許慎的文字學思想》一文，1988 年先後發表在内刊《渝州大學學報》和公開刊物《青海民族學院學報》上。

（三）《箋疏》研究

1985 年寒假開始思考學位論文選題。我想過系統討論反訓，但是擔心這個題目没有後續研究空間；我想過研究《説文》段注，尤其是段注的義例闡發，但是擔心自己不能勝任；我也想過從訓詁學的角度研究高郵二王，但是不知道從何處下手。春節後返回成都途經南京拜訪徐復先生，徐先生鼓勵我做《廣雅疏證》。1986 年 3 月 4 日到府上給先生拜年，向先生匯報了自己選題的思考和徐復先生的建議。先生沉思良久，給了我指導意見，這一意見影響了我二十多年來的學術研究，並且還會繼續影響下去。

先生指導説：好選題至少應該具備三個條件，一是要有價值，二是要適合自己，三是要能有後續發展。你的思考和徐復先生的建議都符合這三個條件，但是對你來講，這三個條件的滿足還不是最為充分。建議你做錢繹的《方言箋疏》，今後可以由此展開對揚雄《方言》的整理與研究。在秦漢時期最重要的幾部語言學著作中，《方言》最具語言學性質，而後人對它的研究最為薄弱，因此發展空間最大；在研究中把《箋疏》和王念孫的《廣雅疏證》進行比較，會有重要收獲；過去對《箋疏》評價過高，實際情形是，錢氏講對了的多數是抄自王念孫，不用王氏的觀點材料時就往往會出錯。可以先讀戴震的《方言疏證》，因為戴氏在書中已經一一指明了《廣雅》本自《方言》的内容，在此基礎上把王氏的材料找出來，再去審查錢氏的《箋疏》，有餘力則可以把審查的範圍擴大到乾嘉時期的訓詁名著。

先生給我明確了選題，指出這一選題的價值和未來發展，同時還指導了研究方法以及具體操作路徑，我至今一直在這一最重要的指導意見下從事研究。此後近兩年，我的主要精力聚於《箋疏》。我的研究分為五個主要步驟：第一步讀戴氏書，摘出為《廣雅》所本的條目，然後讀《廣雅疏證》和《箋疏》中對應的內容，做成對比卡片；第二步編製《爾雅》《方言》《説文》《廣雅》被釋字索引，把清代研究上述著作的權威疏證本納入其中；第三步全面閲讀《箋疏》，從校勘、疏解的各個層面，對照前人研究成果逐條審核，並用今天的學術眼光進行鑒別；第四步分類綜合材料，逐類分析研究，提煉觀點；第五步結構全文提綱，撰寫論文。對一個碩士生來説，這一課題的工作量很大，光是卡片資料就做了一百多萬字。但是我覺得那是非常快樂的一段時光，有緊張狀態的快樂，有生活充實的快樂，更有大大小小發現不斷出現的快樂。

先生的指導貫穿於我的研究和撰寫碩士論文的全過程。

當材料搜集基本完成而進入分析研究階段時，先生多次把材料和啓發性的話寫在稿紙上帶給我。比如："《方言》'逞、苦、了，快也'，錢疏：'苦為快急之快。'《廣雅》'苦，快也'下，王念孫有疏證，錢即襲用王説，試評其得失。"比如："《方言》'揄鋪、艦極、帗縷、葉褕，毳也'，郭注：'皆謂物之扞蔽也。'王説'扞蔽'當作'行敝'。錢疏以'毳'為獸細毛，又不用王説，仍以'扞蔽'索解。試論之。"先生還把自己撰寫的文章及時給我參考，其中提交給四川省語言學會 1987 年年會的文章《方言箋記》就給我很多啓發。

當分析研究基本結束而進入構思寫作階段時，先生又於 1987 年暑期介紹我訪問了很多學者，先生在給各位學者的信中總有這樣一句話："華生劬學多才，思精力果，伏望推愛，進而教之。"每當我翻閲當年複印留存的這些信件時，就能感受到先生的摯誠關愛，就被先生的提攜之情深深感動。在看過我的論文開題綱要之後，先生於 1987 年 9 月 10 日再次指導説：評價錢疏需要把握好三點。一是如何看待錢疏的詳贍。材料觀點的來源是實質，詳贍只是表面現象。二是如何看待使用前人的觀點材料。要考察有没有自己的剪裁，淹博而失之繁蕪則不可取。三是如何站在學術史的高度審視，評價前人的學術工作，要能從縱横兩個維度去觀察，要平心静氣，要公允。

(四)《方言》注家

做錢繹《方言箋疏》的歷史評論，核心材料必然涉及兩個方面，一個方面是歷代注家，一個方面是《方言》本體。前代注家的成果是評價《箋疏》貢獻的依據，後代注家的成果是討論《箋疏》舛誤的參照，因此完成《箋疏》的學術史評論，歷代注家的成果需要全面梳理；不管是《箋疏》，還是歷代注家，他們的研究對象都是揚雄《方言》，因此一切有助於《方言》研究的文獻材料都應該加以搜集，並對《方言》本體展開新的研究。1986 年 9 月 16 日，我在日記中記下了包含上述内容的宏大科研規劃，1987 年 3 月 23 日到先生府上問學時匯報了這一規劃，先生十分贊賞，希望我一步一個脚印地做下去。

歷代《方言》注家研究成為《箋疏》研究開始之後首先考慮的課題，我列出了郭璞、戴震、王念孫、盧文弨、劉台拱、錢繹、周祖謨等作為專題研究的對象。當年 10 月完成碩士論文《箋疏》論稿，正好趕上先生主持的《揚雄方言研究》獲准列入四川省社科規劃，先生邀我負責第三部分"《方言》注家研究"，於是歷代注家研究直接在先生指導下展開。1987 年 12 月《論錢繹〈方言箋疏〉》定稿，1988 年 4 月《論王念孫的〈方言〉研究》《〈方言〉郭璞〈注〉條例述補》脱稿，1988 年 5 月《論郭璞〈方言注〉》完成。畢業後到揚州工作的第一年在外地教學，注家研究被迫中斷。1989 年 6 月《論戴震的〈方言疏證〉》撰就，1989 年 9 月《論盧文弨〈重校方言〉》完稿、1989 年 11 月《劉台拱〈方言補校〉論略》寫成，兩稿 1990 年 3 月改定，1990 年 4 月《周祖謨〈方言校箋〉淺探》殺青。至此，計劃中的注家專論全部完成，凡 16 萬餘字，隨後根據先生之前明確的課題要求，壓縮成 7 萬多字的書稿①。我没有能够参加 1991 年先生八十華誕紀念活動，很是遺憾，因此利用上述研究基礎撰成了《〈方言〉研究的歷史鳥瞰》一文為先生祝壽，發表在 1992 年出版的《學人》學術集刊上。

畢業後所以能够順利完成注家研究任務並撰成書稿，完全是因為有先生的鼓勵和指導。先生得知我將到外地承擔教學任務而心有焦慮的情況後，1988 年 8 月 26 日來信勸慰曰："足下承擔教學任務綦重，校外奔馳尤勞，張横渠所謂'玉汝於成'者，足下當欣然順受之。常熟、高郵皆勝地，教澤宏敷，江山多助，足下宜樂此無疲也。著述之事亦當不廢……但望頤節耳。""開拓萬古之心胸，推倒一世之豪傑，吾輩一室之中，自有千秋之業，我屬望於足下者至殷且切。"1989 年 10 月 20 日致書先生，求教注家研究書稿具體要求，先生於 11 月 1 日復信曰："我輩數人研治《方言》，自辟新途，庶幾如顧寧人所歎采銅於山者異於攬廢鐵以充鑄者矣。足下所撰《方言》注家有揚榷、有抽繹、有訂正，可為治《方言》者啓辟門徑，左右採獲，方面廣而功用宏，甚可喜也。字數稍多，可以恰當壓縮，明年相晤時再從容商榷何如?"並再次給我鼓勵曰："吾輩一室之中，千秋之業無窮，末契惟託之足下矣。"除周祖謨一家，其他六家專論完稿後於 1990 年 4 月初寄奉先生，先生於當月 15 日復信曰："《方言》注家述評已完成六家，愚以為大體既得，周祖謨箋

① 1991 年 2 月先生來信囑稍加删節，我遵囑又删去萬字左右。但《揚雄方言研究》出版時只剩下四萬餘字，致使部分章節不成文章，有些章節之間比重嚴重失衡。最終删節並非本人所為，出版前亦未經我寓目。

疏可以存而不論。”“揚雄《方言》為懸日月不刊之奇書，我輩坐一堂而共議，探本窮源，左採右獲，其樂無窮也。”

四、下　篇

（一）先生論學

先生學問根底深厚，且研治面廣而見解深湛，更能參透古今、融通中西。已經見之於刊行文字者，讀者自可一一覆按，而我在問學先生和與先生的文字交往中，先生所表述的觀點卻未能彰顯於世，均為吉光片羽、真知灼見，即使今天讀來，仍然會服膺其視野之宏闊和燭照之深邃。我認為自己有責任公布這些論述，並認為今天也是恰當的時機。下面簡單分類輯録，希望能够有助於對先生進行研究的人，也希望這些觀點能够引起學界的重視。

1. 關於外來詞研究

先生認為在訓詁研究中，外來詞是最為薄弱的環節。

1986 年 10 月 16 日陪侍先生，先生説道：外來詞的研究是訓詁學的一個薄弱環節，段注在這方面的探索值得重視，段注中常用“異語”來指別。由此我纔領悟到先生《訓詁學略例》第二編專列一章討論“訓詁與外來詞”的深意。該章分三節，分別討論“語言中的外來成分”“漢語裏的外來詞”“研究外來詞是訓詁學的新任務”，内容雖然簡略，但發凡起例之功巨矣。

2. 關於漢語研究方法

先生主張結合文化史研究漢語，並呼籲總結前人在這方面積纍的寶貴經驗。

1987 年 11 月 26 日就漢語以及漢語學史的研究與文化史的關係問題請教先生，先生論曰：漢語研究的特點是和漢語本身的人文特點相適應的，即應結合文化史研究漢語。過去我們研究中國語言學史，一般是遵循着兩條路，或稱兩種框架，其一是傳統的文字、音韻、訓詁，其二是二三十年代至 50 年代從西方引進的普通語言學理論。前者由於缺乏完備的理論體系，靠它自然無法從理論上完全解決中國語言學的問題；後者由於是舶來品，而這些舶來的東西並不完全適合於漢語的實際，難免牽强附會，不得真諦。可見，它們都無法承擔總結漢語史和漢語言學史的任務。漢語的人文性，漢語言學史的文化學方法，呼喚當代學者重新從文化史的視角審視觀照漢語史和漢語言學史。章太炎的《文始》是一部集大成之作，可以此作為代表，總結前人漢語研究的文化學方法。

3. 關於漢語研究現狀

先生對新時代的語言學寄予厚望。1988 年 8 月 26 日來信曰："新的時代應當有新的理論高度，漢語科學研究應該有新的進展、新的突破。開拓萬古之心胸，推倒一世之豪傑。"

先生最為憂心的是語言研究不重視民族性，而一味"委心遠西"。

1988 年 11 月 14 日復信評我關於語言研究現狀之言論曰："來書論當代語言科學，深中時弊，'西方中心論'流毒深矣，足下能著論廓清之否?"

1991 年 1 月序拙著《潛齋語文叢稿》曰："予嘗謂學術無國界，學者應知己知彼，不可因仍舊貫，蔽所希聞，然亦不可一切儀型西方。章太炎有言：'中國之不可委心遠西，猶遠西之不可儀型中國也。'（《國故論衡 · 原學》）語言文字為民族特徵之本質要素，語言文字之學，自有其特殊的民族風格、特殊的研究方法和特殊的歷史發展道路。世有委心遠西，以歐洲模式為師者，怪舊藝而逞空談，游心竄句於結搆形式有無同異之間，以漢語、漢語學和漢語學史之研究，一切納入歐洲模式，錮天下之智慧於無用者，不亦詭乎。”

1994年12月2日復信曰：“來信論及漢語科學現狀，此有識者所同憂，‘高處不勝寒’，奈何，奈何。語言學是領先的科學。但願語言學家高瞻遠矚，鼓足理論勇氣，開拓萬古之心胸，推倒一世之豪傑，狠狠批判漢語科學中的歐洲模式論、西方中心論，以振興漢語科學，此吾輩之責也。我曾以遁世無悶相勵，此從吾輩進德修業立言，若辨章學術，考鏡源流，息邪説拒詖行，則吾輩責無旁貸。”

1995年10月30日來信曰：“近來深感於當今不少學人傾心實用而忽視基礎，忽視理論研究，其後果使人心憂。許多人大聲呼喊：宏揚民族優秀文化。民族文化最根本之載體在民族語言、民族文字、民族歷史。近百年來，我們的民族語言、民族文字、民族歷史受侮不少矣，這將使我們跨世紀之英才食其苦果，這將使我們民族的文化水平和精神素質趨於衰落。遥想足下亦同此憂也。”

4. 關於治學精神和態度

先生治學深造自得，强調精嚴。

先生平生著述豐贍，但很多從未刊行，我在給先生的信中建議先生系統整理出版，以嘉惠學林。1988年11月14日先生復信述其為學曰：“顧炎武謂著述之業，當‘采銅於山’。僕服其遠識。平生為學，亦多深造自得之境，然未敢自以為是。昔日之得不足自矜，故隨手散棄者如雨珠落大海矣。吾弟督策之意甚厚，今後當計日收拾之。”

1990年初應朋友之約，我從已經發表和剛撰就而沒有發表的文章中選編成論文集《潛齋語文叢稿》，請先生審核並題簽賜序。1990年4月15日先生復信强调收録宜嚴曰：“尊著將刊專集，甚喜甚喜，惟入録宜嚴耳！足下潛心學術，力果思精，十年一集，自為目録，以矜慎自持為要，當異於今之以捬落為大雅者矣。”

先生治學寬厚待人，講究策略。

1986年6月，我讀完郭在貽先生的《訓詁叢稿》，擇録出書中值得商榷的問題，其中較多的是反訓問題，寫成札記，準備寄給郭先生請教，先生以為不妥。7月9日又從城中老宅給我來信，曰：“今年學報（按，指《四川師範大學學報》）第3期刊出了你的《反訓研究三題》，我建議你給郭寄去，正可以從一個側面表述你對反訓詞的看法。”

因為我的宏觀研究計劃是做完注家研究之後轉入《方言》校證，所以所論注家並没有止於清代，周祖謨《方言校箋》自然也納入了研究討論範圍。1990年6月28日先生來信曰：“評《方言校箋》一篇，鄙意以割愛為宜……名山之業，每俟蓋棺而後論定，固當静以處之耳。”

（二）先生境界

我初識先生時，先生已經年逾古稀，雖然清臞羸弱，但是精神矍鑠。1988年以後，先生的身體日漸衰弱，精神亦大不如前，但先生自强不息、樂觀面對，耄耋高年關切的都是學術和社會，並時時督促我的學業，其情殷殷，感我至深。

1988年暑期先生大病一場。8月26日來信提出“漢語科學研究應該有新的進展、新的突破”這一期望時，先生大病初癒。信曰：“我自宜賓歸來，以伏熱感寒，遂致大病。頃始稍瘥。……今晨小坐，始覺神志清爽，因讀來書，伏讀數過，乃振筆作復，知足下望我久矣。”信中透露，此前還帶病參加過外事活動：“前日（8月22日），日本漢詩學會訪華團來成都，國際文化交流中心邀我代表四川詩詞學會接待，在杜甫草堂開中日詩藝交流座談會，我帶病出席，在會上做了長篇發言，又被迫在會上即席賦詩。日方會長柳田聖山與我懇談，並贈新著《禪宗與日本文化》，詩人而深研哲學，亦足以發吾輩之深思也。”

1991 年春天先生曾經病重住院。先生 7 月 14 日來信曰：“今歲春間，受寒臥病，即住進草堂療養院，四月迄今，病室寂處，如退院僧矣。此次病情頗猛，診斷為支氣管炎急性發作和阻塞性肺氣腫，現在雙肺底仍有濕鳴，心臟主動脉硬化，功能不全。經向主任醫生再三請求，始於前日暫時離院。”先生信中囑咐的事情，是讓我和趙航教授讀過先生撰寫的《揚雄方言研究》一書“序論”之後提出意見。

1992 年春天先生再次重病住院。先生趁友人來揚州，託其帶來 5 月 5 日書信曰：“今年二月，又以心臟病住草堂，頃始出院，在家療治。病因是風寒引發支氣管炎、肺氣腫，並發冠心病。帶病可以延年，此亦辯證法。望釋注念。”8 月 6 日再次來信曰：“久不奉書，衹緣衰病，年來已經兩次住草堂療養院，醫護周至，幸得康復……斆讀手教，知精進不已，吾當十駕與扶輪也。”10 月 30 日來信曰：“不佞兩度住院後，體氣漸衰，然耳聰目明，眠愈熟，食愈甘，愛我者以期頤相祝，不佞亦以百歲為奮鬥目標矣。”

1992 年歲末，我將登載給先生祝壽文章的《學人》寄呈先生，1993 年 1 月 26 日（農曆正月初四）先生來信曰：“除夕前日奉寄書及手札，如親面語。一年將盡夜，萬里遠離人，言念昔遊，愈感飢渴矣。辱以鴻文祝我髦歲，百朋捧賜，愧荷曷勝！諷籀再三，益嘆足下思精力果，胸有真知，異於今之類纂雜録者，循此以往，學有緝熙於光明，淮海維揚誕育後人矣……與足下別久矣，引領東望，懷念日深，萬里吴船幾時西征邪？年來頗衰，無遠遊之興，乏濟勝之具耳。”

1994年秋日，我終於有機會去重慶公幹，因此陪同趙航教授特地轉道成都看望先生。回到揚州後把洗印出的照片寄呈先生，信中談及我對漢語研究現狀的種種憂慮。先生12月2日來信曰："別易會難，人情所重。此次文旌偕趙航先生賁臨敝廬，真不啻從天而降也！乃匆匆一聚，又聽班騅，別悰未罄，愁腸旋結……正擬復書，旋有寒疾，支氣管疾驟發，遂入草堂療養院診治，瞬即一月，始得稍蘇。"在這封信中，先生發表了對語言學研究現狀最為鮮明的評論，並强調我們應當承擔起的時代責任，1995年10月30日的來信中又再次發表了對語言學現狀的看法和建設性意見，均詳上文所引。

五、餘　篇

在獅子山讀書期間，我和先生經常見面，當我的研究進入關鍵時期，則幾乎每周都要見面。先生授課或因事到校，我們就在教授公寓茶叙，先生没課時我就去先生鹽市口老宅。先生起牀很早，在院子裏稍稍活動後就看書寫作，遵囑去先生老宅一般是在上午十點前到；每次師母總會備置好美食，讓我和先生在書房小酌論學，先生午休前告别返校。畢業後直到1995年底，我和先生的交流主要通過書信，而從1996年開始，我則改用電話和先生聯繫，因為先生回信太費精力。1990仲夏，我應邀參加《揚雄方言研究》統稿會去過成都一趟，因為掛念並擔憂先生的健康，1994年專程繞道去成都看望過先生一次，内疚的是我去看望先生的次數太少太少。

我以為：先生老宅遭遇拆遷，被迫搬入樓房公寓，此乃傷我恩師之元凶一；煩雜社會事務勞擾先生，攪亂先生平静生活，損我先生精氣，此乃傷我恩師之元凶二。

先生老宅坐落在城中紅照壁附近的新光華街，那是距離鹽市口不遠的一個幽静的街巷，四合院，小瓦平房，庭院春夏秋冬皆生機盎然，記得正屋十一梁，廳堂簷下有走廊，古色古香，冬暖夏涼，先生生活於斯77年。1989年市政建設毀我先生老宅，先生於當年7月被迫遷居西郊白果林小區，1989年11月1日先生來信述及此苦曰："居小樓如蓄樊中矣！"遷居後圖書資料清理成為沉重負擔，直至1990年4月15日先生來信還説："圖書器物至今猶未措置就緒。不遑寧處，實嘆勞生！"

先生學問深湛、德高望重，生性隨和而樂於成人之美。1988年，已經77歲的老人還出任四川省高師師資培訓中心導師，1989年被聘為四川省優秀圖書評獎委員會專家，四川省詩詞學會的各種活動也常常需要出席，至於論文評審、專著評議之類涉及職稱、獲獎之類的繁雜事務，更是每年一堆，先生雖深感精力不支卻不忍拒絶。1989年11月1日來信中先生嘆曰："種種無益之事，耗我有涯之生矣！"

先生向來清臞羸弱，但是除了支氣管炎並無其他沉痾頑疾，先生為人忠厚，心境平淡，一副仙風道骨。我認為先生一定能够活過百歲，所以曾和先生約定，百歲華誕時邀集海内外同仁和同門在成都舉辦學術盛會給先生增壽，誰知天不假年，嗚呼先生！

成都東郊的獅子山很美，春天繽紛燦爛的桃花，秋天雲蒸霞蔚的柑桔，起伏綿延的山岡、曲折幽静的小道，以及山下不時呼嘯而過的火車，這些鏡頭都鑲嵌進了我的學術年輪。獅子山有我很多老師，他們對我的成長都付出了心血，而君惠先生對我的影響最為深遠：川师校内先生寓所的茶敘答問，新光華街先生老宅的小酌論學，長江首尾之間尺牘的指導鼓勵……我的系統學術訓練完成於獅子山，我的《方言》研究起步於獅子山，我的學術進展來自君惠先生的指引，我的所有研究及其成果都深深滲透了君惠先生的心血！

人生有涯而師恩無窮，天地長久兮我情曷終！

原載於《勵耘學刊（語言卷）》2008年第1期，
學苑出版社 2008年

簡述杜道生先生的文字學觀

——寫在先生期頤壽慶之際

引　言

1985 年初夏入川參加碩士研究生復試，我認識了杜道生先生，當年仲秋入學就開始聽杜先生的文字學課。杜先生的課程内容分為兩個部分：一部分是《漢文字學常識》，以《説文解字》為主要教材，講述《説文》和漢字形音義的内容；一部分是《説文解字》段注，以闡發段注的義例為主要内容，兼采他家之説，折衷評述。杜先生是樂山人，樂山話與成都話的差别很大，還保留入聲。一開始我聽課很吃力，儘管每次都坐在第一排，與先生只隔着一張課桌（當時川師研究生教室没有現在大學那種居高臨下的講臺，老師和學生平起平坐，使用的是同樣的課桌），而且全神貫注，但是仍然在很長一段時間聽不明白，甚至先生直呼我的姓名讓我用家鄉方言印證他的講課内容我都直愣愣不知道是在招呼誰。但是杜先生的課卻是我收穫最大的課程之一，原因有三：一是先生編寫了系統的講義，工楷墨書，每個學生都有掃描油印件，這就為課前預習課後温習提供了最好的條件；二是我的同學都是四川人，先生臨場闡發的、補充的，我没有聽明白而漏記的，借用同學的課堂筆記都能補充完整；三是先生就住在中文系辦公樓，研究生宿舍與之相距也就一兩百米，除了休息時間，什麼時候都能在中文系樓上找到先生請教，不是在二層的宿舍裹，就是在三層的資料室。

今年正值先生期頤大壽，川師舉辦專門的學術活動為先生慶壽，為先生增壽。接到通知，我立即想到的是，應該借此機會寫篇文章。杜先生關於漢字和漢字研究有非常豐富的思想，試圖在一篇文章裹完整而又系統地進行闡發，是根本不可能的。因此，這篇文章只能就我所理解的，對我影響最大的，撮要淺談，故題曰《簡述杜道生先生的文字學觀》，向同學們和專家們請教，也算是我這個老學生 25 年後向杜先生交出的一份作業。

一、關於漢字本體的重要觀點

杜先生關於漢字本體的重要觀點，散見在他的講義中，内容非常豐富，全面梳理、概括、總結，需要假以時日。《人類心靈的幾何學》[①] 是一篇具有重要影響的論文，是杜先生見諸公開報刊的不多的幾篇文字學論文之　。

關於漢字與漢語的關係，杜先生有着十分科學的認識。杜先生認為，“作為語言的書寫符號的確立，一開始就擔負了表達語言的‘詞’的任務”，“語言的發展，推動文字的發展，漢字的發展和壯

---

① 1982 年 11 月 23 日《華僑日報 · 文史雙周刊廿四期》。先生在講義中補記云：“本文原題《關於漢字‘數學’素質的擬測》，初稿於 1980 年暑假，1982 年 5 月曾在四川省語言學會首屆年會提出報告。”本文所據，是杜先生的講義《漢文字學常識 · 漢文字學進修資料輯略》附録，157—161 頁。

大，總是以漢語為中心。當漢字作為漢語書寫符號出現的時候，它既以形體表示讀音，又以形體表示意義”。

杜先生認為，透過《説文》部首還能够窺測到人類智慧發展的消息。他説，“勞動人民在觀察理解客觀事物的基礎上，創造文字，而且作過歸納，作過概括”，“按照人類智慧發展的程式，最早出現的文字，應該是些大共名或者大別名”，《説文》部首的説解就能提供這類信息，比如“鳥”是“長尾禽總名”，“艸”是“百卉”，“川”是“貫穿通流水”，“可以説，許慎的建立部首，有意於對事物進行綜合和分類”，“《説文》的許多大部，都是族類的代表”。

關於漢字特點，杜先生最有影響的觀點是：漢字是人類心靈的幾何學。

杜先生的這一重要觀點是在李約瑟博士的啓發下提出來的。李約瑟博士認為漢字具有“數學”素質，他雖提出了這一命題，但並没有進行具體分析和科學論證。李約瑟博士的原話是：“在中國的文字中，一個字的發音和它的書寫方式是没有關係的。事實上，寫出來的文字的意義是固定的，不管講什麼方言的人都明白它的意義，但他們發出來的音可以完全不同，彼此無法聽懂，就是這種語言中的‘數學’素質使公元十四世紀早期的波斯人深為感動，後來又引起像萊布尼茨這樣的十八世紀歐洲學者的注意，也許還推動了歐洲數學邏輯的發展……”①

基於對漢字的系統研究、對中華文明的深刻把握，杜先生對李約瑟所提出的“數學”素質作出了具體解釋，並創造性地提出了“漢字是人類心靈的幾何學”這樣的論斷。杜先生認為，李約瑟博士所説的“數學”素質，答案只有一個，這就是，“漢字本身具有

① 李約瑟《中國科學技術史》第一卷第一分册，71頁。轉引自杜先生講義。

幾何學的素質。換言之，即漢字具有用圖形、符號表示概念的素質”。“概言之，就是人們把心靈對於客觀事物感受用圖形、符號表達出來，描繪出來。‘字為心畫’的説法就源於此，這也是我所理解的漢字最根本的素質”。“歐幾里得幾何是研究物體形狀、大小和位置相互關係的科學，它以高度抽象和概括的圖形表達事物之間的關係。而漢字與之相較，則有異曲同工之妙，因為漢字最大的特點，是把人們心靈對客觀事物的感受，用圖形、符號的方式表達和描繪出來，所以我們盡可以把它視為人們‘心靈的幾何學’”。

杜先生不僅就李約瑟博士的命題提出了科學解釋，提出新的論斷，而且從人類的本質特徵上揭示了圖形、符號的性質。他認為，人類表達心靈感受的方式有三種，即動作、聲音以及圖形和符號，而“創造符號並使用符號也是人類最本質的特徵之一”，漢字的“超方言”性質和“超時間”性質，都是由它的“心靈幾何學”的性質所決定的。高本漢曾經提出：“將來果有世界語之創立，當以中國語文之研究為基礎。”① 李澄波也認為：“統一全球非中國文字不為功。”② 中外學者所提出的類似觀點，杜先生深表贊同。他認為，人類“經常陷於民族仇根，領土紛争之中”，“究其根本，則語言不通，互不理解，為一重要因素”，因此，“世界上倘若有建立共同文字的規劃和理想”，那麽最適合的就是“根據人們共同心靈感受而造成的中國文字”。

文章的最後還指出了外國朋友學習漢字的有效途徑，這是來自一位漢字學大家的意見，極富學術眼光，如果能夠結合對外漢字教

① 高本漢（1889－1978），瑞典漢學家。杜先生所引高氏語，見《中文大字典·序》二頁所載。轉引自杜先生講義。

② 李澄波（1872－1961），字天根，精通歷史與考古，成都歷史文化名人。杜先生所引李氏語，見於李澄波所著《中西文字異同考》。轉引自杜先生講義。

學實踐來認真研究它，也許能因此找到破解對外漢字教學難題的重要方法。

二、關於漢字研究的重要觀點

關於漢字研究的重要觀點，杜先生的講義中有兩種體現方式，一種是講義内容的安排，一種是直接的表達。

杜先生認為，學習、研究漢字，必須研讀《説文解字》，還要兼習古文字，這是十分通達而且科學的。杜先生的《漢字學常識》列有四章，即《説文解字敘》、六書補例、《説文解字》在編寫上的創建、甲骨文金文述略。這樣的内容編排，體現了杜先生的漢字研究觀。

關於《説文解字敘》，杜先生除了對正文進行分段並逐句標點之外，主要採用傳統講疏形式：隨文夾注，徵引有助於理解敘文字句的文獻，對生僻字詞作簡明注解；每段正文之後撰寫的内容有三層，一是概括段意，二是用現代文譯述，三是扼要提示。比如從“敘曰”開始至“靡有同焉”為第一段，此段後首先概括曰：“以上文字原始”；接着譯述；最後提示曰：“講述文字起源，援引史實，建立發展進化的觀點。重視語言文字之社會性。”杜先生的重要見解，主要體現在提示部分。

杜先生特別重視“六書”，而講“六書”則尊崇戴震、段玉裁。杜先生採用戴震的四體二用説，認為“《漢書·藝文志》説‘六書’是造字之本，這是不够全面的説法”；杜先生編寫《六書補例》一章的目的，是讓同學們“多觀察一些例證，把分析的方法熟悉起來”。

關於《説文》在編寫上的創建，杜先生認為主要體現在下述幾方面。字體的選擇，在史籀大篆、小篆、古文、鼎彝銘文諸多文字材料面前，合理地選擇了小篆，兼顧“古籀”，並指出，所謂“古文”，“乃漢人之‘壁中書’之專稱，非泛指古代之文字”。體例的組織，“特別表現在他的分析字形，創建部首，以五百四十部，統率九千三百五十三文的分部工作方面”，“按照形體去整飭部勒漢字”，“提綱挈領，執簡禦繁”，“是切合漢字特點的”。

關於《説文》部首，杜先生有詳盡的討論。關於部首的次第，南唐徐鍇只根據意義的聯屬，清代段玉裁則注重形體的聯屬，杜先生認為“兩家各執一端，都不完全切合實際”，“《説文》的部居次第，是據形據義聯繫安排的”。雖然部首都是字，但並非什麽字都能充當部首。杜先生認為只有同時具備形符、義符、類符這三種特點，“部首的意義方能完足，部首的作用纔更顯著”，並具體分析了部首的作用，和充當部首的理由。

在《甲骨文金文述略》一節，杜先生簡述了甲骨的發現與甲骨文、鼎彝的出現與鼎彝銘文，介紹了甲骨文、金文的結構知識等，並特別指出了甲骨文字、金文對文字學的影響。杜先生認為，“甲骨文字出現以後，首先影響到‘文字學’的研究”，一是“‘文字學’上之原則研究（文字産生的社會性，文字發展之漸變性）”，二是“文字本身之字原研究”。杜先生認為，“真的把金文的研究用到文字學上，是在清朝乾嘉以後”，用沈兼士的話説，就是“乾嘉以來定一尊於《説文》之學風於焉丕變”[①]。

在講義的不少地方，都能見到杜先生關於漢字研究的精彩觀點。下面僅從《説文解字叙》的注語中按自然順序檢索，就能摘要

① 沈兼士《金文編序五》，丁福保《説文解字詁林》後輯之“序跋類”。轉引自杜先生講義。

如下，可見一斑。“黃帝之史倉頡”下注語云：“關於八卦及倉頡造字之説，在今天應該批判地認識。”周至西漢文字源流一段文字的譯述之後提示云：“注意籀文（大篆）與小篆關係，小篆與隸書關係。”“分别部居，不相雜廁”下注語云：“許君以為，音生於義，義著於形；聖人之造字，有義以有音，有音以有形；學者之識字，必審形以知音，審音以知義。”“爰明以喻”下注語云：“許君之書，以字部首為經，而物類緯之也。誼兼字義、字形、字音而言……一字必兼三者，必互相求，萬字皆兼三者，萬字必以三者彼此交錯互求。”

三、關於漢字發展的重要觀點

關於漢字的起源和發展，杜先生認為，許慎在叙文中承襲“八卦及倉頡造字之説，在今天應該批判地認識”，但是他“援引史實，建立發展變化的觀點”，則應該得到肯定，説明他“重視語言文字之社會性”。杜先生認為，“勞動人民創造文字，使用文字，愛護文字，而且不斷地改造文字，使得文字更豐富完美，更好地為人類服務”。

漢字的發展是有規律的。杜先生認為，“由於文字記録語言之功能，必然是走向‘密切表音’，此所以形聲之字日益增加；由於施展交際交流思想之作用，必然是走向‘書寫便易’，此所以形體簡化日益顯現”。

漢字是不斷發展的，並且“遠在三千年前已經發展壯大”。隨着漢字的增多，漢字教學、漢字研究事業也發展起來。為教人識字而編纂識字課本，編纂識字課本的人或者是“朝廷顯官”，或者是“文史大家”，所以這些識字課本不僅在漢字傳承方面發揮了不可替代的作用，而且為漢字研究奠定了基礎，《說文解字》的編寫離不開這些重要基礎。基於這樣的認識，杜先生講解《說文解字》在編寫上的創建，首先詳盡地評介了《說文解字》以前的字書。

與漢字發展觀念相應的是，杜先生主張今人的研究要强調繼承。杜先生在《略談字典編撰的歷史繼承》[①] 一文中有比較集中的論述。杜先生以字典收字和根據字書編字書這兩個問題為例進行了討論。杜先生指出："歷史的繼承對語言文字來説更具有重要意義，歷代字典詞書的編撰對此都給予了充分的重視。"繼承不是消極的，而應該是積極的。杜先生把歷代字典詞書的收字原則概括為四句話："作好歷史的繼承（存古），促進書寫的規範（正字），進行不斷的補充（拾遺），切合實際的使用（利今）。"杜先生明確表示："根據字書編字書這個説法，個人比較相信。"因為"它深含歷史繼承的意義，又不是簡單的照搬，機械的録用，而是有所借鑒，吸收其精華，剔除其糟粕，糾正其訛誤。"並舉出歷代代表性字典詞書為證，指出《說文解字》《切韻》《字彙》《正字通》《康熙字典》《中華大字典》《漢語大字典》等無不如此。

在强調繼承的同時，杜先生十分注重今人研究的創新。杜先生的《"及神農氏結繩為治而統其事"的探索》[②] 一文堪稱創新的代表作。杜先生提出，《說文解字敘》中所說的"結繩"應該理解為"締結盟約"，而不是實物紀事，這是一個十分有意義的創新見解。杜先生從兩個方面進行了有力的論證。一方面，從社會發展的角度説，"遊牧社會人類已經知道使用符號來表示宇宙現象，這就是易八卦"，在進步到農業社會時不可能"反而退到實物紀事而使用

① 文載《四川師範大學學報》1991 年第 4 期。

② 文載《四川師範學院學報》1980 年第 1 期。

'結繩'";"結繩"是"為治",是要"統其事",簡單的實物承擔不了這樣的任務。另一方面,從文獻詞義發展的事實來看,"結繩"這個詞語的意義確實經歷了從指實物紀事發展到指締結盟約:《易·繫辭下》説"作結繩而為網罟,以佃以漁",又説"上古結繩而治,後世聖人易之以書契。百官以治,萬民以察"。杜先生認為,"'結繩'一語,在這兩節的敘述裏,字面相同,而表達的意義存在着很大的差異",《説文解字叙》裏的"結繩"義同後者;其次,用"繩"來解釋"約",古書上例子不少,《老子》二十七章"善結無繩約而不可解"句中"繩約"為聯合結構作賓語即為典型例證。"結繩"這一個詞語,在不同的歷史階段表達了不同的內容,轉為"締結盟約"是客觀史實。

四、關於六書研究的重要觀點

杜先生極為推崇段玉裁的觀點,認為六書的根本性質是"文字聲音義理之總匯"。《説文解字叙》"周禮:八歲入小學,保氏教國子,先以六書"下注語引段玉裁云:"六書者,文字聲音義理之總匯也。有指事象形形聲會意,而字形盡於此矣;字各有音,而聲音盡於此矣。有轉注假借,而字義盡於此矣。異字同義曰轉注,異義同字曰假借。有轉注而百字可一義也,有假借而一字可數義焉。"

杜先生對漢字結構洞察無遺,因此能够對"六書"作出科學、細緻的辨析。《説文解字叙》"指事"下注語云:"指事之别於象形者,'形'謂一物,'事'晐衆物,專博斯分……學者知此,可以得指事象形之分矣。""象形"下注語云:"有獨體之象形,有合體之象形。獨體如日、月、水、火是也。合體者,從某而又象其形,如'眉'……'箕'……'疇'……是也。獨體之象形,則成字,可讀；斛於從某者，不成字，不可讀。此等字半會意半象形，一字中兼有二者。會意則兩體皆成字，故與此別。”在《指事補例》序言中云：“象形是按照實物用畫畫兒的辦法來表達，指事是用符號表示抽象的概念……指事是一種‘借象表意’的文字，與象形之‘以象表物’不同，因為它表的是意形而不是物形，所以造字的時候應該力求顯明，使人易於體會它的意思。”該節補例後云：“象形和指事的區別可以分成兩方面來説：（一）就形象來説，兩者都是表形的，不同的地方在於象形是寫實的，指事是寫意的；（二）就所指來説，象形是專指，指事是泛指。”在《會意補例》後云：“會意字和指事字的區别，在於會意字是由兩個以上的字組合而成的，而指事字的組成部分決不會都是字。”《説文解字叙》“形聲”下注語云：“其别於指事、象形者，指事、象形獨體，形聲合體。其别于會意者，會意合體主義，形聲合體主聲。”“轉注”下注語云：“轉注者，所以用指事、象形、形聲、會意四種文字者也。數字同義，則用此字可，用彼字亦可。”“假借”下注語云：“假借者，古文初作，而文不備，乃以同聲為同義。轉注專主義，猶會意也；假借兼主聲，猶形聲也。”

杜先生對象形指事會意形聲這四類還作了進一步區分：象形再分為純象形（如“日”）、合體象形（如“眉”）和變體象形（如“尸”）三種；指事再分為純指事（如“丩”）和合體指事（如“畺”）二種；會意再分為純會意（如“从”）、會意兼象形（如“牢”）和會意兼指事（如“春”）三種；形聲字依據聲旁分為兩種，即聲旁兼表意義的（如“論”）和聲旁不表意義的（如“江”），還指出兩種變例，即省聲字（如“哭”）和亦聲字（如“春”）。

五、關於説文段注的重要觀點

杜先生對段玉裁的《説文解字注》極為重視，當年給我們講授過兩個專題，一是段注論六書，一是段注義例。

杜先生認為“段君注《説文》之六書，有其特殊見解”，並概括為六點，即：六書賅括漢字之形音義；不信六書為倉頡造字六法；六書有四體二用；指事、象形、形聲、會意是造字而轉注、假借是訓詁；以異字同義説轉注；以異義同字説假借。杜先生認為：“明此條例，貫串全書。”

杜先生對段注所論六書精髓一一揭示，深中肯綮。比如其揭段注論指事要點有四：“一、指事具抽象之符號性；二、‘事’非具體之物，所賅者廣；三、‘事’之有形成象者，或混於象形；四、指事為獨體，或就圖像而增加符號，亦不應與合體之會意混。”比如其揭段注論象形云：“段注解釋象形，與各家比較一致，總立獨體、合體兩類。特別指出合體之象形部分，不能獨立成字，不能講出意義來比附另一形體，明此區分合體象形字與會意字。”比如其評段注對形聲字的注解云：“段注《説文》，對形聲字之處理，對古今字音變化之研究，確有超越他家之成績。”

杜先生自 1934 年從沈兼士研習《説文》即開始點閲段注，1979 年掃描油印其墨書《段注説文解字所發義例輯略》時記云：“段注所發之義例，就書上標出記號，即在另册抄録。四十五年以來，通讀段注五遍，此稿即經四次翻查，四次鈔録。舊稿幸皆保存，偶爾取出對照，則又有所删削，有所歸併，有所增補……舉此稿交付刻出油印，余將隨從同人，又一次通讀段注，更加以訂補。”由此可見杜先生於段注之重視和用力之勤。

杜先生所輯段注義例凡519條，1982年再次掃描油印時把所編《分類檢閱表》冠於卷前，據此可得所輯段注義例凡34類，即：本字本義、古今字、方言俗字、部首、六書、訓解、引申假借、引經傳、傳注字書不同、訓詁考源流得失、音韻、當為讀為讀如、省聲、古有以聲不以義者、古傳注多不言名、從某為某之屬、合二字成文、附見之例難定或體正體、析言渾言、複字、言許書之義例、稱一曰例、言今、言所以、言詞言意、言某之言某、言猶、古書也皃二字多互訛、或因形近相借、地名、糾許、訂徐、改動、山海經有出於漢人者。

杜先生在《分類檢閱表》之前言曰："此為讀注摘録，主觀綴集，未投鑽研之功夫，只有抄寫之瑣事。"事實並非如此，先生所輯義例，正如《漢語大字典》編寫組同人所言："可以幫助通讀許書，掌握段注精要。"（杜先生1979年後記述）授人以漁，功莫大焉，先生卻如此謙遜，每讀此言，都感慨萬千。

結　語

杜先生《題黃岡東坡赤壁》第一首云："世仰眉山秀，東坡樹此堂。連篇賦赤壁，再閏守黃岡。鄉夢岷峨遠，歸途江漢長。浮雲等富貴，不朽是文章。"① "浮雲等富貴，不朽是文章"，這正是杜先生心中的價值觀，也是先生崇高精神境界的真實寫照！

原載於《語言歷史論叢》第五輯，巴蜀書社，2012年

① 四川省詩書畫院編《岷峨詩稿》第三十六期第23頁，《題黃岡東坡赤壁（二首）》。

佛心道骨　高山仰止

——沉痛悼念敬愛的恩師李玲璞先生

2012 年 11 月 17 日，先生走了……

先生與病魔抗争了將近三年，那麽多風浪險情都度過去了，先生不該走得這麽匆遽；先生還有很多研究計劃，以字素理論為核心的漢字學還等着撰著，先生不該走得這麽早。可是，先生真的走了！

先生年輕時是健將級手球運動員，身體的底子非常棒，大病之前先生從來没有住過醫院，连学校医院都很少去。當 2010 年除夕夜接獲先生病重入院的消息時，我非常意外且緊張異常，立即拜别高堂和親友，從老家趕到上海六院，加入到連續二十多個小時的搶救之中。大年初一近午時光，先生醒了，恢復了一臉的慈祥。其後的一段日子是非常艱難的，先生經常陷入昏迷，但是只要醒了，就能见到那一臉的慈祥。

先生開始也許没有意識到病情的嚴重性，入院的最初階段總想着盡快回家。而在這個過程中我則知道了一切，震驚不已：先生的身體已經超支到難以想像的地步了，肺功能喪失了四分之三以上，隨時都可能因缺氧而陷入深度昏迷。可是在入院之前先生從來没有停止過工作，耗費十四五年時間完成了一千多萬字的《古文字詁林》這一巨大工程之後，竟旋即又投入到了簡編本的編纂之中，七十八歲的老人那副精瘦羸弱的身軀裹緣何有如此力量！

先生應該是漸漸知道了病情，並明白了嚴重程度，所以後來不再主動提及出院回家的話題了；師母日夜不間斷的精心照顧，使先生增强了與病魔抗争的勇氣與力量，其後的日子裹雖然多次出現險情，但先生都挺過來了。自從先生住院之後，我就盡量争取機會多回上海，到上海的第一件事就是探望先生。近兩年，每次我都能見到先生的一種眼神，那種深情看着師母日漸佝僂的眼神，從這眼神中我知道，先生早已下定了決心，積極配合師母配合治療，争取早日康復出院。可蒼天為何如此狠心，為什麽就不能再給先生十年八年？

先生走了，我的腦海裹不斷疊映着過往的一切。

先生充滿慈愛，作為弟子，我時時事事都能感受到先生的菩薩心腸。可以這樣説：我的發展和所取得的些許成績，都浸潤着先生的關愛；没有先生的關愛，没有先生的提攜和幫助，就没有我的今天。

先生的關愛是無聲的，細緻入微的。先生知道我的外語基礎不好，當年報名後就特地關照我，要全力準備外語，專業可以放一放。從揚州到上海參加考試時，先生已經訂好了旅館，送我去旅館並當着我的面交代前臺，所有費用都不能收取我的。三場考試，每一場考試出來都能看到在春寒料峭中等候的先生，先生見面總是叮囑，考完了的科目就不要再想，抓緊休息，迎接下一場考試。外語成績距離當年録取分數綫最終還是差幾分，先生拿着我的科研成果材料找了所有相關的領導，最終得以破格録取，數年後在一次有研究生院領導在場的場合，先生不無驕傲地説，當年要不是堅持破格録取，華東師大就没有這第一個漢語言文字學的全國百篇優秀博士學位論文了。進校之後，先生讓我參加了《古文字詁林》（以下簡稱《詁林》）的編纂工作，去了幾次博士生宿舍之後，先生交給我一把鑰匙，讓我搬進《詁林》編委會專用的外地專家工作室，在這不大的獨居室中，我完成了所承擔的《詁林》編纂任務，撰就了博士學位論文。

先生的關愛是仁者之愛，是大格局、大情懷。進校讀博第一學期臨放寒假前，先生和我長談了一次，這次長談徹底改變了我和我全家的人生軌跡。先生回顧了華東師大漢語言文字學學科的歷史，對諸多前輩學者懷着深深的敬意，對學科現狀進行了細緻的分析，展望了學科的未來，描述了學科隊伍建設的前景。然後問我，願意調過來嗎？我完全没有思想準備，既没有肯定，也没有否定，只輕輕問了一句："先生，這可能嗎？"先生説，具體事情我來做，你原來的學校如果不放，我來想辦法，但是一定要華東師大承諾給最好的待遇，是高端人才引進待遇。我没有想到，真辦成了，而且是在没有拿到原單位檔案的情況下，直接獲得上海市人事局批文，全家户口一起遷入上海，重新建檔。先生是一介書生啊，要辦成這樣一件事，而且是從揚州調入上海，從地方高校調入重點大學，先生要跑多少路，找多少人，説多少話，甚至要遭受多少委屈啊！我至今不知道其中任何細節，因為先生從來不肯跟我説，我曾經作過努力，希望能够了解一點情況，但是先生莞爾一笑：事情辦完了就行了，過程已經不重要了。

深感愧疚的是，我辜負了先生的期待，並可能傷害了先生。我的研究工作主要在漢語史領域，精力集中最多的是方言學史，到先生門下攻讀博士學位之前，正在為揚雄《方言》的集校集釋做準備工作，很擔心無法適應先生治古文字的要求。報名之後先生和我有過一次長談，確定把我調入華東師大之前又有過一次長談，這兩次長談都涉及對我的期待。這些内容在後來先生為我的《漢語方言學史研究》一書所撰寫的序言中概括了出來，每次讀這段話，我都會被深深感動："希望與等待往往伴隨着人生的全過程。我也有着許多個希望和許多次等待。1978 年，在規劃漢語言文字學學科建設時就已經清晰地意識到，漢語方言歷史與漢語通語歷史之間的互動關係，漢語方言本字與漢語通語用字之間的互補協調關係，這種種關係如不給予充分的重視，則勢必影響漢語言文字學學科建設向着整體優化方向發展。但是，由於人才匱乏，加之歷史方言學這一研究領域難度高跨度大，向來問津者寥寥。於是，便留下一個苦澀的等待。這一等不打緊，一等就等了整整二十年！1998 年，欣逢興化華學誠君以方言學史研究方向來滬攻讀博士學位，讓我這二十年的苦澀等待，終於希望成真。"但是，在無法改變環境，又無法改變自己時，我最終選擇離開生活工作了八年的上海。不知道當初先生在得知我這一決定時的真實想法，但是我能肯定，先生一定既無奈又傷感。記得在文科樓第十三層的《詁林》編纂室裏，先生常常告誡幾位參與編纂工作的弟子，學科一定要團結，華東師大有因團結而把弱小學科做大的例子，也有因内耗而把强勢學科搞垮的例子。離開上海之後，每次與先生見面，我們什麽都聊，先生就是再也不談學科興衰之事了，但每次必問我什麽時候能够重返上海。我知道這是先生心中的痛，也是先生對我永不放棄的期待！

先生與世無争，但是先生一身正氣，不怒自威。對物質利益，先生極為淡泊，生活的清貧非親眼所見不敢想像；先生嫉惡如仇，在温文爾雅中藴含着浩然正氣。

《詁林》是上海市古籍整理與出版規劃重大工程項目，1992 年正式啓動，課題資金包括上海市和中標出版社的投入，有 180 多萬。對於這個項目來説，這點錢很是拮据，但是就绝对数字而言，這在當時可以稱得上是巨資了，全國文科項目没有幾個能够有這樣大的投入。作為項目負責人，先生為此專門聘請了財務專員，每一筆開銷都有明細，他和所有人，包括我們這些參與編纂的弟子，按照同一個標準享受勞務報酬。《詁林》從 1999 年開始出版第一册，到 2004 年底最後一本第十二册出版，前後五年，出版社陸續支付稿酬，擔任主編的先生也只肯領取按照實際編纂量計算的稿酬。作為主編，先生不僅作了全部策劃工作，撰寫了編纂體例，組織了若干次專家委員會研討，而且逐字逐句審稿、改稿，這可是實際出版十二巨册、一千二百萬字的工作量啊，先生所閲讀、審改的字量更是數倍於此，這麼巨大的付出，可先生就是不肯拿主編費。《詁林》工作量大、資料情況複雜、編纂周期長，人員變動也很大，個人的素質自然也有高下之分，但是在先生的精心組織領導下，在先生人格魅力的凝聚下，這一集體不僅成功地完成了《詁林》的編纂出版，而且為華東師大申報成功了博士學位學科點，申報成功了教育部百所文科科研基地，真正實現了先生所提出的“一個大型科研項目，產出一批成果，培養一批人才，建設一個學科”的宏偉目標。

1999 年秋冬，教育部在試點的基礎上布置申報百所文科科研基地。先生領導、籌劃並組織申報，我是除先生之外的三人工作小組成員之一，對先生為研究基地申報成功所付出的努力最為清楚，没有先生的全力以赴和巨大學術貢獻，就没有這個基地。為了這個基地，先生甚至連春節都在上班。記得次年大年初四，我從揚州返回上海準備去湖北、湖南，從寂静無聲的文科樓搬運材料，包括已經出版的《詁林》第一册，因為下雪，不小心滑倒摔傷了，先生親自陪我去校醫院急診室處理包扎，並一定要我改簽車票推遲出發。

到外地宣傳學科，先生只讓帶足帶够資料和代表性成果，强調這是與學者的交流與對話，決不能搞社會上庸俗的那一套。更讓我終身不能忘記的是，從基地申報一開始，先生就明確了自己不當中心主任，很多同輩學者都表示不理解並深感惋惜。我到北京之後，有機會見到了先生的很多老朋友，郭錫良教授、王寧教授、董琨研究員等因為專業的原因更是能經常見面。知道先生住院了，每次見面他們都會詳細詢問先生近況，並常常對我説：李先生是極為高尚的人，華東師大的文字學基地是先生的功勞，是先生主持編纂的《古文字詁林》奠定了基礎，李先生没有直接領銜一直令人遺憾！不計利，絶大多數學者都能做到；淡泊名，則是知識分子極為難能的。先生于名于利均能淡泊處之。嗚呼先生，古之聖人我未之見，先生即當今聖人乎！

先生十幾歲就做“小先生”，教工農幹部和群衆識字，正式參加了解放區的工作，並走上了革命工作崗位。上個世紀 50 年代到華東師大讀書，先生即以調幹生的身份進入，從此將一生奉獻給了華東師大，奉獻給了高等教育事業，奉獻給了科學研究。我國事業單位的教師都是幹部身份，“文化大革命”後有了所謂離休退休之别，先生在中華人民共和國成立前即已參加工作，當屬離休之列無疑；但是小人作祟，硬是公權私用，靠小動作篡改了先生在中華人民共和國成立前參加工作的歷史。這是在華東師大工作期間聽説的，我曾經就此向先生求證過，得到了肯定的回答，但是先生並没有多説，然而忿然之色未加掩飾，這是我第一次見到先生生氣。先生一生不計名利，但對自己的歷史倍加珍惜。先生為此不斷奔走查證，探求問題到底出在哪裏，主動請求組織上介入，以求得以恢復歷史真相，還自己以公正。在先生離世二十多天前的一次探望中，剛剛扛過一次生死劫難的先生，那一天精神特别好，竟主動把這一歷史被篡改的原因、所涉人事和自己為之努力的艱辛過程緩緩道來。先生第一次與我長談他自己，這竟然成了我和先生最後一次面對面的交流。先生似乎超然的語氣中隱含着深深的無奈，是那種無法自證歷史的無奈；先生斷斷續續的敘述中力透着凜然正氣，是那種難以抑制悲愴的正氣。我的内心受到了强烈的震撼，不知那些基於狹隘心理與一己私憤而蓄意傷害先生的人，靈魂能否安寧！

回上海奔喪的當天夜晚，我泣擬了一聯，曰："佛心道骨圓成萬衆才俊高山仰止，龜甲詁林裒輯千年韋編國學重光"。2012 年 12 月 23 日，華東師大將在中山北路校區召開先生的追思會，我必須撰寫文章。先生的為人與為學，能寫要寫的内容實在是太多太多了，考慮到先生的學術，包括文字學理論，自有門下專攻的弟子去闡述，所以我選擇了這個題目來訴説自己所感受到的先生的佛心道骨，因為這些内容於我而言實在是刻骨銘心。

敬愛的劉君惠先生和李玲璞先生兩位恩師都先後離世了，我雖年過半百，經歷漸多，卻學力不逮，難承衣缽。念及於此，怎能不再次仰天長歎：人生有涯而師恩無窮，天地長久兮我悲曷終！

原載於劉堂江、華學誠主編

《李玲璞先生八十誕辰紀念文集》，語文出版社，2013 年

古文字學斷代研究的新收獲

——讀郝茂博士的《秦簡文字系統之研究》

衆所周知，隸書的産生是古今文字的分水嶺，但是這個分水嶺在哪裏，它到底是一個什麽樣的狀態？由於資料的限制，長期以來一直没能説清楚。1975 年睡虎地秦簡出土以後，秦國簡牘書跡無所發現的空白終於得到了填補，更重要的是，這些珍貴的秦簡文字正是漢字由篆到隸的過渡形態，它因此而在中國文字發展史上和中國文字史研究上具有了極其重要的意義。郝茂博士《秦簡文字系統之研究》（新疆大學出版社 2001 年 8 月第 1 版）正是以公布的秦國簡帛文字為討論對象而撰成的一部斷代文字學專著。

讀郝茂博士的著作，首先感受到的是，著者站在文字發展史的高度對秦簡文字進行考察的宏大氣度。

近二十多年來，先後出土的秦簡資料有睡虎地秦簡（1975）、青川木牘（1979）、放馬灘秦簡（1984）、龍崗秦簡（1989）等。1990 年出土的江陵楊家山竹簡和 1993 年出土的江陵王家臺秦簡，據報導也都是墨書秦隸。這些資料一經公布，立即就有學者投入精力進行研究，文字的釋讀、字表的編製等基礎研究工作都已經取得了相當好的成績，從文字學的角度探討其特點和結構規律的文章也時有所見，特别是字形、字用問題已得到了相當深入的討論。然而，能把現有的全部秦簡文字置於中國文字發展史的大背景下進行系統考察並進行精細研究的，則首推郝茂博士的這部著作。

郝茂博士的研究首先從歷時着手，在完成對甲骨文、金文、石刻文以及早期楚簡等商周古文字的全面調查的基礎上，再按照結構成分的歷時對應，將所有的簡文材料劃分為傳承字和新出字兩大類（第 14 頁）。正如王寧先生所説："這種劃分要以在秦簡文字以前是否出現過這一字形為標準，具有一定的'冒險性'，但在理論上又是非常必要的。"（第 385 頁）令人欽佩的是，郝茂博士的這個工作做得非常扎實，也非常出色。經著者研究，秦簡有 1830 個不二字（第 16 頁），同構字形初見于殷商文字的有 395 個（第 19 頁），初見於西周文字的有 248 個（第 22 頁），初見於春秋文字的有 117 個（第 24 頁），初見于戰國文字的有 33 個（第 26 頁），上述這些傳承字共 793 個（第 27 頁）；其餘一千餘字都是新出字（第 27 頁），其中新構字 195 個（第 33 頁），新增字 844 個（第 33 頁）。郝茂博士的這些研究成果，不僅逐一釐清了秦簡文字的傳承與發展，從而對文字發展史的研究作出了可貴的貢獻，而且對漢語史的研究也有十分重要的意義。當然，由於這種研究是以現在可以見到的古文字材料為基礎的，隨着今後新材料的不斷出土，郝茂博士在本書中所得出的若干具體結論可能還需要加以修正，但是由郝茂博士走出的這條在斷代文字研究中區分傳承字與新出字的道路，則是具有方法論意義的。

"由於《説文》是公認的最為系統的秦文字資料，書中小篆是秦文字正體的代表"（第 13 頁），郝茂博士的歷時研究還以《説文》為參照系，全面考察了秦簡傳承字與新出字在《説文》中的著録情况：秦簡傳承字入《説文》者共 791 字，其字形合《説文》小篆者 772 字，合《説文》古文者 4 字，合《説文》籀文者 1 字，與篆、古籀文皆不合者 14 字（第 36 頁）；新出字中的新構字在《説文》中共著録 193 字，其字形合《説文》小篆者 177 字，合《説文》古文者 2 字，與小篆、古文不合者 14 字（第 38 頁）；新出字中的新增字在《説文》中共著録 726 字，其字形與《説文》小篆相合者 699 字（第 39 頁）。《説文》共著録秦簡文字 1710 個，另有 120 字没有著録，其中傳承字 1 個、新構字 2 個、新增字 117 個，這些字《説文》失收是與他們本身的使用頻率密切相關的（第 40 頁）。由於郝茂博士的歷時分析是建立在量化分析的基礎之上的，所以結論自然科學可信。

郝茂博士的著作給我的第二個突出印象就是，在對秦簡文字進行静態分析和動態描寫的過程中，準確把握並成功地運用了“字素分析法”。

李圃先生認為，漢字不單純是個字形問題，而是漢語語素（義/音）的物化。李圃先生的漢字學理論體系包括三個系統，即漢字取象發生系統、漢字本體結構系統和漢字心理認知系統。與這一理論相適應的漢字分析方法，李圃先生稱之為“字素分析法”。郝茂博士兩度負笈上海，前後六易寒暑，深得李圃先生漢字學理論之三昧，最好的證明就是他的這部研究秦簡文字系統的著作，因為這部著作“成功地貫徹了漢字學三維系統的理論，準確地把握並運用了字素系統的分析方法”（李圃序）。

我們先來看看郝茂博士對秦簡字字素的静態分析。所謂字素的静態分析，就是指“對進入造字過程之前的字素系統的分析”（第 41 頁）。郝茂博士首先對所圈定範圍内的 1830 個秦簡字按照字素分析法理論進行了有效的離析和歸併，獲得 444 個字素，包括 422

個基本字素和 22 個准字素（第 46 頁）；在這一過程中，著者從秦簡本身的特點出發，看到了其形體存在着“變體與同形”“訛粘與訛分”的現象，並認識到這些現象不僅表現在書體方面，而且“同時影響到字素系統”（第 46 頁），“能够反映字素的基本特性”（第 57 頁），因而提出了一系列科學有效的判定方法，比如對變體的判定，著者在窮盡單字的全部字形之後，首先根據字素的構形理據和它們在簡文中的出現頻率確定其中一個為代表形體——通體，與之相對的其他形體則被認定為變體（第 46 頁），又比如對訛粘字素的判定，著者不僅參照《説文》的釋形，而且歷時比勘了甲骨文、金文等古文字字形（第 57 頁）。秦簡字經離析、歸併出若干字素之後，著者發現還“有一種與字素不同的構形成分，它不具備形與音、義相統一的特徵，更不能單獨構成新字，只屬於依附於形體的綴符”，而“這種綴符卻有别音别義的功能，這就是字綴”（第 63 頁），因此著者就此開展了進一步討論，使人們清晰地看到了字綴介入字素的兩種方式及其作用（第 63—66 頁）。同時，著者還敏鋭地發現並有效地區分出兩類與字綴作用不同的綴符，這種綴符可以造成“字素變體”，它“和字綴在概念上不是一回事”（第 66 頁）。最後著者概括出秦簡文字字素的量化特徵，即能產性、不平衡性和穩定性。至此，一個猶如剥繭抽絲般的静態分析過程方告結束。

接下來我們看看郝茂博士對秦簡字字素的動態描寫。所謂字素的動態描寫，是相對於字素的静態分析而言的，它着重於對字素的功能、結構層次等進行描寫。元素在與環境相互作用的過程中表現出來的能力和特性就是系統元素的功能；在文字系統中，這種能力和特性直接地表現為字素和語素音義之間的聯繫，而這種聯繫則在整字的組構過程中體現出來。從這一基本認識出發，著者首先展開了對秦簡字字素功能的動態描寫。根據字素的動態功能，可以劃分為穩性字素和活性字素兩種。郝茂博士把穩性字素嚴格界定在下述範圍，即“處於直接顯示語素音或義的上位層面上的結構單位”，並對它們作了“窮盡性的功能測查”（第 74 頁）；秦簡中的 425 個穩性字素按其所擔負的表意、表音、意音兼表功能又被分成七類，少數功能不明的字素則没有納入統計範圍。活性字素是“由兩個或兩個以上的静態字素臨時組合而成的”，它與穩性字素的共同點在於，“都是顯示語素音義的功能的基本構形單位”，差異在於，活性字素“可逐層分析它的内部構素成分，並可將其内部關係有序地展示出來”，而穩性字素則没有處於下位的構素層次（第 81 頁）；在對秦簡中的 499 個活性字素進行了“窮盡性的功能測查”之後，著者又進行了分類論説，針對活性字素的特點，著者還對活性字素的内部層次情況作了全面調查，並對活性字素的構素成分進行了深入分析。著者在上述分析的基礎上，最後又對穩性字素和活性字素進行了比較研究，從而揭示它們在功能方面的異同和參構數量方面的差異。

郝茂博士還把字素系統的分析方法成功地運用到對秦簡的整字分析之中。著者的整字分析包括兩個方面的内容，第一是新出字的造字方法的描述，第二是秦簡文字的結構分析。著者以秦簡新出字為對象歸納秦簡造字法是很有見地的，因為傳承字産生於秦簡以前，由傳承字而概括出來的造字方法並不屬於秦簡。著者在對秦簡新出字進行窮盡調查分析的基礎上，歸納出秦簡文字的五種造字法，即獨素造字、合素造字、更素造字、加素造字和省變造字（第 101 頁）。這種研究價值很大，這並不僅僅是因為它的結論來自於對第一手材料的窮盡性分析，而且還在於它回答了“秦簡新出字是通過什麽途徑和方式産生的”，並使人們由此觀察到“秦簡文字系統的形成與演變趨向”（第 100 頁）。著者對秦簡文字所進行的結構分析是從三個方面展開的，即結構層次、表詞方式和結構類型。結構層次的分析，表明秦簡文字構形呈現出系統性的基本特徵；表詞方式的分析，則直接揭示出“整字是運用怎樣的表示方法顯示語素的音與義的”（第 113 頁）；對結構類型的歸納，著者是以動態的字素理論為指導而進行的，也就是説這種歸納是“立足於揭示字形結構同所表示的語素音義之間的關係”的，因而“自始至終貫徹結構層次的理據性分析”（第 122 頁）。

郝茂博士的著作所呈現的第三個鮮明特點是，精確的數據，翔實的資料。

可以這樣説，著者所有的討論都是建立在可靠的數據和資料之上的，我們在前文中已引用了不少，謀求資料的窮盡和堅持分析的量化，是這部著作給人留下的最為深刻的印象之一；而書後所附録的《秦簡字素總表》《穩性字素功能表》《活性字素功能表》和《秦簡字形分類參照表》，又絶不能視為是單純的資料，事實上它們已和前面的討論構成了一個相互支撑、相互印證的統一體，這一點開卷就能感受到，無需贅言。

漢字已經存在了幾千年，它為承載和傳播我國的傳統文化建立了不朽的功勛。正確地認識漢字，科學地總結漢字産生、演變、發展的歷史，仍然是需要我們花大力氣、也值得我們去花這樣的力氣進行的科學研究工作。從事這種研究的一個卓有成效的方法就是“窮盡式斷代研究”，郝茂博士的《秦簡文字系統之研究》正是運用這一方法而取得成功的範例。

原載於李學勤、謝桂華主編《簡帛研究 2002—2003》，
廣西師範大學出版社，2005 年

劉興均《漢字的構造及其文化意蘊》序

劉興均教授撰寫了一部題為《漢字的構造及其文化意蘊》的學術專著（以下簡稱劉著），希望我寫篇序言予以評介。我雖然寫過幾篇有關《説文解字》的文章，也曾在李玲璞先生指導下參與過古文字工具書的編纂，但僅此而已，對漢字實在没有什麽研究。但老友新著，相邀作序，難以推辭。認真拜讀了電子版書稿之後，感覺收獲很多，啓發也不少，非常感謝劉教授給了我一個先睹為快的機會。撰寫序言不一定都説行内話，沾得上邊的行外話似乎也行，而且寫法和字數又没有限制，憑此一點，我又特别感謝劉教授。

先從字典的話題説起。字典的話題與本書的關係好像有點兒遠，其實不然，字典存在的主要問題與漢字研究密切相關。

我國古代以字典冠名的辭書有很多，亡佚了的則不計其數，最有影響的當屬《康熙字典》；清代已降各式各樣的字典更是不斷湧現，影響最廣的無疑是《新華字典》，規模最大的應該是《漢語大字典》。李玲璞先生説："考察一些冠以‘字典’名稱的工具書，卻並不解釋字與詞之間的關係，而同樣是解釋詞的音義和用法的，與'詞典'的差别僅在於前者解釋語詞，包括單音詞、複音詞和帶有固定詞組性質的成語典故等，後者則專事解釋單音節語素構成的單音詞的音義和用法，這哪裏是字典，分明是地地道道的單音詞詞典。其實字典蜕變為單音詞詞典，不自清人始，早在南朝梁顧野王的《玉篇》就已改變了漢代許慎《説文解字》開創的編纂體例，將許慎説解文字的一整套説解法式一概省去，使'字'僅僅充當了空靈的形體標記，與詞的音義完全脱離了關係，時至今日，這種現象仍未改觀。"李先生的話發人深省。

衆所周知，漢字是音形義的統一體，其音義來自語言中的詞。漢字形體的作用是記録詞並承載詞的音義，離開最初記録的詞，形體就成了單純的符號；詞是音義結合體，詞的音與義會隨時空變化而變化，而這些變化了的音義如果不另外造字，其與該字的構意就距離很遠了。字典應該講漢字的形音義，包括形音義如何構成統一體，簡單而通俗地説，字典的任務應該説解漢字。歷代漢字各有多少，至今累計總量有多大？某個漢字是什麽時候産生的，歷代都有哪些寫法，包括異寫字和異構字？不同時代産生的字最初記載的詞是哪一個，音怎麽讀，義怎麽講？構意與最初記録的詞最為吻合的是哪一個字形，具體構意是什麽，如何表達詞？這個字創造之後還被怎麽借用過，借用去記載的都是哪些詞？等等，理想的字典，特别是理想的歷史大字典應該回答這些問題。當然，由於資料的限制，特别是雕版印刷技術出現以前缺乏完整的第一手資料，要測查每個漢字特别是早期漢字産生的確切年代是不可能的，因而要編纂出符合上述要求的理想字典幾近空想。但這一方向應該是值得努力的，根據現有的資料和條件去最大限度地接近理想則完全是可能的。在上述包括字量、字形、字音、字義、字用、字構等諸多問題中，字構是最關鍵的，在漢字系統和單字分析中它更是核心。劉著明確昭示，他所要討論的兩個重大問題之一就是“漢字的構造”，其選題意義之重大，由此可見。

單個漢字都有各自的構造理據，整個漢字系統也應該蘊含着理據。探討單字構造理據代有佳作，而深入研究漢字系統理據的成果則十分罕見。

先秦文獻中已有不少關於漢字構造理據的零星記載，《説文解字》是中國歷史上第一部全面系統地探討漢字構造理據的鴻篇巨製，它同時完整地闡明了“六書”學説。自此而後，“六書説”成為研究分析漢字的基本理論與方法，元明清時期的著述最為宏富。到了20世紀，這一現象有了根本改觀，除了“六書説”之外，“二書説”“三書説”“四書説”“五書説”“七書説”均被提出，真可謂“衆説”紛紜。劉著首先分析了“六書”理論的形成及其在現代的困惑，繼而集中評介了唐蘭的“三書説”、李圃（李玲璞）的造字八法和表詞六式以及王寧的漢字構型學。在深入研究並充分評述上述理論的基礎上，劉著提出了關於漢字構造理據探討的重點。劉著認為，許慎在《説文解字叙》裏所説的“古者庖犧氏之王天下也，仰則觀象於天，俯則觀法於地，視鳥獸之文與地之宜，近取諸身，遠取諸物”和“黄帝之史倉頡，見鳥獸蹄迒之跡，知分理之可相別異也，初造書契”這些話，就是對漢字系統理據的最早概括，因此他循着這一綫索，分別從“仰觀天象，俯察地理”“視鳥獸之文與地之宜”“近取諸身，遠取諸物”三個方面探討了漢字構造的理據。應該説，這是極為大膽的嘗試。

關於古人仰觀天象、俯察地理進行造字，劉著舉出了“日、月、星（晶）、云、雨、雷、雪、風”和“阜、山、丘、原（邍）、谷、川、回、泉”等字。關於古人視鳥獸之文與地之宜進行造字，劉著舉出了“釆，番、内、鹿、鳥、馬、犬、黽、物、勿、牛、虍、虎、麋、龙、萑、雚、鳳、雞、魚”和“才、屯、中、生、䔢、果、秝、禾、穆、來、粟、黍、春、未、相、束、桑、米、稻”等字。關於古人近取諸身、遠取諸物進行造字，劉著舉出了“眼（目）、耳、口、鼻、心、臣、眉、牙、齒、舌、首、頁、元、天、面、手、又、爪、足（疋）、止、步（記録人腳義）、孔、克、寸、尤、厷（後來作肱）、亦、膝”和“災、福、薶（貍）、沈、丩、丽、砅、發、絶、合、寮、聞（與耳有關）、看、見、望（與眼有關）、息（與鼻和心有關）、言（與口有關）、奚、俘、及、取、乳、丮、妥、丑（與手有關）、孕、毓、娩、長、老、死（與生老病死有關）、引、前、舞、休、宿、即、飲、舂、航、戒、疒、得、再、啓、韋、為、解、執、采、弄、興、受、棄、蓐、敗、璞、叟、出、各、复、陟、降、汓、涉、夾、浴”等字。劉著重點分析了218個字，其中138個字屬於540部的部首字。通過上述單字的細緻分析，劉著試圖證明，從“仰觀天象，俯察地理”“視鳥獸之文與地之宜”和“近取諸身，遠取諸物”三個不同角度探尋漢字構造理據是具有普遍意義的。

漢字是中華文明的結晶，也是世界上獨有的特殊文化，值得深入探討、系統研究，包括探討、研究漢字及其系統所包含的文化信息和漢字與文化的種種複雜而又深刻的關係。

古來學者就很重視漢字文化，歷代都有研究成果，但並没有形成熱潮，更没有成為專門之學。20世紀80年代後期以來的十餘年，隨着文化熱的興起，在文化語言學（又稱語言文化學）的帶動下，漢字文化的研究蓬勃發展，湧現出一大批著作，並直接推動了漢字文化學的建設，其中貢獻重大者有曹先擢、何九盈、趙誠、王寧等語言文字學大家和劉志誠、劉志基等一批中青年學者。新世紀以來，關於漢字文化的理論探討和專題研究繼續深入，雖不再熱浪滚滚，但確有佳構，其中王寧、何九盈、趙誠、費錦昌、曹先擢五先生任學術委員、遼寧人民出版社 2000 年出版的《漢字與文化叢書》影響深遠。與此同時，"一貫三為王""人持十為斗"之類的皮相之作，特別是伴隨漢語國際教育熱而來的各種圖説、胡解漢字之作充斥書市，亟待撥亂反正。因此，劉著在深入研究漢字構造的基礎上探討漢字的文化意藴，特有意義。

探討漢字的文化意藴，首先應該着眼於漢字本體的科學研究。漢字的形是因表詞的需要而創造，選用什麼樣的構件，采用什麼樣的方式構形，並使這一構形所體現的意義能够為使用者所公認，自然是造字者所追求的，這也正是探討構意及其文化意藴的客觀基礎。劉著探討了"男""夫""父""士" 4 個紀録男性稱謂詞的漢字早期字形和構意所顯示出來的文化意藴，"婦""妻""母""女"四個記録女性稱謂詞的漢字早期字形和構意所顯示出來的文化意藴，"君""臣""官""民" 4 個記録社會身份稱謂詞的漢字早期字形和構意所顯示出來的文化意藴，"飲""食""宿""休""行""旅""衣""冃" 8 個記録衣食住行等生活類詞的漢字早期字形和構意所顯示出來的文化意藴。這 20 個漢字均有甲文或金文的構形，可以憑藉古文字材料來尋其早期構字意圖，並能從考古學、歷史學、文獻學等方面找到佐證，因而劉著所作出的考辨闡釋大多信而有徵。例如劉著認為：上古傳世文獻中"父"多作為男性稱謂詞，進而把"父"作為男子之美稱；"母"原初字形的構意重心不是放在"生"上，而是放在"養"上；"臣"之形就是豎立起來的眼睛(也有少量横放的)，其字形構意反映的是被擒獲的戰俘嗔目怒視的樣子；從“宿”“休”二字可以看出，人類早期的生活方式及其以後的文明成果最初都是效仿自然、取之於外物並依賴於客體的，等等。

漢字的作用和影響早就大大超出了漢民族，從東北亞到東南亞存在着一個歷史形成的“漢字文化圈”，在我國也早有在漢字影響下創製的其他民族文字，值得研究。

日本學者藤堂明保最早提出並研究漢字文化圈理論，此圈涉及中國、朝鮮和韓國、日本、越南以及新加坡等國家，這方面的研究成果此後逐漸多起來，並建立了一些國際學術組織。漢字對中國境內其他兄弟民族的影響很早，也很大，運用漢字記載民族語言和依據漢字仿造民族文字是兩種最重要的影響形式，前者如《越人歌》《白狼歌》之類，後者如契丹字西夏文之類。劉教授很關注漢字的構造對少數民族古文字創製的影響這一重要課題，並在書稿中列有專章論述了一些重要發現，很有價值，對研究者也很有啓發。可惜的是，因為出版技術層面的原因，劉著删去了這一章。不過從另一個角度看也許是好事，因為劉教授可以更加從容地在這一章的基礎上拓展研究範圍，進行深入研究，另外成就專著。

閱讀劉著是一個愉快的學習和思考的過程，上文談到的是學習心得，接下來簡單談點兒思考，向劉教授和讀者請教。漢字的構造歷來就是一個迷人的課題，可以從發生學的角度去探索，也可以對漢字進行静態分析歸納之後逆推，這兩種研究路徑都有合理性，但如何建立起科學的、可驗證的分析規程，則仍然是需要進一步深入研究的。漢字文化意蘊的分析，可以立足於構形，也可以立足於構意，無論是構形還是構意，都不能離開最初紀録的詞，至於整個漢字系統的理據，更是一個難度很大的課題。劉著提出了三條，並認為這三條具有普遍意義，但這三條是不是處在同一邏輯層面上並且完全周延了，運用這三條來分析具體漢字時如何有效排除主觀性，同樣是值得繼續探討的問題。漢字的構造和漢字構造的文化意蘊都是大課題，完全可以分開來寫，劉著題《漢字的構造及其文化意蘊》，討論的重點首先應該是兩者的關聯，而在這一點上，劉著似乎没能很充分地滿足讀者的期待。探討具體漢字的文化意藴，一頭要結合構形，一頭要結合詞，而詞的音義在時空維度中的變化結果並不能説明漢字構造時包含的文化意蘊，分析文化意蘊時如何建構起令人信服的考據邏輯，也需要繼續研究。上述思考在漢字研究專家看來是很膚淺的，而我所以願意談出來，主要是想請教，同時也希望為作者今後的研究提供一點兒有意義的參考。

序言通常都會討論著作成就、主要貢獻、寫作特色，等等。我没有這樣寫，因為我擔心總結不好反而既誤作者又誤讀者，與其這樣，還不如留給讀者自己去概括。這篇序言圍繞劉著的主要章節進行了夾叙夾議，“叙”則努力客觀，“議”當力求有理，不知劉興均教授以為然否?

是為序。

原載於《漢字的構造及其文化意蘊》，人民出版社，2014 年

志篤力行　學博守約

——讀范崇高著《中古小説校釋集稿》

無論是從事中古漢語研究，還是從事中古文學史、社會史、思想史等歷史學科的研究，中古小説都是不能或缺的寶貴材料，而涉及中古小説的所有研究，都必須以其真實可靠的文本和對文本準確無誤的理解為前提。可是我們面對的這個前提並不能令人滿意，其原因一方面是由於傳抄翻刻過程中出現了不少訛誤衍脱，另一方面則是由於這些文言小説中有不少不易理解的口語成分，所有這些都成為我們今天校釋的難題。值得高興的是，這些難題已經有不少專家開始關注了，並且取得了十分可喜的成果，現在擺在我面前的由范崇高先生所著的《中古小説校釋集稿》（巴蜀書社，2006 年）就是這樣一部高水平的專著。

從晉代至北宋出現了很多小説，《中古小説校釋集稿》所研究的對象是中華書局和上海古籍出版社已整理出版的十七部小説和一部小説類書，即晉代的《搜神記》《搜神後記》《西京雜記》《拾遺記》，南朝的《異苑》《世説新語》《殷芸小説》，北朝的《談藪》，唐代的《冥報記》《冥報拾遺》《廣異記》《朝野僉載》《獨異志》

《宣室志》《玄怪録》《續玄怪録》《酉陽雜俎》，和北宋編成的類書《太平廣記》。他們都是中古小説具有代表性的作品，本書作者針對其中校釋的難題進行研究，全書共校釋了 339 條。

從《中古小説校釋集稿》所展現的具體内容來看，本書作者的研究工作主要包括辨别異文是非、匡正校釋失誤、考求詞句確解、補正辭書疏誤等。

（一）關於辨别異文是非。文本校勘，特别是辨正異文，是本書作者最為用力的地方。在本書的不少條目中都能見到這樣的情形，即正是由於作者解决了異文是非，從而獲得了對文本的正確詁釋。如《異苑》有“一境以為顔至孝，故慈烏來萃，銜鼓之興，欲令聾者遠聞”句，其中的“聾者遠聞”難解。本書作者由此發疑，指出當據《水經注》作“孝聲遠聞”，隨後從文獻中尋找出大量材料，分别對“孝聲”“遠聞”“孝聲遠聞”加以疏解，證成自己校釋。又如把《拾遺記》中的“難老”考定作“忘老”，把《殷芸小説》中的“神仙傳”考定作“神仙經”、“四世三公”考定作“四世五公”、“帝星”考定為“帝座”，把《宣室志》中的“我命在天”考定作“我命在我”，以及考定《酉陽雜俎》中的“飯檨樸石灰”無誤等，都是這類精彩的例子。

（二）關於匡正校釋失誤。對校勘、訓釋錯誤進行匡正的例子，在本書中俯拾即是。這裏舉兩個具有代表性的例證。《廣異記》中有“食器七子螺、九支盤、紅螺杯、蕖葉碗，皆黄金隱起，錯以瑰壁”句，《太平廣記選》的編者失校，而以誤字望文生訓：“七子螺、紅螺杯，指用螺殼製成的酒杯。七子螺中的七子，可能指上面畫着或雕着的七個小孩，也可能指七道彎曲的花紋。”本書作者首先指出“螺”是誤字，當作“樏”，接着用很多材料證明“樏”是扁而淺的盛食物器具，又用充分的材料證明“七子”是指樏内格子的數目，由此而知“七子樏”就是裹面有七個格子的食器。《朝野僉載》中有“先有鄉人姓婁者為屯官，犯贓，都督許欽明欲决殺，令衆鄉人謁尚書，欲救之”句，整理本的校者既錯誤斷句，又懸揣“令”字為衍文，其根本原因就是不懂“令”在本文的意思。本書作者用豐富的材料證明“令”在中古有“警告、告誡”義，從而指出，“令衆”二字當屬上句，使原句渙然冰釋。

（三）關於考求詞句確解。詞語考釋是一項極其艱難的工作，不僅要有深厚的文獻功力、系統的語言學知識，還要有與之相關的其他文化史知識，更要能够觸類旁通。如《異苑》有“忽見庭前井中有人出，齊長尺餘”句，中華書局本《校勘記》認為“齊”同“臍”。本書作者先後舉出古書中相同語境的例子、類似情況的表達和“齊長”的用例，證明此處的“齊”應該以其常義“皆、都”來解，不當認定為“臍”。《太平廣記》所引《啓顔録》有“又命嘲駱駝，嘲曰：‘駱駝，項曲緑，蹄被他，負物多’”句，由於今人對其中的連綿詞多有不解，至有點斷失誤者。本書作者通過對“曲緑”和“被他”這兩個連綿詞的詮釋，準確地疏通了詩意：駱駝的脖子彎曲，蹄子突起，而能負物衆多。《朝野僉載》有“有一物如守宫從下部出”句，本書作者指出此句的“下部”不能用人體下半身這種常義來解，而是指肛門，並依據豐富的材料指出，這是古代醫用術語，同時糾正了《漢語大詞典》對《百喻經·倒灌喻》一例的誤釋。

（四）關於補正辭書疏誤。本書作者非常重視運用中古小説語料補正辭書的疏誤，包括專書詞典、斷代詞典和歷史大詞典，其中補正最多的就是《漢語大詞典》。只要翻閲一下《搜神記》校釋和《搜神後記》校釋這兩部分，補正《漢語大詞典》的例子就能看到很多：有補充失收詞條的，如“辨校”條；有補充漏列義項的，如“孫息”條；有提早例證的，如“方道”條；有訂正引例誤文的，如“杜不衍”條；有批評誤列詞目的，如“命故（命過）”條；有辨正釋義的，如“智度”條；等等。其中可圈可點的條目往往能見，而所補正之處也常常不是單一的。如“鬼病”條云：“《漢語大詞典》‘鬼病’下有三義：①難以告人的怪病。指相思病。②隱情。③鬼生疾病。其可補正之處有三：一是‘鬼病’的最早例證是金人的作品，遠遠晚于上舉諸例；二是漏列‘鬼魅作怪帶給人的疾病’這一義項；三是第③義……書證與釋義不符。”

《中古小説校釋集稿》中充溢着濃郁的樸學精神，滲透着從容的治學理念。閱讀是書，感觸良多，其中最為突出的有如下四點——内容雖與上文不無交叉，但角度不同。

（一）窮搜冥討，探賾索隱。一個看似平常的字詞，要獲得準確的理解常常需要花費很大的氣力，文獻的用例需要窮搜冥討，深藏的意蘊需要探賾索隱。本書中隨處可見作者進行這樣的探索的精彩例子。如“辟方”這個六朝時期的俗語詞，後世已經比較生疏，本書作者舉出《經律異相》引《舊雜譬喻經》以及《太平御覽》所引書中的數例，證明這是一個詞，它的意義猶如“見方”，並由此確認《晉書》和《太平御覽》中異文“辟方”的正確性，《搜神記》中作“可方”是訛文。又如《搜神後記》“貧道以某月日命故，罪福皆不虚，應若影響”句，《太平廣記》引“命故”作“命過”，《漢語大詞典》將“命故”和“命過”同時立目。本書作者從《經律異相》《法苑珠林》等書中搜集到近二十條“命過”的用例，確定《搜神後記》的原文當作“命過”。

（二）取精用弘，融會貫通。小説的内容涉及社會生活的各個方面，包括物質的和精神的。本書作者深知這一點，在研究中自覺把問題放在深廣的歷史文化背景和知識領域中進行考察，除了嫻熟運用語言學和文獻校勘學的知識和方法以外，還融會貫通了歷史的、宗教的、民俗的、中醫的、地理的等各方面知識。如釋"晉太始（宋泰始）""四世三公（四世五公）""步奏官"等條涉及相關歷史知識；釋"祭酒""冥途""九子母"等條運用了宗教知識；釋"山林陵樹（山陵林樹）""照射""告（占）"等條貫通民俗知識；釋"恶悟""下部""魚椹（魚枕）"等條運用了中醫知識；釋"蕪萊山""郊江""故章縣"等條使用了地理知識。

（三）辨正成説，持論堅確。修正前修時賢的觀點、提出自己的見解，更需要精心組織材料、多角度參互論證。本書作者深諳此道，每辨一題，均材料豐富、縝密推理，所以結論大多令人信服。如《搜神記》記赤松子事，究竟是"入火不燒"還是"入火自燒"，從唐代開始即莫衷一是。本書作者通過辨明"入火不燒"與"入火自燒"的差異，揭示《抱朴子》中有關服水玉能入火不燒的記載，分析"入火不燒"誤為"入火自燒"的原因，用充足的論據證明原文應該是"入火不燒"。又如釋《搜神後記》中"顛倒"有"急速而往"義，本書作者首先追溯源頭，指出"顛倒"是《詩經》"顛倒衣裳"的省略，接着又舉證同時代作品《晉陽秋》中的用例和後世使用此典故的例子，並參照《漢武内傳》相似事件的記載，從而對《神仙傳》"登當顛倒"一句的異文作出了堅不可移的論斷。

（四）潛心涵泳，直造古人。作校釋研究，從某種意義上説就是功夫學問，一要捨得花時間，二要能够沉潛得下去，當然更需要具備厚實的文獻功底並熟練掌握各種研究方法。本書作者甘心坐了近二十年冷板凳，所考常常能直造古人也就是自然而然的了。如《搜神記》"有大蛇從林草中出，徑來棺下，委地俯仰，以頭擊棺，血涕並流，狀若哀慟，有頃而去”一句中的“委地”，如果解釋為“蜷伏於地”似也可通，但是本書作者卻能從異文中得到啓示，並用豐富的材料從多個角度證明“委地”應該作“委虵”。再如，語言學界普遍認為，在古今漢語中，“人”都不曾作為純粹的量詞使用過，而本書作者獨具眼力，在《續玄怪録》校釋“人”條列舉出九條“數＋人＋名”的例證，説明“人”在中世漢語中有過用如純粹量詞的現象，提出了對這一成説的重要修正意見。

寫序言也好，撰書評也罷，我以為最重要的就是實事求是，這篇排印在序言位置而其實應該算是讀書心得的文章，自然也要遵循這一原則。上文説的都是本書的成就和優點，這裏舉出兩個例子來談談我的商榷意見。《搜神記》校釋“生鮮”條，作者證“生”有“鮮活、新鮮”義，引《漢書·司馬相如傳》“割鮮染輪”顔師古引李奇注“鮮，生也”，大概不妥。顔師古所引李奇對“割鮮染輪”的注釋全文是：“鮮，生也。染，擩也。切生肉，擩車輪，鹽而食之也。”《文選》李善注引李奇同。由下文“生肉”得知，這裏的“鮮”應該是特指，李奇所釋“生”就是指“生肉”，這一理解在《史記》三家注中也能得到更好的證明，司馬貞《索隱》引李奇云：“鮮，生肉也。染，濡也。切生肉濡鹽而食之。”裴駰《集解》引郭璞注亦云：“鮮，生肉也。”顯然，本書作者對李奇注釋的理解出現了偏誤。《西京雜記》校釋“犢鼻褌”條，本書作者釋此衣物形制贊引董志翹先生之説，“犢鼻褌”的形制，古來解釋不一，代表性意見有：《史記·司馬相如列傳》裴駰《集解》引韋昭所主形如犢鼻説；王先謙《漢書補注》引劉世奉所主褲管至膝之短褲説；錢大昕《十駕齋養新録》卷四所主無襠之褌説；王先謙《漢書補注》所主圍裙説。王繼如先生在《學術研究》1983 年第 2 期發表的《犢鼻褌續考》肯定了董文對王先謙的否定，同時認為董文承用韋昭、顏師古以來犢鼻褌形如犢鼻，並以為全無褲管，是不對的。王繼如先生贊成劉世奉的解釋，包括“犢鼻褌”是得名於這種短褲的褲管長至膝蓋處的犢鼻穴，並為證成刘説而補充了不少有説服力的材料。本書作者可能没有注意到王繼如先生的這篇文章，結果失檢雖晚出而更好的意見。我的看法不一定正確，即使可取，也屬於吹毛求疵，何况這類微瑕小疵與《中古小説校釋集稿》所取得的豐碩成果相比，委實是微不足道的。

宋代哲人程顥、程頤有言：“學者必潛心積慮，涵養而自得之。”“義有至精，理有至奥，能自得之，可為善學矣。”（《二程集·粹言·論學篇》）由上文所揭本書成績之犖犖大者已經完全可知，范崇高先生正是這樣一位力求“自得”的“善學”之人。二程勉學之言有曰：“學不博則不能守約，志不篤則不能力行。”（《二程集·羅氏本拾遺》）范崇高先生所以能够成為“自得”的“善學”之人，也可以改造二程的這兩句話來解釋，即：志篤力行，學博守約。1988年，本書作者完成了碩士論文《唐人小説中的連綿詞初探》，此後就一直致力於由此展開的中古小説研究，而且專注於最基本的校釋。這些年來，他撰成並發表的論文中有近三十篇是關於中古小説的，比如《〈太平廣記選〉注釋析疑》（《古漢語研究》1997年第1期）、《名量詞“人”示例》（《中國語文》2003年第3期）都是很有影響的論文，如此篤志力行近二十年，纔終於有了這部《中古小説校釋集稿》。他的學博不僅表現在所研究的中古小説之多，之全面，而且更反映在為了尋求一字、一詞、一語之得所參考的文獻之豐富上。中古文獻汗牛充棟，研究論著也已經非常豐富，而且還在不斷增加，我敢説任何研究者都無法真正窮盡、囊括無遺，本書作者當然也不會例外，比如中古出土文獻如碑刻金石之類本書鮮見徵引，有關論著如方一新、王雲路二先生所著《中古漢語語詞例釋》《六朝詩歌語詞研究》等本書作者也似乎未能寓目，但是中古絶大多數文獻和研究論著都已經為本書作者所參考，打開書後所附具體書目，就能知道我所説絶非虚言。花費如此力氣，涉獵如此廣博，如果著成《中古小説校釋叢書》則該有煌煌十餘册，甚至更多。可是作者没有這樣做，而是把最精粹的内容以條校、條釋的方式奉獻給了學術界，在學術浮躁的今天，其由博而守約的精神極其難能可貴。

我和本書作者 1985 年相識、相交于成都獅子山，並一起受業于劉君惠、冉友僑、杜道生、郭誠永、張振德諸先生門下三年，畢業後都在高校從事教學科研工作，雖説他處長江頭、我在長江尾，但作為同學、同行、同好，則聲氣常通。如今他精選多年來的研究成果集成專著出版，我自然為他感到高興，但是他執意囑序於我，則使我頗為躊躇：應允則深感惶恐，婉辭又於心難安。最後决定寫篇讀書心得，現在妄弁於卷首的這篇小文正是我所抒先睹感言，竭誠希望范崇高先生和讀者批評指正。

原載於《中古小説校釋集稿》，巴蜀書社，2006 年

用中國語言學成果解決歐洲語言問題的一個創舉

——評董希驍《現代羅馬尼亞語稱謂系統》

第一次看到董希驍君的《現代羅馬尼亞語稱謂系統》是 2007 年 4 月，那是作為博士學位論文在答辯前送來給我評閱。我不懂羅語，好在論文是用中文撰寫的，文中凡引用羅語文獻，包括用例，都括注了中文譯文，所以閱讀並無滯礙。論文初看一過就十分喜歡，因為希驍君把中國語言學的成果成功地推向了世界、服務於世界，完成了用中國語言學成果解決歐洲語言問題的一個創舉！最近希驍君告訴我，論文已經被列入北京外國語大學博士文庫，經過一年多的打磨、修改，將由外研社出版，並要我寫點文字。我非常樂意！閱讀他的博士學位論文和參加答辯時與他討論所獲得的興奮，至今沒有消減，我很願意把這些感覺寫出來，向希驍君請教，向讀者請教。

運用漢語稱謂研究的成熟成果去構建歐洲語言——羅馬尼亞語的稱謂系統——這樣一件研究工作，以及從事這樣一種研究的創新性思維，是希驍君最重要的貢獻，其意義猶如馬建忠當年“因西文已有之規矩”來建構漢語語法體系，而希驍君的研究對於針砭一切儀型西方的思維模式更具有特殊的現實意義。

世界上没有哪一個民族像中華民族那様早地關注稱謂、研究稱謂。我們在《儀禮》等先秦文獻中就能看到有關稱謂的零星研究，而第一個稱謂系統——親屬稱謂系統則始見於《爾雅》。《爾雅》成書於戰國末期，此書的編纂和定型有一個相當長的歷史過程，中華民族親屬稱謂系統的形成和構建自然要比《爾雅》成書時間更為久遠。

我國古代已經積累了豐富的稱謂研究成果。歷代雅書毫無疑問是大宗，除此而外還有不少專論，比如北齊顔之推《顔氏家訓》中有《風操》篇，唐代劉知幾《史通》中有《稱謂》篇，明代于慎行《穀山筆塵》中有《稱謂》篇；也有專著，比如北周盧辯的《稱謂》[①]、明代李翊的《俗呼小録》。至清朝，稱謂詞語和稱謂系統的研究可以説已經成為一個重要領域，不僅學者們的筆記、著作中有很多散見的研究内容，比如顧炎武的《日知録》、趙翼的《陔餘叢考》、翟灝的《通俗編》、錢大昕的《恒言録》、郝懿行的《證俗文》、張慎儀的《廣釋親》等，而且出現了高質量的研究性專著，公認的代表性著作是梁章鉅的《稱謂録》。清朝稱謂研究内容已經從親屬稱謂擴大到社會稱謂，研究的深度也是前此各代所不能相提並論的，因為清代學者不僅致力於構建並健全稱謂體系，而且非常注重漢語稱謂的歷史演變和科學詮釋。

稱謂系統是一個特殊的系統，基於不同的宏觀系統來觀察，將會賦予這一系統完全不同的屬性，因此它所藴含的豐富研究礦藏一直令語言學、社會學、人類學、歷史學等學科的很多專家為之着迷。20 世紀以來，關於漢語稱謂和稱謂系統的研究成果更是蔚為

---

① 《隋書・經籍志》著録盧辯《稱謂》5 卷，但早已亡佚而未能流傳下來。

大觀，其廣度、其深度均是前所未見的。

但是，印歐語系諸語言中的稱謂系統得到重視並研究則是較為晚近的事，從摩爾根的《古代社會》以來纔漸有成果面世。即便如此，就總體而言，他們的研究既不全面，也不系統。青年學者董希驍君基於宏大的"語言—文化"視野，立足於對漢語稱謂系統研究成果和印歐語言稱謂系統研究現狀的全面、深入的瞭解，選擇自己最為熟悉的羅馬尼亞語稱謂作為研究對象，撰成了《現代羅馬尼亞語稱謂系統》這一開創性的著作，其學術價值十分重大，作者創立科學系統的學術勇氣更是令人敬佩。

去年評閱希驍君的博士論文時，我對這部著作所取得的豐碩成果曾經有一個概括，現在把我認為該著最主要的成就條陳如下。

一、該著第一次構建了羅馬尼亞語稱謂系統的科學框架。關於羅馬尼亞語中稱謂的研究，已經出現了不少成果，比如 V. 盧蘇(1959)、L. 約内斯庫－盧森多尤（1982）、V. 斯古爾杜（1966）等等，但是他們的研究從來就没有把"面稱和背稱作為一個整體進行系統研究"。羅語中有詞格的變化，"面稱"的概念多用呼格表示，被羅馬尼亞學界納入"呼語形式研究"的範疇，而"背稱"則被作為專有名詞對待。以往"稱謂系統的雙語或多語對比研究"也"多局限於同類型語言"，主要是羅曼語族内同族語言的對比，以及和英語等通用語種的對比。因此，一個完全克服上述主要研究局限並立足於建構系統的創新性研究，則由希驍君這部著作首次完成，包含親屬稱謂系統、社會稱謂系統、姓名稱謂系統和指代稱謂系統四個子系統的羅馬尼亞語稱謂系統從此得以建構。

二、該著第一次全面描寫了羅語中每個子系統内的各類稱謂。處於系統制約之中的稱謂，都是具有特定位置和具體内涵的，四個子系統中的各類稱謂在該著中都得到了詳盡的分析性描寫。比如親屬稱謂系統，作者在開篇的“系統概述”之後，接着展開對“血親稱謂”“姻親稱謂”“繼親和養親稱謂”“習俗親稱謂”等下位系統的細緻描述，這一描述不僅對窮盡搜羅的每一個稱謂做了具體闡釋，而且所有稱謂都被置於各級系統之中，以我（Ego）為基點構成的“直系血親譜系”“旁系血親譜系”，以“丈夫—妻子”為軸綫構成的“配偶關係稱謂”，以及基於配偶關係的“姻親稱謂”“繼親稱謂”“教養關係”等，均有清晰而又富有邏輯性的直觀圖示。通過這樣科學嚴謹的分析，作者成功概括出羅語稱謂系統的主要特徵。

三、該著對羅語中各類稱謂提供了不少富有創見的精彩分析。比如對見仁見智的從兒稱謂方式的產生，作者提出了獨到的見解。有學者認為屈折語中没有結構為“孩子（或人名）＋他＋親屬稱謂”的分析式從兒稱謂，作者通過對羅語從兒稱謂 mǎsa（孩子他媽）的論證，反駁了這一觀點。比如對“在現代口語中近乎絕跡的稱謂又在網路語言中獲得了新生”這一現象，作者給出了很有説服力的解釋。作者認為，這是一種戲謔的用法，人們只是借用封建時期的稱謂來對網民進行指稱，例如 boier（老爺）指“論壇版主”，ban（潘，15 世紀後羅馬尼亞公國大臣的稱號）指“論壇管理員”，iobag（農奴）指“普通網民”。比如對有學者認為在社會主義時期某詞“不足以表達對知識分子的敬意，因而選擇了更為恭敬”的表達方式這一觀點，作者提出了異議並做出了論證。這些學者認為 tovarăş/tovarăşă 不足以表達對知識分子的敬意，因而選擇了更為恭敬的 domn/doamnă（先生/女士）。作者認為，此類現象並未發生在其他知識分子身上，例如：Bujor Sion ，deci adjunctul şefului Secţiei de Propagandă spune：“tovarăşe academician，mă depăşeşte cazul…”（宣傳部副部長布儒爾 · 西翁説：“院士同志，這事我作不了主 ……”）因此主張，在没有找到更合理的解釋之前，只能把社會主義時期對 domnule/doamnă profesor 的使用看作一種特例。比如對“羅語社會稱謂系統中的缺環與泛化”現象，作者也進行了較為深入的探討。作者認為：羅語中的社會稱謂缺環更多出現在面稱中，原因是當面稱呼某人時，除了要實現指稱功能，還要兼顧等差原則和情感原則，而常用的社會泛稱往往不能滿足這些要求。缺環經常由其他社會稱謂的泛化形式來彌補，通過泛化，這些稱謂原有的含義被淡化，其指稱範圍卻得以擴大。此類泛化不是個人語言習慣的反映，它們必須被較多的社會成員認可並使用，纔能真正發揮社會泛稱的功能。在長期使用中，某些泛化社會稱謂自身的語義也會發生相應變化，成為正式的社會泛稱。例如，封建時期指稱“大公”的名銜稱謂 domn 在現代社交活動中獲得了“先生”的含義，並成為現代羅語中標准的社會泛稱形式。類似上述分析，可謂異彩紛呈，令人目不暇接。

我十分贊賞希驍君的研究方法，認為他所採用的方法對同類課題研究來説具有普遍參考價值。尤其值得稱道的是下述三點：

一、該著在構建羅語稱謂系統時，“借鑒漢語中已有的研究成果”，這是非常有見地而且是非常具有可操作性的方法。運用這一方法就使得作者的研究首先置於科學體系之上，而且使得自己的構建能够得到很好的説明和解釋。

二、該著在對羅語稱謂系統進行分析、描述的過程中，始終貫穿比較、借鑒的思想。“通過對比，遴選漢語稱謂系統中對應的成分，借鑒漢語稱謂系統的結構”，這是該書在具體研究内容中充分運用的方法，這就使得該書在微觀層面和前一方法之間構成呼應，形成嚴密的邏輯結構。

三、該著分析各級各類系統的具體稱謂時，選用了很多富有針對性的、有效的研究方法。比如採用語義場理論和方法，對親屬稱謂進行系統而深入的分析。作者的分析結果表明，羅語親屬稱謂對同輩親屬的“長幼”“父系/母系”“夫系/妻系”等義素通常不予區分，基本屬於夏威夷親屬稱謂制，印證了美國人類學家對親屬稱謂制的定義和劃分。比如從語用的角度，分析稱謂的泛化現象和修辭現象。作者將稱謂的泛化現象細分為兩類：一類是同類型泛化，如用血親稱謂指稱姻親、養親或習俗親，用直系血親稱謂指稱旁系血親；另一類是跨類型泛化，例如用親屬稱謂指稱非親屬，即擬親屬稱謂現象。作者認為，羅語中的大多數稱謂都可以借助後綴派生出指小或指大形式，這些形式可表達説話人喜愛、厭惡、輕蔑、憎恨等主觀情感，具有强烈的修辭色彩。例如：so ie（妻子）→so ioară（親愛的妻子），nepot（孫子）→nepo el（小孫子），văduv（鰥夫）→vădoi（老光棍），fată（姑娘）→fătălău（老姑娘），等等。至於採用社會語言學方法對稱謂的具體文化内涵進行研究，更是體現在各類具體稱謂的分析之中。羅語中的大多數指小形式都用來表示親昵，但 noră（兒媳）的指小詞 norucă，noruţă，nurioară，noruliţă，nororea，noriş? oară，作面稱時卻經常具有輕蔑或諷刺義，尤其是在婆婆稱呼自己兒媳的時候。例如：Hăi norucă，nora mea，/Câand în casă ţi－aid'întrat，/Vasele nu le-ai spălat，/În casăn－ai măturat. （嘿，我的兒媳婦！/自從你進了我家的門，/碗也没洗過，/地也没掃過！）（T. 帕帕哈吉：《摩爾達瓦民間故事》）。這從一個側面反映出，在傳統羅馬尼亞社會中，婚後兒媳與公婆合住的主幹家庭模式十分常見，封建道德意識在婆媳關係中時有體現。

希驍君所選擇的論題是一個宏大的課題，内容宏大，意義價值也宏大，但是他卻舉重若輕，非常成功地、高質量地實現了預定的研究目標。這使我不得不對希驍君的研究經歷和研究基礎發生興趣。2002年，希驍君完成了題為《羅馬尼亞語、漢語親屬關係詞語義場比較》和《羅馬尼亞語呼語形式研究》的碩士論文，當年6月在布加勒斯特大學通過答辯，12月在北京外國語大學通過答辯。其後數年，希驍君一直關注這一課題及其相關問題，先後發表了《羅馬尼亞語言的形成和發展》（載《歐洲語言文化研究》，2004年）、《傑出的羅馬尼亞語言學家E. 科塞裏烏》（載《歐洲語言文化研究》，2006年）、《羅、漢"從兒稱謂"比較研究》（載《歐洲語言文化研究》，2006年）、《羅馬尼亞語零形回指形式初探》（載《歐洲語言文化研究》，2007年）、《羅馬尼亞人姓氏雜談》（載《歐洲語言文化研究》，2007年）等多篇論文。當了解到上述這些情況時，就能够很容易作出如下判斷：希驍君所以敢於選擇這一論題，並能够取得如此豐富的成果，其中最重要的原因之一就是，他鍥而不捨、他勤奮努力！

創建一個理論系統，當然很難，利用漢語稱謂系統來構建文化完全異質的羅語稱謂系統，當然更不容易！比如宏觀系統層面會不會存在"水土不服"的現象？微觀分析層面，尤其是歸類，會不會出現"削足適履"的情況？提出這些疑問的原因是，我完全不懂羅語，無法作出判斷；而根本目的則是，希望希驍君繼續探索，包括對那些在他的著作中已經注意到而未遑深入論及的問題的研究。我們不害怕問題，更不擔心批評，對馬建忠的某些批評早就成為學術史定論，但是這並不能影響對馬建忠創立漢語語法體系這一偉大歷史貢獻的評價。希驍君在建立了羅語稱謂系統平臺之後，已經製訂了很全面、很詳密的後續研究計劃，更加系統更加科學也更加成熟的豐碩成果，完全可以期待希驍君完成於不久的將來。

原載於《中國文化研究》2008年第4期

曹翔《王梵志詩詞彙研究》序

2004 年秋，曹翔君考入華東師範大學，在職跟隨我攻讀博士學位。2006 年夏，我調入北京語言大學，根據華東師大中文系時任領導的要求，在讀碩士博士研究生都要更換導師。曹翔君當時已經開題並進入論文寫作階段，最後完成博士學位論文並順利通過答辯是在徐莉莉教授指導下實現的，原因即在於此。他對自己的要求很高，畢業後邊工作邊以畢業論文為基礎展開王梵志詩專書詞彙的系統研究，轉眼間六七年就過去了。前不久他給我來信説，書稿已經完成，簽約南京大學出版社出版，希望我能寫篇序言。雖然只擔任了他兩年的指導教師，但我對他的研究工作還是很瞭解的，也一直關注他的研究進展，所以我非常樂意向讀者介紹曹翔君和他的這部書。

曹翔君所走過的是由現入古的語法詞彙兼治之路

曹翔君碩士研究生階段在專家麇集的福建師大主攻現代漢語語法，在語言學理論和語法研究方面打下了系統而扎實的基礎。他很勤奮、很刻苦、肯鑽研，在讀博之前已經發表了不少文章，如《試論矛盾表達中的“矛盾”》(2001)、《謂詞能否直接充當“有”的賓語》(2001)、《試論矛盾表達的理據及修辭效果》(2002)、《試論“被”的詞性》(2003)、《漢語語法變換分析與變換類型研究述評》(2003) 等。曹翔君在實際研究工作中體會到，要使自己的學問不斷走向深入，漢語史的根底是必不可少的，於是他選擇在博士研究生階段主攻漢語史。

漢語史既有語音史、詞彙史、語法史之别，又前後綿延數千年，傳統語言學的遺産也非常豐富，由現代漢語轉入漢語史首先面對的是海量文獻，接着還有如何選擇具體研究領域的問題。曹翔君在職讀博時已有家小，面對的又是從現代轉入古代這樣的挑戰，其辛苦不難想見，其刻苦更是給老師和同學們留下了深刻的印象。從漢語史上語言要素變化比較重要的階段選擇一部有價值的專書進行研究，這是我們最初達成的共識，他希望作專書語法研究也是很切實的想法，因為這有利於利用他原來的學習與研究基礎。但我仍然建議他作詞彙研究，除了對漢語特點的認識之外，我認為有了作詞彙研究的實踐對他今後走詞彙語法兼治的道路會更有意義。曹翔君把我的建議認真聽進去了，並積極進行準備，讀博期間發表的論文開始呈現出由語法走向詞彙的特點。如《漢語語法變換分析的探源研究》(2005) 和《漢語語法變換分析的産生與發展》(2007) 等等論文，是他之前漢語語法研究的繼續；而《試論外來詞“拜拜”的語用功能》(2005)、《從命名相通的語源看〈説文〉“名”的釋義研究》(2006) 和《“鬼子”釋義考辨》(2007) 等等論文，則是他開始嘗試詞彙研究的最初成果。

經過博士論文的艱苦磨練以及此後多年的學習與研究，曹翔君如今在漢語詞彙史研究方面已經得心應手，語法研究也不時有成果發表。看到一個年輕學者一步步成長起來，作為老師自然無比欣慰。這些年來，他繼續發表了一些語法研究的論文，如《漢語語法研究“本位”説芻議》（2009）和《副詞“也”研究的相關問題》（2012）等；但大量發表的則是關於詞彙、詞彙史和文獻校讀的論文，如《古文獻“孃”“娘”的分别與〈恒言録〉校誤》（2009）、《稱謂詞“渾家”考辨》（2010）、《王梵志詩“不善廣平王”校注商兑》（2011）、《王梵志詩注釋商兑二則》（2011）、《從文獻材料看“除非”的産生時代》（2011）、《“法官”詞義源流》（2012）、《女性稱謂詞“恭人”、“院君”考釋》（2012）、《敦煌寫卷王梵志詩校釋劄記》（2013）、《宋元話本女性稱謂詞例釋》（2013）等等。

曹翔君這部著作的選題在詞彙史研究上是很有價值的

關於漢語史的具體分期，特别是各時期的上下限，學界至今没有完全統一的意見。把東漢魏晉南北朝以來劃定為中古漢語，是現在大多數專家的意見，但下限仍然有不同意見，因此唐代就很值得研究。科學漢語史的建構是建立在扎實的斷代研究之上的，斷代研究則需要專書研究的支撑，而專書研究的價值首先取決於語料的性質，“資料選擇得怎樣，對研究的結果起着決定性的作用”①，曹翔君選擇王梵志詩作為專書詞彙研究的對象是非常有眼光的。

王梵志是隋末唐初人，他的詩在唐宋時曾廣為流傳，在我國文化思想史上占有重要的地位。唐人皎然《詩式》、范攄《雲溪友議》，宋人胡仔《苕溪漁隱叢話》等很多著述俱有稱引，“直到元代還有傳本行世”②。中晚唐時還有人托名僞作王梵志詩，唐代詩人王維、皎然、顧況、白居易、杜荀鶴、羅隱等都不同程度地受到過以王梵志為代表的通俗詩派的影響，王維《與胡居士皆病寄此詩兼

① 太田辰夫《中國語歷史文法》第 373 頁，蔣紹愚、徐昌華修訂譯本，北京大學出版社，2003 年。

② 項楚《王梵志詩校注》增訂本《前言》第 21 頁，上海古籍出版社，2010 年。

示學人二首》直接注為“梵志體”，寒山、拾得、豐干等詩僧更是王梵志的忠實膜拜者。王梵志詩還遠傳日本，平安朝時代（784—897）藤原佐世編《日本國現在書目録》三十九《别集家》就著録有“王梵志集二，王梵志詩二卷”①。明代以後，王梵志詩逐漸失傳，清編《全唐詩》竟未能收入一首他的作品。1900 年（一説 1899 年），敦煌藏經洞被發現，大批珍貴的唐五代寫卷重見天日，其中就包括《王梵志詩集》的多個寫卷。敦煌學興起後，王梵志詩引起了國内外學者的廣泛關注，並形成了研究熱潮。

單純從漢語史的視角來看，王梵志詩也是絶好的研究材料。首先，王梵志詩自晚唐五代以來一直密封於敦煌藏經洞中，這就避免了後人傳抄翻刻所帶來的衍、脱、改、誤等失真問題。其次，冠名王梵志詩的雖非一人一時之作，但是年代清楚，最遲到北宋初年②，王梵志詩大致可以斷定為有唐 300 年間的作品。再次，王梵志詩的語言“不守經典，皆陳俗語”，即不屬於文言雅詞，不同於高文大典，而趨近於平民百姓的日常用語，還可見到不少鄉言俚詞，這種口語性特點很適合漢語詞彙史研究的要求。再次，王梵志詩的語言基本上屬於北方通語，這可由它的語音系統、詞彙系統和語法系統得到證明。可見，王梵志詩是作漢語史專書研究很好的對象，何況在曹翔君撰寫此書之前，還没見到對王梵志詩的詞彙作出系統研究的成果。

曹翔君這部著作所取得的研究成果是非常豐厚的

我們可以先看看下列數據。曹翔君將王梵志詩製成電子語料庫，通過析句分詞和細緻考察，發現有 184 個詞語早於《漢語大詞

① 藤原佐世編《日本國現在書目録》，《古逸叢書》影印舊抄本。

② 其中有北宋文人題名的王梵志詩。

典》《唐五代語言詞典》的書證，有 358 個詞語與《漢語大詞典》《唐五代語言詞典》書證時代基本相同，有 223 個詞語未被《漢語大詞典》《唐五代語言詞典》收録，三者相加共有 765 個詞語，占王梵志詩總詞彙的 20.36%。他還發現有 175 個詞義用例不晚於《漢語大詞典》《唐五代語言詞典》的義項例證，有 34 個義項未被《漢語大詞典》《唐五代語言詞典》收釋，兩者相加共 209 個義項，涉及王梵志詩總詞彙的 5.56%。曹翔君所抉發的這些"新詞""新義"，也許有一些會被新材料和後來的研究證明並不是真正的"新"，具體成果可以被改寫，但絶不會被無視，如此豐富的成果不僅可以成為後來研究王梵志詩的參考，而且能為漢語詞彙史研究和大型辭書、斷代語言詞典的修訂與編撰提供堅實、可靠的資料。

曹翔君的具體考釋也勝義紛呈。例如"齊頭"（58 頁）。"生時不共作榮華，死後隨車强叫唤。齊頭送到墓門回，分你錢財各頭散。"項楚釋為"一齊"，朱炯遠釋為"剛滿，剛好"。他認為，副詞"齊頭"既有"一齊"義，也有"剛好"義。考察王梵志詩文，朱炯遠之説更符合詩意。並在此基礎上條分縷析，又補充出"齊頭"的另外四個義項，較為完整地展示了詞義之間的聯繫與詞義的演變面貌。又如"合知"（136 頁）。"寺内數個尼，各各事威儀。本是俗人女，出家掛佛衣。徒衆數十個，詮擇補綱維。一一依佛教，五事總合知。"他認為，"合知"連用，起於唐代，意謂"應該知道""應當知道"。接着用大量語言事實證明，"合（知＋賓語）"，再到"合（知＋〇（賓語））"，再到"合（虚化）知"，再到"合（虚化）知＋賓語"的歷時演變過程。又如"火急"（85 頁）。他列舉了大量用例，證明其本義為"火大""火熾"，是主謂式合成詞，起於六朝。引申用以形容情勢緊急則産生於唐代，王梵志詩中"火急"見到 7 次，均為引申義。曹翔君的這些詞語與詞義考釋，材料充分，分析細緻，觀察敏鋭，結論堅確。

曹翔君還獲得了不少新發現。比如王梵志詩新詞中複音詞的構成比率與現代漢語已經基本一致，而與晉宋時期相比，晚唐五代時漢語合成詞中的偏正式已經代替並列式穩居第一位，並列式則居第二位，動賓式代替補充式升居第三位，主謂式比以前更具有構詞能力。比如除了詞義的擴大、縮小和轉移外，還有其他複雜情形，類似"川原"這種詞在詞義的發展變化中所經歷的就是"詞義的擴大"→"詞義的再擴大"→"詞義的縮小"這樣的歷時變化。比如某些合成詞詞義的歷時演變是因為其内部語素取義重心不同所致，而有些合成詞則是因為其内部語素義的重新分析不同所致，等等。毫無疑問，這些發現不僅具有漢語詞彙史研究的意義，而且具有漢語詞彙學研究的意義。曹翔君所以能够獲得這些發現，根本原因就在於能够充分掌握材料、深入考察歷史語言事實；如果單純從理論到理論去演繹是不可能獲得這些發現的，如果單純從西方理論出發而取漢語的例子印證則更不可能獲得這些發現。

曹翔君這部著作在研究方法上是有鮮明特色的

曹翔君不滿足於專書詞彙研究所通常採用的全面描寫方法，而把研究對象集中在王梵志詩的新詞上，同時以晉宋時期的代表語料《世説新語》、晚唐五代時期的代表語料敦煌文獻為參照，從縱、横兩個維度來審視王梵志詩中新詞的發展變化態勢，以探討其原因。鑒别新詞新義時很多研究者習慣以《漢語大詞典》為標準，不見於《大詞典》者則被謂之"失收"，曹翔君認為此類説法並不合理，而且有失公道，本書第五章題"王梵志詩未被《大詞典》收録的語詞"，就鮮明反映了他的這一觀念。曹翔君考釋詞語不僅重視通語，而且還注意求證方言，注重將漢語詞彙史的研究和現代漢語方言詞彙調查、研究結合起來；不僅充分利用傳世文獻，而且重視出土文獻與文物，以形成兩種材料的互證；還注意把底本與別本異詞結合起來，把語言與民俗文化結合起來，等等。以上這些都是這部著作在研究方法上值得大加推許的。

但我以為，曹翔君在研究方法上最大的、最鮮明的特色則是在詞彙研究中對語法分析的充分重視和恰當運用。他最初提出做王梵志詩的語法研究時，已經憑藉自己的科研基礎在閱讀文獻過程中有所發現，特別是一些語法新質要素的發現，如詞尾“頭（長頭、老頭)”“家（人家、我家)”，如指示代詞“那”等等。最後確定研究詞彙，他的語法學研究專長得以在詞彙史研究中充分發揮作用，這讓我感到十分高興，這也是我所以在序文的開頭首先介紹他的學術成長之路的緣由。下面以上文曾經提到的“齊頭”“合知”兩詞為例，來看看曹翔君的這一研究特色。

關於“齊頭”。曹翔君分析道，“齊頭”的“一齊”義，是從動作的主客體上説的，如果用於描摹動作的方式或動作的時間處所等，則表示“剛好”義，如“齊頭拿頭頂在他嫂子肚皮上”就是用於表示動作的方式，“齊頭帖子來的時候”則用來表示動作的時間。“齊頭”又有“整數”義，既可以放在數詞的前面，也可以放在數詞的後面，前者如“老子齊頭六十”“齊頭五十番”，後者如“父親今年七十九，明年八十齊頭了”“怎奈時運不利，看看五十齊頭”。他指出，“齊頭”可以表示“從頭”“起初”義，其中的“頭”是實語素；“齊頭”後綴“子”，構成“齊頭子”，釋作“劈頭蓋臉”，此義也是從“齊頭”的“從頭”義引申而來。

關於“合知”。曹翔君分析道，“合知”連用是個跨層結構，“合”修飾“知＋賓語”，如“李咸雍既是書生，合知禮範”“此人本合知三世事”。他指出，由於“合知”的大量使用，“知＋賓語”中的賓語脱落，“合知”遂凝固成詞，如“卻喚危中也大危，雪山會上亦合知”；而由於語用的需要，“合”詞義虛化，如“我願仙人必合知”中的“合知”前有副詞“必”修飾可以證明。“合”詞義虛化後，“合知”可再次帶上賓語，意謂“知道”，如“合知子細”“李翱自負詞藝，以為合知制誥”等。

泰州乃勝地，教澤宏敷，江山多助，曹翔君樂此不疲；研究有興趣，矢志問學，著述不廢，曹翔君深可矚望。緣於此，有幾點建議我很願意借此機會提出來，供曹翔君參考。一是希望能進一步加强中國古典語言學成果的學習與繼承，特别是清代小學成果的研習，這對於詞彙、詞義的分析與研究是完全必要的。二是對王梵志詩的詞彙分析還可以更加細緻，詞類在王梵志詩中的具體分布描寫還可以更加清晰。三是某些詞語的分析與詞義的考釋，説服力有待加强，還有進一步充實材料和進一步加强論證的空間。四是全書研究内容還可以進一步充實，並據此對著作結構進行調整優化，現在四五六這三章的分量相對較為平衡，其他各章則略顯單薄。

是為序。

原載於《王梵志詩詞彙研究》，南京大學出版社，2013 年

漢語詞彙史的一座新豐碑

——《100 年漢語新詞新語大辭典》述評

漢語語音史、詞彙史、語法史這三個分支學科，詞彙史的研究最為薄弱，這是學界共識。這個共識是與另外兩個分支學科比較而言的，稍微考察一下詞彙史研究本身就能發現，它在各階段的表現並不一樣。上古漢語詞彙研究的成績最好，那是因為秦漢時期留下了《爾雅》《方言》《小爾雅》《説文》《釋名》《廣雅》和東漢經注等一大批高質量研究資料，歷代學者特别是清代學者把上古傳世文獻又作了窮盡性研究並貢獻了豐厚的高水準研究成果，隨着出土文獻的不斷湧現，上古漢語詞彙研究在 20 世紀以來取得很多新的進展，這些傑出的成就奠定了整個漢語詞彙史研究的堅實基礎。中古和近代漢語詞彙研究代不乏人，散見於歷代注疏、辭書、筆記、雜著中的零星成果也不少，但真正作為斷代研究對象得到學界重點關注則是進入 20 世紀之後的事，不過研究隊伍不斷壯大，研究成果日益豐富，形勢十分喜人，我們相信，再經過幾代人持續不斷的努力，中古近代漢語詞彙研究水準完全可以與上古比肩。真正最為薄弱的是現代漢語詞彙史！之所以如此，原因很簡單，没有得到應有的重視。從漢語史的眼光來看，現代漢語是漢語史最近的一個階段，現代漢語詞彙自然也是詞彙史最近的一個階段。可是，詞彙史研究者卻很少有人去研究現代漢語詞彙史，而現代漢語研究者又很少有人用歷史的眼光去看待現代漢語詞彙。現代漢語研究者關注的重點主要在描寫、分析以及不斷引入各種“先進”理論進行“學”的建構。當然，現代漢語詞彙史没有得到應有的重視，與多年來大學將古代漢語與現代漢語劃分為兩門課和漢語史與現代漢語區分成兩個學科所形成的誤導也不無關係。

宋子然先生是漢字史、漢語史、漢語言學史研究學者，他識高見遠，從 20 世紀 90 年代開始就把精力聚於現代漢語詞彙史，並着手進行基礎研究資料建設工作。1997 年出版了他所主編的《漢語新詞新語年編（1995—1996）》卷，至 2011 年一共出版了 6 卷《年編》；2010 年由他領銜申請的國家社會科學基金項目“當代流行語的社會價值研究”獲准立項；2014 年底由他主編的 500 餘萬字的《100 年漢語新詞新語大辭典（1912—2011）》上中下三大卷（以下簡稱《大辭典》）正式出版。《大辭典》除了主編宋子然先生之外，副主編楊小平、雷漢卿、楊文全、鄭劍平等都是漢語史或現代漢語研究領域的優秀學者，編寫隊伍由來自四川 8 所高校的 30 多位骨幹專家組成，有 100 多名碩博研究生參與了工作。因此，《大辭典》是一個學術團隊合作的成果，是集體學術智慧的結晶，他們構築了一座漢語詞彙史的新豐碑。

一、《大辭典》的史學價值

所謂“史學價值”即漢語詞彙史的資料價值與研究價值。《大辭典》收詞上起 1912 年，下至 2011 年，整整百年；選收詞條

在陪伴旅遊的方式産生之前，與［遊］並没有意義上的聯繫。“裸退”行為的直接關涉主體是擔任一些職務的官員，詞素［裸］與表退休的［退］聯繫在一起是在“裸退”這種現象出現以後，此前二者並没有意義上的聯繫。漢語以複合構詞為主，從構詞機制上看，截搭機制在新詞語的成詞過程中發揮了重要作用。所謂“截搭”，“好比是將兩根繩子各截取一段重新接成一根”，參與整合的兩個概念“相關”而不是“相似”，這樣的整合就是“截搭”①。“伴遊”“裸退”一類的詞語，兩個組成部分並没有相似性，但卻具有概念上的相關性，通過截搭機制完成概念整合，將没有關聯的“伴”和“遊”、“裸”和“退”整合為一個概念。《大辭典》所收新詞語中比較特殊的是“下課”，在上卷（指上課時間結束）和下卷（喻指下臺或停止幹某事）各出現了一次；《現代漢語詞典》第六版（以下簡稱《現漢》）列出了兩個義項，“上課時間結束”和“指辭職或被撤换”。《大辭典》和《現漢》在後一個義項上有所區别，但最重要的是，《大辭典》不僅確認了“下課”是一個新詞，而且提供了這一新詞意義發生變化的時間，因而就具有了鮮明的史學價值。

第三，記録了不少詞彙過渡現象

漢語詞彙史研究的重點之一就是考定新詞新義，新詞新義是漢語詞彙史客觀存在的語言事實，但詞和非詞的界限是難點，也是討論的熱點。語言及其詞彙的發展變化，無論是形式，還是意義與功能，都不是一個階段性的孤立過程，很多情況下都不能一刀切開，因為它是一個連續統，是一個過程。新詞新語只有很少的一部分是一次性成詞的，大多數都有成詞過程，因此必然有相當多的結構處於過渡階段，其表現就是形式、意義的不穩定性。但這種不穩定性

① 沈家煊《“糅合”與“截搭”》，《世界漢語教學》2006 年第 4 期。

不會永久存在，隨着時間推移和社會事物的發展變化，要麼逐步趨向穩定，要麼消亡而成為歷史詞彙。《大辭典》所收詞語中就能够看到這一現象。例如字母詞“ABC”收入《大辭典》下卷，釋為“指在美國出生的華裔後人”，所引之例出現在 2003 年和 2004 年。這與人們的通常認知不相符合，因為“ABC”在漢語系統中的常用義為“初步、入門”或者指最簡單的知識，《現漢》的解釋正是如此：“A、B、C 是拉丁字母中的前三個。用來指一般常識或淺顯的道理（有時也用於書名）。”顯然，《大辭典》所釋“指在美國出生的華裔後人”是新義。疑問是，表示“初級、入門”義的“ABC”也應該是 100 年新詞語，《大辭典》為什麼没有收？原來這個詞剛剛出現時是用音譯詞“愛皮西”，而“愛皮西”收録在上卷，引例出現時間最早的是 1916 年。據此，我們就能理清這一外來詞的發展脉絡了：在“初步、入門”這一意義上，“愛皮西”是原始形式，後來由於語言經濟性和構詞多樣性的發展，簡單易懂的字母詞“ABC”代替了“愛皮西”成為常用形式；而《大辭典》釋作“指在美國出生的華裔後人”的“ABC”，不僅義新，而且是一個同形異義詞。《大辭典》還保留了一些詞語的過渡狀態，這些詞語經過進一步發展很有可能進入普通詞彙。例如“白金”（豪華的或者超值的），《現漢》解釋為“鉑的通稱”和“古代指銀子”。《現漢》講究規範而相對保守，《大辭典》追求史學價值則更為靈敏，該詞的形容詞性意義在日常生活中的使用頻率已經非常高，很有可能會固化為常用義而進入普通詞彙系統。

二、《大辭典》的主要特色

宋子然先生在《大辭典·前言》中概括了這部辭典五個特色和

價值。這些特色和價值同時也可視為《大辭典》的成就，本文評述《大辭典》的主要特色準備從立目、釋義、引例三個方面去談。為使本文的舉例具有説服力，我們採用了隨機抽樣的辦法，這部分所舉例證均來自上中下三卷中詞條首字中文拼音為C的詞語（以下簡稱C組）①。

首先，從立目方面看《大辭典》的特色

《大辭典》選收100年新詞新語萬餘條，前無古人。以C組為例，《大辭典》僅有不到三分之一的詞條與《現漢》一樣。《現漢》是中型語文詞典，推廣普通話是其主要任務之一，這就決定了它的規模不能没有限制，收詞釋義不能不具有規範性質。但《大辭典》與之不同，收録新詞新語並予以解釋是其任務，因此可以説，《大辭典》的收詞標準就是一個“新”字，只要是新出現的詞語或出現新義的詞語均在收載之列，目標就是一個“史”字，保存下百年詞彙發展史資料。宋子然先生在《大辭典·前言》中説：“歷代的新詞新語中，有的經過長期使用逐漸成為全民性一般詞彙，流傳至今；有的只是曇花一現，或者流行一段時間之後便不再被人們使用了，於是退隱為歷史詞語或者成為消亡詞語，不再進入人們和詞典編纂者的視野。但是，從語言學的研究角度看，這類‘消亡詞語’恰恰是學者眼中的珍品；從社會學的研究角度看，‘消亡詞語’所承載的社會歷史信息，又如絶版文物，具有不可忽視的研究價值。”《大辭典》中真正的歷史詞彙占比並不大，以C組為例，735個詞語中有690個一般詞彙，僅有45個是歷史詞彙。這些歷史詞彙記録了某一歷史現象或事件，如“查三代”“查田運動”“吃大户”“插隊落户”“朝農運動”“除四害”“傳幫帶”“赤衛隊”等。

---

① C組共有新詞語735個：上卷241個，中卷83個，下卷411個。

上述收詞特點決定了《大辭典》在現代漢語詞彙史研究方面的主要成就。此外，《大辭典》收詞還兼有繼承性和創新性，代表各個歷史時期新現象的詞彙先後依次呈現，就是《大辭典》這一特點的表現。如包含詞素“吃”的詞條，上卷有“吃大户”“吃老本”“吃請”“吃私”，中卷有“吃大鍋飯”“吃國庫糧”“吃會”“吃角子老虎”“吃偏飯”“吃商品糧”“吃透”“吃小灶”“吃子孫飯”，下卷有“吃包裝”“吃不飽”“吃差價”“吃車輪”“吃牀板”“吃公款”“吃官糧”“吃拿卡要”“吃螃蟹者”“吃企業”“吃肉罵娘”“吃軟飯”“吃市政”。上述詞語除了“吃透”“吃不飽”“吃拿卡要”等少數詞之外，其他均為［吃］＋［受事（吃的東西）］或［吃］＋［與事（費用來源相關）］。上中下三卷都有該類詞的分布，説明了這類現象一直存在，數量的不同説明不同時期同類現象的多樣性也不同。從詞語内容上看，《大辭典》兼顧了通用性和專業性。在C組735個詞條中，普通詞語有636個，百科詞語有99個。例如在包含詞素“財”的16個詞條中，9個為普通詞彙，如“財東”“財商”等，7個為百科詞彙，如“財産申報”“財産協議”等。

其次，從釋義方面看《大辭典》的特色

《大辭典》除了遵守一般辭典的釋義要求之外，還要盡可能地體現歷史資料性特質，編者因此進行了新的嘗試：釋義＋按語。《大辭典·凡例》説：按語“對該詞語的由來與構成進行分析，對該詞語的用法、色彩加以説明和辨識，介紹該詞語産生的社會歷史背景，補充相關資料和數據，介紹其意義與用法的演變情況。按語或長或短或無，視具體詞目而定。”不僅“按語”是一大特色，《大辭典》的釋義也有特點。以C組為例，與《現漢》進行比較的結果是，C組735個詞語有310個見於《現漢》，但釋義完全相同的極少。那麼釋義差别何在？例如“擦邊球”，《大辭典》釋：“喻指在規則邊緣做事。”《現漢》釋：“打乒乓球時擦着球臺邊沿的球。後來把有意做在規定的界限邊緣而不違反規定的事比喻為打擦邊球。”例如“材料”，《大辭典》釋：“供參考用的資料；提供著作內容的事物。”《現漢》釋：“①可以直接製作成成品的東西；在製作過程中消耗的東西；②寫作、創作、研究等依據的信息；③可供參考的信息；④比喻適於做某種事情的人才。”《大辭典》對“擦邊球”和“材料”的釋義僅為《現漢》中的部分義項：“擦邊球”對應《現漢》的引申義，“材料”對應《現漢》的引申義項②③。為什麼會有這樣的差別？原因是，《大辭典》所關注的是新詞語義，包括新詞語出現的意義和舊詞出現的新義，這是其歷史辭典性質的突出表現。而有關這個詞需要交代、説明或者進行分析的內容，《大辭典》通過“按語”來實現了。比如上述二詞，前者有按語：“‘擦邊球’原指乒乓球比賽中的擦邊險球，後喻指在規則邊緣，但不違反規則做事。”後者有按語：“‘材料’原指人類用於製造物品、器件、構件、機械或其他產品的物質，即能直接製成成品的事物。後多指供參考用的資料。此外，材料還比喻適合做某事的人。”

毫無疑義，“按語”是《大辭典》釋義方式的特色。其主要作用至少有四。一是説明詞語的出處或來源。例如“紙老虎”的按語為：“1946 年 8 月 6 日，毛澤東在接見美國記者斯特朗時，提出了‘一切反動派都是紙老虎’的著名論斷，‘紙老虎’的説法更加廣泛流傳。”二是説明詞語的結構或構詞法。例如“彩迷”的按語為：“‘彩迷’仿‘球迷’而造成，指迷戀彩票的人。隨着中國各種各樣的彩票的發行，彩迷大量湧現。”三是説明詞語的意義演變過程。例如“愛人”的按語為：“‘愛人’源自英語單詞 sweet heart。20 世紀 40 年代開始，革命者流行稱呼配偶為‘愛人’。建國前這個詞又是為了革命事業而共同奮鬥又有愛情關係的男女的互稱，後來在解放區人們彼此叫‘同志’，夫妻互稱為‘愛人’。”四是説明詞語意義的外延。例如“安家費”的按語為：“‘安家費’由國家或某個組織按規定發放的用來安置、安撫特定對象的費用，是一項人性化的福利政策。”詞典釋義通常要求準確、簡潔、易懂，傾向於使用“屬＋種差”的定義式釋義方式。“按語”的設立除了釋義作用之外，還可以對詞語的來源、使用和意義演變做出分析，運用“非元語言”對詞義進行描寫性解釋。《大辭典》所收均為 100 年内出現的新詞新語，這些詞語都是在特定的時代背景下伴隨某些新生事物的出現而出現的，不少新詞新語缺少基本詞彙的常用性、穩固性和構詞力，部分詞語甚至完全不為大衆所熟知，因此，通過“按語”這種靈活方式予以説明，十分必要。

第三，從引例方面看《大辭典》的特色

《大辭典》引例“源流並重”，每一義項的例句一般為一到三個，按照出現時間的先後順序排列，引例的格式為：例句＋作者＋文獻＋時間。例如“常識”引例：“凡此無常識之思惟，無理由之信仰，欲根治之，厥為科學。（《青年雜志》1915 年第 1 卷第 1 號）”；“常委”引例：“比如秋收暴動非軍事不可，此次會議應重視此問題，新政治局的常委要更加堅强起來注意此問題。（毛澤東《在中央緊急會議上的發言》1927 年）”。詞條釋義後的第一個引例，多為編者在文獻材料中的首見例，具有詞彙史價值。引例同時還具有文獻價值。上卷所引均為民國時期的材料，中卷所引涉及社會主義改造、農業合作化運動、反“右派”運動、“大躍進”、“文化大革命”等諸多政治運動的相關文獻材料，下卷則是改革開放以來的新材料。

引例對釋義還具有補充作用，尤其是對詞語使用和色彩意義等具有一定程度的説明作用。例如“財東”，《大辭典》釋義為“商店或企業的所有者”。從這一釋義並不能看出“財東”一詞的具體時代所指，甚至可能産生誤解，以為包括現在的商店或企業所有者都可以這樣稱呼。看到引例就會明白，這是一個歷史詞彙：“他們看見那些受人尊敬的小財東，往往垂着一尺長的涎水。（毛澤東《中國社會各階級的分析》1925 年）｜意思是説幾多大財東都破産了，你這一點點多餘的東西也捨不得嗎？（毛澤東《尋烏調查》1930 年）｜這位大財東，本來是出身極寒微的，是一個小錢店的學徒，姓古，名叫雨山。（徐一士《一士類稿》1937 年）”。當然，這一條《大辭典》還另有按語，説明得更為清晰。

三、《大辭典》的修訂建議

清代鴻儒阮元曾經説過：“善論人者，略其短而著其功，表其長而正其誤，若苛論之，雖孟、荀無完書矣。”[①] 誠哉斯言！宋子然先生所率學術團隊著成《大辭典》，其“功”、其“長”上文已經論述大概，此書於漢語詞彙史研究意義重大，惠及學子、沾溉學林也是自然而然的事。但考慮到文獻資料的進一步發掘、收詞立目的進一步完善、解釋分析的進一步精準等等，對於任何辭書尤其是歷史性質的辭書而言，都必須在不斷修訂的過程中纔能够實現，所以“短”“誤”可以不論，建議還是應該坦陳。

首先，關於收詞立目的標準問題

辭書編纂首先要根據辭書性質與目標來確定統一的收詞立目標準，縱觀《大辭典》，這一問題顯然還需要進一步明確。例如“恭喜健康”，在語料庫中檢索所得用例並不多，《大辭典》所引兩例出

① 阮元《毛西河檢討全書後序》，《揅經室集（上）》，中華書局，1993 年。

自同一篇文章，能不能據此認定它是新詞語，值得再酌。比如《大辭典》收録僅引一例的“城市化”，卻没有收録“城鎮化”，是否妥當。“超聲波”即“超音波”、“超聲速”即“超音速”，這類詞語需要不需要各自單獨立目，可不可以使用“又稱”或“互見”處理，值得思考。有一些詞條能不能看作新詞語入典，更需要在明確標準的前提下逐條清理，例多不贅。

其次，關於釋義與按語問題

《大辭典》在釋義方面作出了很大努力，成績突出，但也存在問題。例如“幫閑”，《大辭典》釋義為：“受官僚、地主、資本家豢養的文人。”本條按語説：“‘幫閑’又稱‘清客’，指給官僚、地主、資本家等裝點門面、為他們效勞的文人。”引用了三例：“我在家裏，你們又添了一個幫閑的了。（張恨水《金粉世家》1926—1932年）｜主門下的幫閑食客，只會偷懶，只會拍馬，不知道怎樣把事情辦好。（茅盾《子夜》1933年）｜可要成為大衆的新幫閑的。（魯迅《門外文談》1934年）”此條釋義與按語的一致性在於，都把“幫閑”釋作名詞，而動詞義没有説明。這是問題一。第一例是“的”字短語，“幫閑”肯定是動詞；第二例中的“幫閑食客”有歧義，如果是並列關係則是名詞，如果是偏正關係就是動詞了；第三例也有歧義，句末“的”是語氣詞，則“幫閑”是名詞，如果是“的”字短語，“幫閑”就是動詞。這是問題二。《大辭典·凡例》對釋義和按語的作用有明確區分，但在實際詞條中卻存在混淆現象。例如“吃大户”，釋義為：“遇着荒年，飢民團結在一起到地主富豪家去吃飯或奪取糧食。”按語為：“‘吃大户’指舊時飢民聚集搶奪富家食物或去富家吃飯的行動。現在也指某些地方或部門超額向企業攤派和索取財物。”兩者内容交叉，按語的後一部分更像是在釋義。

第三，關於詞語的時代斷限問題

這一問題主要存在於上卷，因為要做到不將更早出現的詞語誤定為民國新詞語，是需要進一步花費考據之功的。例如“場合”，《大辭典》引了三例，最早的一例出自張恨水 1926－1932 年出版的《金粉世家》，顯然晚了。最遲在清末白話文學作品中已經能够見到這個詞，《乾隆南巡記》（1893）：“遇有這樣的場合，烏帶便派家奴葛魯葛温前往皇宫祝壽獻禮，定哥也讓貴哥去問候海陵和兩宫太后。”該詞在漢語中出現的實際時間還需要深入考證，但不屬於民國新詞則肯定無疑；另外，“場合”是源自日語的詞彙，對此也應該加按語予以説明。

第四，關於“兒化”的書寫問題

“兒化”是漢語詞彙獨有的一種重要語言現象，具有區别詞義和詞性的作用，但《大辭典》中“兒化”詞語書寫都簡省了“兒”，注音也没有兒化，這就帶來了問題。比如毒品海洛因俗稱“白麵兒”，《現漢》寫作“白麵兒”，注音為 báimiànr；《大辭典》直接以“白麵”立目，注音也相應作 báimiàn，這就與小麥磨成的粉這種“白麵”完全混同了。雖然《大辭典》有書證，民國時期的三例確實都寫作“白麵”，但這種書寫方式並不準確，因為它没能够反映出北方話的事實；當然，《大辭典·凡例》也寫明“例證中的文字悉遵原文，不據今天的規範而改之”，這樣處理有客觀保存時代資料的價值，但是我們還是建議，今後修訂時應該尋找一個妥當的辦法來處理這一問題。

上面四條相對宏觀一些，《大辭典》中還有一些具體問題，修訂時可以一併思考。比如方言詞要不要收，收録之後要不要標注；“29 歲現象”“35 歲現象”收録了，“26 歲現象”“39 歲現象”“58 歲現象”“59 歲現象”要不要收，還是乾脆都不收；為了保持辭典的開放性，便於不斷補充修訂，且名副其實，是否可以考慮把名稱改成《現代漢語新詞語大辭典》之類；等等。

本文與李紅合作

原載於《辭書研究》2016 年第 3 期

葛崇烈《泰州方言斠疏》序

我和葛崇烈同志在 20 世紀 80 年代末相識於揚州。那時，我研究生畢業剛到揚州師院任教，拙荊供職於《揚州日報》，崇烈同志為該報所聘特約記者，因而有緣認識，並因欣賞他的為人、才氣與性情而相處甚歡，近十年間經常見面，把酒神侃成為常態。1998 年我舉家遷往上海，2006 年調到北京，每次遷居耗時費力自不待言，工作變動以後也是壓力山大，倏忽之間，十五六年就過去了，我和崇烈同志的聯繫竟至完全中斷。2015 年 7 月底，突然接到他的手機短信，云撰就《泰州方言斠疏》數百萬言，即將付梓，囑我作序。聞之甚為意外，更添驚喜。作為老友的我，於情於理，自然均難推辭。

我想先從崇烈同志讀書治學之路談起

崇烈同志是蘇州大學中文系八三屆的畢業生，出了校門以後，當過一年中師語文教師，此後一直在地方黨政機關工作，根本沒有專門時間和資料條件讀書治學，可是他三十多年來的堅持和不懈努力證明，沒有什麼是不可能的。崇烈同志讀書成癮、讀書成癖，在當代公務員隊伍中是實屬罕見的另類。他大學時代的興趣主要集中在先秦兩漢，後來讀書範圍不斷拓展，陸續通讀了二十四史、《資治通鑒》《續資治通鑒》《全元曲》以及歷代筆記，甚至包括《太平廣記》《藝文類聚》、“三言兩拍”、《五燈會元》《齊民要術》《本草綱目》之類的書。可以理解的是，對於白天冗雜公務纏身的他來説，讀自己喜歡的書只是作為一種業餘愛好，只能利用節假日以及晚上時間進行。崇烈同志是中文本科畢業，未有機會讀碩、讀博繼續深造，他的學術研究之路實質上是自學之路，個中酸甜苦辣、種種艱辛可以想見。

崇烈同志治學由博返約，深造自得，文學、考據、訓詁兼治而不宗主一家，已有不少成果在相關高校學報、專業雜志發表。涉及考據、訓詁的論文有《讀〈詩〉柹劄》（1983 年《南充師院學報》，與張永鑫合作）、《〈伐檀〉二疑》（1985 年《雲南師大學報》）《〈詩經〉“田畯”考》（2013 年《陝西師大學報》）、《〈鴻門宴〉中的“龍虎之氣”》（1985 年《四川師院學報》）、《〈廉頗藺相如列傳〉中的“奏瑟”》（1986 年《四川師大學報》）、《爬灰考》（1985 年《紅樓夢研究集刊》第 13 輯）、《“弟走從軍阿姨死”新解》（1990 年《唐代文學研究》）等。涉及文史的論文有《略論左拉的〈父女樂園〉》（1985 年《蘇州大學學報》，與何孔魯合作）、《羅敷身份辨析》（1990 年《江蘇教育學院學報》）、《〈孔雀東南飛〉“反封建禮教説”質疑》 （1998 年《揚州大學學報》），以及《吕岱年譜》（1996 年《揚州學刊》）、《東吴名將吕岱》（2004 年《江蘇文史研究》）、《平生第一快詞——讀辛棄疾〈破陣子〉詞》（1985 年《師範教育》）、《劉鍔〈道德經批文〉哲學思想初探》（1990 年《揚州學刊》）、《隋唐高僧法向事蹟述略》（2009 年《江蘇佛教》）、《從泰州方言看〈西遊記〉的一些詞語》（2014 年《方言》）等。另外還有百余篇涉及文史、方言的文章見諸報端。

既然是書序，介紹評述本書内容應當是主體部分

方言研究在中國有很古老的傳統，揚雄《方言》中已經描寫到江淮之間方言，但漢語方言學作為現代語言學科的分支之一則開始於 20 世紀 20 年代，把江淮方言以及泰州話作為專題來進行研究更為晚近。魯國堯先生説："寧揚方言和通泰方言都屬於江淮方言。江淮方言的北鄰是中原官話，而南接吴、徽、贛諸方言，可以説，江淮方言是廣袤的官話方言與中國東南部的複雜方言群（吴、贛、湘、閩、粵諸方言）的過渡地區，它所具有的這一高度價值尚未被學界重視，研究很不充分。"① 誠哉斯言！專題研究泰州方言的論著出現很晚，根據《漢語方言研究文獻目録》②，公開發表的第一篇學術論文是俞揚先生撰寫的，那是 1961 年③；魯國堯先生在同期也開始了泰州方言研究，不過他的文章公開發表已經到了 80 年代後期④。對泰州方言的研究不僅開始晚，而且研究的人不多，論著數量自然也很少。2015 年 9 月 15 日上午 10 點半，我在中國知網上以"泰州方言"為關鍵字、主題、篇名分别檢索，將檢索結果中無關的篇目剔除後只得八篇論文。由此可見，崇烈同志著成三百餘萬言《泰州方言斠疏》，規模空前，不容置疑。

崇烈同志用工最久、用力最勤的是泰州方言詞語，他在故紙堆

---

① 魯國堯《泰州方音史與通泰方言史研究》，《魯國堯語言學論文集》第 14 頁，江蘇教育出版社，2003 年。

② 聶建民、李琦《漢語方言研究文獻目録》，江蘇教育出版社，1994 年。

③ 俞揚《泰州話裏的文白異讀》，《中國語文》1961 年第 5 期。

④ 魯國堯《泰州方音史與通泰方言史研究》，（日本）《アジア・アフリカ語の計算研究》1988 年 30 期。魯國堯先生説："我的少作《泰州方音史與通泰方言史研究》自 1961 年 5 月至 1964 年 5 月，每半年一稿，計寫六稿。"（《魯國堯語言學論文集》第一序）這是魯國堯先生的第一篇論文，"二十三歲着筆，二十六歲六稿，字逾十萬，又隔了二十四年纔能發表"。（《魯國堯語言學論文集》第二序）

中搜羅資料，從歷史進程中探究演變規律，從當代泰州口語中尋找印證，終於撰成了這部煌煌巨著。崇烈同志收集資料用的是笨方法，研究下的是死功夫。從崇烈同志所附引用書目可知，撰寫《泰州方言斠疏》直接引用過的書籍多達 940 餘種。這些書他都一本本從頭到尾看過，見到書中出現泰州話裏存在的詞語就記下來，日積月累，竟得近 6000 條。從 2005 年起，他放下手中其他寫作計劃，集中精力對搜羅爬梳出來的泰州方言逐條考證，2010 年退居二綫後全力投入此書的撰寫。掐指算來，崇烈同志探索泰州方言至今已逾 30 年了，這部著作可謂半生心血。關於泰州方言詞語的淵源，經他考證之後很多詞語的來龍去脉得以瞭解，如“昂”（《爾雅·釋詁》）、“勤力”（《史記·殷本紀》）等見於先秦兩漢文獻，“閉”（《玉篇·門部》）、“晏”（《玉篇·日部》）等見於魏晉南北朝文獻，“學堂”（杜甫《題衡山縣文宣王廟新學堂呈陸宰》詩）等見於唐宋文獻，“變卦”（白樸《唐明皇秋夜梧桐雨》）、“做作”（王實甫《西廂記》）等見於元代白話文獻，“摳”（《正字通·手部》）、“念書”（曹雪芹《紅樓夢》第 72 回）等見於明清文獻。關於詞語的釋義疏證，崇烈同志皆能古今輾轉尋繹，言必有據。現舉“奊”條為例，略窺一斑：“本義（1）瞪大眼睛狠狠盯着，表示不滿、氣憤。《説文解字·大部》：‘奊，瞋大也。從大此聲。讀若蓋。’段玉裁注：‘按：瞋，張目也。瞋大，《史（記）》所謂“目眥盡裂”也。’《泰縣方言補·人部》：‘目瞋視人曰奊。呼如偕。《説文》：奊，瞋大也。火戒切。瞋者，張目也。泰謂瞋目怒視者曰奊。’（《形體類》）楊樹達《積微居小學述林》卷四：‘按字音讀火戒切，此聲之説不合，蓋從大從此，非從此聲也。字從此者，假此為眥，《説文》云：“眥，目眶也。從目此聲。”奊訓瞋大，瞋為張目，目張則眥大，故奊從大此，實謂大眥也。門下泰興高松兆云：“今泰興語謂人張目怒視為奃”，音如偕，與火戒切之音正相合。’（《造字時有通借證》）例如：他越説越來勁，昂拿眼睛奃住他，他還在説，你説他格有個眉頭眼目嘅！又如：你奃什恁吵，難道昂還怕你動手？（2）暗中注意、留心某個人的舉動或某個崗位變化的情況，帶有必欲得之意味。例如：這個人出事不奇怪，紀委早就奃住他唻。又如：辦公室主任這個位子，他早就奃住呃唻。”

崇烈同志所撰《泰州方言斠疏》是一本帶有方言辭典性質的訓詁著作，他對泰州方言的研究，包括歷史演變研究，力圖全面、深入，並努力在全面深入研究的基礎上提出獨到見解。當然，由於資料搜集原則和處理方式的不同，由於所依據的理論與方法存在着客觀差異，有些見解未必能够獲得讀者完全贊同，但是肯思考、勤思考、敢思考，而且敢於質疑成説、提出新解，這對於學術研究來説則是必要的，更是極為有益的。比如關於泰州方言的歷史演變，他提出“泰州地區古代吴語”是由“具有雅言成分的早期泰州方言”演變而來的，他認為“洪武年間確實發生過由政府組織的由江南向蘇北移民的官方記載”證明“洪武趕散之説屬於編造穿鑿”等，均異于常論。比如關於泰州方言音系，他認為聲母的一些特徵表明“上古音在泰州方言中仍有殘留痕跡”，他指出泰州方言存在“陽聲化”規律和“上聲化”現象，都是新説。比如關於泰州方言詞語，他的研究實際上已經涉及語言接觸問題。他在《導言》裏專門談到了泰州方言與吴語和越語的淵源，他認為“從現存記録吴語古籍以及近代民國吴語小説之中，仍可發現相當部分泰州方言詞彙與吴語詞彙在語音、詞義上的相對應的聯繫”，“如果將《越諺》中越語與今日泰州方言放在一起進行考察，不難看出兩者存在着明顯淵源關係”。前一觀點與魯國堯先生所指出的“通泰方言有吴方言的底層”①，已經頗為契合。

書序即書評，中肯而實事求是的書序應該坦誠提出商榷意見

比如關於用漢語拼音標注方言問題。用漢語拼音標注方音客觀上會遇到很多困難：泰州方言中的入聲字就無法用漢語拼音標注，泰州方言中有些聲母、韻母、調值也無法準確標注，即使已經完成了標注，但對不懂泰州方言的普通讀者來説也没有意義。崇烈同志為不懂國際音標的讀者着想，在普及上積極探索，出發點十分可敬，但以漢語拼音來標注方言詞語的讀音確實會遭遇種種無解的難題。

比如關於方言本字考訂問題。考方言本字是一件很有意義、很有價值的工作，但並非每個方言詞都有本字，所以不能强求每詞必須確定本字；即使有本字，由於漢字形音義古今演變情形非常複雜，也不是那麼容易考定。所以，方言研究者、方言史家對此既很重視，也很謹慎，在没有把握確定本字時，通常空字而只注音讀。如果堅持每詞必求本字，風險就難以避免了。例如：泰州話把飢餓難受、胃中反酸稱作“［tsʻɔ⁴⁵］人”，崇烈同志認為［tsʻɔ⁴⁵］的本字作“瘃”，借作“嘈”，根據是《康熙字典》《通俗編》《越諺》，但没有提供“瘃”在文獻語言中的用例。《廣雅·釋詁一》：“疛，病也。”王念孫《疏證》：“疛，音胄。《説文》：‘疛，小腹痛也。’《玉篇》云：‘心腹疾也。’《小雅·小弁篇》：‘我心憂傷，惄焉如擣。’毛傳云：‘擣，心疾也。’《釋文》：‘擣，《韓詩》作疛。’《吕氏春秋·盡數篇》：‘鬱處腹，則為張、為疛。’高誘注云：‘疛，跳動也。’各本‘疛’字譌作‘瘃’，曹憲音内‘胄’字又譌作‘曹’。

① 魯國堯《泰州方音史與通泰方言史研究》。

考《説文》《玉篇》《廣韻》《集韻》《類篇》俱無'痳'字；《説文》云'疛讀若紂'，《玉篇》《廣韻》《集韻》及《詩釋文》'疛'字並與'胄'同音；《集韻》引《廣雅》'疛，病也'。今據以訂正。"[①]王説堅塙不易。"疛"是腹病，即今所謂腹水，音胄。《廣雅》古本已經字訛音訛，清代辭書編撰者不辨是非而以訛傳訛，可見，《康熙字典》等辭書對這個字的解釋不可信據。

崇烈同志業餘時間讀書治學，堅持不懈三十多年，終於撰成如此煌煌巨著，為泰州方言今後的研究積累了豐富資料，僅此一功，已屬不細。清代著名學者江永説："凡著述有三難：淹博難，識斷難，精審難。"[②] 實乃不刊之論！崇烈同志大著"淹博"足以當之，精彩"識斷"亦不少見，唯有"精審"仍有努力之處，願與老友共勉之。

是為序。

原載於《泰州方言斠疏》，浙江古籍出版社，2017 年

① 王念孫《廣雅疏證》卷一上《釋詁》，《〈爾雅〉〈廣雅〉〈方言〉〈釋名〉清疏四種合刊》，上海古籍出版社，1989 年。

② 江永《古韻標準·例言》，中華書局，1982 年。

特輯　學者、專家論拙著

《潛齋語文叢稿》序

劉君惠

古之學者多頌潛龍之德，遁世無悶，不見知而無悶，退藏於密而學乃日邃焉。學誠思精力果，勇於探索，能沉思著文，連綴篇章，所蓄固甚富，而自視敝然。予嘗以潛名其齋，蓋以沉冥相勵也。

學誠喜治揚雄《方言》，班固謂雄默而好深湛之思，沉冥二十七年，乃成此懸日月不刊之奇書，學誠竊慕焉。昨自揚州馳書告予，受友人之屬，已裒其夙昔所作札記文字為一集，將刊行矣，索為序言。予反覆讀之，集中皆語言文字論辯之作。觀其綜核名理，審辨源流，辭翦枝葉，名無棼亂，可謂有倫有脊者矣。

予嘗謂學術無國界，學者應知己知彼，不可因仍舊貫，蔽所希聞，然亦不可一切儀型西方。章太炎有言："中國之不可委心遠西，猶遠西之不可委心中國也。"（《國故論衡·原學》）語言文字為民族特徵之本質要素，語言文字之學，自有其特殊的民族風格、特殊的研究方法和特殊的歷史發展道路。世有委心遠西，以歐洲模式為師者，怪舊藝而逞空談，游心竄句於結構形式有無同異之間，以漢語、漢語學和漢語學史之研究，一切納入歐洲模式，錮天下智慧於無用者，不亦詭乎。

學誠能温故而知新，能知己知彼，不侈其記誦，不囿於舊聞，不曖曖姝姝於一先生之説，審名實，重佐證，守律例，戒妄牽。學誠之學必將日新又新，緝熙於光明矣。

1991 年 1 月

《潛齋語文叢稿》序

趙　航

《潛齋語文叢稿》是一本有關古代漢語和訓詁學方面研究論文的專輯。作者華學誠君是揚州師範學院中文系的年輕教師，其人其文，我都稔知，在該書即將付梓之際，作者向我索序，於是利用假日，又粗讀一過，略陳愚見於弁首。

在華君成長過程中，得到許許多多老師的指點和幫助，我以為，其中用力最勤的兩位，一位是大學時代的王善業先生，一位是他讀研究生時的導師劉君惠先生。

八十年代初，作者就讀於揚州師院，之所以對漢語學習引起興趣，則歸於王善業先生，我和王先生相知三十年，我很敬重他的為人和學識，不管風云變幻始終師事之。可惜的是王先生以宿疾於1982年遽歸道山。痛失良師，學無傳人，我是很悲慟的，我曾寫了一篇緬懷王先生的文字，以寄託哀思，現抄録前兩節如下：

> 余五十年代末就讀于揚州，始從先生受業，承學之士均仰其而歸焉。先生識才閎洽，諳熟典籍，後生奧義難究，侍坐先生之側，則渙然冰釋，炫然如晦之見明矣。余從先生方髫齡，

未達先生之微旨，今届半百，而學殖荒落，追惟先訓，惶悚曷已！先生之歿，時人傷之，有絶學鮮傳之嘆，殆天慭喪斯文也。

先生自幼濡染，文脉密緻，且精樂理，尤喜白石之旁譜，每酬唱，舉座交譽。性恬淡，不矜於色，似若無所能者。為人謙和，不善交際，然心所然否，辭色無隱，時人尤敬重之。蓋君子詘於不知己而信知己之謂乎！

王先生謝世之前，我始識華君，在學業上時有切磋。但是，我愧無王先生之賢之能，而華君年正風華且學思敏捷，故一再鼓勵他繼續深造，訪求名師。1985 年，華君以頑强毅力考取四川師範大學漢語研究所研究生，受業於劉君惠先生門下，開始了訓詁學史研究的新歷程。劉先生學有根柢，有聲巴蜀間，治學探本窮源，剖析至精。為人守硜硜之節，於學殫精竭慮，邃於聲音訓詁，長於典章名物，道德文章洵為典範，是以華君入川三年，學業大進。章太炎先生云："務學莫如務求師。"即是這個道理。收入本書第四組文章，關於《方言》的專題研究，就是在劉先生悉心指導下完成的，也是書中較有分量的一組。誠如作者説："如果不是君惠師把撰'歷代《方言》注家述評'的任務給我，我不敢説後來就一定會寫出這樣一組稿子。"這是由衷之言。

收入《潛齋語文叢稿》凡 16 篇文章，有的在成文刊布後讀過，有的在醖釀過程中交談過。我記得，無論作者執教於鹽城，還是就讀於四川，我們的書信往還，都是關於學術上的研討交流，因此，現在結集出版，對文章本身確已無須贅言。但是，對華君短短幾年中取得如此重大成績，我在祝賀之餘，又頗多感慨，兹撮其要談點認識。

首先應該説的是華君學務精習、鍥而不捨的精神。剛踏上工作崗位的幾年，作者學習條件是艱苦的，也不是一帆風順的。這除了一般意義上的生活所累外，更重要的是缺乏一個治學研究的環境和氛圍，大體上是“疑義無與析，辛苦自承擔”的狀況，一卷在手，挑燈夜讀，甚至被認為有悖常情而不可思議。但他卻以頑强毅力，苦讀《説文》而不輟，關於《〈説文〉“一曰”義試説》和《“某與某同意”與許慎的文字學思想》就是在這樣情況下開始醞釀的。潛心誦讀，玩索文義，比例而成説，耐住枯燥，一步一步地走了過來。黄季剛先生云：“治小學當以漢魏之書為體，以後來之書為用，博覽唐以前之書以考其證，參閱有清之書以通其道，謹而守之，觸類而發明之，於小學之道則思過半矣。”華君正是這樣去努力的。

其次是多方求證、不囿陳説的求實態度。華君著文，廣徵博引，嚴守“例不十法不立”的古訓以求確詁；善善是是，不苟合，不呆滯，遇有疑義，不强為之説，如《讀〈反訓探原〉》中作者這樣寫道：“把‘仰’的反訓看成是由於詞義的引申，筆者尚未有足資立論的確證，只好存疑，以俟方家。”體現了“於所不知，蓋闕如也”的求實態度。這裏，還應當説明的，《叢稿》中收了兩篇質疑文章，除前面已舉到的關於徐世榮先生《反訓探原》外，另一篇就是評介周祖謨先生的《方言校箋》。徐、周二先生均為飲譽全國的大家，華君在捧讀他們大著、汲取豐富營養的同時，敢於陳述一得之管見，這是應當肯定的。自古及今，師生善善從長事例，枚不勝舉，向為士林佳話。乾隆六十年（1795），已届花甲之年的段玉裁，卻著文寫信稱贊正值盛年的後輩學子王引之，提攜獎掖之情溢於言表，這是值得繼承與發揚的。

再次，從研究内容上説，由博返約，博而轉精的研究方法。《叢稿》文章涉及古代漢語教學、研究的諸多方面，甚至收入時下時髦的所謂“飲食文化”專著研究成果，但是《方言》的研究卻是比較集中、用力最勤的一個課題。我國是方言複雜的國家，關於方言研究源遠流長，被譽為“懸諸日月不刊”的《方言》問世後，注家蜂起，歷久不衰，自漢至清，綿延兩千年。對歷代《方言》注家進行梳理、總結，評價長短得失，無疑是有意義、有價值的工作。特别是今天，方言研究已超出以往静態的、孤立的地域性變體記録範圍，而更側重於動態的、聯繫的、全面性的研究，探求社會諸多因素跟漢語方言之間相互聯繫、相互影響，以利解決漢語運用乃至社會發展中的實際問題，這固然有研究角度問題，更主要的是解決研究材料問題。從前人研究中獲取營養，是極為重要的方面。因此，華君從事的研究工作，為整個方言研究奠定了基礎，這是值得稱道的。

揚州前賢焦循有云：“嘗謂友朋之益，不在揄扬而在勘核。”雖説文章優劣，見仁見智，但也並非没有客觀標準，只是我的學識水平難以達到這一境界罷了。但是有一點是堅信不疑的：後人學無前，後人勝於前，在科學春天的百花園中，語言文字之學前景燦爛，必將進一步昌明發達。

1991 年春節序於揚州梅花嶺側

《漢語方言學史研究》序

李　圍

希望與等待往往伴隨着人生的全過程。我也有着許多個希望和許多次等待。1978 年，在規劃漢語言文字學學科建設時就已清晰地認識到，漢語方言歷史與漢語通語歷史之間的互動關係，漢語方言本字與漢語通語用字之間的互補協調關係，這種種關係如不給予充分的重視，則勢必影響漢語言文字學學科建設向着整體優化方向發展。但是，由於人才匱乏，加之歷史方言學這一研究領域難度高跨度大，向來問津者寥寥。於是，便留下一個苦澀的等待。這一等不打緊，一等就等了整整二十年！1998 年，欣逢興化華學誠君以方言學史研究方向來滬攻讀博士學位，讓我這二十年的苦澀等待，終於希望成真。

學誠君誠實好學，德才兼備，名如其人。早在攻讀碩士學位期間，學誠君便深得著名學者劉君惠先生之真傳。此後相繼以《揚雄方言研究》和《潛齋語文叢稿》面世，並相機獲破格晉升副教授、教授職務。來滬不久，又以學術帶頭人之人才規格引進華東師範大學加强漢語言文字學學科隊伍建設。在短短的三年中，學誠君以優異的成績修滿全部博士學位課程，出色地完成了百餘萬字的《古文字詁林》編纂任務，並以其厚實的學術積累和不懈的拼搏精神發表了十餘篇學術論文，撰寫了《漢語方言學史研究》等兩部學術專著，為漢語方言學史研究領域的開拓發展做出了有益的探索。

學誠君志在高遠而又能腳踏實地，一步一個腳印地向着學術高峰攀登，這在學風日趨浮躁的今天，是難能可貴的，這也讓我們在一個新的學術起點上看到了新的希望。我想，這一新的希望成真之日，所等待的時間是不會太久的。

於華東師範大學

2001 · 上海

讀《漢語方言學史研究》

徐時儀

華學誠君自 20 世紀 80 年代中期即開始致力於揚雄《方言》的研究，十多年來成果迭出，近繼其所著《潛齋語文叢稿》和《揚雄方言研究》之後又撰成《漢語方言學史研究》①。此書是其有關漢語方言學史研究方面論文的結集，也是其在對漢語方言學史各個歷史時期代表性成果進行個案研究的基礎上，力圖從微觀的研究中凸現漢語方言學史的宏觀研究狀況而撰著的又一部力作。

漢語方言史是漢語史的有機組成部分。由於中國的傳統文化是以儒家經學為根基和核心的，儒家思想一直為歷代統治者所推崇，居於正統地位，成為封建社會精神生活和道德觀念的基本準則，以十三經為代表的儒家著作也被奉為欽定的經典。在尊儒崇經風氣的影響下，作為經學附庸的傳統訓詁學以解經、作注為主要任務，主要着眼於上古經傳及諸子的材料，致力於研究解釋儒家經典中的詞語，强調"訓詁聲音明而小學明，小學明而經學明"，偏重從文獻

① 臺北藝文印書館，2001 年。

的角度研究音韻、訓詁和校勘之學。重古輕今，重通語輕方言，重書面語輕口語，重僻字僻義的訓釋輕常用詞的考釋，這是古人在漢語研究上的主要傾向。因而雖然早在漢代已有揚雄的《方言》問世，但“五四”以前，文言文被認為是雅的，白話文被認為是俗的，歷代的方俗詞語一直被認為不能登大雅之堂。20 世紀初西學東漸，一批西方學者運用歷史比較法研究漢語，如瑞典學者高本漢在清儒訓詁學輝煌成果的基礎上成功地構擬出中古漢語的讀音。中西的結合促使了傳統訓詁學漸從語文學轉到了語言學，其特點是文獻與口語相印證，古代文獻的記載和活的口語並重。漢語方言學史的研究亦始於此時。1933 年羅常培先生發表了《中國方音研究小史》，1984 年何耿鏞先生又有《漢語方言研究小史》問世，學誠君的《漢語方言學史研究》則是在前哲時賢已有成果的基礎上進一步拓展的又一部方言研究史著作。此書可以説既是作者十多年來在方言學史方面所取得成果的階段總結，也是對 20 世紀以來漢語方言學史研究較為系統的回顧和總結。

作者在總結 20 世紀以來漢語方言學史研究的平實論述中融入了自己多年研究的心得發明，體現了作者在這方面厚實的學術積累和文字、音韻、訓詁方面的獨到功力。綜觀全書，此方面的論述比比皆是，其主要特色大致有如下四個方面。

一、基石的奠定——扎實的專題和個案研究

學術史不是譜牒，也不是流水賬，而是一代一代學者充滿生命力的創新史，有其内在的活力凝聚點。方言的研究史與語言的研究史幾乎同樣源遠流長。有鑒於此，作者没有事無巨細地平均用墨，而是對漢語方言學史的發展脉絡了然在胸，從學術價值和地位的角

度着手，有所側重地選取《爾雅》《方言》《説文》《方言注》和《語助》進行了專題的研究，又着重從清代乾嘉學者對《方言》的研究成果進行個案研究，抓着重點有的放矢地潑墨如雲，從而大致如實地反映了有史以來長達兩千餘年的歷史狀況。

作者以近八分之一的篇幅詳細論述了《爾雅》中方言詞的數量、詞彙特點、訓釋方式和地域分布，認為《爾雅》中的方言詞語實際上並不具有共時的性質，而是有着複雜的歷史層次。作者盡可能地使用了現在所能使用的旁證材料，考鑒出《爾雅》中共有方言詞語 211 個，對這些方言詞語逐一作了義類分析、結構分析和詞形分析，指出從義類上看，《爾雅》方言詞中的百科名詞比普通詞語多；從結構上看，單純詞占絶對優勢；從詞形上看，這些詞中具有音轉關係的兩個或幾個詞實質上只是一個詞在不同地域的語音變體，而有的詞則是依聲借字，可尋其聲符所顯示的語音綫索探其理據。

李圃先生為此書所作的序説："漢語方言歷史與漢語通語歷史之間的互動關係，漢語方言本字與漢語通語用字之間的互補協調關係，這種種關係如不給予充分的重視，則勢必影響漢語言文字學學科建設向着整體優化方向發展。"作者意識到李圃先生所説的這種種關係的重要性，在論《説文》的方言研究時指出："方言文字學的理論基礎就是'言語異聲、文字異形'。《説文》的方言研究實踐則表明，研究漢字（特别是古漢字）離不開它同時代的方言，研究古方言也需要分析與之同時代的漢字。方言文字學的史實和發生學根據就是如後來鄭玄所説的'其始書之也，倉卒無其字，或以音韻比方假借為之，趣近之而已。受之者非一邦之人，人用其鄉，同言異字、同字異言於兹遂生矣。'鄭玄的這段話不僅揭示了方言與文字假借的關係，而且也揭示了方言與文字产生的關係。"

作者對揚雄《方言》中不見於先秦兩漢文獻中的奇字有精當的考述，不僅指出了揚雄《方言》中多奇字，而且探討了出現這種現象的原因。如認為從詞彙的角度看，方言的差異主要表現在實詞上，特别是同物異名。揚雄在没有標音手段的歷史條件下要把紛繁複雜的方言詞表記出來，只有努力搜求古字、俗字，必要時創製漢字，這是《方言》多奇字的主要原因。又如指出這些奇字中有 28 個為揚雄選用的在我們今天看來是較為冷僻的異體字，這可能因為一是這類異體字揚雄時代混用，二是揚雄選用這些字能或於聲素或於義素更符合方言記載要求。由此可見，作者書中所論往往不僅力求知其然，而且於明其所以然上亦用力甚勤。

二、點面的結合——互補的微觀和宏觀探討

此書由作者十多年來研究方言學史的論文為主體，以前言和書末《方言》研究的歷史鳥瞰加以貫通，既有專題和個案研究的微觀分析，又有對《方言》一書研究歷史鳥瞰的宏觀闡述，點面結合，微觀和宏觀分析並重，着重突出了《方言》研究在漢語方言學研究史上的重要意義。如作者在論《説文》的方言研究時指出，《説文》分析形聲字的典型格式為“從某，某聲”式，聲符和由其構成的形聲字讀音基本相同或近似，一般就不再注音，假如有差異，許慎則在“從某，某聲”後加注直音，典型格式為“讀若某”。“讀若”有少數直接引用方言的，但絶大多數依據的是隱性的方音通假。形聲字與其“聲符”讀音有差異，既可能是歷時的變化，也可能有據方音造字的原因，當然也可能兩者兼而有之。這是語言（包括方音）的特點在文字上的客觀反映。作者據《詩經・小雅・瓠葉》《詩經・邶風・新臺》《釋名・釋疾病》等文獻中“鮮”“斯”音近互相

通借的用例，指出《説文·雨部》從“鮮”得聲的“霹”讀若“斯”是個方言字，這種情況屬齊魯乃至青徐一帶的方音特點，“霹”字是據方音而造。進而又由點及面，據鄭玄注《尚書·禹貢》《禮記·中庸》等文獻推斷其時齊魯青徐兖州一帶的方言，鼻尾韻已讀成元音韻尾。又如在從宏觀的角度進行《方言》研究的歷時鳥瞰，説到《方言》在詞彙史研究和訓詁研究上所具有的重要價值時，則從微觀的點入手，根據楊端志先生《訓詁學》所説，指出《左傳·莊公十四年》“蔡哀侯為莘故，繩息嬀以語楚子”中的“繩”與“蠅”同從“黽”得聲，而《方言》卷十一載：“蠅，東齊謂之羊，陳楚之間謂之蠅，自關而西秦晉之間謂之蠅。”進而推知“蠅”在當時有的地區讀成“羊”，郭璞注云“轉語”。因此，“蠅”可轉讀為“羊”，“繩”亦可轉讀為“揚”，故杜預注《左傳》中此文云：“繩，譽也”。“繩”為“揚”的方音讀法，“揚”義為“贊揚”，故“繩”可訓為“譽”。

作者在論錢繹的《方言箋疏》時既利用微觀分析的材料從因聲求義、詞義訓釋、訓詁校勘等方面討論了其得失，又從整個的和宏觀的角度考察了錢氏對方言郭注本性質、體例的認識及其在繼承和發展前人研究成果方面的具體情況，進而指出“對《方言箋疏》的總體評價，現有論者皆譽過其情，需重新論定”，實際上其“只是一部繼承多於發展、瑕瑜互有所見的類纂性的訓詁書，引證雖詳，但是識斷疏闊、繁蕪未删”。

作者在《方言》研究的歷時鳥瞰中綜述了古代至當代《方言》的研究，指出古人所從事的《方言》研究，實際形成了三種方向：即以郭璞為代表的注續派的研究，繼承并發揚了揚雄以活語言為研究對象的傳統；以戴震、錢繹為代表的校證派的研究，為人們整理出了一個易讀而又能够依據的《方言》本子；以杭世駿等人為代表的續補派的研究，其價值集中在訓詁學上。作者認為從清末明初至中華人民共和國成立前的半個世紀是《方言》研究的交替期，1949年以後四十多年的《方言》研究無論是在廣度還是在深度上都有長足的發展，取得了令人矚目的成果。至於當代的《方言》研究則可以説已經進入了真正科學化的時代，同時又是一個全面收穫而又不斷發展的時期。

三、數據的窮盡——信服的統計和結論闡述

作者採用了窮盡性的研究方法，運用一系列統計數據作為闡述和立論的根據，所得結論令人信服。如論《爾雅》方言詞的詞彙特點時指出,《爾雅》方言詞中屬於普通詞語的有 89 個，占 42.18%，屬於白科名詞的有 122 個，占 57.82%；單純詞 195 個，占 92.42%，合成詞 16 個，占 7.58%。論《爾雅》方言詞的訓釋方式時指出，管錫華先生《爾雅研究》認為《爾雅》以方言與方言比較是很少見的，而在《爾雅》的 211 個方言詞中用方言詞訓釋方言詞的例子則有將近 10%。論《説文》方言詞的地域分布時指出，從《説文》方言詞所涉地名出現的頻次上看，楚 30 次，秦 19 次，齊 21 次，周 6 次，汝南 6 次等。論《説文》方言詞的詞彙特點時指出，《説文》194 個方言詞中雙音節的有 22 個，其中單純詞 12 個，合成詞 10 個。單純詞中聯綿詞 9 個，疊音詞 1 個，緩音詞 2 個。合成詞中聯合式 4 個，偏正式 5 個，動賓式 1 個。聯綿詞中雙聲疊韻 1 個，雙聲 1 個，疊韻 2 個，其他 5 個。考論盧以緯《語助》時指出《語助》的 66 個條目中有 20 個引用了俗語，其中單音詞 8 個，雙音詞 30 個，詞組 8 個，句子 1 個。又如利用傳世先秦兩漢文獻考得《方言》中不見於先秦兩漢文獻中的奇字有 296 個，

而其中有13個已見於出土文獻。書中此類數據尚多，此不一一贅舉。僅從上舉這些統計數據，不難看出作者所花功夫之大，而正因為有了這些窮盡性的統計數據，也使此書與時下某些隨機性的泛泛而論之作截然别異，其所作論述自然也就更令人信服。

作者在郭璞《方言注》條例述補中還根據對《方言注》中全部既有音注又有釋義的音義兼有類注例的考察，指出王國維先生《書郭注方言後》一文所發明的兩個條例，其一得之，其二則並非如王國維先生所説"漢晉之語音相近而有微别者，先注正文音，後在今語下注今語音"，而是無論為《方言》本文而作，還是為注文而作，皆以晉時語音為標準。此論之所以令人信服並得以成立，蓋在於其對《方言注》中所有音義兼有類注例做了窮盡性的考察。

四、平實的評價——客觀的成果和不足分析

任何學術研究都不是從零開始的，任何一門科學的發展都是在過去、現在和未來這種時間鏈上的延續。因而，學術史實質上也就是對歷代學者所獲學術成果的評價。作者此書所論是漢語方言學史，主要是對漢語方言研究的評論和總結，這方面的內容約占了全書三分之二的篇幅。作者通過對《爾雅》《方言》《説文》《方言注》《語助》以及校證《方言》的各家著述的專題探討，客觀如實地評價了漢語方言學史領域學者們所取得的豐碩成果，力求知人論世，不溢美，不飾過，是其所是，非其所非，注重揭示各家著述不同於衆的獨到特色。

作者在論郭璞《方言注》時説，《方言注》的特色和郭氏的偉大，直到一千六百多年之後纔由海寧王國維先生闡發出來。其後雖然又陸續出現了一些文章，但有所發明的唯周祖謨先生一人而已。

然而，王周二氏的論述主要集中於《方言注》的條例，作者則從語言學史的角度對郭璞《方言注》作了較為全面的研究，不僅就郭璞對《方言》的理論探討、《方言注》在方法上的特色、《方言注》在方言學上和詞彙學上的價值作深入闡述，而且也就《方言注》的局限作了論述，指出直接把音義聯繫起來考察，這是郭璞的偉大之處，但是郭氏説解得名緣由或名稱理據時也免不了望文生訓的問題。如《方言》卷一云："眉、梨，老也。"郭璞注曰：梨，"言面色似凍梨。"梨與黎通，引王引之《經義述聞》卷三十一《通説》云："黎老者耇老也。古字黎與耇通，《尚書》西伯戡黎，《大傳》黎作耇（見《釋文》）是其例也。作黎者字之假借耳，而《方言》郭注乃云言面色如凍梨。案，《釋名》：九十曰鮐背，或曰凍梨，皮有斑點，如凍梨色也。梨凍而後有斑點，與老人面色相似，若但言梨，則凍與不凍皆未可知，無以見其為老人之面色矣。凍梨之稱自取皮有斑點，黎老之稱自以耇耋為義，二者絶不相涉，不得據彼以説此也。"由於時代的局限，郭注之失也是難免的，而撰寫學術史不溢美，不飾過，是其所是，非其所非，那麽，已有成果的得也好，失也好，皆將成為後人繼續研究的經驗或教訓，從而推動學術的發展。

作者在考論盧以緯《語助》時指出盧氏所用"俗語"的概念，既有所承紹，又有他本人的理解包含其中，這個概念基本上是指"俗語詞"。《語助》稱引"俗語"資料解釋方言"語助"，開以"俗語"解釋文言"語助"的先河。盧氏立足於語言的實際，注意活的語言，重視語音在虚詞意義研究中的作用，具有音義結合的特點。作者認為盧以緯不僅第一個用"俗語"解釋文言虚詞，而且已經基本上在"俗語詞"意義上使用"俗語"這一概念；《語助》中所稱引的"俗語"對漢語史研究具有重要的價值和意義；盧氏重視口語、重視語音，即重視漢語表達的實際和漢語自身的特點，在漢語言學史上同樣具有重要意義並有特殊貢獻。同時，作者也指出其作為漢語言學史上第一部虛詞研究專著的草創局限，如對“俗語”沒有進行明確界定，沒有嚴格區分詞與非詞等。

作者在論戴震的《方言疏證》時說，至於《疏證》校勘和訓詁中存在的問題，一方面是由於歷史的局限，另一方面是由於戴氏後來在四庫館供職，無暇繼續深入研究下去。儘管如此，其草創之功是不能抹殺的。作者在論盧文弨的《重校方言》時指出，盧氏繼戴氏之後仍然取得了不小的成就，這除了得力於其對版本資料的收集比較宏富外，還在於其作為校勘大家的語言文字學功力，認為在承認“論學識盧不如戴，論詳審戴不如盧”的總體評價的同時，還應用歷史的觀點去看待這一切。作者在論劉台拱的《方言補校》時指出，其學識廣博深厚，方法科學嚴謹，在清代研治《方言》的諸儒中，最為精審。同時也指出其審音間有疏失，文字考訂偶嫌拘泥。作者在論王念孫的《方言》研究時指出，其《方言疏證補》儘管僅20 條，但校訂訛錯 10 處，補正脱漏 3 處，删衍文 1 處，既認為能對《方言》語詞進行全面疏通證明而且做出了傑出貢獻的唯高郵王念孫一人而已，也客觀地指出其仍存有千慮一失之處。

作者在論周祖謨的《方言校箋》時認為，此書確是一部集舊校之大成而又後出轉精的善本，其品核論定，信而有證；考核詳密，頗多創獲；證據不足，寧存不斷；貫通全書，尤重内證；察文字之變，通《方言》之解，辨古音之微；比量群籍，反復推勘。同時也指出其存在一些有待補苴之處，如《方言》卷十三：“餅謂之飥。”周氏漏舉王念孫、錢繹等舊校成説。

由於此書是作者十多年來研究漢語方言學史的論文結集，論域相對集中，而從漢語方言學史的角度而言，唐和宋這一段則涉獵似還不足，尚有一些空白點有待填補。如唐釋玄應和慧琳等所撰佛經音義中不僅引用有一千多條《方言》，其中不少引文或今本所無，或與今本有異，可供考證唐時《方言》的面貌，而且釋文中往往用當時的方言來解釋佛經中詞語的詞義，或多或少地反映了當時方言研究的狀況。如玄應《音義》卷十五釋“泅戲”之“泅”曰：“《説文》：‘水上浮也。’今江南呼拍浮為泅也。”又卷二十五釋“掐心”之“掐”曰：“他勞反。《説文》：‘掐，捾也。’捾，一活反。中國言掐，江南言挑。音土彫反。”

作者對前哲時賢所作《方言》研究的評述多持之有故，言之成理。其尚可近一步斟酌之處，或許正如作者所説《方言》研究將面臨着總結、加深、開拓三個方面的工作。如上文提到《方言》卷十三載“餅謂之飥，或謂之餦餛”，郭璞注飥“音乇”。據錢繹《箋疏》案：“《衆經音義》卷十五引《廣雅》：‘餛飩，餅也。’又《北户録》注同。《集韻》《類篇》引作餛飩。今本無此文，誤脱也。竊謂《方言》餅謂之飥，飥字即飩之訛。注音乇，乃屯之訛。”周祖謨先生《校箋》云：“原本《玉篇》：飩，徒昆反，注云：‘《方言》餌謂之飩也，《廣韻》飩，餅也。’又《御覽》卷八六〇引飥亦作飩。據是，則今本作飥者為飩字之誤。飩從屯，屯俗作‘乇’，故訛而為飥。注‘音乇’，亦即‘屯’之訛。”錢氏《箋疏》和周氏《校箋》皆認為“飥”為“飩”之誤，然考郭璞注《方言》卷三“膠、譎，詐也”曰：“汝南人呼欺為讉，託回反。”錢氏《箋疏》：“託，各本作詑，形近詑，傳寫者遂誤以為詑。《集韻》《類篇》並音通回反。則與託回之音正合，今訂正。”周氏《校箋》：“託原作詑。《集韻·灰韻》：讉，通回反。此音詑回反，詑為誤字，盧校改作託，是也。今據正。”[1] 據此，飥似亦為餅。據北魏賈思勰《齊民要術·大小麥》載：青稞麥“堪作麨及餅飥，甚美”，又在《餅法》記製餺飥之法說：“水引餺飥法：細絹篩麵。以成調肉臛汁，待冷溲之。水引，挼如箸大，一尺一斷，盤中盛水浸。宜以手臨鐺上，挼令薄如韮葉，逐沸煮。餺飥：挼如大指許，二寸一斷，着水盆中浸，宜以手向盆旁，挼使極薄，皆急火逐沸熟煮。非直光白可愛，亦自滑美殊常。”唐李匡乂《資暇集》卷下曰：“不托，言舊未有刀機之時皆掌托烹之。刀機既有，乃云不托。今俗字有餺飥，乖之且甚。”據李匡乂所說，“托”和“不托”皆為記音的外來詞，後從食表意而寫作“餺飥”。考《集韻》亦云，“餺，餺飥，餅也。”歐陽修《歸田録》卷二：“湯餅，唐人謂之‘不托’，今俗謂之餺飥矣。”朱翌《猗覺寮雜記》卷下說：“北人食麵名餺飥。揚雄《方言》：‘餅謂之飥。’《齊民要術》：‘青稞麥麵堪作飯及餺飥，甚美，磨盡無麩。’則飥之名已見於漢魏。《五代史·李茂貞傳》：‘朕與宮人一日食粥，一日食不托。’不托，俗語，當以《方言》為正作餺飥字。”黃金貴先生《古代文化詞義集類辨考》一書指出，戰國文獻已有“餅”字，漢代麵食盛行，當時的麵食主要是餅，餅是麵食的總稱。湯餅是麵片兒湯，又稱“飥”。大約到北宋纔演變成今日的麵條，“麵”從餅中分出。《夢粱録》中“餅”和“麵”已別為二物[2]。“飥”是外來詞，據《齊民要術·餅法》所說，可能是有調肉臛汁的麵片兒湯。

作者在對《方言》研究所作“歷史”鳥瞰的結語中說：“自郭璞以來的一千七百多年的《方言》研究歷史，內容十分豐富，成就

---

① 周祖謨《方言校箋》，科學出版社，1957 年。

② 黃金貴《古代文化詞義集類辨考》，上海教育出版社，1995 年。

也相當可觀。系統深入的評述，將俟諸一部《中國方言學史》的出現，僅憑這篇鳥瞰式的文章還難當此任。”此書儘管也還僅是作者十多年來研究漢語方言學史的階段性總結，但可以説書中所收論文已為撰寫一部系統的漢語方言學史著作奠定了厚實的基礎。作者現在已如其在後記中所説，着重研究了周秦漢晉的方言研究史，撰成博士論文《周秦漢晉方言研究史》，《方言校證》的撰寫也已列入上海市哲學社會科學規劃課題。誠如李圃先生為此書所作的序説："學誠君志在高遠而又能腳踏實地，一步一個腳印地向着學術高峰攀登，這在學風日趨浮躁的今天，是難能可貴的。”在此，我們期待着作者在漢語方言學史這一領域不斷取得新的成果，續有新著問世。

原載於《漢語史學報》第四輯，上海教育出版社 2004 年

窮盡式研究方法應當大加提倡

——序華學誠《周秦漢晉方言研究史》

魯國堯

人老了，遠事記憶好，近事記憶差，這是醫學雜志上的話，也的確如此。1955 年秋天，我當時是大一學生，周祖謨先生教我們現代漢語語音課，在一次課上，他以字正腔圓的普通話引用了兩句名言："前修未密，後出轉精。"周先生講話時的神情和那瀏亮的聲音如今依然在我的耳目之前。因為我從來沒聽説過這八個字，就在下課的時候走上前去問周先生，這纔知道是章太炎先生的話。

"前修未密，後出轉精"，四十多年來我經常體味這兩句話，我認為，這兩句話至少是概括了整個學術史。太炎先生的話是真理。

如今放在我的書桌上的這本《周秦漢晉方言研究史》，我以為是應了太炎先生的"前修未密，後出轉精"八個字。這部書稿是華學誠同志的博士論文，現已獲准列入"第四批上海社會科學博士文庫"，並得到全額資助出版。學誠同志要我為他的專著作序，是因為我曾忝為他的博士論文的答辯委員，或許也因為我剛剛在《方言》雜志今年第四期上發表了一篇《通泰方言研究史脞述》，他以為我對方言研究史有些了解。是的，我也曾經看過這方面的若干資料，在這些資料裏能稱得上漢語方言研究史的文字並不多，這個專門學術史也只是到了 20 世紀纔真正開始建立，羅常培先生的《漢語方音研究小史》和何耿鏞先生的《漢語方言研究小史》是開創性的著作，“篳路藍縷，以啓山林”，功昭學史，至今仍是有價值的論著，仍是這一學科的學人必讀之作。但是惟其是草創之著，必有簡略之憾，這也就給後繼者留有廣闊的空間，讓他們馳騁，使英雄不嫌無用武之地。

如果説羅、何等先生的論著是“前修未密”，那麽學誠這本書就是“後出轉精”。其“轉精”倒不主要是因為華著厚達數百頁，三十多萬字。説實在的，如今的書，幾乎無一不厚，可是很多書水分太多，就像一條剛剛從臉盆裏提起來的毛巾，這樣的書是絶對和“精”字不搭界的。

學誠的書，顧名思義，是研究自先秦至兩晉的方言研究史的，它就得囊括這一長時間内的有關方言記載、研究的各種史料，予以甄别、熔煉、分析，作出論斷，前人的觀點正確者闡發之，錯誤者駁正之，不足者補充之，還要能提出自己的新見，這新見還要有分量，如果是高見，就更難能可貴了，如此，這方纔叫“轉精”。下面舉些例子來説。

郭璞的《方言注》是一部了不起的書，後世學者對它都很重視。王國維先生在《書郭注方言書後》的一、二兩篇中發凡起例（見《觀堂集林》卷五），周祖謨先生對郭氏解釋詞語的一些重要條例也曾作過概括（見《方言校箋自序》）。但是王、周兩位先生都因未窮盡材料而難免疏漏。學誠同志則對《方言注》的全部材料進行了研究，從而在王、周兩位先生研究的基礎上又補充了二十條，其中音注類條例 9 條，釋義類條例 8 條，缺如類條例 3 條，同時還訂正了王國維漢晉之語音相近而有微别者先注正文音，後在今語下注今語音的説法。

以往的研究者一般都認為《釋名》代表青徐方音，因而研究古齊魯方言的專家常常拿《釋名》中的材料來作例證，學誠同志則質疑這一成説。其實《釋名》一書收有 1500 多條詞語，稱引有明確地域名稱的方言材料只有 40 條，也就是説，全書 97.4%的詞語都可不視為方言詞；書中方言地名共出現 47 次，其中青徐一帶的地名出現 28 次，可見明確稱引的方言材料也不專屬於青徐；劉熙著書的目的既然是探索百姓日稱詞語的“所以之意”，也就不會拋開通語雅言而只從他的家鄉話中去尋求得名之由。學誠同志主要根據上述分析得出結論：“《釋名》從總體上來説是一部以東漢通語為研究對象的著作，它不是‘代表青徐方音’的書。”這一新説就把學誠帶進了争鳴的行列。

《公羊傳》隱公五年“公曷為遠而觀魚，登來之也”句，何休注：“登讀言得來，得來之者，齊人語也。齊人名求得為得來，作登來者，其言大而急，由口授也。”阮元的校勘記認為“登讀言得來”中誤衍“來”字。學誠同志細緻體會《公羊傳》原文和何注，採信了阮元的校勘意見，認為何氏所記齊語是指“得”讀同“登”音，並據此進行古音分析，而懷疑“登讀言得來’正是帶［l］的複輔音”的説法。

羅常培先生曾指出，《方言》裏所用的文字有好些只有標音作用，並舉出三種情況來證明，其中第三種情況就是揚雄自己所造的字，所舉例字是訓愛的“㤙”、訓哀的“陵”和訓好的“娃”（見《方言校箋羅序》）。這三個字都見於《方言》卷一，我們注意到學誠同志考證《方言》奇字所列的 296 字中就没有“㥄”字。這是因為在《方言》之前的文獻中已見該字的用例，比如成書早於《方言》150 多年的《淮南子》一書的《兵略》篇中就有這樣一句："建鼓不出庫，諸侯莫不慴倰沮膽其處。"羅先生於此偶疏詳審，學誠同志没有依從，是因為他已掌握了可以信據的材料。

學誠同志的書可稱道的地方很多，如揚雄"奇字"問題，是史實，也是學術史上的佳話，也是詩詞中的典故，學誠同志辟專章縷述，娓娓道來，令人稱快。我在這裏再着重講一條，就是他的窮盡式的研究方法。我第二遍讀他的書稿時，有意識地將若干數據摘出抄下，請看：

《爾雅》中出現方言詞的條目有 131 條，"《爾雅》中的方言詞，通過比較《爾雅》稍後出現的著作以及漢晉注疏資料和出土文獻，共考出 211 個"。其中單純詞 195 個，合成詞 16 個。我們還可以進一步看該書中的《爾雅》方言詞在漢代 12 個方言區中的分布情況統計表，如我感興趣的吴越方言區就有 27 個方言詞。

揚雄《方言》共記載了 1284 個詞，其中單音節詞 979 個，複音詞 305 個。《方言》中的"奇字"被學誠考得 296 個，最後推定包含有揚雄所造之字的字量為 132 個。

劉熙《釋名》中有明確方言地域的材料共 40 條，涉及地名 19 個，共出現 47 次，其中青徐一帶 28 次，兖冀一帶 8 次，荆豫一帶 7 次，其他地區 4 次。

許慎《説文》涉及地名 73 個，共出現 194 次；其中楚語 50 餘次，秦語 45 次，齊語 33 次，周語 20 次，汝南話 17 次，等等。

王逸《楚辭章句》涉及方言詞的有 22 條，其中 2 條為秦方言詞，餘為楚方言詞；楚地特有詞 14 個，楚語音變詞 6 個。

何休《春秋公羊傳解詁》引方言詞 30 條，其中齊魯方言詞 26 個；屬於詞彙内容的有 21 條，共 23 個詞，其中名詞 10 個，動詞 10 個，形容詞 2 個，副詞 1 個；涉及方音的材料 2 條，涉及方言語法的材料3條，按，後者很重要，因為在中國古代文獻中，方言語法的材料很罕見。

東漢末大儒鄭玄遍注群經，從現存的鄭玄三禮注和毛詩箋及其他輯佚書中，可得其方言詞67條，涉及地名30多個；其中標有"今"字的材料19條；齊魯一帶的詞彙24條，方音材料18條；楚越一帶的詞彙7條，方音材料7條；周秦一帶的詞彙4條，方音材料7條；燕冀一帶的詞彙3條，方音材料5條。

高誘《吕氏春秋注》和《淮南子注》中的方言材料共涉及25個地名，這些地名共出現84次。其中楚淮方言詞20條，方音材料13條；幽冀方言詞10個，方音材料7條；青兖方言詞9個，方音材料3條；周秦方言詞10個。

從輯本中獲得的三國時期的方言材料50餘條，其中漢語方言地名共出現54次，各地區地名出現的數量比為：西南地區5.6%，長江以南20.4%，長江以北74%。

從輯本中獲得的兩晉時期的方言材料45條，其中漢語方言地名共出現52次，它們主要集中在兩個地區，長江以北地區的地名出現19次，占36.5%，長江以南地區的地名出現31次，占60%。

陸璣的《毛詩草木鳥獸蟲魚疏》在51條當中引方言80次，其中幽州地區23次，青徐兖地區18次，豫冀地區12次，荆揚地區12次，關西益州地區9次，其他地區6次。

郭璞《穆天子傳注》中的方言材料有5條，《山海經注》中的方言材料有9條；《爾雅注》中引《方言》材料19條，引晉代方言157條；《方言注》中引晉代方言93條。上列四書中共引晉代方言264條；其中江東地區的地名出現了173次，占65.28%；南部地區的地名出現22次，占8.3%；西部地區的地名出現31次，占11.7%；中部地區的地名出現15次，占5.5%；東部地區的地名出現17次，占6.4%；北部地區的地名出現7次，占2.64%。郭璞所引晉代方言材料中共有271個詞語，其中單音詞152個，占56.09%，複音詞119個，占43.91%。複音詞中有5個三音節的，1個四音節的；其他113個雙音節的詞，單純詞占31.86%；合成詞中偏正結構的占71.43%，並列結構的占11.69%，動賓、動補結構的占3.9%，附加式的占12.99%。

以上除了一則是概數外，其餘都精確到個位數。

我之所以不憚煩地抄録華著的這麽多數據，是因為這些數字散在書中，要找時實在麻煩，把它們撮録出來，利我自己，也利讀者諸君；之所以同時注上書中頁碼①，是為了同道們覆按查核。

我十分贊賞學誠同志的這種窮盡式的研究法。窮盡式自然比例舉式高明，這是任何學人周知的事實，無庸論證。當然也會有些課題不能使用窮盡式，自當别論。而坊間大量學術性著作卻喜歡採用例舉式而摒棄窮盡式，為什麽？窮盡式要花大力氣，下死工夫，不是幾個月或者半年、一年能成功的。當今急功近利，無事不欲速成，怎能耐得住冷寂？忍得了煩難？讓我們來簡單地瞭解一下學誠同志研究方言研究史的歷程：他自1986年起開始研究揚雄《方言》，於今十有七年矣，他執著，他堅韌，他奔着一個目標。與本領域有關的論文他寫了二十多篇，共三十多萬字。有堅實的基礎纔能建成大厦，以上的那些統計數字都是一件一件的建築預製件。我以為，窮盡式的研究法得出的結論、觀點，顛撲難破，能經得住時間的考驗而長期地存在，我相信，同意這看法的人一定不少。

① 學誠按：拙著《周秦漢晉方言研究史》先後在兩家出版社出過三個版本，離開原書，所注頁碼就没有意義了，所以魯先生這篇大序收入本書時，我擅自删去了原來在各個數據之後所注的頁碼。特此説明。

我若干年前曾和一位史學界的朋友交談，這位歷史學家説，研究明清史的學者，史料是窮盡不了的，因為冷不丁會從什麼地方，或什麼收藏家那裏冒出某個史料甚或一批史料。後來我研究宋代音韻史和宋代語言學史時發現，研究宋代也難以窮盡史料。至於上古、中古，傳世文獻則是可以窮盡的。學誠同志的書是方言研究史中的斷代史，研究的時段是從先秦到兩晉，因此文獻資料自然是可以窮盡的。學誠走的是窮盡資料的路子，方向明，路子對，坐了冷板凳，下了死工夫，所以他這本著作能“後出轉精”。如果學誠不採用窮盡式的研究法呢？前些時候，報紙上有兩個熱點，都是關於影響中國 20 世紀歷史甚鉅的張學良將軍的，一是他的一百零一歲誕辰的慶祝活動，一是隨後不久張將軍逝世的消息。為這兩件事報紙上發表了許多文章，其中有一段給我留下了深刻的印象，因為其言深刻。歷史學者唐德剛對張學良講：“您如果不發動西安事變，您就什麼也不是，一個軍閥而已。”我模仿唐先生的話説：“已經到了 21 世紀，華學誠出版研究先秦漢晉方言研究史的著作，如果不採用窮盡法，就什麼也不是。”只有採用了窮盡法，他纔有可能跟“後出轉精”四個字對上號。

華學誠同志研究先秦至兩晉的方言研究史，努力窮盡了傳世文獻。我還注意到他也曾利用過出土資料，書中有兩處這樣的例證：一是考證《爾雅》中的方言詞時，他利用了楚和秦的簡帛文字；一是考證《方言》中的“奇字”時，他使用了甲、金、簡、印、碑刻等文字。這是值得嘉許的。我想向學誠同志提一條建議，如今地不愛寶，大量出土資料不斷涌現，譬如近年刊布的竹簡材料主要有：尹灣漢簡（1997）、郭店楚簡（1998）、九店楚簡（2000）、周家臺秦簡（2001）、三國吳簡（2001）。本月 12 日，《上海博物館藏戰國楚竹書》第一卷出版首發式隆重舉行，取得轟動效應，這批竹簡共

1200 餘枚，辨識文字 35000 多個。近若干年發現的大批簡帛中有沒有方言資料？這就需要進一步探究，我希望學誠同志繼續追求，使這本書真正窮盡了現時所有的相關資料。當然一本書的成功不是僅僅靠最大限度地占有資料，同時也得在學術的深度和廣度上肯下功夫。

末了兒，但不是不重要的，至少我以為。由對學誠同志的這本著作的議論我想推拓開去談論兩種研究方法的問題，當然也與學風問題不無關係。我經常注意觀察學術歷史和學術動態，似乎這半個世紀在漢語的研究方面，學界逐漸形成了兩種不同的研究方法。根據一個、幾個或稍多的個案，在某個理論框架下，一步一步地向前推繹，導出一兩個甚或一系列的帶有前瞻性的提法，高者更能提出某種理論。另一種研究法則是擁有豐富的高誠信度的語言或方言資源，爬羅了大量的歷史文獻資料，甚至使用窮盡的方法，歸納之，分析之，既然立足於扎實的基礎，得出的結論則堅而難拔。當然這種兩分法是就其大體而言，並非壁壘分明，有些專家能兼而具之，是之謂大家。我以為，半個世紀以來，形成了這兩種研究方法，是不同的學術“生態環境”造成的，學人既然走做學問的道路，怎能不努力適應各自的環境？“適者生存”嘛！因而使用了不同的研究法，存在的就是合理的，因此都應該得到承認和尊重。究其實，這兩種研究法都是各揚其長，這話説了，討人歡喜；但是我也要説，這同時是各避其短，也許少數學人聽了不高興。似乎存在着這樣的現象，當然是個別的：此把彼看作鄉下土包子，採取俯視的態度；而彼則視此為西門大官人的花拳繡腿，算不得過硬功夫。平心而論，人世間沒有沒有缺點的事物，兩種研究法，兩類學者，各有其長，各有其短，借用當前報章上的用語説，是“互補性很强”。正確的態度應該是，兼容並包，彼此平視對方，不應該俯視，也不要仰視，應該提倡“取（人之）長，補（己之）短”。由接觸，而溝通，而互敬，而交流，而合作，而整合，以達於交融，我以為這是我們應由而且必由的康衢大道。

以上所言，是耶？非耶？請學誠和諸同道評論。

好了，就此打住。

2001年12月29日夜於隨園北鄰

《周秦漢晉方言研究史》序

胡奇光

搞學術的青年常做創新的夢。要把這創新的夢變成活生生的現實，需要付出長期的艱苦勞動。這個道理，似乎人人皆知，卻非人人都辦得到。而華學誠君，是做到了，有他的著作《周秦漢晉方言研究史》為證。

方言研究史是語言學史的一個組成部分。依照傳統的看法，中國古代語言學史着重敘述文字、音韻、訓詁等學科發展的歷史，而方言研究史原為訓詁學史的一個分支，因此，幾乎所有中國語言學史的著作都對方言研究頗為重視，可又難講詳盡。敘述方言研究史的難點在古代。而一到了現當代，那敘述的格局就改觀了：方言調查與研究，不僅成為語言學園地上的一門“顯學”，而且從世界語言研究看，它還是我國的一門可與古文字研究、少數民族語言研究並列的優勢學科（王力《我對語言科學研究工作的意見》）。隨着我國方言調查與研究的蓬勃發展，一個關於中國古代方言研究史的撰寫任務，便落在一位富有學術敏感的青年的身上。華君早在 1990 年撰成的《歷代〈方言〉注家述評》（為劉君惠等《揚雄方言研究》

一書第三編)，就已經勾勒出我國古代方言研究的大體輪廓。從1990年到《周秦漢晉方言研究史》的定稿，他足足奮鬥了十一個春秋。真可説是"十年辛苦不尋常"哪!

這部著作確實"不尋常"，從史料的擴寬、方法的革新，或立論的創造上看，這部著作都頗有新意。在目前研究古代方言及其歷史的有關論著中，當以這部著作最好。好就好在率先詳盡地原原本本地叙述了從三代至魏晉期間方言研究的發展歷史。如果説漢語古代方言學史可分上、下編，那麽，這部著作其實就是漢語古代方言學史的上編了。我們期望作者繼續保持那種"韌性戰鬥"的精神，再接再厲，去完成更為難寫的下編，好讓人們對漢語古代方言研究的歷程，有一個全面的完整的認識，以之作為當今方言研究的歷史借鑒。

2001年12月26日於復旦大學

《周秦漢晉方言研究史》序

李　圃

語言文字是全社會的公器。語言從誕生那天起，通與俗就一直處於相互交變之中；文字也是這樣，所謂通語文字與方俗文字在任何歷史時期也都處於相互交變之中。正因為如此，漢語發展史和漢語文字發展史的建構如果偏離了這種交變關係的考察，那只能是一堆表層上某些數據的統計材料罷了。即使總結出幾條原則，那也只能是盲人摸象，難免以偏概全。

漢語言文字發展到了漢代，已趨鼎盛時期，《爾雅》《方言》《説文解字》的相繼問世，正説明通與俗之間的這種關係。此後，代有新著問世，客觀上勾勒出這種交變關係的繼承和發展的面貌。只是在學術觀念上人們始終重正通而輕方俗罷了。20 世紀中期，在為祖國語言的純潔健康而鬥争的召唤之下，始雙管齊下，學術領域出現了語言文字研究正通與方俗並駕齊驅的局面，普通話與方言調查成績卓著，為推進社會的發展發揮了重要作用。以方言調查而言，在語音、詞彙乃至語法方面成績斐然，這是有目共睹的，而方俗語用字方面卻仍滯後不逮，這主要表現在方言本字方面的問題上。漢語與記録漢語的文字之間存在着一種極為特殊的表示與被表示的關係。如果一味依照音素文字的法式而動輒來上個同音替代，勢必置人們於雲裏霧裏。比方説，北方某些方言中，把“真厲害”説成“真 ga · gu”，有部專收方俗語的詞典則直用“嘎古”二字。如果不拋開漢字涉義來考察，“嘎”與“古”無論如何同“厲害”一詞的意義聯繫不上。如果把歷史通語與方言結合起來加以考察，則問題便可以迎刃而解。原來，“ga · gu”其來有自，作“瘕蠱”。這是古語在現代方言中的積澱。瘕，《説文》：“女病也。”為惡疾，《靈樞經 · 水脹》有具體説明。蠱，《説文》：“腹中蟲也。”此亦為惡疾。是知以“瘕”與“蠱”之惡疾狀“厲害”之意，合之，“真瘕蠱”，猶言“真厲害”。可見，通語與方言歷來如影隨形，水乳交融，共同傳承着中華民族燦爛的文化。

長期以來，歷史方言的研究受到一定程度的冷落，這除了學術觀念上的偏頗之外，更重要的原因是難度太大。第一，歷史方言資料的難於搜求；第二，歷史方言材料的難於勘實；第三，短期内知識結構的調整和學術準備的積累難於奏效。學誠君是一位青年學者，也是一位勇於開拓的探索者。他自 1986 年始便從事揚雄《方言》及其注家的研究，十餘年間已發表相關論文二十餘篇，並對《説文》和訓詁學領域的有關問題作過深入的探索，加之近幾年參加《古文字詁林》的編纂工作，這就為他進行如此規模和如此難度的歷史方言學的研究準備了厚實的學術積累。

《周秦漢晉方言研究史》是漢語方言學史領域的斷代研究著作。全書站在學術史的高度，從翔實的材料出發，首次將周秦漢晉方言研究的歷史劃分為先秦、西漢、東漢至魏晉三個發展階段，並指出，先秦是漢語方言學的發軔階段，西漢是漢語方言學的建立階段，而東漢至魏晉則是漢語方言學古典傳統基本形成的階段，以清晰的脉絡將周秦漢晉方言研究的歷史面貌展現在讀者面前。三個階段的劃分，如綱在手，綱舉目張。在此基礎上，作者對各家的語言觀、方言觀進行深入的分析和綜述，對各家之間的傳承關係作了細緻的梳理，首次總結了早期方言研究史的脉絡及其蘊含的規律。不僅如此，在個案的研究方面也時有新見。學誠君從《爾雅》中考得二百十一個方言詞並推測出它們的地域分布，對《小爾雅》方言詞的考證、《通俗文》一百六十八個新詞和二十個新義詞的論定，以及對《楚辭章句》中十四個楚語詞六個楚語音變詞，《公羊傳解詁》中二十六條齊魯方言，鄭康成注中近七十條方言和郭璞注中二百六十四條方言的分析論述，等等，皆信而有徵；提出《釋名》從總體上説是以通語為研究對象而不代表青徐方言，揭示出許慎首創方言文字學，並指出吴人陸璣《毛詩草木疏》不用吴語而多引述幽州方言，等等，均發前人所未發。當然，一部帶有開創性的論著不可能是十全十美的。出土古文字文獻和漢晉及其以前的傳世史書文獻之全面輯録稽考，尚有待來日。學誠君所計劃撰寫的《方言匯證》不日將付諸實踐。相信，這些都是可以隨着《方言匯證》的問世而嘉惠學界的。

人們常説前修未密，後出轉精。其實我們往往看到的卻不是轉精，反倒是後出轉濫。學誠君則不然。他在研究的全過程中繼承和發揚了傳統的樸學作風，堅持從材料出發，用材料説話，實事求是而不妄斷，以充分的理據自出新裁。這在學術浮躁的今天，尤其難能可貴。

欣聞學誠君的《周秦漢晉方言研究史》獲上海市博士學位論文出版基金資助，將由復旦大學出版社出版，特贅言以為序。

2001 年 12 月 28 日於華東師範大學

從《周秦漢晉方言研究史》看漢語史研究方法

汪少華

漢語方言史是漢語史的有機組成部分，其意義和作用至少突出表現為如下三方面：一是其成果將直接豐富漢語語言學史，二是其經驗總結不僅為歷史方言研究提供支持，促進歷史方音學、歷史方言詞彙學的發展，而且對現代漢語方言研究產生積極的影響，三是促進文字學、音韻學、詞彙學、訓詁學的發展。方言研究史讀者所期待回答的，不外乎：古人的方言觀是如何形成的，漢語方言學是怎樣發生的？古代的方言研究都作了哪些工作，產生了哪些成果，其價值如何？方言研究與漢語言文字學其他方面的研究關係如何，方言研究自身經歷了怎樣的發展？而語言學界所關注和看重的，則往往並非研究的對象而是研究的方法。

華學誠先生的39.5萬字的《周秦漢晉方言研究史》（復旦大學出版社2003年），不僅圓滿回答了上述問題，而且在研究方法上十分值得稱道。可以說，《周秦漢晉方言研究史》的問世，系統地梳理了周秦漢晉時期的方言學史料以及方言史料，構建起周秦漢晉方言學史的史學框架。就研究方法而言，貫穿全書的方法論原則有四：一是縱橫比較分析原則，即學術史原則；二是方言學史與方言史結合的原則；三是宏觀分析與微觀分析並重的原則；四是材料的第一手和窮盡的原則。

《周秦漢晉方言研究史》構建方言學史的史學框架，又注重細緻精確的微觀分析。例如第七章《〈説文〉的方言研究》，先將《説文》所引述的所有方言詞（194 個）製成表格，每個方言詞分别列出意義、讀音、地域、出處，讀音下又列出《廣韻》或《集韻》反切、上古聲紐韻部以及漢語拼音；繼而闡述方言詞的地域分布，歸納方言詞的詞彙特點，論述《説文》對方言詞的訓釋方式和特點；在此基礎上對《説文》方言研究做出歷史評價。就其微觀而言，《説文》所有方言詞窮形盡相，一目了然；就其宏觀而言，《説文》方言材料的共時價值、研究内容的方言學價值、客觀描寫和比較分析的方法論價值，揭示無遺。

作者華學誠自 20 世紀 80 年代中期就開始致力於揚雄《方言》的研究，專攻周秦以迄兩晉方言研究，發表了相當數量的單篇論文以及結集出版的《潛齋語文叢稿》《漢語方言學史研究》《揚雄方言研究》等著作，具有厚實的學術積累和獨到的學術見解。例如作者發表過《論〈爾雅〉方言詞的考鑒》《論〈爾雅〉方言詞的詞彙特點》《論〈爾雅〉方言詞的地域分布》《論〈爾雅〉方言詞的訓釋方法》《論〈爾雅〉方言研究》等 5 篇論文，该書第二章第三、四、五節即在此基礎上寫成。這部斷代史植根於斷代個案研究，因而寫起來得心應手，左右逢源；讀起來如行山陰道上，勝景紛呈。

值得稱道的還有该書所堅持的“材料的第一手和窮盡的原則”。一方面，作者排斥以耳代目，不僅搜集完備詳盡的文獻材料並且進行甄别，而且復核來自工具書和參考文獻的材料。例如校訂《方言》"膠"為"謬"，又如由於錢繹《方言箋疏》明引和暗襲了包括王念孫在内的乾嘉學者的大量成果，因而不以此書為例；另一方面，作者將窮盡性研究原則貫穿全書始終，運用大量統計數據作為闡述和立論的根據。例如《方言》共記載了1284個詞，其中單音節詞979個，占總詞數的76.5%；複音詞305個，占總詞數的23.75%。各方言區——秦晉、梁楚、趙魏、宋衛、鄭韓周、燕代、北燕朝鮮洌水、東齊海岱之間淮泗、陳汝潁江淮、南楚、吴揚越、西秦、秦晉北部，其單音詞和複音詞的比例情況，都有詳盡統計。本書中的大量統計數據，幾乎都精確到個位數。正是貫穿全書的這種窮盡性方法論原則、宏觀分析與微觀分析並重原則，纔使得這部方言研究史的考證和結論可靠。因而這部著作被評選為2003年全國百篇優秀博士學位論文，就是必然的。

當然，正如作者所申明："由於本課題完成時間的限制，有極少部分材料不得不利用清人輯本，這是著者深感遺憾的。"的確如此，例如第八章第三、四兩節討論鄭玄的方言研究，"據清人輯本所輯他書佚文的方言研究材料凡11條"，可是其中4條不應繫在鄭玄名下。首先，370、377頁《漢書·天文志》注引鄭氏、382頁《漢書·叙傳上》顔注引鄭、383頁《漢書·趙充國傳》顔注引等3條都是靠不住的，因為顔注所引用的"鄭氏"據我所知並非鄭玄。顔師古在《漢書叙例》中將他所徵引的"諸家注釋"逐一羅列，其中有"鄭氏"："晉灼《音義》序云不知其名，而臣瓚《集解》輒云鄭德。既無所據，今依晉灼但稱鄭氏耳。"《漢書》顔注引鄭玄注與鄭氏注是有區别的，例如《郊祀志》顔注："鄭玄曰：尋，用也。"其次，382頁《後漢書·東平憲王蒼傳》注引《周禮·追師》鄭注，也有予以甄别的必要。此注云："副，婦人首服，三輔謂之假紒。"孫詒讓正義已經斷定並非出自鄭玄："鄭所謂假紒遺象者，乃編字詁釋，與副不同，且不引三輔方言，其非後鄭説無疑。先鄭解詁，隋唐已不著録，亦非李賢等所得見。此或賈、馬、干諸家佚説，誤屬之鄭與?”此外，392 頁説：“高誘的方言研究成果主要集中在《淮南子》中，《吕氏春秋》僅有如下七條。”恐怕也至少遺漏了如下一條：“蚈，幽州謂之秦渠。”（《季夏紀》“腐草化為螢蚈”高注）我不知道作者所説的“清人輯本”指哪些書，可以肯定的是，這些極少部分的第二手材料雖然並不影響結論的正確，但是妨礙了作者“材料的第一手和窮盡的原則”的徹底貫徹，希望再版時訂正。

原載於《語言研究》2003 年第 4 期

評《周秦漢晉方言研究史》

錢宗武　邱月

1. 引　言

依照傳統的學術觀念，漢語方言研究史長期以來是作為訓詁學史的一個分支形態而存在的。雖然，漢語方言的採集、整理和研究是歷史久遠的事了，自漢至清，薪火相傳，綿綿不绝，有清一代漢語方言研究的成果更是蔚為大觀。但是，直至 20 世紀 80 年代，經過前賢時修堅持不懈的艱苦努力，漢語方言研究史方始漸成一門專門的學術史。但是，由於歷史方言材料的搜求和勘實等，既工程極為浩大，又需要堅强的學術毅力和豐厚的學養，因而對於歷史方言的研究自然問津者甚少，狀況頗為冷落。究其原因，抑或與人們“重正通輕方俗”的偏頗觀念有關，無可諱言，其研究難度大亦當為重要的原因。

然而，歷史方言的研究對於漢語言歷史發展演變綫索的構擬和完善，確實具有無可替代的重要作用。作為漢語方言學史研究領域的第一部斷代研究專著，華學誠教授的《周秦漢晉方言研究史》出版，展讀後頗感愜心快目。斯書資料翔實，勝義紛呈，實乃“前修未密，後出轉精”之作。

2. 堅持宏觀與微觀相結合的研究理念，既有史的動態感，又有論的厚實感

作者基於對漢語方言研究史的宏觀把握，從材料出發，首次將周秦漢晉方言研究的歷史劃分為周秦、西漢、東漢至魏晉三階段，並進一步指出周秦是漢語方言學的發軔階段，西漢是漢語方言學的建立階段，東漢至魏晉是漢語方言學的古典傳統形成的階段。三階段的劃分改變了早期漢語方言研究混沌不明的歷史現狀，綱舉目張，脉絡清晰，構建起周秦漢晉方言學史的史學框架，為整個古典漢語方言學史的研究奠定了良好基礎。

在此宏觀背景下，作者本着方言學史與方言史結合的原則，詳細梳理了各家的語言觀、方言觀，並進行個案方言材料的詳盡整理研究，總結了周秦漢晉各個時期的方言研究成果、特點與經驗等，以期推演早期方言和方言研究史的内在規律。譬如，通過對各時期代表專著的研究，總結各時期的方言觀。周秦時期對語言的地域差異和大的方言地域已有了粗略的認識，對方言的形成和方言與“雅言”的關係已有了一定程度的探討，關於語言教學和方言的關係也已有了相當科學的見解，但總體上還停留在直覺、感性的階段。以《方言》為代表性成果的西漢時期已有了明確的方言概念，揚雄以漢代口語方言為研究對象，創造性地構建起了方言研究的範式。而東漢至魏晉，則基本形成了方言研究的古典傳統：當代方言（口語方言）和古代方言（文獻方言）並重，方言學與文字學、音韻學、訓詁學密切結合。

《周秦漢晉方言研究史》在討論微觀問題時，特別注重探索規律性。譬如，斯書通過對《爾雅》211 個方言詞的義類分析、結構分析和詞形分析，歸納上古方言詞彙的一些特點。從義類上看，《爾雅》211 個方言詞屬於普通詞語的有 89 個，占 42.18%，屬於百科名詞的有 122 個，占 57.82%，百科名詞中，自然萬物名詞占 86.89%。從結構上看，單純詞占绝對多數，比例為 92.42%。從詞形上看，方言詞中有各種音轉關係的占將近 60%，完全依聲借字的有 35 個，其中普通詞語有 28 個，約占了《釋詁》總數的 44.4%。

又如斯書專門研究《方言》所蘊含的方音材料，總結介紹了先賢前輩們有關《方言》標音材料的研究成果，誠然，即使這些深入分析還不足以歸納出漢代各方言的音系，但定然有助於歸納其語音特點，有助於漢代方音演變情況的探討。黃綺所著《揚雄方言音辨》系列文章，就曾利用《方言》中的標音材料深入探討過上古漢語鼻音尾的問題和聲母分合問題。

3. 堅持窮盡性地占有第一手材料的研究原則，結論堅實可信

作者有很好的樸學學術背景，在這一專題研究過程中，能繼承和發揚傳統的樸學作風，力求詳盡地占有資料，用材料説話。作者竭力搜羅周秦魏晉重要的專書、辭書以及經籍傳注中的方言材料，採用窮盡式的研究方法，系統清理周秦漢晉時期的方言學材料，對相關的大量文獻、繁複數據作了精密的統計測查，定性的結論建立在定量分析的基礎上，具有極强的可信度和説服力。

譬如，據斯書統計，揚雄《方言》共記載了 1284 個詞，其中

單音節詞979個，複音詞305個。劉熙《釋名》中明確方言地域的方言材料共40條，涉及地名19個，共出現47次，其中青徐一帶28次，兗冀一帶8次，荆豫一帶7次，其他地區4次。許慎《説文》涉及地名73個，共出現194次。王逸《楚辭章句》涉及方言詞的有22條。何休《春秋公羊傳解詁》引方言詞30條。鄭玄《三禮注》和《毛詩箋》涉及方言研究的材料有60條。高誘《吕氏春秋注》和《淮南子注》中的方言材料共涉及到25個地名。陸璣《毛詩草木鳥獸蟲魚疏》在51條訓釋語例當中引方言80次。郭璞《穆天子傳注》《山海經注》《爾雅注》《方言注》分中共引晉代方言264條。

作者不僅竭力窮盡傳世文獻，也盡可能利用出土資料，值得稱道。譬如考證《爾雅》中方言詞時，作者利用了楚和秦的簡帛文字。考證《方言》中"奇字"時，作者使用了甲文、金文、簡牘、印璽、碑刻等文字。

作者考證功底扎實，書中隨處可見的精確的統計表格可以為證，然更難能可貴的是他不拘泥於學術史上的成見定論，以充分的理據而自出新裁，許多見解發前人所未發，相當有見地。譬如後世學者多有《方言》多"奇字"説，但迄今對此無深入的研究，斯書特辟專章探討《方言》中的"奇字"問題，考定不見於傳世先秦兩漢文獻的奇字凡296個，但並非均為揚雄所創製。作者參考出土文獻，發現有13個字見於現有出土資料，另有28個字的異體已見於出土文獻和傳世文獻，亦可推定非揚雄創製。斯書對餘下的255個奇字分别從音、義、表詞情況進行分析研究，並總結這些"奇字"的特點。255個奇字中有246個是形聲字，考察其聲素的讀音和由這個聲素所構成的字的讀音多有聯繫，有些也出現了不一致，表明語音已發生了變化；義素和由此義素複合構成的字，意義基本相同。對 255 個奇字在《方言》中所在雙音節詞的詞性歸類分析表明，255 個奇字所表記的基本上是名詞、動詞和形容詞，僅有個別虛詞。另有 51 個奇字存在音轉關係。揚雄在没有標音手段的歷史條件下要把紛繁複雜的方言詞表記出來，只有使用漢字，因此努力搜求選用古字、俗字，必要時創製漢字，這也是《方言》多奇字的主要原因。

4. 堅持科學語言理論指導下的比較分析的研究方法，剖析精當，創見煥然

作者不僅注重對書面文獻方言材料本身的分析和排比，更積極開展與相鄰相關學科的比較研究，探索漢語方言學史與漢語言文字學其他分支學科歷史之間的規律性的互動關係。徐通鏘先生在《歷史語言學》一書中指出，"語言中的差異是語言史研究的基礎"，而比較分析的方法是研究"差異"最有效的辦法。19 世紀的歷史比較語言學取得巨大的成就，馬克思、恩格斯在評論歷史比較語言學取得成功的原因時説，"正是由於比較和確定了被比較對象之間的差别而獲得了巨大的成就"，"比較具有普遍的意義"。

斯書比較分析的例子不勝枚舉。譬如，在論及"《釋名》的方言研究"時，通過對同詞異讀情況的比較，分析《釋名》對方言詞語的研究，從而指出劉熙在《釋名》中對方言的引證並不是隨意的，而是建立在對方言的考校和方言與通語的比較研究基礎上的，因此，《釋名》中確有方言研究的成果，這些成果在漢語方言研究上應該得到恰當評論。

斯書研究《説文》167 個字頭中所含的 194 條方言時，將《説文》方言研究和揚雄《方言》比較，揭示了許慎《説文》在方言研

究上的主要貢獻在於首創“方言文字學”,“方言文字學”的理論基礎就是“言語異聲、文字異形”。揚雄的着眼點是詞,而不是字。《説文》與《方言》性質不同:其一,《説文》是為科學説解既有文字而作;其二,《説文》所收文字均有來歷,每字都要分析結構、訓釋本義。《説文》方言研究的成果顯示了方言記録的兩種類型:一是有詞無本字,無本字的方言詞所用都是借字;二是詞有本字,字即由方言地域的人為此詞而造。

《周秦漢晉方言研究史》雖為方言學史的斷代研究,亦不乏現代語言學理論的燭照,見解深刻。譬如,作者在考證《爾雅》211個方言詞時,利用地理語言學、文化語言學等現代語言學理論推測《爾雅》方言詞的地域分布,列出“《爾雅》一方言區使用的方言詞分布情況統計表”和“《爾雅》多方言區使用的方言詞分布情況統計表”,從而考察各地域方言分化融合的流變綫索,以及各方言區滲透、擴張的動因。設論新穎,剖析詳密,多可圈可點。

當然,一部開創性的論著總不可能是十全十美的,《周秦漢晉方言研究史》亦或有可商之處。例如,對於一些重要的源頭文獻中的方言材料,作者似還可給以更多的關注。衆所周知,漢語源頭文獻中的方言材料是十分豐富的,而以今文《尚書》尤甚。今文《尚書》主於記言,雖是書面語,卻是口語化的書面語。尚書學家們常援引《周書·洛誥》中的“孺子其朋,孺子其朋”作為口語實録的實證,即可明之。今文《尚書》大約有51個方言古詞,其中大約有35個詞例,《方言》的義項與今文《尚書》的某一義項基本相同,占總語例的68.6%。分析今文《尚書》所有方言古詞的地域分布亦與虞夏、商、周的活動區域相合。《尚書》的自稱代詞共有六個:我、予、朕、卬、台、吾。可分為三組,“我、卬”一組,

“卬”在先秦典籍中僅見於《尚書》和《詩經》。“卬”很可能是一個岐周方言詞，是“我”的地方變體。“予、台”一組，“台”是“予”的地方變體，“予、台”上古同為喻紐。今文《尚書》是記言體政史資料匯編，口語中有“卬、台”，今文《尚書》自然也就出現“卬、台”。

《周秦漢晉方言研究史》在正確研究理念的指導下，堅持語言學研究正確的原則，成功運用了科學方法和科學理論，取得了很大創獲，定會嘉惠學林。

原載於《語言科學》2004年第1期

《揚雄方言校釋匯證》序

趙振鐸

西漢末年，四川成都出了一個有名的學者——揚雄。

揚雄，字子雲，《漢書》有傳。根據記載，他本來不是蜀人，是從外地入蜀的，所以他在成都没有同宗。揚雄是一個多産的作家，他寫過許多著作。西晉常璩在《華陽國志》的《先賢士女總贊》裏面叙述他的創作時説：

> 以經莫大於《論語》，故作《法言》；史莫善於《蒼頡》，故作《訓纂》。箴諫莫美於《虞箴》，故作《州箴》；賦莫弘於《離騷》，故反屈原而廣之；典莫正於《爾雅》，故作《方言》。

這説明揚雄的寫作對前代的典範作品有所模仿。但是揚雄在寫作的時候，並不只是停留在模仿上，他對前代典籍有繼承也有發展。以《方言》來説，《爾雅》僅只是將意義相同的詞類聚在一起，用一個通用的詞去解釋它。而揚雄在《方言》裏面則注意到這些詞的意義的細微差別，而更主要的是注意到這些詞的地理分布。這是他對《爾雅》的發展[①]。

就宏觀上講，《方言》在我國語言學史上有重要的地位。具體歸納起來有以下幾點：

第一，注意到語言在時間上的變化和空間地域上的轉移。

第二，提出了當時漢語方言的分區問題。

第三，提出了“轉語”的概念。

第四，在收集方言詞語方面採用了口頭調查的方法[②]。

所有這些，在當時世界上無疑也是居於領先地位的。在古希臘，學者們注意到古希臘四種方言的語音分歧；古印度學者婆羅流支編寫《普拉克利特闡述》，對於當時印度方言的語法現象有所描述，但是他們對於方言詞彙方面的區別都很少涉及。就這個意義講，揚雄《方言》在同時代的著作裏面是首屈一指的。如果把眼光放到中世紀的阿拉伯，則更顯出《方言》的意義。中世紀的阿拉伯是以詞典編纂見稱的，他們編纂了各種貝都印部落語言的詞典，但是他們對於詞的歷史以及詞的地域分布卻很少論述，而揚雄的《方言》在好幾個世紀以前就成功地把這個問題解決了。

《方言》是一部未完成的著作。從書的整個情況看，前幾卷詳一些，後幾卷略一些，而且越到後面越見簡略，相信這是沒有寫成定本的一個稿本。天鳳四年（公元 17 年），劉歆繼他父親劉向的《別録》編纂《七略》，聽説揚雄在編《方言》，寫信給揚雄想借來看一下。揚雄回信稱書還沒有完成，拒絕了劉歆的要求。劉歆沒有看到這部書，也就沒有著録到他的《七略》裏面。班固寫《漢書》，

---

① 參看拙作《揚雄〈方言〉是對〈爾雅〉的發展》，《社會科學研究》（四川）1979 年第 4 期。

② 參看拙作《揚雄〈方言〉在語言學史上的地位》，《古漢語論集》第二輯，湖南人民出版社，1988 年。

他的《藝文志》以《七略》為藍本，也没有著録這部書。

東漢初年，許慎寫《説文解字》，在解釋字義的時候，曾經引用了一些與《方言》訓釋很接近的材料，説明他看到過一個類似《方言》的本子。到了東漢末年，應劭寫《風俗通義》，纔正式提到揚雄作《方言》，並且抄録了揚雄和劉歆往還的信件。這兩封信後來也就附在《方言》裏面一併流傳。常璩看到的《方言》就附有這兩封信。

由於班固在《漢書·揚雄傳》和《漢書·藝文志》裏面都没有提到揚雄作《方言》的事，因而引起了人們的懷疑。宋朝洪邁在他的筆記書《容齋隨筆》裏面就明確對揚雄作《方言》的説法表示懷疑。但是清朝不少學者如戴震、盧文弨、錢繹、王先謙都還是認為這部書是揚雄作的。

揚雄自己説他的《方言》是十五卷，郭璞在《方言注序》裏面也説“是以三五之篇著，而獨鑑之功顯”，他所看到的本子也是十五卷。而現在流傳的《方言》本子只有十三卷，從《隋書·經籍志》就已經如此，少了兩卷，是卷帙合併或者有脱落，現在也説不清楚。

郭璞是最早注《方言》的學者，他的《方言注》在《方言》研究上有重大的意義。到了清朝，研究這部書的人多起來，戴震的《方言疏證》、盧文弨的《重校方言》都對這部書作了通體校勘，但是他們都没有看到真正的宋本，可補苴的地方不少。後來劉端臨有《方言校補》、王念孫有《方言疏證補》，雖然屬於條校，没有通校全書，但是所校都非常精審，有很高的學術價值。王念孫本來打算校理《方言》，後來知道他的老師已經有《方言疏證》問世，就把他研究《方言》的成果，納入他寫《廣雅疏證》裏面，因為曹魏時期，張揖編《廣雅》，《方言》的材料多有收録。後來錢繹編《方言箋疏》，對王念孫的説法多有採録。錢繹的《方言箋疏》是清朝最後一部全面整理《方言》的本子，他收集的材料比較豐富，直到今天還没有失掉它的意義。

上個世紀研究《方言》的有吴予天的《方言注商》，收在商務印書館30年代出版的《國學小叢書》裏面，但影響不大。周祖謨教授的《方言校箋》以宋李文綬本為底本，除了吸收清人研究成果外，還利用了卷子本《玉篇》、慧琳《一切經音義》、《玉燭寶典》、《倭名類聚鈔》和一些唐寫本韻書殘卷，這些都是清人所没有看到的。這個校本有許多超越前人的地方，他和吴曉鈴教授編的《方言通檢》一起收在巴黎大學北京漢學研究所的"通檢叢刊"裏面，使用非常方便，是上個世紀最好的一個整理過的《方言》本子。

先祖少咸公治文字音韻之學的同時，也留意揚雄《方言》。他曾經説過："四川人搞語言文字，不讀《方言》是説不過去的。"上世紀30年代，他在四川大學任教期間曾經指導學生寫過這方面的畢業論文，後來有些人在這方面都很有成就。就我所知，如南充師範學院的胡芷藩教授在60年代所寫的《書周祖謨〈方言校箋〉後》在當時就很有影響①。四川師範大學劉君惠教授上世紀80年代曾帶領幾位青年教師和研究生寫成《揚雄方言研究》，90年代初由巴蜀書社出版，是迄今唯一全面研究《方言》的專著。

華君學誠參加了《揚雄方言研究》的編寫工作，他承擔了該書第三編《方言注家述評》的編寫，為了寫好這一編，他認真地閲讀了從晉朝郭璞以來校注《方言》的著作，每一書讀完，他都寫有專文評價書的得失，這些都納入他寫的著作中。所以他寫的這一編質量比較高，得到君惠教授的好評。此後近二十年，學誠對《方言》

---

① 載《中國語文》1963年第4期。

的研究一直没有停止，從他十幾年來發表的論文可以看出，他對《方言》的研究日益深入。他覺得從周祖謨的《方言校箋》到今天已經過去了五十年，既無法反映最新的成果，也暴露出原來就存在的一些問題，因此决心編纂一部新的《揚雄方言校釋匯證》。書分校勘和注釋兩大部分，對前人的成果悉數採録，並且有很多自己的心得體會，可以説是一部新的集大成的著作。

作者以上海涵芬樓四部叢刊影印宋李孟傳本為底本，廣泛地收集了後世的翻刻本和傳抄本進行校勘，比以前各家的校本收録的版本更多。對前代學者的校勘成果，也儘量收録，採擷也是空前的。而對於注釋部分，收録也非常豐富。有補證前人説法的，對前人没有解説或解説有誤的，也作了一些新的解釋。例如：

逴、獡、透，驚也。自關而西秦晉之間凡蹇者或謂之逴，體而偏長短亦謂之逴。宋衛南楚凡相驚曰獡，或曰透。(第二)

作者根據本條的正文和郭注，認為這條有誤，它原來是兩條。傳抄誤混為一條。原文應該是：

逴、蹇也。自關而西秦晉之間凡蹇者謂之逴，體而偏長短亦謂之逴。

獡、透，驚也。宋衛南楚凡相驚曰獡，或曰透。

作者還用了第六“蹇也”、第十三兩條“驚也”的材料作為佐證，並且指出：“《廣雅·釋詁一》：‘逴，驚也。’本自《方言》，由此知《方言》在三國魏以前已有誤，《廣雅》蓋據誤本採入。”

坻，場也，梁宋之間蚍蜉𪖐鼠之場謂之坻。(第六)

作者根據《文選·潘岳〈藉田賦〉》“坻場染屨，洪縻在手”李善注引《方言》本條字均作“坻”，玄應《一切經音義》卷一一、卷二三引《方言》字也作“𢖍”，明刻諸本同。由此知“𢖍”乃是“𢖍”字脱點而訛，對戴震、周祖謨的校勘補充了新的證據。

作者在解釋一些詞語的時候注意到今天的漢語方言，並且用這些方言詞語來印證，有些非常精彩。如：

（慧）自關而東趙魏之間謂之黠，或謂之鬼。郭注：言鬼眎也。（第一）

戴震《方言疏證》改“鬼眎”為“鬼䚏”。清代學者多贊成這個改動。周祖謨《方言校箋》認為應該根據宋本作“鬼眎”。指出：“眎為古文視字，今北方人謂小兒慧黠曰鬼視。今不從戴本改。”作者認為：“今方言雖有‘鬼視’一詞，然非謂‘小兒慧黠’，乃謂相貌難看，亦稱‘鬼相’。如江蘇的泰州、興化、東臺一帶斥人常云‘鬼視樣子’‘鬼相樣子’。還可轉作名詞，當用於面稱時含有親昵意味，如興化、東臺話説：‘你這鬼視什麼時候來的?’即是其例。據此不從周校。”作者同意戴震的看法，他指出鬼䚏就是今天廣州話的“鬼馬”，閩語裏面也有這個説法，意思是聰明而狡猾。

泡，盛也。……江淮之間曰泡。郭璞注：泡，肥，洪張貌。（第二）

作者認為，今方言猶有此語，義有小變，然相近也，形容虚鬆謂之“泡”，如安徽安慶説“麵發泡起來了”的“泡”；姜亮夫先生《昭通方言疏證·釋地》：“昭人謂水沫曰泡。又凡内空而大如有水或氣充之盛洪大亦曰泡。”肉肥盛則謂之“泡肉”，如湖南長沙人説“一身的泡肉”。大而不可信的話謂之“泡話”，如河北人説“他説的都是泡話”。單言之曰“泡”，重言之曰“泡泡”，如四川成都人所説的“泡泡肉”，北京人説的“泡泡囊囊”均是其例。

作者在書中還引用了他老師劉君惠教授的未刊稿《方言箋記》，

君惠教授是四川有名的學者，學識淵博，很有見地。使一批極有價值的材料，由此能够得以流傳，也是幸事。舉兩個例子：

溼，憂也。（第一）

盧文弨校“溼”作“濕”，音他合反，作者引他老師劉君惠的話説：“《書·禹貢》：‘浮於濟、漯，達於河。’漯水是黄河下游主要支津之一。《水經·河水注》説其流域最詳，當今山東之徙駭河，俗呼土河，土河即濕水故瀆之殘餘而稍有遷異，俗呼土河，土即濕之遺音。”

踏，跳也。郭璞注：“踏，古蹋字，他匣反。”（第一）

作者引劉君惠教授的話説：“踏當他合反，作他匣反者非是。”按：胡芷藩教授對此也有詳細的解釋，他説：“‘他匣反’疑有誤。匣在狎韻，狎韻無透紐。《廣雅·釋詁二》：‘踏，跳也。’曹憲音‘他帀’。帀在合韻，有透紐。則此匣字恐為帀之誤，帀或寫作匝，因而誤為匣。”可與君惠教授説互相補充。

六十年前，振鐸受業於君惠教授，與學誠算是同門。今學誠撰成《揚雄方言校釋匯證》，光揚師門，值得嘉許。蒙學誠不棄，邀我作序，愧不敢當，謹志數語，作為一個先睹為快的讀者的一些感想。

序於成都望江路29號之濤鄰村6號　2005年6月30日

原載於《書品》2006年第2期

《方言》研究史上的豐碩成果

——讀《揚雄方言校釋匯證》

虞萬里

案頭放着著者贈送的兩巨册裝幀精緻的《揚雄方言校釋匯證》（以下簡稱“匯證”），好書的我自然産生一種賞心頤神的感覺。這種愉悦感驅使我邊欣賞邊閱讀，不免引起一些深有感觸的往事和遐想。

三十多年前買叢書集成本《方言》，是因為從文學史上得知揚雄的生平和著作，並在《文選》中約略粗讀過他的《羽獵》《長楊》《甘泉》諸賦，於不識之僻字，誤以為“古文奇字”，而想從中求解。及瀏覽其書，當然不能解惑，但卻有一種莫名的有趣和由衷的驚歎。有趣的是，漢代以前，秦晉、宋衛、趙魏、吴越、陳楚、東齊海岱、關東關西，方言方音竟有那麼多的差異！驚歎的是，揚雄一人，雖博學强記，亦何能搜集到那麼多的資料！70年代末期，我專注於古韻之學，見劉師培《方言條例》、林語堂《前漢方音區域考》《陳宋淮楚歌寒對轉考》《燕齊魯衛陽聲轉變考》、沈兼士《揚雄方言中有切音》、蔡鳳圻《方言聲轉説》等文，邊讀邊抄，就連《前漢方言區域圖》《揚雄方言地名並引次數圖》都照樣一絲不苟地予以摹録，抄録之後又反覆默識潛思，不時批按，日積月累，一種紛繁而複雜，遥遠而清晰的古方音意識漸漸占據了自己的思想，成為一種牢固的學術理念，驅走了昔日那種無知的有趣。1980年前後，我着手撰寫第一篇習作——《從古方音看歌支關係及其演變》，親手用實際的資料來演繹古方音的理念。之後，我將《方言》和《説文》《爾雅》《釋名》乃至《續方言》等書全部剪貼製成卡片近二萬張，以便抽取排比，進一步做古方音的鉤沉工作。那是我從方音角度對《方言》一書的認識過程。

自 80 年代初起，我從事《漢語大詞典》的編纂審稿工作，日復一日，月復一月，前後十七年，查閲、參考《方言》一書真不知有多少次！記得 1984 年上海古籍出版社影印光緒十六年紅蝠山房本《方言箋疏》，雖有書證文獻可以取證參酌，但没有索引，不便運用，我往往先查閲周祖謨校本索引再翻閲影印本。後來某一詞典編寫組編了一個索引，方使增加了效力。長期的使用，我漸漸覺得此書異文太多。經常有舊辭書用了《方言》某條書證，稍經核對，抱經堂本、戴校本、紅蝠山房本乃至周校本，都各不相同，有時體味文義，借助其他文獻資料，容易取捨；有時雖經輾轉思索，仍無所適從。即在周校本，也往往羅列異文，不加按斷，這對重音而不重形義的《方言》而言，没有足够的版本依據和文獻、方言依據是不能也無法輕易判别的。這是我從形、義角度對《方言》一書的認識過程。

後一種認識，無疑是導致我對古方音的探索和構建遲緩甚至停滯的原因之一。由於《方言》重音不重形義，由於《方言》中所記方言後世難以徵信，致使此書不能像《爾雅》《廣雅》一樣有衆多研究者。這種難徵與冷落的局面又導致它没能産生像《爾雅義疏》

和《廣雅疏證》那樣體大思精的研究專著。隨着《説文詁林》《爾雅詁林》和《廣雅詁林》的相繼問世，《方言》的匯釋匯校工作迫在眉睫，《匯證》在這種時候刊布行世，既是《方言》研究發展的必然，也是語言研究者的殷切期望，更是著者二十多年來不懈努力的結果。這是我從認識《方言》，利用《方言》到手捧《匯證》時的真切的心情。

《方言》一書流傳二千年，其著作權雖歸之於揚雄，但因《漢書·藝文志》和揚雄本傳都没有提到此書，故洪邁始予懷疑，雖經清戴震等辨證，仍未歸一致。要整理校釋此書，自然不能回避其作者問題。《匯釋》著者對此曾有較為全面的意見。他認為：距離揚雄時代最近的東漢應劭已經提到揚雄與《方言》，應該相信，而《漢志》未録另有原因。他深入《方言》内部，發現《方言》中奇字和《太玄》中奇語可以互證。這些意見都很有説服力。筆者於此略作補充申説：凡熟讀《方言》的人，都會察覺到這是一部没有最後完稿的著作，因為越到後面，只有像《爾雅》一樣的訓釋，而没有記録各地語言的差異與不同。綏和二年（前 19 年），詔劉歆紹繼父任，領校群書[1]，其《與揚雄書》末云“願頗與其最目，得使入録”，“入録”即著録於《七略》，故欲索取其“最目”。揚雄因為書稿“未定，未可以見”而拒绝交歆，劉歆亦無法校正而著録於《七略》。《七略》不録，本《七略》稍作損益而成的班固《藝文志》便不可能出現《方言》。劉、揚書函往返在天鳳四年（公元 17 年），時揚雄年已七十[2]，不一年而卒，是《方言》終為未成之稿，《漢

① 參見錢穆《劉向歆父子年譜》，《兩漢經學今古文平議》第 67 頁，商務印書館，2001 年。

② 劉、揚書函往返，湯炳正《漢代語言文字學家楊雄年譜》繫於是年。見《語言之起源》第 366 頁，臺灣貫雅文化事業有限公司，1990 年。

書》本傳自無法著録。檢驗劉歆、揚雄往返書信中的語詞、史實，多可在漢代史事、語言中得到證實，上述“最目”即是一例，也不應懷疑書信的僞作。常璩是蜀地史家，其載揚雄以“典莫正於《爾雅》，故作《方言》”，既不可能作顢頇之言，也符合揚雄一生仿撰的積習。凡此均證明，《方言》為揚雄所撰不應再有懷疑。

古籍的整理首先是校勘，校勘的功夫在於搜集版本的齊全和底本的選用。《匯證》校勘部分使用影宋本和覆刻本、影抄本和重刊本 6 種，明刊、明抄本 12 種，清刊、清抄、叢書本和校注本，包括各種條校條釋的札記共 22 種，計 40 種。其中如福山王氏天壤閣覆刻本、日本東文研藏珂羅版宋刊本、日本静嘉堂文庫藏影宋抄本，都是稀有之物，當年周祖謨先生校勘時都無緣一睹，更無論二百多年前的戴、王諸儒。更值得一提的是，著者發現了上圖所藏的王念孫手校胡文焕《格致叢書》本《新刻绝代語釋别國方言》，採録其 100 多條校語，不僅給《匯證》增添了色彩，也為高郵王氏研究提供了新材料。即此一端，已奠定了《匯證》在《方言》校勘史上後來居上的地位。

《匯證》的校勘雖是匯集前人學術成果，但並非僅僅羅陳衆説，不加評判，而是悉心疏理舊説，是則補充肯定，非則援據駁正，於前人無説處，則博稽群集，就《方言》本書體例和郭注體例，予以校正。對於後者，尤須舉例以彰顯之。

一、據本書訓釋來判斷誤字。卷十二：“慄、耇，羸也。”戴震訓“羸”與“盈”通，復據《玉篇》“慄，盈也”為解。錢繹訓“耇”為“够”，復引《廣雅》“够，多也”為解。皆欠安。著者從朱駿聲説以“羸”為“嬴”之訛字入手，引《説文》“羸，瘦也”之訓，謂“由瘦瘠引申為衰弱，多形容老人身體狀況”，而後據《方言》卷一“（老）秦晉之郊陳兖之會曰耇鮐”和卷十“耇，老也”以證“羸”“老”義近，皆有“耇”之訓義。復據卷一“耋，老也。宋衛兗豫之内曰耋”之本證，以明本文“惵之言耋也”，從而使本條文義順暢。

二、據郭注體例判斷正誤字。卷九：“矛，……其柄謂之矜。”郭注：“今字作穫，巨巾反。”穫字，静嘉堂文庫藏影宋抄本、王氏天壤閣本及明刻諸本均作“槿”，盧文弨以為當作“穫”，錢繹從之。孫詒讓引據《史記》《文選》及《集韻》等文獻，“疑古即借槿為矜”，吴予天從之。著者承認孫校有據，但從郭注體例着眼，謂郭注“今字作某”者，是晉時已有某字，與《方言》本文形成古今字關係。條舉郭璞他卷所注以證，並援本卷下文“矜謂之杖”郭注“矛戟穫，即杖也”及卷十二“柲，刺也”郭注“皆矛戟之穫，所以刺物者也”之穫為證，顯示郭注原文當為“穫”，因而不從孫校。又卷十二“朖，明也”條，從劉台拱校作“朖”，復從郭璞音注例考之，以為若作“朖”為僻字，郭璞“似應注音”，而朗、朖異文，無須注音。而後又引《説文》《集韻》《大雅·既醉》毛傳以互證，思路清晰，證據確鑿。

三、用聲韻判斷誤字。卷十：“潛、涵，沉也。楚郢以南曰涵。”郭注：“音含，或古南反。”涵字郭注“古南反”，諸家均無説。著者從聲韻學角度考察，涵字在古辭書中“反切上字均為匣母字，常用‘下’‘户’‘胡’等，未見用見母字為反切上字者；又考《方言》全書中之匣母字，郭注反音所用上字以‘胡’為多，偶用‘下’，绝無用‘古’為上字者”，“疑‘古’字誤，似當作‘胡’，蓋‘胡’右脱‘月’而訛成‘古’”。此處視角和判斷極為正確。郭注“音含”，“含”字字韻書多作“胡南反”；陸德明《毛詩音義》《周禮音義》音“涵”之聲符“函”亦皆作“胡南反”；而“涵”字戴侗《六書故》卷六正作“胡南反”，足以佐證著者之判斷。卷五

“東齊謂之梩”郭注“音駭”，前人皆無説。《匯證》亦據古聲韻關係考定駭為匣紐，與邪紐之梩關係遠，當為崇紐之部的“騃”，因與“駭”字形相近而訛，頗得音理。

四、引字韻書訓釋來判斷誤字。卷十三：“恬，静也。”郭注：“恬惔，安静。”惔字，《古今逸史》《漢魏叢書》等明刻本均作“淡”，戴震疏證本同。《匯證》據《廣雅·釋詁》“倓，静也”、《説文·人部》“倓，安也”、《玉篇·人部》“倓，静也，恬也”，確定郭注本“當作‘倓’，通作‘淡’，作‘惔’則非是”。也是很簡捷有據之説。

《方言》本未最後定稿，那些有目而無方俗語詞相印證者初讀之下往往使人不明所以，加之古體别字，傳抄魯魚，刊刻虛虎，隨處而有。前人校勘雖勤，然所見版本有限，似是而非之説不少，缺而不論者更多。《匯證》鳩集衆本，詳加比勘，旁徵博引，小心求證，類似上述糾正前人誤説或孤鳴獨發者約 200 條，幾近《方言》全書 675 條的 30%。這個數據，足已奠定《匯證》在《方言》校勘復原研究中的地位。

一本有學術含量的古籍研究專著，其功力不僅體現在文字校勘上，更應在注釋中有所發明和超越。《匯證》在徵引古今文獻以辨析同義詞詞義、詮釋方言字義上花了很大功夫。首先體現在除了可供校勘的版本外，搜羅了字韻書和現代字（詞）典 40 多種，其他文獻近百種，其中包括《明清俗語辭書集成》《中國簡牘集成》及許多地方志中的方言資料。在摘引前人論説的基礎上，通過對《方言》全書的通觀和對郭注的體悟，進一步推證、補充前人觀點，但也不盲從名家成説，在確有證據的前提下，勇於提出新見，供學界抉擇。

一、利用字韻書引文按斷。卷五“靈桂之郊謂之瓬”，錢繹指為廣西平樂府之富川縣和桂嶺，周祖謨據《御覽》引作“鄙桂”，指為鄙縣與桂陽。《匯證》則據慧琳《音義》卷五五：“郭璞《方言注》云：零桂之郊謂甖為瓬，今江東亦言大甕也。”解析其前句原於《方言》文，後句纔是郭注；復徵史傳及地志，而後知《方言》之“靈桂”當指兩地相鄰的零陵郡與桂陽郡[①]。

二、利用本書和郭注體例辨析內容：卷五：“所以注斛，陳魏宋楚之間謂之篙，自關而西謂之注箕，陳魏宋楚之間謂之籮。”因為一條中出現兩次“陳魏宋楚”，盧文弨分為二條，劉台拱、周祖謨從之。《匯證》謂一條之内，同一地域，所指相同相類而稱名有異便不復舉地名雖為《方言》之大例，但也有出此例者，援據錢繹所舉的“槌……横……檌……縨”一條三舉“宋魏陳楚江淮”為例，又謂“凡郭注云‘甲亦乙屬’，則‘甲’‘乙’為同類，自當在同條”，而本條郭注云“篙亦籮屬”，故知亦為同條。又本條“注箕”一詞，因文獻不見，錢繹主張“注”字句绝。《匯證》認為“蓋‘注箕’即箕也，猶本卷下條‘篼’名‘炊篼’，謂‘箕’之用在於‘注’也。或因上文‘所以注斛’連類而及，非其定名即曰‘注箕’也”。然後引段玉裁、顔師古描述箕之功用説來佐證。這是融會全書體例和郭璞注例的一個較為典型的例證。

三、補正前人之説。卷三：“萃、雜、集也。東齊曰聖。”戴震據《廣雅》改“聖”為“聚”。王念孫手校《方言疏證》眉批、周祖謨校箋皆引玄應、慧琳《音義》證當作“聚”。《匯證》於王、周所引外有補引慧琳《音義》卷三二“東齊海岱之間謂萃為聚”、卷

① 按，“零”與“靈”兩漢文獻假借通用極多，往往《史記》作“零”，《漢書》則作“靈”。班固好用古字，而揚雄《方言》亦多奇字。《詩·鄭風·野有蔓草》“零露漙兮”，鄭箋：“零，落也。”孔穎達正義：“靈作零字，故為落也。”則孔所據本有作“靈”字者。可見唐人有改“靈”為“零”者，慧琳是否如此，未能確證。

八六“東齊之間謂聚為萃”二條，復徵引《説文》《易》《左傳》經注及疏，從字義上推證聚與萃、雜、集之義相近，以支持戴説。

四、融會經傳注釋以按斷。卷四“緊袼謂之褔”郭注：“即小兒次衣也。翳、洛、嘔三音。”段玉裁、朱駿聲於《説文》“褔”字下已有注釋，但未能聯繫小兒用圍涎之實情，故而字義猶未顯豁。《匯證》從聲訓褔之言嘔也、漚也出發，徵引《左傳·哀公二年》“吾伏弢嘔血”杜注：“嘔，吐也。”謂“小兒涎衣之用在於承接嘔吐之物，故謂之褔也”。又引《説文》“漚，久漬也”段注“謂浸漬也”而云：“小兒涎衣承受嘔吐之物，則‘浸漬’之義寓於其中矣。”於聲、於義、於實物及其命名使用之義，均皆貼切明白。

五、利用方志中方言俗語印證。卷一：“涇、桓，憂也。”盧文弨據《荀子》楊倞注改為“濕”，王國維、劉君惠復又申論之，《匯證》於諸家之後援據方志中方言俗語來佐證，民國《蕪湖縣志》：“事失機會謂之濕，音沓。”乾隆《趙城縣志》：“憂，或曰愁，或曰濕。”遂謂“後世吴語和北方中原官話中猶存此語”。最後指出“下文及注内‘涇’均當改作‘濕’”。卷二“泡，盛也”下引姜亮夫《昭通方言疏證》及湖南長沙、河北、四川、北京等地人的方言為證。卷二“梅……愧也。晉曰梅”下引今晉方言謂遮掩曰“梅”，“梅臉紅子”即指新娘出嫁時所用之遮面紅紗。繼從《廣雅·釋詁》“梅、瞢，慚也”、《魏都賦》“憮墨而謝”等文獻切入，以為蒙之“義為遮掩，羞愧常蒙臉，故以‘蒙’為羞愧”。又分析梅、蒙（瞢）、墨之古音，其聲均為明紐，韻則正是陰（之，梅）陽（蒸，蒙）入（職，墨）相轉。然後使揚雄訓梅為愧及其方言的地域性和方音音轉關係都得到很好的揭示。

以上僅是瀏覽所及，略加區劃，附以疏記，並非《匯證》的全部精華。同時，著者也深知《方言》在流傳中訛誤太多，不是一代一人之力所能恢復舊貌，故能秉多聞闕疑之精神，於所不知，存疑待質。如卷二“自關而西秦晉之間物力同者謂之臺敵”，此句盧文弨、劉台拱、錢繹各有校語而都不得其解。《匯證》羅列《紺珠集》和四次慧琳《音義》所引，文字皆拗口難讀，故謂“無從徵考，存疑待質”。又卷六：“飛鳥曰雙，鴈曰乘”，戴震疏證併此條於前條後，王念孫校改“雙”字為“隻”字，周祖謨於“鴈”上補“四”字，各有文獻證據，一時難以判決，《匯證》也誠實表示“未知孰是”，不强作解人。

文獻浩瀚，畢生難窮，專注一書，搜采容有未周。卷六：“悀、偪，滿也。凡以器盛而滿謂之悀，腹滿曰偪。”郭注：“言敕偪也。”《匯證》於“悀”字有獨得之見，於“偪”字亦羅列衆説，而“敕偪”下則曰：“晉時當有此語，未詳。”其實此條可徵引方以智説以進一步辨析。《通雅》卷十八《身體》有“㦛讓”條，解云：“㦛，煩悶也；……《方言》‘腹滿曰偪’注：‘言勅偪也。’又曰‘毗、顮，㦛也’，此是漢人語，謂鬱鬱意。《説文》曰：‘心中滿該。’又曰：‘髕寅於下。’徐鍇曰：‘髕斥之意。’髕、顮可通。毗，發語聲。故知漢人常語。《晉書》：‘阮孚告温嶠内迫。’即謂偪也。”①腹滿一詞承上句言器抑或指人，可以討論，但《通雅》之解可備一説。尤其後文所引“㦛也”一條係《方言》卷十二文。方氏釋“毗”為發語聲，未必是，疑毗、偪音近通用，而解髕、顮字義頗可致思。《匯證》此條下引錢繹説，以《楚辭·天問》“康回憑怒”、《離騷》“憑不厭乎求索”為解。其實兩“憑”字字義有别，並證不妥。而卷二“憑……怒也。楚曰憑。”《匯證》引徐復補釋：“釋馮為滿，謂氣盛滿也。故引伸有怒義。余謂馮為偪之借字。”凡腹、

① 方以智《通雅》卷十八，上册，第633頁，上海古籍出版社，1988年。

腸内氣盛滿而偪側不得舒出，猶《説文》所謂“髕寅於下”，即鬱積也，故為湧為畐①；蓄而久之，必迸而出之，即發而為怒也。緣此致思，融會三條，於詞義之引申，聲韻之通轉，或可得其理路。

《匯證》多用聲韻通轉之理詮釋《方言》字詞，收穫頗豐。唯亦偶有手誤，如卷一“或謂之鬼”，郭注“言鬼眎也”，校語曰：“‘衇（脉）’上古音明母魚部，‘馬’上古音明母錫部，二字雙聲韻轉。”實則“脉”在錫部，“馬”在魚部，當是抄録時前後錯舛所致。又古音學稱上古聲母多曰“紐”，《匯證》一書紐、母錯出而大多用“母”，似統一用“紐”為宜。至於引文中頗有長句未予點斷，如卷一“鮐，老也”，校語引王念孫《方言疏證補》：“《大雅·行葦》正義引舍人《爾雅注》云：‘鮐背，老人氣衰皮膚消瘠背若鮐魚也。’”“衰”“瘠”後似當點斷。卷三“膠，詐也”，校語引戴震《方言疏證》“《爾雅·釋詁》‘詐僞也’疏全引《方言》此條文並同”，“條”後當逗。這些都是手鈔、録入時的疏忽。

《匯證》於本文的校釋之外，還將《方言》中所涉及的地理名詞集中予以闡釋，有助於讀者閱讀時更清晰地把握秦漢的方言地域。同時附有主要的《方言》及其注家研究文獻目録。更值得表揚的是，著者匯集了重要的歷代《方言》及郭注研究文選，約近 40 萬字。這些文章散在雜志，有些已很難覓。會聚於一書，為閱讀、研究帶來很大的便利。

《匯證》是繼周祖謨《方言校箋》之後的又一部重要的《方言》研究著作，也是迄今為止《方言》研究中篇幅最大，承載信息量最多，研究最深入也最重要的著作。《匯證》的行世，不僅對《方言》一書的本身，對文字、訓詁、校勘以及詞典編纂，都可獲得很多借

---

① 《玉篇·畐部》：“腹滿謂之湧，腸滿謂之畐。”

鑒，而對於古音，尤其是古方音的鉤稽，更是提供了豐富的可資比勘的資料，大大有利於方音字的定位。《匯證》作用之大，將會從各個學科中體現出來。

原載於《書品》2007 年第 1 期

簡評《揚雄方言校釋匯證》

吴金華

漢代揚雄所撰的比較方言詞彙集《方言》，作為世界語言學史上的第一部方言地理學專著，對於越來越關注語言和文化研究的現代讀者來説，以前所能利用的最詳最佳的注本或校本無非是錢繹的《方言箋疏》與周祖謨的《方言校箋》。在我的印象中，由於錢氏《箋疏》成書於一百五十多年以前，周氏的《校箋》也已經印行了近六十年，當今的學人早就期待着有一部既能全面反映歷代《方言》研究成果又能代表當代學術水準的集大成式的校注本，以適應今後學術研究的需要。在這樣的背景下，華學誠教授推出了歷經20餘年潛心研究的成果——《揚雄方言校釋匯證》（以下簡稱《匯證》），並於2006年由中華書局出版。自今而後，學界利用《方言》、研究《方言》和開展與此相關的其他研究，終於有了最新、最詳的校釋本，這當然是學界值得高興的事情。

《匯證》匯集古今校釋，詳證绝語方言，不僅對《方言》進行了逐條、逐詞的校勘、疏證，而且附録了詳贍、精審的研究資料。此書的價值首先體現在《方言》研究本身，自不待言，它在漢語史、訓詁學、文獻學等學科上的價值也有充分的展示。當我打開印製精良、品相绝佳的《匯證》的時候，最突出的印象是如下三點：

一是《方言》的古今版本幾乎搜羅殆盡。《匯證》使用了 6 種影宋本、覆刻本、影抄本和重刊本，並且把作為底本的《四部叢刊》本與國家圖書館所藏李孟傳刻本逐字作了覆核。其中藏園覆刻宋慶元本卷十三末有“湖北黄岡陶子麟刊”八字，由此知此本即陶子麟覆刻本，另外還有日本静嘉堂文庫所藏影宋抄本，這兩個本子周祖謨先生都没有能够見到。同時還使用了明清以來的刊本、抄本、叢書本和校注本，包括各種條校條釋的札記，共 34 種，僅明本就有 12 種，包括清人誤以為是宋代曹毅之本而實際上是明代正德己巳年間的抄宋本，至於王念孫手校明本《方言》更是第一次得到使用。

二是《方言》的訓釋資料幾乎囊括無遺。歷代學者的校注本得到系統清理，散見於其他著作或者筆記文集中的零星闡釋也被大規模地挖掘出來，總之，舉凡各家校注、歷代辭書類書所引、典籍古注和現當代論著，只要是關涉《方言》疏解而且有一得之見的資料，均悉數徵引，其中重點參考的有戴震、盧文弨、劉台拱、王念孫、錢繹、王國維、吴承仕、吴予天、周祖謨、劉君惠、徐復諸家。

三是對“校”“釋”上所存在的疑難問題作了積極探索。版本文字校勘和《方言》、郭注詞語的疏解所存在的問題，有些是前人已經注意到而没有一致意見的，有些是從來没有人發疑而確實存在的，也有向無異詞其實是大可懷疑的。作者對諸如此類的問題探賾索隱、稽古證今，試圖提供科學合理的解釋，可謂異彩紛呈，足資參證。

此外，《匯證》所表現出的樸實學風，也給人留下了深刻的印象。在底本的處理上首先體現了這一精神：《匯證》採用的是“底本式”而不是“定本式”，除避諱字依例直接補足筆畫外，正文和古注均依宋本原文照抄，需要校改的内容在“匯證”部分説明，一律不直接改動底本。在具體的“校”“釋”中也充分體現着這一精神：作者總是首先忠實描述各種本子的文字異同，客觀引述各家的校勘意見，然後纔用“按”字領起自己的校勘意見，詞語疏解考證也同樣遵循着這樣的先後順序。凡是遇到因資料不足或者因研究水準限制而無法解決的問題，這一精神體現得更為直接：或者明確存疑待質，或者進行必要的梳理以供後來者研判，绝不强作解人、妄逞臆説。《匯證》作者尊重歷史、尊重前人的恭謹態度令人感動，其學風之篤實、態度之謹嚴，在學風浮躁的今天更顯得十分可貴。

不過，我作為對漢語方言史興趣很濃的讀者，僅僅讀一部《方言》的最新校釋本不可能十分滿足；好在手邊還有《漢語方言學史研究》（臺灣藝文印書館 2001 年版）和《周秦漢晉方言研究史》（復旦大學出版社 2003 年版）可供參考，前者是宏觀方言學史專題研究成果，後者是該學科第一部斷代方言學史，這兩部好書也是學誠教授的力作，跟《匯證》前後輝映，以立體三角之勢呈現於方言研究的學術前沿。想到上述一系列著作使我獲益良多，特就此機會一並向作者致謝。

原載於《古籍整理出版情況簡報》2007 年第 9 期

評《揚雄方言校釋匯證》

董志翹　汪禕

《方言》全名《輶軒使者絶代語釋别國方言》，原書本15卷，今存13卷，漢揚雄著，是我國第一部漢語方言學著作，在中國古代語言學史上占有重要地位。然其流傳時久，錯訛脱漏之處漸夥，亟待重加勘訂以返其真；雖有前彦時賢校理舊本，然諸説紛雜，歧見迭出，據校之本亦各有參差，頗須搜覽匯證以明其實。今華學誠所作《揚雄方言校釋匯證》（下簡稱《匯證》），上册採擷衆家校釋所長，匯證於一書，條分縷析，力呈《方言》之原貌；下册捃摭《方言》相關材料及代表性研究文獻，分類匯總，開今人研究《方言》之方便法門。故得此書，則衆家之校畢具，舊釋新證盡存，研究材料咸集，實為《方言》校釋的集大成之作。此書特點主要體現在以下三個方面。

一、集衆家校勘之所長，重訂《方言》

《方言》至清代始有校本，戴震《方言疏證》是第一個《方言》

的校注本，戴氏以《永樂大典》為底本，校以明本，並廣援文獻以參證，"正訛補漏，逐條疏證"，求成善本。其後陸續有盧文弨《重校方言》、劉台拱《方言補校》、王念孫《方言疏證補》、錢繹《方言箋疏》等校本出現。但因所依底本、據校本及參校文獻的限制，雖取得很多成就，仍不乏誤校、漏校之處。現存最早的《方言》刻本為南宋寧宗慶元六年李孟傳的刻本，今人周祖謨以涵芬樓《四部叢刊》影印宋本為底本，參照明本和清人校本，旁涉多種清儒未見古書，還吸收了王念孫手校本《方言疏證》的相關內容，歷時 8 年完成《方言校箋》一書，羅常培贊此書"實在不愧是'後出轉精'的'定本'"[①]。但周本因其時條件所限，對清儒校勘成果未能充分引用，部分校勘意見也還存在值得商榷的地方。

今華學誠《匯證》一書，廣集諸本，匯證諸家，對《方言》及郭注進行了重新的校訂，可謂後出轉精。《匯證》是目前為止搜集版本最為全面的《方言》校注本，其以《四部叢刊》影印南宋李孟傳刻本《方言》為底本，匯校宋刊本、覆本、鈔本 6 種，明刊本、鈔本、叢書本 12 種，清代以來校刻、校注本 22 種。最可寶貴的是，華君在搜集《方言》諸本的過程中，在上海圖書館發現了王念孫手校明胡文煥《格致叢書》本全本《方言》。這一王氏手校明本為周祖謨所未見，"上海圖書館收藏此本距今 44 年，這 44 年間也沒有關於王念孫有手校明本《方言》存世的研究報告"[②]，此本之前一直為學界未察，更遑論對其進行研究。華君經過考證認為，王念孫有關《方言》的著作鏈應該是：《方言、廣雅、小爾雅分韻》→《校正方言》→手校戴震《方言疏證》→《方言疏證補》→《廣

① 周祖謨《方言校箋》，中華書局，1993 年。

② 華學誠《王念孫手校明本〈方言〉的初步研究》，《文史》2006 年第 1 期。

雅疏證》，而手校明本《方言》實際上就是學界認為已經亡佚的《校正方言》[①]。這一發現對於王念孫學術成果的研究及清代學者有關《方言》的研究，均具有十分重要的意義。王氏手校明本《方言》中有校勘意見的共涉及《方言》133條，其中有效校勘内容171處，這些校勘意見大多言之有據，頗為可取[②]。《匯證》將王氏手校明本的校勘成果吸納書中，在很大程度上提升了《方言》新校注本的含金量。

《匯證》在匯校舊本的同時，還吸收了吴予天《方言注商》、周祖謨《方言校箋》、徐復《方言補釋》、劉君惠《方言箋記》等家的校勘意見（尤其是周氏之後的校勘内容），正可反映近60年來對《方言》校訂的新成果。《匯證》廣集諸本，匯證諸家，在此基礎之上，對《方言》及郭注進行了重新校訂，主要開展了以下幾方面的工作：

（一）校訂正文

即依諸本或諸家校勘可取之處，對所據宋本正文進行校正。如卷一第21條，匯證［二二］“暇”言：“戴震《方言疏證》改作‘假’……王念孫手校明本改作‘𡰱’，盧文弨《重校方言》據曹毅之本亦改作‘𡰱’。周祖謨《方言校箋》：‘本書前……一條云：“秦晉之間凡物壯大謂之𡰱，或曰夏。”𡰱，郭《注》音賈。是此處亦當作𡰱。’按：‘暇’與‘𡰱’形近而訛，當改作‘𡰱’。”即所據底本之“暇”字當依王、盧、周三家校訂意見，改作“𡰱”。

（二）校訂注文

即對郭璞《方言注》可商之處進行校正。如卷六第12條：

① 華學誠《王念孫手校明本〈方言〉的初步研究》。
② 同上。王念孫的校勘意見，詳見該文附録。

“逴，蹇也。”郭注“逴”曰：“勑落反。”匯證［二］“落”言：“東文研藏珂羅版宋刊本、静嘉堂文庫藏影宋抄本、遠藤氏藏天壤閣翻刻本及明刻諸本俱作‘略’，戴震《方言疏證》亦作‘略’。按：卷二第 12 條‘逴’下音也作‘略’。當據正。”

（三）校正校語

即對前人校勘意見進行修正。如卷三第 7 條：“斟、協，汁也。”匯證［一］“斟”言：“盧文弨《重校方言》以為斟縱可為羹汁，若施之協，不可通矣，因此‘疑本是斟字之誤’。按：斟，《廣韻》昌汁切，《集韻》即入切，分別釋為‘會聚’‘盛也’，是‘斟’與‘斟’形雖近，而音義迥别，尤與和協之義不相通，盧説不可從。蓋羹汁必調匀和協，是羹汁與和協義相因也。”

（四）補證校語

即對清儒與周氏校訂意見進行補充證明。如卷八第 1 條，匯證［五］“事抑虎説”言：“戴震《方言疏證》改‘抑’為‘神’，云：‘《注》内“神”字，諸刻訛作“抑”，《永樂大典》本及曹毅之本作“神”，其上仍當脱一“見”字。’按：當從戴校改，明抄本、清抄本作‘神’不誤。”

《匯證》匯校諸本，擇其優者，重訂《方言》，同時又不囿於成説，遇有疑議，則加以按斷，實為我們提供了一部可靠的《方言》的全校本和精校本。

二、采舊釋新説之可取，匯釋《方言》

《匯證》在廣搜舊本及諸家校訂意見的基礎上，將有關《方言》及郭注的考釋内容一併匯集，包括清代及近代學者的考證和今人的研究成果。

清代及近代學者之説多取自戴震《方言疏證》、王念孫《廣雅疏證》、錢繹《方言箋疏》、丁惟汾《方言音釋》、吴予天《方言注商》、章炳麟《新方言》等書，其中又以戴、王、錢三家為主。相對而言，戴震《方言疏證》之注釋多借助"因聲求義"的方法，往往能突破字形的局限而有所創獲，但因戴書校勘方面存在不少問題，故沿誤而釋亦有之。錢繹《方言箋疏》收集材料豐富，然"引證雖詳"，卻"識斷疏闊、繁蕪未删"①，新説乏見。王念孫的《廣雅疏證》，"徵引博洽，斷制確切，文理密察，在清代注釋中，堪稱首屈一指"②。是書所涉有關《方言》的考釋内容，亦多精闢見解，其價值不言而喻。

因《廣雅》多引《方言》之語，王念孫在作《廣雅疏證》時，很多考證均與《方言》有着直接聯繫，故《匯證》較多地引用了《廣雅疏證》中與《方言》有關的校勘和注釋内容。如卷九第 2 條："三刃枝……其柄自關而西謂之柲，或謂之殳。"匯證［六］"殳"言，《廣雅·釋器》："殳，杖也。"王念孫《疏證》："《説文》：'殳，以杸殊人也。'……'杸，軍中士所持殳也。'經傳皆作殳。……殳之言投也，投亦擊也。《釋名》：'殳，殊也，有所撞挃於車上，使殊離也。'""殳"為古代兵器的一種，杖屬，頂端一般裝有圓形金屬，可擊殺人③，因其主體部分殳柄常為木製或竹製，故字後又作"杸"。劉百順曾在《魏晉南北朝史書語詞札記》一書中舉漢代以來的"投刃""投刀""投戈"等詞以證"投"有"揮"義，卻未及

① 王彩琴、華學誠《〈方言〉版本流傳及文字校訂》，《河南社會科學》2006 年第 4 期。

② 李建國《漢語訓詁學史（修訂版）》，上海辭書出版社，2002 年。

③ 《古代兵器圖集》載："殳主要是一種車戰兵器，又作'杸'，東周時期使用普遍……其實戰作用就是砸擊，《左傳》昭公二年載：'張匄抽殳而下……扶伏而擊之。'"

“投”表“揮”義之理據。王念孫以為“殳之言投也，投亦擊也”，其實正可申劉氏之説。王引之《經義述聞》第八《周官》上“鞭度”條：“《廣雅》曰：‘殳、度，杖也。”度、殳一聲之轉，是“殳”為杖屬，又有“打”義，推知“投”可表“擊”，亦可表“打”，所謂“投刃”“投刀”“投戈”無不為“揮動、擊打（殺）”行徑，“投”表“揮”義，蓋源於此。《説文》言：“投，擿也。”段玉裁於下文注“擿”曰：“今字作擲，凡古書用投擲，字皆作擿。”因以知許慎認為“投”義為“投擲”，其實此並非“投”之本義。“投”之本義蓋源自“殳”之“擊打”義。段玉裁將《説文》“投”字“從手從殳”改作“從手音殳”，或可商榷，恐作“殳亦聲”為確，且宜歸入“殳部”①。從此例可知，《匯證》所提供的關於《方言》及郭注的注釋，不僅對《方言》研究十分重要，還對其他相關領域的研究如漢語史、訓詁學等具有諸多參考價值。

自周祖謨《方言校箋》以後，今人考釋、研究《方言》著作亦多。如徐復《方言補釋》、劉君惠《方言箋記》等，《匯證》亦竭力收録，以求全備。《匯證》還注重對最新研究成果的吸收，如《方言》卷八多釋動物，《匯證》便及時吸收了李海霞《漢語動物命名考釋》一書的相關内容，其中關於《方言》所載動物得名之由的考證不乏獨到見解，對讀者理解《方言》多有裨益。此外，《匯證》對從新的視角探求《方言》詞語的研究同樣給予了足够的關注，如對李敬忠《方言中的少數民族語詞試析》一文從少數民族語的語音構擬和詞語釋義出發並與《方言》詞語的比對來探求它們之間的聯繫予以介紹和肯認，雖有可商之處，但不失為一種有益的嘗試。在

① 《説文・殳部》收字多有“擊”義。如“毄，相擊中也”；“𣪊，從上擊下也”；“毆，捶毄物也”；“敲，擊頭也”；“段，椎物也”。

匯釋《方言》時，《匯證》還對諸家注釋材料進行了考證分析，避免了單純的材料堆砌，體現了編者自身的研究心得。

（一）匡補舊釋

《匯證》對所引舊説有未備可加匡補者，則陳抒己見。如卷五第 14 條，匯證［二］“㼽”，引章炳麟《新方言・釋器》言：“今人稱盤小而庳者為㼽，轉入如狄，遂訛作碟。唐貞元十三年《濟瀆廟北海壇祭器碑》有‘疊子五十隻、盤子五十隻。’《宋史・吕蒙正傳》作‘楪’。‘疊’‘楪’皆誤，正字當作‘㼽’。”《匯證》以為章氏所説過於拘泥，“㼽”“楪”“碟”實為一詞，“楪”即《方言》之“㼽”，後字作“碟”，從“木”、從“石”、從“瓦”，是製器材料變更的結果，而“是”聲換為“枼”聲，則為古今方音之變，其説可謂明其實矣。

（二）對歧説進行判定

《匯證》於諸家所釋，盡力搜羅，有不同見解者，則加以分析判別。如卷六第 53 條，匯證［一］“戲”，王念孫《廣雅疏證》以為“‘戲’讀當為‘赫戲’之‘戲’”，“‘盛光’謂之‘赫戲’，‘盛怒’亦謂之‘赫戲’，故《廣雅》‘赫’‘戲’並訓為怒也”。《匯證》認為《廣雅》“戲”之訓“怒”本自《方言》，而“赫戲”謂盛怒於文獻無證，故王氏之説可商。《匯證》又引丁惟汾《方言音釋》所説：“‘戲’為‘呼’之異文，《大學》‘於戲’，《詩・周頌》作‘於呼’。‘呼’為發怒聲。字亦作‘赫’，《大雅篇》：‘王赫斯怒。’《箋》云：‘赫，怒意。’”《匯證》於王、丁兩説，以為後者庶幾得之。這樣的判定不無道理。

（三）釋前人所未釋

《匯證》於《方言》及郭注之諸家注釋盡求完備，對前彦時賢未措意者加以補充完善。如卷三第 52 條，匯證［五］“慧”，《方言》正文言："南楚病癒者謂之差，或謂之間，或謂之知。知，通語也。或謂之慧，或謂之憭。"郭璞注曰："慧、憭，皆意精明。"《匯證》引醫書文獻，以證"慧"義。《素問·藏氣法時論》："肝病者，平旦慧，下晡甚，夜半静。"王冰注："木王之時，故爽慧也。"《靈樞經·順氣一日分為四時》："夫百病者，多以旦慧晝安，夕加夜甚，何也？""是'慧'謂病情減緩而覺輕爽，或清爽。"又言"慧"可指"眼睛清明"，《傷寒論·辨不可下病脉證》："身冷若冰，眼睛不慧，語言不休。"其例正可釋補《方言》及郭注所涉"慧"字。

此外，《匯證》於不知者則存疑備考，體現了審慎的治學態度。這些存疑待質及文獻用例未詳之處，實際上為後來者提供了廣闊的研究空間。

三、明詞語古今之流變，闡發《方言》

《方言》成書至今，已經有兩千餘年，所記詞語，或本身已消亡，或形、音發生了較大變化，或詞義出現引申或轉變，或流行地域已有不同。如何梳理、闡發《方言》所記詞語的古今流變，不僅對於漢語方言史研究，而且對於漢語詞彙史及漢語音韻史的研究，均具有十分重要的意義。

《匯證》一書注重聯繫方言今證，以明《方言》所載詞語之流變。地方志中有很多寶貴的方言材料，編者對此儘量引用，使得我們能够了解《方言》所載詞語在各地的存現情況及意義演變。作者還注重今日方言材料的引用，如卷六第 9 條，匯證［一］"鍈"，《方言》正文言："鍈，重也。"編者言："今西南官話猶有此語，如湖北武漢人説'這口箱子有點鍈手'，'鍈'即謂沉重也。"通過所引材料，可以清楚地看出古今方言流行地域的變化。

《匯證》一書，注重發掘詞義變化和文獻例證，以明《方言》所載詞語之發展。如卷五第 7 條，匯證［一］“案”，《方言》正文言:“案，陳楚宋魏之間謂之檐，自關東西謂之案。”編者按：“‘案’為木製器物，几屬，本指古時進食所用短足木盤。……亦指憩用坐榻。《周禮·天官·掌次》：‘王大旅上帝，則張氈案。’賈公彦疏：‘案，謂牀也。’徐鍇《説文解字繫傳》：‘案，所憑也。’是也。後指桌之長方形者……書案、桌案皆此類也。”《方言》所載“案”，義當指食器，《匯證》對此有所闡發，並指出“案”的形制演變情況。除了校釋匯證《方言》及郭注，編者還將《方言》研究的相關資料以附録的形式别集 1 册，其中包括《方言》地理名詞釋、《揚雄答劉歆書》、《晉書·郭璞傳》(節選)、歷代方言及諸家研究文獻目録、歷代方言及郭注研究文選等内容，尤其是最後兩種資料，研究目録及文獻材料匯録極具價值，對了解《方言》研究的歷史和現狀益處頗多。

四、《匯證》存在的一些或可商補之處

（一）部分校勘可商

卷一第 27 條，匯證［三］言：“跂：明刻本作‘跂’，清人校本均作‘跂’。按：當據諸本改正，下同。”

今按：此處實不煩改。“跂”乃“跂”之俗體。唐慧琳《一切經音義》卷三《音大般若經》之“技藝”條，據高麗藏本與頻伽精舍本參校排印之《大正新修大藏經》作“技藝”；而據高麗藏本影印之《中華大藏經》所收慧琳《一切經音義》，正作“技藝”，據日本獅穀白蓮社藏本影印之《續修四庫全書》所收慧琳《一切經音

義》，皆亦作“技藝”。“技”即“技”之俗體，由此可推知“跂”字非誤。為保持底本原貌，匯證於此處可不必出校。此外，《方言》卷五第 1 條：“江淮陳楚之間謂之錡。”郭璞注曰：“或曰三腳釜也，音技。”因以知底本常作“攴”之形，不煩校改。楊寶忠《疑難字考釋與研究》一書“敁”字條言：“俗書攴、支二旁相亂，如：‘鼓’俗作‘鼔’、‘豉’俗作‘豉’是也。”張湧泉《漢語俗字叢考》“敁”字條亦言：“攴、支二旁形近，俗書多混用不分。”其說均可為證。

卷三第 6 條，匯證［五］言：“夘：按：當作‘卵’，形近而訛。‘夘’同‘鯤’，指魚卵。《集韻·魂韻》：‘鯤，《爾雅》：“鯤，魚子。”或作夘。’本條‘伏卵’即‘孵卵’，不當作‘夘’。”

今按：此處恐不煩改。《方言》正文言“雞伏夘而未孚”，此“夘”即“卵”之俗體。孵卵之“卵”，《廣韻·緩韻》作“盧管、郎果兩切”；魚子之“夘”，《集韻·魂韻》作“公渾切”，兩字音、義有別，匯證混同為一，認為“夘”同“鯤”，故正文“雞伏夘”中的“夘”字訛誤，其說實難成立。中華書局《叢書集成初編》第 1338 冊所收《玉燭寶典》，乃據古逸叢書本影印，在談到寒食風俗時，言及“此節城市尤多鬥雞鬥夘之戲”，字亦作“夘”。秦公輯《碑別字新編·五畫》“卯”條，下列魏元緒墓志字作“卯”，唐姜行本碑字作“夘”，遼馬直温妻張氏墓志字作“夘”。遼釋行均《龍龕手鑒》入聲卷四“卩部”：“夘：正，落管反。凡無乳者曰卵生也。”據此觀之“卵”，不無寫作俗體“夘”之可能。黄征所編《敦煌俗字典》“卵”條列敦煌寫本三例俗體，分別作“夘”（出自 S. 5431《開蒙要訓》）、“夘”（出自 s. 2073《廬山遠公話》）、“夘”（出自 S. 328《伍子胥變文》）。其中第二例，字與“夘”極為相近。劉復、李家瑞編《宋元以來俗字譜·七畫》“卵”條，列《三國志平話》中作“夘”，形與“夘”同。據此可知，至少自唐代以來，“卵”之俗體即常作“夘”形，故宋本《方言》之字，可不必校改。

（二）個別考釋可商

卷一第15條，匯證［一］言：“謾台：……‘謾台’‘顫掉’‘戰掉’乃古今方俗轉語，其義謂顫抖。宋元口語有‘戰篤速’‘戰都速’，亦謂因恐懼而顫抖。如《東堂老》三折：‘嚇得他手兒腳兒戰篤速，特古裏我根前，你有甚麽怕怖?’《對玉梳》三折：‘嚇的我意慌張，心喬怯，戰都速，無了魂魄，軟了身軀。’今則通言顫抖、發抖。謾台、戰掉、顫掉、戰篤速、戰都速、顫抖，古今一詞。”

今按：言“謾台、戰掉、顫掉、戰篤速、戰都速、顫抖，古今一詞”，蓋因各詞音近義通，然與“謾台、戰掉、顫掉、顫抖”音近的格式是“戰篤”“戰都”，而非“戰篤速”“戰都速”，若視為古今一詞，則“速”字無所依存。對“戰篤速”“戰都速”而言，其所具備的顫抖之義，並非來自於“戰篤”“戰都”，而是由“戰＋篤速”“戰＋都速”的並列形式共同表達的，這其實可以看作是一種羨餘形式。龍潛庵《宋元語言詞典》“戰篤速”條言：“謂因恐懼而顫抖。篤速，即‘哆嗦’。……亦作‘戰都速’‘戰撲速’。”王學奇《宋金元明清曲辭通釋》一書“戰篤速”條還列出了與之相關的“戰撲速”“戰都速”“戰篤索”“戰索索”“戰簌簌”“顫篤簌”“顫篤速”等多種形式，釋為：“戰、顫音同，發抖、顫動之意。篤速、都速、撲速、蔦速、篤簌、篤索、索索、簌簌，為一聲之轉，形容害怕、發抖或顫動的形態。今北人形容害怕轉語為‘哆嗦’。”綜之，故不可將“戰篤速”“戰都速”與“謾台、戰掉、顫掉、顫抖”視為一詞。

（三）文獻用例可提前

卷七第32條，匯證［一］言：“過度：……按：《廣雅·釋詁二》：‘過、涉，渡也。’又《釋詁三》：‘渡，過也。’是‘過度（渡）’為同義複詞。早期文獻用例未見，《漢語大詞典》引宋蘇軾《荊門》詩之五：‘野市分麞闊，宮帆過渡遲。’是也。”

今按：《漢語大詞典》引例嫌稍晚。表渡河義之“過渡”唐代文獻已見。如唐實叉難陀譯《地藏菩薩本願經》卷二：“若未來世有善男子、善女人，或因治生，或因公私，或因生死，或因急事，入山林中，過渡河海，乃及大水，或經險道，是人先當念地藏菩薩名萬遍。”唐長孫無忌等《唐律疏議》卷二五“詐僞”：“【疏】議曰：謂津濟之所，或有深濘，若橋船朽漏，不堪渡人，而詐云‘津河平淺，船橋牢固’，令人過渡，因致死傷者，‘以鬥殺傷論’。”此二例可為補充。

（四）未詳者可探討

卷九第1條，匯證［七］言：“雞鳴：《考工記》鄭《注》：‘今句孑戟也。或謂之雞鳴，或謂之擁頸。’名原未詳。”

今按：“雞鳴”之語，出自《周禮·考工記·冶氏》之鄭玄注，其理據可考。《周禮》原文為：“戈廣二寸，内倍之，胡三之，援四之。”鄭玄注曰：“戈，今句孑戟也。或謂之雞鳴，或謂之擁頸。内謂胡以内接柲者也，長四寸，胡六寸，援八寸。鄭司農云：‘援，直刃也，胡，其孑。’”唐賈公彦疏曰：“云‘或謂之雞鳴’者，以其胡似雞鳴故也。云‘或謂之擁頸’者，以其胡曲，故謂之擁頸，有此數名也。”賈疏以為“雞鳴”之稱，乃以“戈”胡似“雞鳴”之狀而得名，其説近是。戈作為上古常見的兵器，可能源自原始農業中使用的石鐮。如《考工記》所言，主要由“援”“胡”“内”三部分組成，《漢語大字典》有圖示甚明：

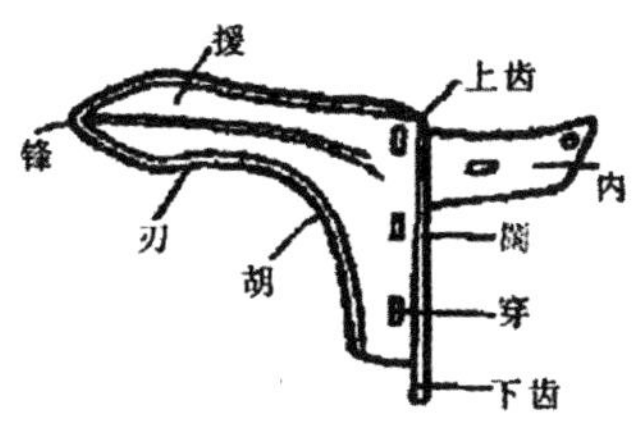

圖 1　引自《漢語大字典》

觀圖 1，戈之“胡”很難與“雞鳴”之狀聯繫起來，那麼為何稱“戈”為“雞鳴”呢？實際上，圖 1 所示並非漢代“戈”之形狀。“戈”自産生以來，從出土實物來看，其形體發生了不少變化。商代，戈是最重要的格鬥兵器，由戈頭、戈柲、銅鐏組成，有的在木柲上端還有銅冒（或稱龠），戈頭的標準形態，包括上下有刃、前有尖峰的“援”和裝柲用的“內”兩部分，“內”上有穿繩繫柲的小孔，稱為“穿”，為了防止勾啄時戈頭脱落，又常在“援”“內”之間設“闌”，並在“援”下近“闌”處下延成“胡”，“胡”上也有“穿”。其時戈“內”具有“直內”（橫直之內）、“曲內”（曲垂之內）、“銎內”（有穿柲小洞之內）三種形式，“胡”並不是必須的部件，“戈”以無“胡”為常，“闌”與“援”多呈直角。到了西周，“直內”式漸成主流，“闌”與“胡”由直角漸向小於 100°的鈍角發展，同時繼續延胡加穿，更多的使用了中胡戈①。從戰國開始，“援”“內”發生了較大變化，“援”由平直變成了弧曲狀，“內”則開始上翹，並有了鋭利的邊刃。秦代，延續了戰國戈的樣式，特點是長胡，三穿或四穿，曲“援”，“內”上翹，除“援”有鋒刃外，“胡”“內”亦有（觀上列《漢語大字典》圖，即

① “胡”一般按長度大致分為長、中、短三種，“戈”則據此可以分為無胡戈、短胡戈、中胡戈、長胡戈四種。

為仿戰國或秦時之“戈”所繪)。到了漢代，“戈”的數量開始大幅減少，“戈”一方面沿着原有的發展軌跡，“援”的弧曲度繼續加大，一方面出現了新的樣式，即鄭玄所言的“雞鳴”戈①。

通過圖 2、圖 3，我們可以直觀地看到，漢代“雞鳴”戈，形正似雞引頸長鳴之狀，其得名之由，主要是因為“援”的上揚，與“胡”整體上構成雞鳴狀，而非僅僅因為“胡似雞鳴”。

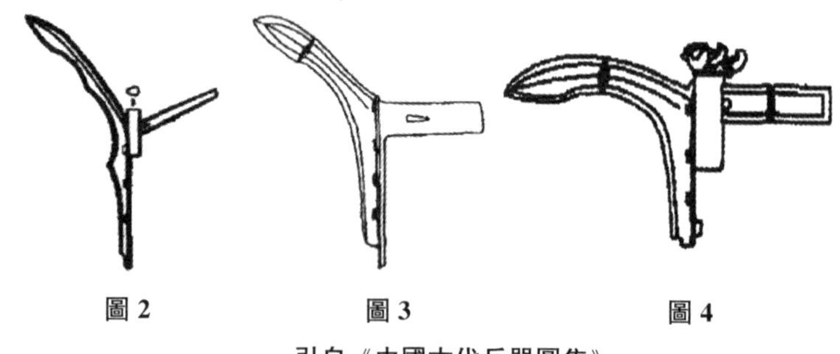

圖 2　　圖 3　　圖 4

引自《中國古代兵器圖集》

那麼鄭玄所言的“擁頸”又是什麼樣的“戈”呢。賈疏認為是由於“胡”曲，不够明確。漢劉熙《釋名·釋衣服》：“領，頸也，以壅頸也；亦言總領衣體為端首也。”又：“曲領在内，所以禁中衣；領上横壅頸，其狀曲也。”以此推知，所謂“擁頸”，蓋指“援”弧曲度加大後，使得其鋒下垂，與“胡”整體上形似上衣曲領擁頸之態。有圖 4 為證。

鄭玄言“戈”為“句孑戟”，而許慎《説文解字》言“戈，平頭戟也”，蓋因兩人所釋角度不同。許慎基於“戟”為“戈”與“矛”的組合體，有直上之刃，而“戈”無直上刃，乃“平頭戟”；鄭玄依據其時“戈”的實際形制，特别是“援”的弧曲之態，釋“戈”為

① 本段主要參考了《中國古代兵器圖集》一書關於先秦兩漢時期“戈”的形制的論述。

"今句孑戟也"。後代學者拘於鄭司農之説（"援，直刃也"），以為戈援直上，戈胡旁出，誤作圖立説，宋代為盛，至清不绝①。自宋代起，亦有學者澄非溯本②。清代段玉裁《説文解字注》言："横出故謂之援。援，引也。凡言援者，皆謂横引之，直上者不曰援也。"以許説為確。古代學者的考辩大都圍繞戈之"援""胡"之形，幾無人關注"雞鳴""擁頸"何以得名，更無人注意先秦兩漢"戈"之形制細微變化。郭沫若在《釋戟》中較早闡明了上古"戈"的一系列形制變化，郭寶鈞的《戈戟餘論》在郭沫若之説的基礎上加以補充細化。借助《中國古代兵器集》中的大量考古文物圖片和説明，我們可以比較清楚地了解上古"戈"的發展演變，"戈"名之"雞鳴""擁頸"亦有其理據。

圖 5　圖引自《中國古代服飾研究》

沈從文《中國古代服飾研究》中附有一幅漢代空心磚模印圖（圖 5），借此不僅可明漢代"戈""戟"之别，更可知"雞鳴""擁

① 如宋聶崇義《三禮圖集注》卷九之"戈"圖，宋林希逸《考工記解》卷上云："戈二刃，刺兵也。鄭氏以為句兵者，言其形句曲也。戈之制有三名。其曰廣二寸者，戈之通身必徑二寸也。（筆者按：必即柲，柄也。）内者，胡以下接柄者也，其長四寸；胡者，旁出之一鋒也，其長六寸；援者，刃之直而向上者也，其長八寸。漢時謂此戈為雞鳴者，以其胡之句勢似雞鳴也；又謂之擁頸者，亦以其胡曲而名之也。"清黄以周《禮書通故》第四十九之"戈"圖，諸家圖、説，均誤矣。

② 見宋黄伯思《東觀余論 · 銅戈辯》。

頸”戈之形態。圖 5 第一人所持為“雞鳴”，第二人所持為“擁頸”，第三人所持為“卜形戟”①，“戈”無直上刃，“戟”則有之。他將此圖注為“戴不同冠、束腰大袖衣、持戟佩劍門衛”，恐疏於“戈”“戟”之別。

實際上，名“戈”為“雞鳴”“擁頸”，或正體現了古人命名事物時遠取諸物（雞鳴之態）、近取諸身（衣領之狀）的原則。以事物的某一顯著特點指代事物本身，故有此名，茲為申説以明之。

總之，《揚雄方言校釋匯證》確為《方言》校釋的集大成之作。華學誠在《方言》研究領域浸淫多年，用功甚勤，著有《漢語方言學史研究》《周秦漢晉方言研究史》等專著，有關《方言》研究的系列論文也每有創獲。《匯證》一書是他潛心研究《方言》20 年的學術成果。該書的出版定會有力推動《方言》研究的深入開展，廣惠學林！

原載於《杭州師範學院學報》2007 年第 6 期

① “戟”一般是十字形，“卜形戟”大概出現於戰國晚期，漢代則多見。

《揚雄方言校釋匯證》評介

孫玉文

中華書局2006年出版的華學誠的《揚雄方言校釋匯證》一書有三大優點。第一個優點在於立足文獻，内容全面，體例設計新穎。書名“校釋匯證”，反映了本書的這個特點。《揚雄方言校釋匯證》分為上下兩册。上册對《方言》作校釋，下册是附録。

上册的校釋部分，搜集明刻本、鈔本、叢書本十二種，清以來刻本、叢書本、校注本，包括校注札記凡二十二種。在精心研究版本源流的基礎上，以上海涵芬樓《四部叢刊》影宋本為底本，按照《方言》及郭璞注的順序，重點參考戴震、盧文弨、劉台拱、王念孫、錢繹、王國維、吴承仕、吴予天、周祖謨、徐復諸家的研究成果，一一反映《方言》各版本用字的異同，各家的校勘成果，作出新的校勘；羅列各家對《方言》所作的不同解釋或提供的不同證據，加以取捨，從新的角度、新的證據，印證、補充、訂正前賢之説。

下册附録部分，列有①《方言》地理名詞釋，主要解釋《方言》中出現的一些地理名詞；②戴疏劉歆、揚雄往返書，列出戴震《方言疏證》中戴震對劉歆與揚雄書、揚雄答劉歆書所作的疏證；

③《漢書·揚雄傳》（節選），意在使讀者了解揚雄的履歷；④《晉書·郭璞傳》（節選），意在使讀者了解《方言》一書最早和最重要的注家郭璞的履歷；⑤本書主要參考引用文獻目録，列有一百五十三種參考論著，可知著者參考範圍之廣；⑥歷代方言及其注家研究文獻目録，分序跋稽考、整體研究、專題研究、注家研究四類，詳列古今中外方言研究論著目録；⑦歷代方言及郭注研究文選，詳列清代以前的研究論文，擇要收録1911年以後的論文，共收録論文五十三篇。在《後記》之後，還列有《揚雄方言校釋匯證索引》，收録《方言》、郭璞《注》中的被釋詞語和解釋詞語，標注頁碼，方便讀者查閱。不難看出，本書的很多内容是既往古書校注模式所不能容納的。

著者一反時下某些人視文獻資料的考證和我國傳統語言學研究成果為敝屣的片面做法，重視基礎研究和批判繼承，反映中國古今學者對《方言》及其相關領域的一些研究論著。這些材料有力地表明，關於方言研究，中國學者早已作出了卓越的貢獻，他們既重視文獻資料的閲讀整理，又重視語言材料的實地考察，並很早就建立起調查活的口語材料的科學方法。在世界方言研究史上，取得了足以令人自豪的成就。今後的方言共時研究、方言史研究，絶不能忽視這些研究成果。著者並没有把中國學者和外國學者的研究機械地對立起來，他也研究國外既有成果，在書中充分反映國外學者的論著，不崇洋，不排外，體現了尊重他人研究的科學精神。

他從未來進一步研究《方言》和方便廣大讀者良好願望出發，根據時代的需要，吸收版本、目録、校勘以及工具書使用法等學科的研究成果，既重視對《方言》的校釋，又重視《方言》以及基於《方言》的漢語方言史和方言學史的已有理論研究和專題研究，在體例設計和内容安排上，突破了以往中國語言學名著的校注模式，比較全面地反映了《方言》研究的既有成果，令人耳目一新。

本書的第二個優點在於更注重以堅實的證據恢復《方言》及郭璞注的原本之貌。這集中反映在《揚雄方言校釋匯證》的上册。其中，《前言》部分是著者二十年來《方言》研究成果的部分理論結晶，下分：①關於揚雄方言；②關於方言的研究（上）；③關於方言的研究（下）；④關於方言的版本和本書。更值得注意的是《輶軒使者絶代語釋别國方言校釋匯證》第一至第十三，這是本書的主體部分。

著者比勘今存《方言》及郭璞注的各種版本、《方言》及郭注的體例、古今學者校釋方面的研究論著，發現前人在《方言》及郭注原本的恢復和釋讀方面成就巨大，需要加以匯聚；也存在着不少可商之處，需要印證、補充、訂正。我認為這樣的工作並没有過時，需要有人接着做。

從恢復《方言》及郭璞注原本之貌的角度説，著者作了很多努力，取得了很多具體的研究成果。例如，《方言》卷二："翻、暗、𪇬，黏也。"這裏"暗"字當為注文羼入正文，戴震、盧文弨改為"音昵"，錢繹改為"音泥"，劉台拱、周祖謨改為"音日"，吴予天以為"'音日''音刃'俱不誤"。著者廣搜異本，發現："福山王氏天壤閣景宋本、藏園覆刻宋本、華陽重刻宋本《方言》作'音日'二字，雙行小字，吴琯《古今逸史》本、程榮《漢魏叢書》本、胡文焕《格致叢書》本、明李珏刻本、明佚名刻本同。是宋本誤合注文雙行兩字為一字，並羼入正文。當定作注文'音日'。"據此，"音日"之説可為定論，也足解數百年之惑。又《方言》卷一："咺……痛也……於方：則楚言哀曰唏，燕之外鄙朝鮮洌水之間少兒泣而不止曰咺。"王念孫懷疑"外"當作"北"。著者考察《方言》全書的用語，指出《方言》多次用"燕之外郊"，儘管只有這一處作

“燕之外鄙”，但是各本無異詞，所以不能斷定“外”是“北”的訛字。卷十三：“餳謂之餦餭。”戴震、錢繹認為作“餳”是對的，盧文弨、吴予天認為當作“餳”。著者經過考證分析，證明《方言》原文當作“餳”。

再如《方言》卷一“娥、嬴，好也……趙魏燕代之間曰姝”的“姝”，郭注：“昌朱反，音株。”這裏“昌朱反”和“音株”的注語不合郭璞注音的體例，所以戴震、錢繹、周祖謨均在“音株”之前加上“又”字。著者並没有盲從，他根據郭注的體例，指出“音株”之前要加的字，可以是“又”字，還可以是“亦”“一”“或”等字之一。儘管這一看法對了解郭璞注無大礙，但可以看出著者的求實精神。卷二：“摻，細也。”郭璞注：“素檻反。”可是，明刻本及戴震、盧文弨、錢繹諸家校本“檻”都寫作“擥”，“擥”這個字很生，古人是否會用來做反切用字，大可懷疑。著者檢閲《集韻·檻韻》：“摻，素檻切，《方言》：細也。”將“擥”字改為“檻”，非常正確①。

本書的第三個優點在於更注重以堅實的證據正確地釋讀《方言》原書及郭璞注。這也集中反映在《揚雄方言校釋匯證》的上册。從《方言》及郭璞注釋讀的角度來説，著者的成就也是多方面的。有時候是用新的證據補充、印證前人之説。例如，《方言》卷二：“泡，盛也……江淮之間曰泡。”前人從文獻的角度證明“泡”有“盛”義。著者更舉出今全國各地的不少方言進一步證成此義。

《方言》的被釋詞為什麽會有訓釋詞的那種詞義，有的比較容

① 《集韻》某字某音下面引古書，往往就意味着其反切來自此書或此書的前人注音，這是值得注意的。《集韻》在“摻”的素檻切引《方言》，很可能表明“摻”的這個反切來自郭璞《注》。

易證明，有的很難證明。以往各家理解有分歧的地方，往往集中在後者。學者們採取“因聲求義”的辦法，解決了不少疑難問題，但是有些没有解決，有些分析不免牽强附會。著者對這些分析大多作了有理有據的批評，提出新的看法。例如《方言》卷一：“碩、沉、巨、濯、訏、敦、夏、於，大也。齊宋之間曰巨，曰碩。凡物盛多謂之寇。”“寇”為什麽有“盛多”義？王念孫《廣雅疏證》因聲求義，認為“寇與够聲近義同”。錢繹《箋疏》從詞義引申入手，他認為“寇”是“盜寇”義，引申為盛多，“寇訓為多，猶戎訓為大”。錢説很牽强。著者指出：“（錢説）乃望文生義，又曲為之解。”卷六：“鋪頒，索也。東齊曰鋪頒，猶秦晉言抖擻也。”郭注：“謂斗擻，舉索物也。鋪，音敷。”方以智《通雅》卷四九《諺原》“鋪頒、鋪排”條認為後代的“鋪扮、鋪排”是“鋪頒”的轉語。著者指出：《方言》的“舉索物”即舉手搜索物，是一種搜尋的方式。方以智把“鋪頒”解釋成鋪設安排，於是以為跟“鋪扮、鋪排”同義，不合《方言》原意。《方言》的“鋪頒”跟“鋪扮，鋪排”的讀音偶合，“鋪頒”是雙聲聯綿詞，“抖擻”是疊韻連綿詞。卷十三：“惲，謀也。”“惲”為什麽有“謀”義？錢繹《箋疏》從詞義引申入手，他認為“惲”由本義“渾厚”引申出“謀議”的意義，並引《左傳·僖公三十三年》“輕則寡謀”來助成其説，言下之意是説，重則多謀。著者指出錢説不確：“今之‘渾厚’即古之‘惲厚’，此義與‘謀’不相涉……”，《左傳》的“輕”並非與“重”“厚”相對之義，“錢氏由‘輕則寡謀’臆斷‘惲’訓為‘謀’乃‘以厚重為義’，不確。”

《方言》的訓釋用語中，一般舉出地名。有時候，所説的地名到底指什麽地方，前人有時候有不同的説法，著者經過努力，解決了一些疑難問題。例如，《方言》卷五：“瓶，罌，靈桂之郊謂之瓻。”這裹的“靈桂”到底指什麼地方？錢繹以為就是蒼梧郡富川縣的靈溪水和桂嶺，周祖謨先生以為“靈桂”當依《太平御覽》卷七五八所引作“酃桂”，“酃”即酃縣，“桂”即桂陽。著者根據慧琳《一切經音義》卷五五所引（原書誤作郭璞注文）作“零桂之郊”，考證《方言》“靈桂”即“零桂”。“靈桂”或“酃桂”連用，古書難覓；而“零桂”連用，古書有較多用例，“零”指零陵郡，“桂”指桂陽郡，都是漢代所置的郡名。所考很有説服力。

《方言》是用來解釋各地方言甚至是外族語的，所以有些詞語就很難在古書中找到用例。前人有時勉强作解，理由並不充足。著者既指出前人的不足，又採取“闕疑”的態度，不失審慎。例如，《方言》卷一：“嫙，續也。”清代錢繹以為“繾綣”急讀則為“嫙”，再轉讀為“緊”，“皆續之意也”；丁惟汾以為“嫙”“蟬”疊韻，楚國把“蟬”讀成了“嫙”。著者指出：“錢氏輾轉求解，可備參考；丁説以方音解之，止於推測，亦難論定。”卷二：“揄鋪，毳也。”其中的“揄鋪”，丁惟汾以為是“窳楛”的疊韻假借。著者指出，“窳楛”可倒言為“苦窳”，轉言為“苦惡”，都是粗劣不堅固的意思，“‘揄鋪’‘窳楛’雖屬疊韻，‘揄’‘窳’且為雙聲，但‘鋪’‘楛’聲隔，二者相通又乏書證，故的解尚俟方家”。這種處理意見書中多有，都反映了著者不迷信前人成説的科學精神，對讀者正確使用《方言》很有益處。

著者把《方言》原著和後人的研究成果裒輯在一起，很方便使用。我在利用本書讀揚雄《方言》及某些《方言》研究成果時，一方面對前人及時賢所取得的優秀成果感到由衷的贊佩，另一方面又有若干疑問。這裹列出兩個疑問，意在向學術界請教。

第一個疑問是，《方言》記録了東西漢之交或時代更靠前的方言中的一些詞彙現象。《方言》常常説，共同語中的某個詞，甲方言用 a 詞，乙方言用 b 詞，丙方言用 c 詞。可是這個說法跟其前或同時的文獻的使用不盡一致。這有多方面的原因。一個是，由於時代的發展和語言的變遷，甲方言的 a 詞，有可能進入乙方言，甚至進入共同語；或者共同語中的一個詞，縮小使用範圍，只在某某方言中保留着，在其他的方言中消失了。這方面的原因，以前大家都注意到了。另外一個是，揚雄說，某個詞在甲方言中使用，可是如果把《方言》跟文獻的書證結合起來，就會發現：這個詞在跟揚雄同時代的不屬於甲方言的學者的作品中也出現了。這用上述第一個原因來解釋就很難說清楚。所以我認為還可能有第二個原因，那就是，揚雄《方言》說共同語的某某詞，甲方言用 a 詞，乙方言用 b 詞，丙方言用 c 詞，他並没有說丁方言、戊方言、己方言等等没有用 a 或 b 或 c；即使是甲乙丙方言，也難保每個方言區的具體土語用詞有參差的現象。我們應該相信揚雄的謹嚴，他說甲方言用 a 詞，並没有説所有的土語都用 a 詞，更没有説另外的方言就不用 a 詞。也就是説，“某，甲方言説 a，乙方言説 b，丙方言説 c”，並不等於“某，只有甲方言的所有土語説 a，只有乙方言的所有土語説 b，只有丙方言的所有土語説 c”。換句話來説，其中有某些詞，並不能根據《方言》就斷定它們是某方言區别於其他方言的獨有的詞。這個問題很重要，因為如果我們要把“時”和“空”的概念都引進到漢語詞彙史的研究中來，就得面對這樣的問題；而且利用《方言》來研究東西漢之交的漢語方言分區，也得面對這樣的問題。

另一個疑問是，大家都認識到，《方言》中有些詞，甲乙方言用詞不同，但是這些詞之間是同源詞的關係，漢語的同源詞有些是音變構詞或詞義構詞造成的，有些是方言語音變化造成的。可是方言的語音變化到底如何造成這些同源詞呢？有人認為，方言同源詞是這樣形成的：甲方言的一個詞，跟乙方言相應的同源詞系統對應。

蔡鳳圻認為①，《方言》所載大部分也是語音的轉變，其中所記的某地叫什麼，某地叫什麼，大都是代表音的，例如“日”字，我們也可以仿《方言》的語氣來説：“聶、食、墨，日也。吴謂之食，或謂之聶；東越謂之墨，青齊兖冀之間謂之日，日其通語也。”這樣一來，好像聶、食、墨三個字有了“日”字的意義，而一個“日”字就變成四個字了，其實三個字是代表音的。本來以前的假借字，都是代表音的，所謂“依聲托事”。方言中的文字，雖然其歧異之道有由於義的如“雞頭或謂之雁頭，或謂之烏頭”等，但由於音的究屬多數。

這種情況很可能出現。根據《漢語方音字彙》(第二版重排本)“日”北京讀［ʐʅ$^{\supset}$］，揚州讀［ləʔ$_{\supset}$］，蘇州白讀為［ȵiɪʔ$_{\supseteq}$］，温州白讀為［ȵiai$_{\supseteq}$］，長沙白讀為［ȵi$_{\supset}$］，南昌文白讀分别為［lət$_{\supset}$］和［ȵit$_{\supset}$］，梅縣為［ȵit$_{\supset}$］，厦門讀［lit$_{\supset}$］，福州讀［niʔ$_{\supseteq}$］，建甌文白讀分别為［ni$_{\supseteq}$］和［mi$_{\supseteq}$］。除了［m-］待查，這些都是嚴整、系統的對應，而不是個别字的零星對應。《方言》卷十一：“蠅，東齊謂之羊，陳楚之間謂之蠅，自關而西秦晉之間謂之蠅。”郭璞注“蠅，東齊謂之羊”説：“此亦語轉耳。今江東人呼羊聲如蠅。凡此之類皆不宜别立名也。”趙振鐸先生《揚雄方言裏的同源詞》解釋説：“郭璞説的不别立名，指的是它們屬於同一個詞，不必用不同的字去表示。”所謂“蠅，東齊謂之羊”，如果承認“蠅”跟“羊”嚴整而系統地對應，就必須這樣來理解：“蠅”這個詞，東齊人讀得像共同語的“羊”字。這是一種情況。

但是，《方言》中的甲方言用 a，乙方言用 b，是否都是嚴整、系統的對應呢？既然 a、b 是同源詞，那麽它們同出一源，假定源

① 蔡鳳圻《方言聲轉説》，《説文月刊》1949 年第 2 卷第 8 期。

詞是 A，那麼 A∶a，A∶b，a∶b 之間聲韻調的對應一定會找到其他的實例，通過實例的比較，我們可以找出對應的規則，决不是個别字的零星的對應。如果是個别字零星的對應，那麼蔡鳳圻的例子就不能涵蓋《方言》同源詞的事實。《方言》像甲方言用“迎”，乙方言用“逆”，“迎”讀［ŋĭaŋ］，中古為語京切，音韻地位為疑母庚韻開口三等平聲；“逆”讀［ŋiăk］，中古為宜戟切，音韻地位為疑母陌韻開口三等入聲。按照一般的説法，“迎”和“逆”是系統對應，那麼疑母和疑母對應，陽部庚韻開口三等和鐸部陌韻開口三等對應，平聲和入聲對應；至少甲方言有相當多的一些讀陽部平聲的詞，在乙方言讀鐸部入聲。可是這樣的對應在《方言》中找不出其他的有力的證據，在别的材料中也很難找出這樣的證據。例如，在先秦到兩漢的韻文中，平聲跟平聲押韻，入聲跟入聲押韻，陽部跟陽部押韻，鐸部跟鐸部押韻，這是正常的押韻現象。陽部和鐸部相押，平聲跟入聲相押，只是個别現象。對於這樣的“語之轉”，我認為更為可信的説法應該是：某些詞在某方言中發生了例外音變，因而不同的方言之間不能系統對應。人們説“迎∶逆”是同源詞，意思是説他們有同一的來源。假定其源詞是 a，如果源詞是陽部平聲，那麼在另外的方言中讀鐸部入聲，這另外的方言發生了例外音變，陽部平聲字在這另外的方言中一般也讀成陽部平聲；如果源詞是鐸部入聲，那麼在另外的方言中讀陽部平聲，這另外的方言發生了例外音變，鐸部入聲字在這另外的方言中一般也是鐸部入聲。揚雄《方言》中的一些同源詞在不同的方言中可能會有系統的對應，但是更有可能是例外音變造成另一個同源詞，於是給這另外的一個方言中有特殊讀音的詞造一個字。這樣的看法可以避免陷入無法在甲乙方言之間找不出系統對應的尷尬境地。

我舉這兩個例子意在説明，漢語方言史和詞彙史的研究要做的工作還很多。整理我國歷史上的方言文獻，是其中最基礎的一項工作。《方言》是我國第一部，恐怕也是世界上第一部方言詞典。要研究方言的歷史和漢語詞彙的歷史，我們需要不斷地在新的歷史條件下重温這部經典，因此《揚雄方言校釋匯證》的出現很有現實意義。

本書的不足之處有三點：

首先，《方言》繼承發展了《爾雅》的體例，沿用了《爾雅》把同義詞匯聚在一起，然後用常用詞語對這些同義詞作出解釋的釋詞方式。因為訓釋詞是常用詞，所以讀者更容易弄懂它，而被釋詞有很多成員讀者理解起來要困難得多。一般給這種體例的工具書作注，都是先給訓釋詞作注，然後解釋被釋詞。這種處理方法符合認知規律，值得繼承。《揚雄方言校釋匯證》完全按照《方言》的原有的順序，把訓釋詞放到被釋詞的後面進行解釋，給讀者閱讀《方言》、把握其釋義帶來不便。

其次，著者補充、印證、訂正了前人對《方言》和郭璞注原本復原的一些觀點，以及對《方言》所列詞義的考證，是其所長。但是還可以改進。表現在，對原本的恢復工作，個別地方證據還嫌不充分。例如，《方言》卷十："潛、涵，沉也。楚郢以南曰涵。"郭注："音含，或古南反。"著者認為郭注的"古"可能是"胡"字之訛。可是，如果"古"為"胡"之訛，那麽"音含"和"或胡南反"就同音了，這不合郭注的體例，因此還是以作"古"為是。有的詞義訓釋還可以增加新的證據，個別訓釋尚有可商。《方言》卷二："臺，敵，延（當作匹）也。"著者引了《廣雅》及王念孫《疏證》，章炳麟《新方言》證明"臺"有"相等，匹敵"的意思，其實還可以因聲求義，從"臺"和"等"的音義關係進一步證成其說。再比如，他利用了"方言證古"和周邊民族語言（主要是引用别人的研究）來證古的方式探求《方言》詞義，這無可厚非。本來方言證古的方法就是以郭璞為代表的方言研究者的常用方法，無疑值得肯定。關鍵問題是，如何判定後代方言中的某個詞是漢代已經出現的那個詞的後代形式，如何判定少數民族的某個詞跟《方言》所記録的那個詞是偶合，還是同源或借用形式，這些問題有時候不容易把握。這些理論問題必須加以科學探討。這些問題不解決，利用它們來解決《方言》的詞義訓釋問題，其結論有時就有可商。例如，《方言》卷二："苦，快也。"為了證成"苦"有"快"義，著者舉了宋元以後的文獻《小孫屠》《水滸傳》中"苦"訓"美好，喜幸"的用例，認為："此蓋古之遺語而義有稍變耶?"這是值得商榷的。後代"苦"的這種用法也有可能是後起的，不一定承自漢代。要解決這個問題，還需要多搜集文獻的證據。卷五的"笲篖"，指的是粗竹篾編的席子，著者引用一種説法，以為壯語的 doŋ³、布衣語的 dɔŋ⁴、傣語（西）的 doŋ³、侗語的 loŋ³、仫佬語的 loŋ³、水語的 ʔdoŋ³、毛南語的 doŋ⁴、黎語的 doŋ³ 跟"笲篖"的"篖"對應，可是這些語言的這些詞意思是"簸箕"，跟"粗竹席"的"笲篖"差得太遠，因此説服力不强。

再次，個别地方的引證和校勘還可以改進。引證方面，特别是前人筆記中對《方言》詞語的解釋，收羅得不够。上册第 984 頁："餌謂之餻。"這個"餻"有的寫作"饄"。著者没有引錢大昕《恒言録》卷五的見解，錢大昕引《方言》作"餻"，又説："《釋名》：'餻，餌也。'《隋書·五行志》：'七月刈禾傷早，九月吃餻正好。'"（錢氏"《釋名》"大概是"《廣雅》"的誤記。）① 上册第 208 頁："膠、譎，詐也。"這裏有人認為原文脱"謬"字，有人認為"膠"

① 錢大昕《恒言録》，《嘉定錢大昕全集》第八卷第 158 頁，江蘇古籍出版社，1997 年。

為“謬”之訛。著者採用後説，但是證據不很充分。《蔣禮鴻集》第二卷《義府續貂》“廫[illegible]”條説：“《文選·魏都賦》：‘牽膠言而逾侈。’劉逵注引《李克書》曰：‘言語辨聰之説而不度於義者，謂之膠言。’《方言》三：‘膠，詐也。’《廣雅·釋詁》二：‘膠，欺也。’嘐、膠並有虛誕不實之義。”[①] 可參。上册第 109 頁：“[illegible]，細也。”著者没有引古書上“笙”字作“細”講的書證。但是項楚認為“‘笙’是表細微的量詞”，舉了《伍子胥變文》：“一寸之草，豈合量天；一笙毫毛，擬拒爐碳。”接着舉出《方言》的釋義，指出“變文中的‘笙’字，是這一古方言的僅存用例，殊可珍視”[②]。上册第 655 頁，“噥哰”説今江淮官話、吴方言猶有此語，甚是。但是顧學頡和王學奇《元曲釋詞》有“勞藍”條，舉了元曲《遇上皇》四折“無煩無惱口勞藍”的例子，指出：“勞藍，乃噥哰之倒轉、通假，謂絮語不清也。”[③] 這對補上“噥哰”一詞在後代文獻中的缺環有益，可惜著者没有收進去。校勘方面，例如：上册第 13 頁説：“‘𠂢（脉）’上古音明母魚部，‘馬’上古音明母錫部，二字雙聲韻轉。”這裏“魚”當為“錫”，“錫”當為“魚”，二字互訛。第 47 頁引《廣韻·個韻》，這個“個”應據原文寫作“箇”。第 111 頁引《集韻·檻韻》：“摻，素檻反。”這裏“反”應作“切”。第 159 頁正文作“揄鋪”，“匯證”中“鋪”或作“鋪”，或作“輔”，應都改為“鋪”。

原載於《語言科學》2008 年第 1 期

① 蔣禮鴻《義府續貂》，《蔣禮鴻集》第二卷第 31 頁，浙江教育出版社，2001 年。

② 項楚《敦煌變文語詞札記》，《敦煌文學叢考》第 159 頁，上海古籍出版社，1991 年。

③ 顧學頡、王學奇《元曲釋詞》二册第 321 頁，中國社會科學出版社，1983 年。

讀華學誠《揚雄方言校釋匯證》

方一新　姜興魯

對漢語方言史、訓詁學研究來説，揚雄《方言》是一部不可或缺的古代重要辭書。最近，我們有幸讀到了華學誠教授新著《揚雄方言校釋匯證》(中華書局，2006 年 9 月，以下簡稱《匯證》)，全書分上（校釋匯證)、下（附録）册，集校勘、注釋、資料於一體，洋洋大觀，是一部有關《方言》研究的集大成著作，代表了當今學界《方言》整理、研究的最新成果。

一

本文是作者積二十載研究之功的一部力作。在前賢研究的基礎上，作者發凡體例，考訂訛誤，旁徵博引，擇善而從。無論是資料內容、體例結構，還是校釋本身，都有不少可取之處，約而言之，以下數端值得稱道。

一、框架結構較為合理，內容資料豐富翔實

《匯證》一書，分為匯證、附録兩大部分。匯證部分的內容包括“校”和“釋”兩部分，即校勘匯證和注釋匯證。無論是“校”還是“釋”，《匯證》所做的首要工作是“匯”，即首先介紹、引述歷代各家校釋意見，然後纔用“按”字發表自己的觀點。“匯”的部分體現的特點是“全”，而“按”的部分體現的則是“新”。《匯證》努力搜集了盡可能詳盡的相關研究成果，主要包括歷代闡釋《方言》的零星資料和有關《方言》的古今論著，重點參考了戴震、盧文弨、劉台拱、王念孫、錢繹、王國維、吴承仕、吴予天、周祖謨、徐復、劉君惠諸家，可謂海納百川。

《匯證》的附録内容資料豐富。除詞語索引之外，另有“方言地理名詞釋”“戴疏劉歆揚雄往返書”“《漢書·揚雄傳（節選）》”“《晉書·郭璞傳（節選）》”“本書主要引用參考文獻目録”“歷代方言及其注家研究文獻目録”“歷代方言及郭注研究文選”等七個附録。上述附録加上索引的篇幅，接近全書的一半。

《匯證》一書在古今版本的搜求方面可謂前無古人。共計使用了六種影宋本和覆刻本、影抄本和重刊本，並且把作為底本的《四部叢刊》本與國家圖書館所藏宋本逐字作了覆核。一些版本為前賢所未見。《匯證》還使用了明清以來的刊本、抄本、叢書本和校注本，包括各種條校條釋的札記，共三十四種，其中僅明本就有十二種，包括清人誤認為是宋代曹毅之本而實際上是明代的正德己巳抄宋本，搜求之功，罕有其儔。

二、舊注、故訓搜羅齊備

除了《方言》注家、相關研究外，作者對今人的研究也給予了關注，如引用王繼如（290 頁）、張民權（307 頁），特别是李海霞《漢語動物命名研究》，《匯證》引用多達數十次，足見作者採擷之勤。

三、校勘審慎，無徵不信

本書名為“校釋匯證”，校勘自然是一出重頭戲。除了詳出校記，不改動原文外，《匯證》在校勘方面有這樣幾個特點：

1. 匯集諸家所說，擇善而從。例如卷一："延、永，長也。"戴震《方言疏證》校改為"延年長也"，盧文弨《重校方言》辨原文不誤，不從戴校；王念孫《方言疏證補》則詳舉證據，力挺戴校，劉台拱亦同意戴校（64 頁）。作者詳舉各家之説，雖不著一字，但傾向性意見已然明了。

2. 商榷前賢，訂正誤說。《匯證》在匯集衆説的同時，也時常與前賢商榷，訂正誤説。清人戴震、盧文弨、錢繹等大家以及近現代學者，都是作者商榷的對象。例如卷五："甂，陳魏宋楚之間謂之題；自關而西謂之甂，其大者謂之甌。"章太炎《新方言・釋器》認為"'疊''楪'皆誤，正字當作'題'"。作者引經據典，對表碗碟義的題、楪、碟三詞作了翔實剴切的考證，糾正了章說。現代學者中，周祖謨《方言校箋》的水平很高，享譽學界，作者指出書中值得商榷之處。如卷六："陂、傜，衺也。"《匯證》引據諸多版本及戴震《方言疏證》，校"衺"為"袤"（後作"邪"），形近之誤也。"周祖謨《方言校箋》未改非是。"（422 頁）

3. 校勘必舉證據，不為無根之談。例如卷二："逴、獡、透，驚也。自關而西秦晉之間凡蹇者或謂之逴，體而偏長短亦謂之逴。宋衛南楚凡相驚曰獡，或曰透。"《匯證》認為此條是誤將兩條混為一條，即"逴，蹇也。自關而西秦晉之間凡蹇者或謂之逴，體而偏長短亦謂之逴"為一條，"獡、透，驚也。宋衛南楚凡相驚曰獡，或曰透"為另一條（132 頁）。根據是"卷六'逴、騷、越，蹇也。吴楚偏蹇曰騷，齊楚晉曰逴'，所言方言分布區域與本條互補。卷十三'灼，驚也''愳，驚也'，但有雅詁，無方言分布。析分為兩條，符合《方言》母體重見一般規律"。《匯證》所言，證據可靠，當可信從。

4. 通過抉發《方言》及郭《注》的體例來校。例如卷一："于，通詞也。"戴震改"詞"為"語"，王念孫同。作者按："《方言》本文稱'通語'凡三十二見，郭《注》稱'通語'凡十餘見，而稱'通詞'者僅見於此。戴校與全書通例合，當據改。"（73頁）又如卷一："狢（格亦訓來），登也。……梁益之間曰狢。"郭《注》"格亦訓來"的"格"，戴震校本作"狢"，周祖謨《方言校箋》仍作"格"。《匯證》："作'狢'是也。郭《注》凡言'某亦訓某'，前'某'必見於《方言》本文，如本卷第三一條'勖勔亦訓勉也'，卷十二'蒧亦訓敕'，'勖勔''蒧'皆與《方言》本文同。又'狢'訓'來'見卷二。據郭《注》通例和卷二'狢，來也'，此處《注》內'格'當從戴本改作'狢'。"（87頁）這是以揚（雄）證揚，以郭（璞）證郭，所謂本校，具有較强的説服力。這和作者諳熟《方言》及郭《注》，通曉本、注文體例是分不開的。

二

校勘之外，《匯證》在注釋方面也時有新意。在前賢研究的基礎上，有所發明，有所前進。

首先，在文字説解上，做了不少工作。《方言》多古字、俗别字，疏通解釋，繞不開古今字、正俗字等關隘。《匯證》在這方面下了很大的功夫。

一曰求古字。例如卷九："矛，……其柄謂之矜。（今字作穫。）"穫，宋明刻本多作"槿"，孫詒讓校"穫"為"槿"，吴予天贊同之。根據郭璞注古今字的體例，揭明"矜"與"穫"為古今字。

二曰證俗字。例如卷三："東齊之間聓謂之倩。"《匯證》在徵引清人注釋後，又引徵《睡虎地秦墓竹簡》《集韻》《甘露二年丞相御史律令》《武威簡》《唐公房碑》《徐夫人菅洛碑》和晉王羲之《雜帖》以及《禮記·昏義》《干禄字書》《左傳》《漢書》《風俗通義》《博物志》及相關注釋材料，證明"聟"為"婿"的俗寫别體，材料豐富。

三曰考異體字。例如卷三："辟，商人醜稱也。（僻僻，便黠貌也。音擘。）"周祖謨《方言校箋》認為："依《注》義'便黠貌'疑當作'音擗'。'辟'《廣韻》在麥韻音'博戹切'，便辟字在昔韻'擗'紐，音'房益切'。"《匯證》："'擗'亦為'擘'之異體。《集韻·麥韻》：'擘，撝也。一曰大指，或書作擗。'"（252 頁）本條是就周祖謨《方言校箋》提出質疑，《匯證》通過《集韻》證明"擘"與"擗"為異體字。

其次，在詞義説解上，也有不少心得和創見。

一曰注明古義。例如卷三："差、間、知，愈也。南楚病愈者……或謂之慧，或謂之憭。（慧、憭，皆意精明。）"《匯證》對"慧"獨有闡發，釋云："按：《素問·藏氣法時論》：'肝病者，平旦慧，下晡甚，夜半静。'王冰注：'木王之時，故爽慧也。'《靈樞經·順氣一日分為四時》：'夫百病者，多以旦慧晝安，夕加夜甚，何也?'是'慧'謂病情減緩而覺輕爽，或清爽。也指眼睛清明。《傷寒論·辨不可下病脉證》：'身冷若冰，眼睛不慧，語言不休。'……"（263 頁）經過作者的舉證、闡發，"慧"有指病情緩解、減輕的古義，就灼然可知了。

二曰推闡語源，通過繫聯同源詞，因聲求義。有推求得義由來。例如卷十："占、伺，視也。"《匯證》："'占'本指占卜，即古代問卜時察看甲骨坼裂之兆以揣度吉凶之行為。其察看之義與'覘'亦通，故窺視察亦可謂之'占'。"（705 頁）有繫聯一組同源詞。例如卷一："鮐，老也。……秦晉之郊、陳兖之會曰耇鮐。"《説文·句部》："句，曲也。"此字後面，許慎把均具曲義的"拘""笱""鉤"三字放在一起作釋，云"從句，句亦聲"，已經意識到"句"表意兼表聲。《匯證》進而闡發云："從'句'得聲之字皆有曲意，鉤之曲謂之'鉤'，軛下曲謂之'軥'，迫地芟之之鐮謂之'刨'，曲竹捕魚之具謂之'笱'，曲脊謂之'痀'，脯挺謂之'朐'，踡跼不伸謂之'跼'，故人老背傴僂則謂之'耇'，所指雖異，得名之由則一也。"（60 頁）本條以聲音為綫索，把相關的同源字繫聯在一起，因聲求義，突破了文字的束縛。

第三，在名物詞訓釋上，廣求異稱。《方言》十三卷，卷四釋服飾，卷五釋器物，卷八釋獸，卷九釋兵器，卷十一釋蟲。這五卷所釋的均為百科語詞。我國古代名物詞，一個重要的特點就是，既有同名異實，也有同實異稱，情況十分複雜。《匯證》在"廣異稱"方面，做了不少工作。例如卷四："汗襦，江淮南楚之間謂之襘。"《匯證》指出："'汗襦'猶'汗衣'也。《釋名·釋衣服》：'汗衣，近身受汗垢之衣也。'……古或稱中衣、中單，後通稱汗衫。……'汗襦'即近身單層短衫也。"（272 頁）列舉了"汗衫"的古代異稱。又如卷五："簟，……自關而西謂之簟，或謂之䈆。"郭注："今云䈆，篾篷也。"《匯證》云"篾篷""文獻未見用例，蓋晉時口語有之"，進而指出：古時有"篾席"之名，後世有"篾簟"之名，今江淮官話中有"篾墊"，吴語、贛語、閩語中有"篾席"，湘語中有"篾簛""篾簟子"，"俱指竹篾編成之席"。（397 頁）儘管郭璞注中"篾篷"一稱未見文獻及方言用例，但作者聯繫了古今異稱的"篾席""篾簟（子）""篾墊""篾簛"等詞，視野開闊。

三

除了整體結構和校勘、注釋外，《匯證》以下幾點也值得稱道。

首先，處理材料的方式較為客觀，態度較為嚴謹。《匯證》校勘採用的是“底本式”，而不是通行的“定本式”。“底本”採用上海涵芬樓四部叢刊影宋本（簡稱“宋本”），除避諱字依例直接補足筆畫外，正文和郭注均依宋本，如實展現古本差異。《匯證》中客觀地轉述了校勘和疏解意見，各家主要觀點和關鍵證據都原文引録，不作改動。

其次，實事求是，不知則待質、闕如。《匯證》用按語表明見解。如果未能就校勘和疏解提出新的見解，則只“匯”而不“證”。《匯證》對於一些没有把握的問題，不强作解人，而是存疑待質，録以備考。卷一“[illegible]，蟬……續也”、卷三“棖，隨也”等條均是。

第三，徵引廣博。《匯證》除了大量搜集前人的研究成果外，在訓釋考證的過程中廣泛地徵引文獻資料。例如卷一“謾台、脅鬩，懼也”，《匯證》在證“謾台”一詞時引用了《敦煌變文集》、元曲《東堂老》及《對玉梳》的材料（50頁）；卷三“東齊之間聟謂之倩”，在梳理“聟”字形體流變的過程中先後徵引了漢《禮器碑》《仙人唐公房碑》《漢書》《睡虎地秦墓竹簡》《甘露二年丞相御史律令》《武威簡》《徐夫人菅洛碑》和王羲之《雜帖》以及《禮記》《干禄字書》《左傳》《風俗通》《博物志》《三體石經》《校官碑》等材料（179頁），可謂旁徵博引。

第四，聯繫方言。《匯證》的研究方法，從總體上看主要是綜合比較，翼以旁證，突出的一點是聯繫方言進行論證。例如：

卷一：虔，儇，慧也。（謂慧了。音翾。）……自關而東趙魏之間謂之黠，或謂之鬼。（言鬼眎也。）

匯證［一三］：鬼眎：戴震《方言疏證》改作“鬼䀏”，云：“䀏俗作脉，因訛而為眎，後卷十内‘䀏慧也’，注云‘今名黠為鬼䀏’。”盧文弨、王念孫、錢繹諸家俱從戴改。周祖謨《方言校箋》云：“眎為古文視字，今北人謂小兒慧黠曰鬼視。今不從戴本改。”按：……戴、王校改是也。《文選》潘岳《射雉賦》“無見自鷩”徐爰注引《方言》郭注：“俗謂黠為鬼脉。”1916 年《番禺縣續志》載：“廣州謂黠慧者曰鬼馬。”今廣州人説“鬼馬”音 kwɐi^{35}ma^{13}，廣東中山、隆都屬閩語，也有這一説法，音 kui^{24}ma^{24}，意思均為聰明而狡猾。“䀏（脉）”上古音明母錫部，“馬”上古音明母魚部，二字雙聲韻轉。粤語、閩語之“鬼馬”蓋即郭璞所説之“鬼䀏”。今方言雖有“鬼視”一詞，然非謂“小兒慧黠”，乃謂相貌難看，亦云“鬼相”。如江蘇的泰州、興化、東臺一帶斥人常云“鬼視樣子”“鬼相樣子”。還可轉作名詞，當用於面稱時則含有親昵意味，如興化、東臺話説：“你這鬼視什麽時候來的？”即是其例。據此，不從周校。（13 頁）

此條是利用現代方言糾正前人校注的典範。《匯證》利用音韻證明現在粤語、閩語中“鬼馬”與戴氏所改“鬼䀏”為雙聲韻轉，意思相同。而周氏所言“鬼視”在現代江蘇的泰州、興化、東臺方言中仍然存在，但非“小兒慧黠”之義，乃“相貌難看”之義。此外，筆者還可以補充的是，“鬼視”一詞，不獨現在方言中存在，古代文獻中也有例證，但它是作動詞，如：“杞貌陋而色如藍，人皆鬼視之。”（《舊唐書·盧杞傳》）此“鬼視”為偏正結構，可理解為“以鬼視之”。

其他如卷一“踖、䟺、踄，跳也”條，《匯證》在證“踄”有

“跳”義時引用了閩語（85 頁）；“挦、攓、摭、挻、取也”條，《匯證》在證“挦”有“取”義時引常州、廣州、陽江、北京、成都、南昌、厦門等地方言（方音）為證（89 頁），等等。

第五，詳注出處，遵守學術規範。《匯證》旁徵博引，引證資料非常豐富。無論是引述他人觀點還是引用古今文獻材料，《匯證》都認真詳細地注明出處，不掠人之美，體現了嚴謹求實的治學精神。

當然，《匯證》也有一些不足，限於篇幅，這裏就不展開了。

原載於《古漢語研究》2008 年第 1 期

《揚雄方言集釋》讀後

許威漢

中國古代没有嚴格意義上的描寫語言學。揚雄開比較語言學之先河，功垂後世。古人固偶或有方言之隨録，然皆直觀之見，直觀只明個别現象，難能展示本質有機聯繫，談不上理性規律可循。揚雄意識到語言地域延展性和歷史延展性及其多元類聚，躬行調研，廣核文獻，推摩比勘，旁搜遠紹，窮幽極微，終成巨著。筆者20世紀80年代應張岱年誠邀，重讀戴震對揚雄《方言》之精心考訂并寫序言。現續讀華學誠教授之集釋，視體例規模之宏廓，内容之豐碩，條例之清晰，字例之綱舉目張，列諸説歷歷在目，鴻篇巨製，誠可謂揚雄《方言》又一功臣。華學誠承前啓後，其研析匯撰不特有補于戴作，更大有益於學林全面參鑒。通讀全書，必深會而知之。

華學誠博士綜合形音義之跡全面推闡集釋，為同類研析之一大進步。王力通過同源詞研究，確認詞彙具有系統性，華氏深有感悟。系統有時空有序性及自身規律性，華氏於《方言》衆釋逐一梳理纂集，即便零珠碎玉、吉光片羽，亦力攝其中，使融為甘泉之巨麗。華氏馭語言學原理，運用文獻語言學理論，站在文獻語言史料之前沿。其學問之道多方，要而言之，主要有三：一是占有資料豐富而真實可靠，為正確判斷、推理提供有效保證；二是從語言信息轉化而來的第二信號信息載體的語素漢字綜合會校推求，有效運用思維理論工具和科學理論工具（例如前面所述系統論及其他學科理論工具）；三是尤其重要的一環，即周秦時代，漢語方言和少數民族語言都稱為“方言”，時至今日，我國語種多、傳播廣、方言複雜，尚有三大問題沒有充分解決：各種語言歷史不明確，語言對比研究不够而彼此關係不清楚，因歷史演化不明相應不明語言間是否同源。華氏的研究對上述研究在相當程度上給人啓迪，提示必要的新思考。

現代描寫語言學，20 世紀中期趙元任《吴語研究》、羅常培《廈門音系》為學界矚目。今兹華氏集《方言》研究之大成，力求由古而今之方言語詞之探討，對方言詞彙的描寫有重要啓示。以《方言》舉例來説：《楚辭》《老子》《淮南子》等著作中多楚語，有些自漢以來聚訟紛紜的問題，引用古彝文和古彝語來訓釋，往往文從字順（古彝文文獻和古彝語中有不少彝楚共同成書）。《楚辭·天問》：“何后羿作革而禹播降？”“何羿之射革而交吞揆之？”何謂“作革”？何謂“射革”？各家注釋都不確切。王逸注：“革，更也。”劉盼遂讀“作革”為“祚革”，謂后羿“享祚短”。按劉説甚是，但劉氏僅知“作”為“祚”之假借字，而不知“革”當訓“滅絶、根絶”。“射革”一般都訓為“貫革之射”，也很成問題。考涼山古彝文文獻有一單音詞[illegible]，今讀 gi，其義為“滅絶、根絶”，其音與“革”相近。（漢語聲母旁轉為清音，但《檀弓》釋文“革又音極”仍保存濁聲母古讀。）這一實例不特表明華氏之撰對揚雄《方言》之重要價值，對中國古籍整理等也有重要價值。又例如《公羊傳·

僖公三十三年》“詐戰不日”的“詐”，俞樾轉引何休注為“卒也，齊人語也”，這是正確的。今人由於不了解《公羊傳》音系特徵，多有忽視。《春秋三傳比義》（臺灣版）的作者不解“詐戰不日”宜為“卒戰不日”，覺得文意難以貫通，遂認定《公羊傳》此處“無以自圓”，“不可取”。事實並非《公羊傳》“無以自圓”，而是《春秋三傳比義》作者不諳《公羊傳》音義，有所誤解。《春秋・公羊傳》源於古齊地（今膠東一帶），其著録多由口授，我們從中發現了許多古齊語資料。清初顧炎武《日知録》説“《公羊》多齊語”，其根據就是《公羊傳》自身所提供的資料。《公羊傳》除上述“詐”為齊語“卒”之外，其他注“齊人語”的有 21 處，人名、地名未標注齊語而實屬齊語的 96 處。有位研究生撰寫了《公羊齊語證》一文，根據語言學審音知識和歷史比較語言學原理，從中發現了有關古齊語資料，并用來與現代膠東方言相對應，揭示了其中一脉相承的關係，這是相當可貴的，有其歷史意義和現實意義。當然，這應該説還是一個有益的嘗試，而進一步探源析流，無疑將是語言工作者的新課題，也是從事古文獻研究的重要環節。

章太炎説過這樣的話：我們讀《尚書》，覺得格外難懂，這是因盤庚、洛誥等都是一方的土話（按亦指方言，常用於口語），如殷朝建都在黄河以北，周朝建都在陝西，用的都是河北的土話，所以比較不明白。《漢書・藝文志》又説：讀《尚書》應用《爾雅》。這因《爾雅》是詮釋當時土語的書，所以《尚書》中於難解的地方，看了《爾雅》就明白了（章太炎《國學概論》，巴蜀書社 1987 年）。《方言》《爾雅》在語言研析上有互補作用。此外，《説文》中也有方言例解。從大處着眼，華氏《方言》研集是一個重要側面，《爾雅》《説文》等也是相關的側面，多方會參可取得益彰之效。

繼《揚雄方言集釋》之後，華學誠又出版了《揚雄方言校釋匯證》（中華書局 2006 年），凡 100 萬字[①]。筆者因病住院期間，華學誠教授前來看望，喜見部分書稿，并承邀評議，喜不自禁。今全書問世，先讀為快。為學林更添雅范，尤感欣愉，至為艷善欽佩。兹特附筆達我真忱，并深致賀。

原載於《許威漢語文研究文存》，中華書局，2008 年

① 學誠按：《揚雄方言集釋》為書稿，出版時定名《揚雄方言校釋匯證》。

《揚雄方言校釋匯證》讀後

汪維輝

揚雄《方言》為小學要籍，但素稱難讀。《方言》之難讀，大概有三方面原因：一是年代久遠，流傳過程中產生了許多文字訛、脱、衍、倒等問題，需要校勘復原；二是《方言》多奇字僻字，需要考釋；三是《方言》所記均為西漢口語詞，有不少在古籍中難覓例證，流存於後世方言中的也不多，因此釋義極難。卷一第25條就是充滿疑難問題的一個例子：

> 嫙、蟬、火全反。繝、音剡。撚、諸典反。未，續也。楚曰嫙。嬋，出也。别異義。楚曰蟬；或曰未，及也。①

《揚雄方言校釋匯證》（華學誠匯證，王智群、謝榮娥、王彩琴協編，中華書局2006年9月第一版。以下簡稱"匯證"）是繼錢繹《方言箋疏》和周祖謨《方言校箋》之後既能全面反映歷代《方言》研究成果又能代表當代學術水準的一個新校注本，對研讀《方言》

① 詳細的校釋請參看《揚雄方言校釋匯證》第79—84頁，此不細述。

極有幫助。此書上册是《方言》本文十三卷（包括郭注）的校釋匯證，下册是附録，共收相關資料七種。

《匯證》一書，至少有四大優點：一是搜羅的版本齊全[①]，此前没有一種《方言》校本擁有這麽豐富的版本資料；二是徵引和附録的資料繁富，是名副其實的“匯證”；三是校勘和注釋在前人的基礎上有新的發明，多所創獲；四是態度嚴謹，立論審慎，不强作解人。這些長處虞萬里和方一新、姜興魯（2007）[②] 的兩篇書評已有全面而詳細的闡發，本文不再贅述。總體而言，我認為把《匯證》看作《方言》校釋的新一代集大成之作當不為過[③]。作者達到了為自己設定的總目標：“全面總結歷代《方言》郭注的研究成果，努力解決校勘、疏解中存在的各種問題，為本課題今後的研究提供最新的、最好的基礎。”

一

除上述兩篇書評所論列的諸多優點外，我覺得立足於“語言”來校釋《方言》也是《匯證》的一大特色。作者對《方言》一書的性質有深刻的洞見，因此在校勘和解釋時具有正確的語言觀和方法論，儘量還語言以本來面貌。我以為這是全書最值得稱道的地方，也是正確校釋《方言》的前提。錢繹的《方言箋疏》和丁惟汾的

---

① 參虞萬里《〈方言〉研究史上的豐碩成果——讀〈揚雄方言校釋匯證〉》，《書品》2007 年第 1 期。

② 方一新、姜興魯《讀華學誠〈揚雄方言校釋匯證〉》，浙江大學《漢語史研究中心簡報》2007 年第 1 期（總第 26 期）。

③ 趙振鐸先生為《匯證》所作的“序”中即如此評價，方一新、姜興魯也認為“是一部有關《方言》研究的集大成著作”。

《方言音釋》，每多臆説，就是因為缺乏正確的語言觀（詳下）。下面試舉其大者略加説明。

1. 字與詞的關係

《匯證》正確地指出，《方言》中出現的詞有些是“借字記音”，文字只是一個記音符號，並不直接表義。我們可以説，這種記音字的性質其實跟今天的國際音標並没有什麽本質的區别，因此解釋的時候切忌“望文生義”。比如：

卷一：“虔、儇，慧也。”《匯證》：“按：《説文》釋‘虔’為‘虎行貌’，知《方言》乃借字記音。朱駿聲《説文通訓定聲》‘虔’字下以為假借為‘儇’，是‘虔’蓋‘儇’之方音轉語也。”（10頁）這就告訴我們，“虔”可能是“儇”的方言變體，但這個詞没有一個現成的字可寫，就借用同音的“虔”字來記録它。我們解釋的時候就不必在“虔”這個字形上做文章，只要把它當作一個記音符號就可以了。

卷一：“凡物盛多謂之寇。”《匯證》：“《廣雅·釋詁三》‘多也’條王念孫疏證：‘寇與夠聲近義同。’按：‘夠’與‘够’同，此字最早見於東漢。《文選·左思〈魏都賦〉》：‘繁富夥夠。’李善注引《廣雅》：‘夠，多也。’是《方言》之‘寇’音義同後出之形聲字‘够’也。錢繹《方言箋疏》以寇盜義為説，又謂‘寇訓為多，猶戎訓為大’，乃望文生訓，又曲為之解。”（69頁）這説明訓作“多”的“寇”只是一個記音字，後出本字寫作“夠（够)”，錢繹不明此理，據“寇”的字面意思來尋求其詞義引申的綫索，就難免扣盤捫燭了。

卷三：“杌，仇也。”杌系“朹”字形近之誤，王念孫手校《方言疏證》墨筆改正文“朹”作“執”，於天頭墨注：“執字見《太玄》。”錢繹《方言箋疏》亦云：“今本作‘朹’者，則又借‘朹’

為‘䊵’；或本作‘䊵’，脱畫訛為‘杋’耳。”《匯證》云：“按：‘䊵’為‘仇’字之或體，舊本雖有作‘䊵’者，亦不可據，因《方言》非字書，以異體字相釋立條與其釋古今方俗語詞之例不合。……‘杋’蓋方言記音字，揚雄以通語釋方言詞，‘杋’之《方言》義與‘簋’之古文或木名皆無涉甚明。該字宋本作‘杋’，正‘杋’字之誤也，王氏天壤閣本、明刻本及清人校本並作‘杋’是也，當據之改正。”（233 頁）按，此條論《方言》性質並據以作出校勘，甚當。

此外又如：卷一：“碩、沈、巨……，大也。郴，齊語也。”《匯證》：“本條上文正有‘沈’字，蓋‘郴’所記乃為齊人言‘沈’之音也。”（73 頁）卷三：“蘴、蕘，蕪菁也。”《匯證》：“蕘：蕪菁之方言名，借字記音，名原未詳。”（197 頁）卷三：“虔、散，殺也。”《匯證》：“‘散’‘殺’準雙聲，元月對轉，是東齊人言‘殺’聲近‘散’，故《方言》以‘散’字記之。《墨子·非儒下》：‘其奉先之祭祀，弗散。’‘弗散’謂‘弗殺’也。”（226 頁）卷三：“棞，就也。”《匯證》：“‘稛’謂以繩捆束，‘梱’為門橛，膠於字均於義無取，段氏‘相因’之説亦屬牽强。是《方言》借字記詞，僅取其音，與字之形義無關，而‘棞’與‘稛’同音，且《廣雅》之訓多本《方言》而字正作‘棞’，可以證宋本不誤，無煩改字。”（246 頁）按，此條也是擺脱文字的糾纏而根據《方言》借字記詞的原則作出校勘的一個佳例。全書中此類例子很多，不再贅舉。

除了“借字記音”外，《方言》中有時還有“製字記音”的現象，比如卷一：“憮、㤿、音淹。憐、牟，愛也。”《匯證》：“按：是晉衛人言‘愛’音如‘淹’，故揚雄製‘㤿’字記之。”（22 頁）

不明此理則會誤釋《方言》，郭注偶爾也存在這樣的問題。如卷一：“路、古蹋字，他匣反。蹈、跳，跳也。”《匯證》：“《説文·足部》：

‘蹋，踐也。’段玉裁注：‘俗作踏。’踐踏與跳躍義雖相關然而有別，踏與蹋亦非古今字，郭注非是。‘踏’乃方言字，自關而西秦晉之間謂‘跳’曰‘踏’。”“由此知郭氏‘他币反’為‘蹋’字音，因其誤以‘踏、蹋’為古今字，故亦誤‘踏’音‘他币反’。”（84—85 頁）

2. 方音（言）轉語

《方言》所記為各地口語詞，這些詞有時只是同一個詞的方言變體，即所謂的“語轉字變”。為《方言》作校釋，正確地辨明一條中存在的這種“方音（言）轉語”是一項重要的工作，《匯證》在這方面也有很多中肯的論述。試舉數例。

卷一：“台、胎、陶、鞠，養也。”《匯證》：“按：‘台’，《廣韻》與之切，又土來切。‘胎’，《廣韻》土來切。‘與之’與‘音怡’同，古屬餘母；‘土來’古屬透母。是‘晉衛燕魏’與‘汝潁梁宋之間’言訓‘養’之詞音有清濁之異，故揚雄以‘台’‘胎’二字區别之，實一詞也。”（20 頁）這説明“台”和“胎”只是同一個詞在不同方言區的變體，聲母稍異而已。

同上條《匯證》：“按：育、粥古疊韻，聲母發音部位近似；育、粥聲轉為鞠，鞠、穀、谷古雙聲，覺、屋旁轉。是‘鞠’為‘育’之方音轉語。”（21 頁）“鞠”這個詞本身並沒有“養”的意思，它訓作“養”其實只是“育”字的方言音變。

卷一：“假、……㚔、……，至也。”《匯證》：“按：‘㚔’字從言，其本義與‘至’無涉。㚔，古音章母談部；至，古音章母質部。蓋通語之‘至’，古楚人言之音如‘㚔’，是‘㚔’即‘至’之楚音也。”（46 頁）這就把“㚔”和“至”兩個詞聯繫起來了，原來“㚔”只是“至”在楚地的音變形式。

卷二：“朦、厖，豐也。楚謂之仔，燕謂之杼。”《匯證》：“是

‘伃’‘杼’疊韻，齒舌鄰紐，其音之别，乃楚、燕方音之别，一詞也。”（100 頁）“伃”和“杼”也是同一個詞在楚、燕兩地的音轉字變。

卷三：“陳楚之間凡人嘼乳而雙産謂之釐孳，秦晉之間謂之僆子，自關而東趙魏之間謂之孿生。”《匯證》：“按：《集韻·之韻》‘犛’字下引《方言》作‘犛孳’，‘犛孳’‘犛孖’與‘釐孳’同，乃‘僆子’之轉語。”“按：‘僆子’意為連生子，方言音轉而曰‘釐孳’。”“按：‘孿生’即‘連生’之轉語，義為雙生。”（176—177 頁）這組表“雙生”義的詞，上一個字都是來母字，它們的共同來源是“連”。這樣就把不同方言中的説法串聯起來了。

此外又如：卷一：“嫁、逝、徂、適，往也。”《匯證》：“按：逝，古音禪母月部；適，古音書母錫部。其音之别乃秦晉與宋魯方音之别，實為一詞。”（48 頁）卷一：“允、……展、……，信也。”《匯證》：“‘展’古音端母元部，‘允’古音餘母文部，兩字聲母韻部皆近，是‘展’字所記為方音也。”（66 頁）卷三：“逞、曉、恔、苦，快也。”《匯證》：“按：此條所訓之‘快’，乃謂通達、明快之意，……《説文·辵部》：‘逞，通也。’然用例頗難徵考，今方言亦無印證。疑‘逞’為‘通’之方言轉語。”（207 頁）

《匯證》中常常提到某幾個字為“一聲之轉”，皆屬此類。如卷三：“俚，聊也。”《匯證》：“‘俚’‘聊’‘賴’皆一聲之轉，意謂依賴、依託。”（245 頁）

3. 同名異實

同一個詞，往往因為地域或時代的不同而有不同的含義，《方言》中也存在這種情況。試舉數例。

卷四：“帬，陳魏之間謂之帔，自關而東或謂之襬。”《匯證》：“帬，《廣雅·釋器》：‘繞領、帔，帬也。’王念孫疏證：‘《説文》：

“帬，下裳也。”或作“裠”。《釋名》云：“裠，群也，連接群幅也。”案：帬之言圍也，圍繞要下也，故又謂之“繞領”。《方言》：“繞衿謂之帬。”注云：“俗人呼接下，江東通言下裳。”“衿”與“領”同。’按：名‘帬’之‘繞領’，蓋後世之披肩，非下裳也。徐復《補釋》：‘《世說新語·汰侈》：“武帝嘗降王武子家，婢子百餘人，皆綾羅絝襬，以手擎飲食。”宋本《太平御覽·服章部》十三，引此文絝襬作絝裙。與《方言》之義正合。’”（276 頁）這說明此“帬”非彼“帬”，王念孫以“帬”之常義為說，亦名家之偶疏耳，“圍繞要下”豈可謂之“繞領”？《匯證》又云：“襬之言擺也。古人帬子謂之‘襬’，後人衣服前後幅之下端為‘襬’。《正字通·衣部》：‘襬，今衣裓下幅有襞積者皆曰襬，讀若擺。’”（277 頁）可見今人所說的“襬”與《方言》所指亦不同。本條論證了“帬”和“襬”各有二義。

卷四：“袿謂之裾。”《匯證》：“按：古人稱‘袿’者有三：一謂衣之後襟，《方言》所釋是也；二謂婦人所着上服，《釋名·釋衣服》：‘婦人上服曰袿，其下垂者，上廣下狹，如刀圭也。’是也。三謂衣袖，《廣雅·釋器》：‘袿，袖也。’”（284 頁）可見“袿”這個詞在不同的時代或地域有三種不同的所指。

卷一：“悼、……，傷也。……秦謂之悼……”《匯證》：“本卷第七條：‘悼，哀也。’按：哀傷與憂傷，義相通。哀傷之義謂之悼，乃陳楚之間方言；憂傷之義謂之悼，則為秦方言。”（29 頁）這也是同一個詞在不同的方言區詞義存在差異的一個例子。

4. 通假與引申

多義詞除本義外，有引申義，也有假借義。把假借義當作引申義或把引申義當作假借義，都會扭曲語言事實。《匯證》很注意分別詞義的引申和通假，特別是多處駁正前人誤以通假義為引申義，還語言以本真。略舉數例。

卷一："台、胎、陶、鞠，養也。"《匯證》："按：'台'之訓養，乃通假之義。王念孫《方言疏證補》為求證'台'之所以訓養，取《漢書·地理志》'祇台德先'顔師古説為據。'祇台德先'語出《尚書·禹貢》，章炳麟《古文尚書拾遺定本》：'鄭以台為悦，孔《傳》以台為我，師古《漢書注》以台為養，義並詰詘……祇台當讀為嗣……祇台者，敬嗣也；德先者，有德之先人。'劉君惠《方言箋記》據此認為：'王氏不悟顔説之詰詘，此亦通人之一蔽。'"（19—20頁）此條據章説和劉説，批評王念孫對"台"有"養"義的曲説。上文已論及，《方言》一書的性質是記録活語言中的口語詞，因此借字記音現象比比皆是，欲求其義之引申綫索，反多詰詘為病矣。

卷二："揄鋪，毳也。"《匯證》："毳：郭注：'音脆。'王引之《經義述聞》卷八'飾行'條引《方言》並釋曰：'毳，古脆字。《大雅·烝民》《釋文》曰："毳，本又作脆。"《荀子·議兵篇》注曰："毳，讀為脆。"'按：脆薄，則行濫不牢。錢繹《方言箋疏》以'毳'之本義'獸細毛'為説，膠柱難通。"（161頁）按，此從王引之説而駁錢繹説，甚是。錢繹《方言箋疏》每多此類牽强之説，學識不高。

卷二："孑、蓋，餘也。孑，俊也。遵，俊也。"《匯證》："遵：戴震《方言疏證》：'《鄉飲酒禮》："遵者降席。"鄭注云："遵者，謂此鄉之人仕至大夫者也，今來助主人樂賓，主人所榮而遵法者也。"《鄉射禮》注云："謂之遵者，方以禮樂化民，欲其遵法之也。""遵"之為俊，或因此起義。'按：《儀禮》之'遵'乃'僎'之借，戴氏云'因此起義'，未敢信據。《儀禮·鄉飲酒禮》鄭注云：'今文遵作僎。'又《鄉飲酒義》：'介僎，象陰陽也。'鄭注：

'古文《禮》僎皆作遵。'陸德明《釋文》:'僎音遵,輔主人者。'是古文《儀禮》之'遵'乃'僎'之借字,為典禮時輔佐主人遵行儀節之人,與《方言》義不相涉。蓋'遵'通'尊'。……'遵'之言'尊'也,崇高特立之謂。……'尊'與'俊'音同義通,崇高特立謂之'尊',出色超群謂之'俊'。《方言》云'遵,俊也'猶言'尊,俊也'。"(164—165頁)"遵"何以會有"俊"義?戴震之説顯然缺乏説服力,《匯證》認為是"尊"的通假,就證據充分多了。

此外又如:卷二:"茫、矜、奄,遽也。"《匯證》:"按:訓遽之'茫',或作'萌',或作'盲',皆借字也。"(169頁)卷三:"露,敗也。"《匯證》:"按:'露'有顯露、敗露、敗壞、疲憊諸義,而皆相因也。"(234頁)

5. 得名(義)之由

要證成《方言》中的詞義不易,而欲闡明其得名(義)之由則更難。前人除常將通假義曲解為引申義外(詳上條),遇到得名(義)之由難明的詞還好以"反訓"來敷衍。《匯證》對此類似是而非之説也多有駁正和發明。舉例如下。

卷一:"咺、痛也。"《匯證》:"錢繹《方言箋疏》:'卷十二:"爰,哀也。"《楚辭·九章》:"曾傷爰哀,永歎喟兮。"爰、咺古同聲通用。《齊策》"狐咺",《漢書·古今人表》作"狐爰",其證也。下卷"逞、苦、了,快也",注云:"今江東人呼快為愃。"音"相緣反"。《説文》:"快,喜也。"痛與泣謂之咺,快亦謂之愃,相反為義也。咺、愃聲亦相近。'按:'咺'、'喧'、'爰',音近通用,蓋狀哀痛哭泣之聲;'江東人呼快為愃',亦得名於歡快之聲。狀哀與泣之聲謂之咺,狀歡快之聲謂之愃,其義雖别,得名之由一也,不必以為'相反為義'。"(26頁)《匯證》認為"咺"與"愃"均得義於狀聲，比錢繹籠統模糊的“相反為義”説更為近真。卷二“逞、苦、了，快也”條《匯證》[七] 論“咺”與“愃”非正反同詞，可與本條相印證。

卷一：“慎、濟、憂也。”《匯證》：“濟：《廣雅·釋詁》一：‘濟，憂也。’又《釋詁》四：‘懠，憂也。’王念孫疏證：‘懠與濟聲近義同。’盧文弨《重校方言》以‘反訓’疏解《方言》‘濟’之訓‘憂’，云：‘濟者，憂其不濟也，古人語每有相反者。’不可信據。王念孫《方言疏證補》詰之曰：‘若取相反之義，則當謂不濟為濟，不當謂憂為濟，憂與濟豈語之相反者乎？此曲為之説而終不可通也。’”（31 頁）王念孫所駁甚是，不能一遇到難以解釋的詞義就拿“反訓”來搪塞。

卷二：“予、賴，讎也。南楚之外曰賴，秦晉曰讎。”《匯證》：“按：蓋‘賴’之言‘剌’也。《説文·朿部》：‘剌，戾也。’段玉裁注：‘戾者，韋背之意。凡言乖剌、剌謬字如此。《謚法》：愎很遂過曰剌。’違戾不順，故為惡名。錢繹以為‘賴之訓讎，以相反為義’，非是。”（172 頁）

卷四：“絜襦謂之蔽膝。”《匯證》：“絜襦：絜之言潔也。《説文·糸部》‘絜’字下段玉裁注：‘又引申為潔淨，俗作潔，經典作絜。’《廣雅·釋言》：‘絜，静也。’王念孫疏證：‘《説文》：“瀞，無垢薉也。”瀞與静通。’按：蓋‘絜襦’得名於使襦潔静也。‘蔽膝’為用所以蔽污薉，故‘蔽膝’又名‘絜襦’也。”（303 頁）此條闡明了“絜襦”作為“蔽膝”别稱的得名之由。

上述五點之外，《匯證》中常論及聲（音）同（近）義通、同源字、古方音之異、聯綿詞不能分訓等，也都是立足於“語言”來闡釋《方言》。

此外還有一點值得一提，即《匯證》儘量保存宋本《方言》的原字形，這一點比周祖謨先生的《方言校箋》做得好。《匯證》採用上海涵芬樓《四部叢刊》影宋本為底本，“凡例”中明確交代：“除避諱的缺筆字直接補足筆劃外，正文和注文均依宋本原文照抄，原則上不作改動。”（第二條）“所有校勘內容都寫入匯證中，不管證據是否充分，均不對宋本原文作直接改動。”（第五條）這一體例的確定和嚴格遵守是十分重要的，因為像《匯證》這樣一部《方言》校釋的集大成之作，影響將會是相當深遠的，如果擅改原文，很可能使《方言》中保存的“古言古字”信息逐漸湮没。卷一第二條保留“壻”的俗體即其一例（177－179 頁）。例多不備舉。

二

《匯證》的不足，虞萬里和方一新、姜興魯已經指出了一些，這裏補充兩點。

一是引述各家説法，有時缺乏必要的評論或裁斷，容易誤導讀者。特别是錢繹的《方言箋疏》和丁惟汾的《方言音釋》，每多臆説，很有明辨是非的必要。《匯證》在很多地方都對它們作了駁正，上文已經引述了一些，又如：卷三“屑，潔也”條引丁惟汾《方言音釋》:“屑，古讀如薛，與雪（古音讀塞）雙聲音轉。《詩·曹風·蜉蝣篇》：‘麻衣如雪。’《傳》云：‘如雪，言鮮絜。’潔、雪疊韻，屑、雪雙聲，相互為訓。”《匯證》駁之曰：“按：‘如雪’言鮮潔，説喻義也，非‘雪’本訓鮮潔。‘屑’之訓‘潔’，蓋借字記詞，文獻未詳。以音求義是也，然不必一定如丁氏所説。”（243 頁）所駁甚是。但也有部分條目引而不論，比如：

卷二第 21 條引丁惟汾《方言音釋》：“梗古音讀岡，與猛（古音讀莽）疊韻，猛梗俗語音轉為莽撞。”（151－152 頁）“梗”與

"撞"聲母不同，為何能"音轉"？丁氏未予説明，《匯證》亦無辨正。

卷三："庸、代也。"《匯證》引錢繹《方言箋疏》："通作'傭'。《小雅·節南山篇》：'昊天不傭。'《釋文》云：'韓《詩》作"庸"。庸，易也。'易亦代也。《漢書·陳餘傳》：'豈以王易吾親哉。'《周昌傳》：'無以易堯言。'師古注並云：'易，代也。'庸、易聲之轉。《史記·陳涉世家》：'嘗與人傭耕。'亦謂代人耕作也。"（229頁）按，《韓詩》作"庸"，《釋文》云"庸，易也"的"易"恐非"代換；更換"之義。"易"是個多音多義詞，這裏錢繹實際上是把它們混為一談了。《匯證》不予分辨，容易使讀者誤信錢氏之説。

卷四："汗襦，自關而東謂之甲襦。"《匯證》："甲襦：'甲'字未詳。丁惟汾《方言音釋》：'"甲"為"遮"之同聲假借，所以掩遮汗濡，故謂之甲襦。'"（275頁）按，"甲"古音見母葉部，"遮"古音章母魚部，兩者聲韻均不相近，而丁氏卻説是"同聲假借"，顯然是不知妄言，應予駁正。雖説《匯證》在"凡例"第十條中已經説明："既有注釋意見可以採用，或可資參考的，摘要引用。"（2頁）本條一開頭作者也用"'甲'字未詳"表明了自己"不知蓋闕"的審慎態度，但對於缺乏古音知識的讀者而言，丁説的是非還是難以分辨的。

二是校對和斷句還有不夠完善之處，如：

第9頁：1a一："黨、曉、哲，知也。楚謂之黨。（黨，朗也，解寤貌。）"

按，郭注周祖謨《方言校箋》斷句作"黨朗也，解寤貌"，把"黨朗"看作聯綿詞。《廣雅·釋詁》："黨、聞、曉、哲，智也。"王念孫疏證："黨、曉、哲者，《方言》郭璞注云：'黨，黨朗也，解寤貌。'《廣韻》:'爣朗,火光寬明也。'爣與黨義相近。"可見"黨朗"連讀可能較妥。

第10頁:《匯證》[二]引徐鍇《説文解字繫傳》:"謂輕薄、察慧、小才也。"按,兩個頓號似均可删。

第17頁:1b四:郭注"音謚"。按,此音當為yì,《廣韻》"伊昔切",《玉篇·言部》釋作"笑貌";而非"謚法"的"謚"字(音shì,《廣韻》"神至切")。周祖謨《方言校箋》無説,《匯證》亦闕如。

第27頁:《匯證》[二]"'唏'古音曉母微部,與'咺'雙聲、微元對轉。"按,宜改為"微元旁轉"。

第39頁:《匯證》[九]《漢書·叙傳》下:"奕世弘業。"顔師古注:"奕,大也。"按,此係引顔注以證"奕"有"大"義,本無可厚非,然細究起來,顔氏此注其實並不正確,此"奕"字當訓為"重(chóng)",《後漢書·楊震傳》:"臣奕世受恩,得備納言。"李賢注:"奕猶重也。""奕世"意為"累世,累代",《國語·周語上》:"奕世載德,不忝前人。"

第46頁:《匯證》[七]引《大雅·抑篇》"淑慎慎爾止",衍一"慎"字。

第56頁:《匯證》[五]"王念孫手校明本删去'也'字,以為郭注當作'詐欺',即以'欺'音'亟'。"按,"欺"音"亟"音不相同,郭璞如何能用"欺"字給"亟"字注音?可疑。

第60頁:《匯證》[二]駿:戴震《方言疏證》:"《詩·小雅》:'不駿其德。'《大雅》:'昭明有融。'毛《傳》皆云:'長也。'"按,戴震引《大雅》是釋此條第三字"融",而非釋"駿"。《匯證》此條僅釋"駿",不加説明則易滋誤解。

第103頁:《匯證》[八]引《楚辭·九歌·山鬼》"予慕予兮

善窈窕”。按，前一“予”字係“子”字之形訛。

第103頁：《匯證》［一］“《魯頌·新廟》‘奕奕’”。按，當標點作“《魯頌》‘新廟奕奕’”，此乃《魯頌·閟宮》篇文，《新廟》非篇名。

第106頁：《匯證》［六］“陳與效《類聚》本”，按，“效”當作“郊”。

第115頁：《匯證》［八］“字亦作‘侔’”。按，“侔”當作“牢”。

第119頁：《匯證》［三］引《楚辭·招魂》：“被衣服纖，麗而不奇些。”按，“衣”當作“文”。

第142—143頁：《匯證》［二］“《集韻·職韻》：裓，愧也。”“愧謂之裓，猶縮謂之側匿也。”按，兩個“裓”字均應作“慝”。

第119頁：《匯證》［一］“《詩》曰：‘琴兮僩兮。’”（2見）按，“琴”當作“瑟”。

第160頁：《匯證》［一］“……義與《方言》‘揄輔’同。然‘揄輔’……但‘輔’……”按，三個“輔”均應作“鋪”。

第171頁：《匯證》［三］“《爾雅》：‘蠅，醜扇。’”按，當斷作“蠅醜，扇”，“醜”是“類”的意思，原文意謂蠅類喜歡扇動翅膀（即郭注所謂“好搖翅”）。

第184頁：《匯證》［二］“《廣雅·釋詁》一：‘甬、保庸，使也。’”按，“保庸”中間宜加頓號。

第184頁：《匯證》［三］引《新方言·釋親屬》“……其气買攜養之童豎曰鑾南，……山西平陽謂養子曰鑾紇怛。‘紇’……”按，此段引文有三個錯字：“气買”之“气”當作“乞”，“鑾南”之“南”當作“男”，兩個“紇”字均當作“紇”。

第193頁：《匯證》［一四］“《廣雅·釋草》:”，按，冒號後脱引號。

第 202 頁:《匯證》[一] 引《集韻·真韻》:“剌,俗作剌。”按,“真韻”當作“寘韻”。

第 248 頁:《匯證》[一]“丁曰:‘《字書》及諸書並無此餂字,……’”按,“字書”恐不應加書名號。

第 272 頁:《匯證》[一]“《太平御覽》卷四〇三晉虞預《會稽曲録》”,“曲”當作“典”;“《漢書·石奮傳》:‘取親中群廁牏。’”“群”當作“帬”。

第 280 頁:《匯證》[一〇]“禪”,按,當作“褌”。

第 284 頁:《匯證》[一]“《三禮詞典》”,按,“詞典”應作“辭典”。

第 299 頁:《匯證》[一]“‘偏袈’乃‘左右異’形”,按,當作“‘左右異形’”。

還有個别字未改成繁體,如第 50 頁倒 2 行“诸侯”之“诸”,第 166 頁第 9 行“缀”,第 168 頁第 3 行“谓”,第 197 頁倒 2 行“雪里蕻”之“里”。

三

讀《方言》和《匯證》,尚有不少疑問,在此提出來向學誠先生和各位同道請教。

一是如何確定“詞的同一性”。對《方言》的校釋來説這是一個關鍵性問題。“同一性”包括:《方言》所記各詞之間是否確實為“語轉字變”的關係;《方言》所記與後世口語中的詞是否具有内在的聯繫。也就是它們究竟是同一個詞的變體還是不同的詞?此等處往往缺乏明確可靠的標準,難以證明,具體操作時如何避免主觀性是最重要也最難把握的問題。《匯證》在這方面多採取審慎闕疑的態度，比如卷二"揄鋪，毳也"條《匯證》："'窳楛''苦窳''苦惡'，義與《方言》'揄鋪'同。然'揄鋪''窳楛'雖屬疊韻，'揄''窳'且為雙聲，但'鋪''楛'聲隔，二者相通又乏書證，故的解尚俟方家。"（160 頁）就是説，"揄鋪"和"窳楛"究竟是否同一個詞，作者還未敢輕斷。這樣的態度無疑是可取的。但書中也有一些確定為同一個詞的例子仍不能令人無疑。比如：

卷一："台、胎、陶、鞠，養也。"《匯證》："陶：揚雄《太玄·玄摛》：'資陶虛無而生乎規。'范望《注》：'陶，養也。'王念孫《廣雅疏證補正》、錢繹《方言箋疏》皆引《太玄》范望《注》為證。按：'陶'之所以訓養，當以音求之。'陶'，《廣韻》徒刀切，古屬定母幽部；'陶'與'台'雙聲，之幽旁轉，其音之别，乃方音之别，實為一詞。"（20 頁）按，"陶"和"台"的讀音應該説還是有較大的距離的，僅據語音關係就確認它們"實為一詞"，似嫌證據不足。

卷一："謾台、脅鬩，懼也。"《匯證》："謾台：錢繹《方言箋疏》：'謾台之言慢易也。……是慢易與畏懼義正相因而相反者也。故怠忽謂之慢易，畏懼亦謂之謾台。'丁惟汾《方言音釋》：'謾台（古音讀提）為戰慄之疊韻音轉。……'按：錢氏牽强附會，實為臆説。丁氏以為謾台和蛩烘是方言異語，謾台為戰慄之轉語，庶幾得之，然未盡也。揚雄釋恐懼義之條目凡三見，……上述諸詞音、形之異，或因為所釋情貌之區别，或緣於古今南北音聲之流轉。……後世所言'戰掉'，蓋即'謾台'。……謾、戰、顫疊韻，台、掉旁紐雙聲。'謾台''顫掉''戰掉'乃古今方俗轉語，其義謂顫抖。"（49—50 頁）按，此條據丁惟汾説而加以發揮，認為謾台與戰慄、顫掉、戰掉"乃古今方俗轉語"，也就是説它們只不過是同一個詞的古今或方俗變體。可是立論的依據僅僅是“謾、戰、顫疊韻，台、掉旁紐雙聲”（台與慄的語音關係則未提及），上字的聲和下字的韻其實相去還是挺遠的，總讓人覺得心裏不踏實。

卷三：“棖，法也。救傾之法。”《匯證》：“‘救傾之法’意指支撑。後世吴語中猶謂支撑曰‘棖’。應鍾《甬言稽詁·釋行事》：‘甬俗稱物體自内向外周撑拒，抗其揪斂，謂之棖。’”（236 頁）按，甬言中的“棖”並非支撑義，而是指用東西從裏面把物體向外周擴展（如用楦頭來楦鞋），讀音也不同：棖音 dzã[214]，撑音 tsʰã[44]。是兩個不同的詞。

卷三：“銛，取也。”《匯證》：“丁惟汾《方言音釋》：‘銛為舐之同聲假借……’……是䑛、䑙、舐、秪一字也。聲轉為‘忝’，後世字作‘舔’。”（248－249 頁）謂舐、舔為聲轉關係，恐不可取，我認為不如把它們看作同義詞。

此外如卷一：“墳，地大也。……張小使大謂之廓，陳楚之間謂之摸。”《匯證》認同丁惟汾《方言音釋》“摸為廓之疊韻音轉”之説，認為：“丁説頗得揚雄借字記音之理。摸、廓疊韻，二字聲母之間存在的脣牙之别，也許正是方言之間説該詞的語音差異。”（78 頁）卷三：“班、徹，列也。北燕曰班，東齊曰徹。”《匯證》引丁惟汾《方言音釋》：“徹、陳雙聲，徹亦陳列，今俗謂同班為一徹（讀古音）。”云：“丁説‘徹’‘陳’音義相通庶幾得之。疑‘徹’之言‘陳’也，蓋東齊人言‘陳’音如‘徹’，子雲遂記之以‘徹’。”這些都只是推測之詞，並無確鑿的證據。又，卷三“斟，益也”條《匯證》云：“是‘斟’之言‘沾’也，亦即言‘添’也。……《説文·水部》：‘沾……一曰：沾，益也。’徐鍇《繫傳》：‘今俗作添。’段玉裁《注》：‘沾、添古今字，俗製添為沾益字，而沾之本義廢矣……’……是斟、沾（添）音近義同。”（260 頁）

按，雖然徐鍇和段玉裁都認為“添”就是“沾”的俗字或今字，而且這一説法今天幾乎已成共識，但兩者音、義皆有差別，“沾”古音端母談部，“添”古音透母談部，兩者的詞義差異更是明顯，這從段注所引的《楚辭·大招》《漢曹全碑》《白石神君碑》、《魏受禪表》四例即可看出，這些例子中的“沾”都不能替換成“添”。

二是《方言》所記與實際語料反映的語言事實有出入，這時究竟應該相信誰？比如《方言》卷九説：“舟，自關而西謂之船，自關而東或謂之舟。”也許在揚雄記録《方言》的時候這種差別還存在，但魏德勝《〈韓非子〉語言研究》則認為：“‘舟’‘船’雖有方言差異，但很快都進入了通語，從典籍看，二詞並不存在方言差異。至戰國時期，二詞同義，同時見於書面語中。”（61 頁）現代漢語各地方言幾乎都只説“船”而不説“舟”，這種局面在口語中的形成至少可以上推到西漢後期。段玉裁《説文解字注》於“舟，船也”下注云：“《邶風》：‘方之舟之。’傳曰：‘舟，船也。’古人言舟，漢人言船。毛以今語釋古，故云舟即今之船也。”已經指出了這一點。那麼《方言》這條記載的可靠性究竟如何？

三是同一個詞在不同的條目裏所記的地域不一致，應如何看待？如《方言》卷七：“曬，暴也。暴五穀之類，秦晉之間謂之曬。”又卷十：“晞、曬，乾物也。揚楚通語也。”郭璞注：“亦皆北方常語耳。”《方言》前後所記的地域不一致。

四是《方言》中幾處提到“燕記”，《匯證》加了書名號，但没有解釋，不知是一本什麼樣的書？

原載於《燕山大學學報》2009 年第 3 期

通一典以觀古今

——《〈方言〉與兩漢語言研究叢書》讀後

張　猛

如今世界開始越來越多地關注中國。懂漢語成為必然需要，與中國交往必須懂中國歷史文化和民族特性，不然便如同瞽瘖廢疾、無知莽漢，深交難，碰壁易。漢語和中國傳統文化的推廣由此進入一個興盛發展的時期，而關於漢語的研究，歷經三十年模仿和彷徨之後，也到了觀照反思、重新認識的拐點。

一直以來，漢語研究者似乎習慣了求新求變，跟蹤國外語言學的每一個新動向，爭先恐後地引進各種新學説。即使對同一類現象僅僅改用不同學説的術語重新描寫一次，也能讓懷疑前人學説之“陳舊”並恐懼自身將“落伍”的人們感到新鮮刺激，興奮而滿足。有些現象本已有了簡單明確的定論，卻被再次粉飾、重新冠名，號為新説。舊例重提，或自擬特例怪例，不過是為“新説”搭橋。材料為學説開路，現象為理論服務。單純介紹就可以博得“引進”之功，改寫歷史更容易換來“創新”之名。急功近利助長了生吞活剥，人云亦云釀成了淺嘗輒止。何故？做學問欲明就裏，不通古今不行，不明中外也不行。而要做到通達明了，少不得一個寒窗苦讀、甘於寂寞的過程。然而紅塵滾滾，席捲賢愚，想淡定而從容地開卷讀書，談何容易。

其實，漢語與任何一種語言一樣，僅僅套用學説，頭疼醫頭腳痛醫腳，不能解決全部問題。漢語研究要和漢語在世界語言之林中的位置相匹配，漢語的獨特性質需要獨到的理論來描寫和概括。這一點，已為國際語言學界有識之士所公認。

“大抵學問是荒江野老屋中二三素心人商量培養之事”。華學誠先生及其弟子同好八人，圍繞西漢學者揚雄的傳世著作，勤苦淡定，增删改正，勉力共成《〈方言〉與兩漢語言研究叢書》，可謂立足于漢語言本體，在建設符合漢語特點和漢語歷史發展規律的中國語言學方面，做成了一份很有意義的事業。

揚雄是西漢時期著名學者，其成就不僅涉及語言學，在哲學、文學等方面也都給中國歷史留下了鮮明印記。所著《方言》一書與《爾雅》《説文解字》《釋名》並列為周秦兩漢小學四維之作。他是當時乃至後世公認的一位語言大師、文學大師、學術大師。其著作本身就是一份綜合了西漢時期文言系統和白話方言系統的、無價的語料寶庫。華學誠先生及其團隊圍繞揚雄和《方言》作了四個方面的工作。

一是匯總中國歷代學者關於揚雄《方言》的研究成果，對該部典籍的流傳、注疏、歷朝研究情況進行了綜合性收集、整理和總結，為今後《方言》的利用和進一步討論提供了新的基礎。二是對揚雄《方言》一書中使用的漢字、詞彙進行逐字逐條的考察，一一條列而説明，構建出漢語史上一個極具個性的“文字一詞彙”系統。三是把揚雄《方言》所反映的詞彙情況納入漢語詞彙史、漢語方言史進行分析，了解兩漢時期方言詞彙的傳承、演變情況，探求方言詞彙在發展過程中與通語詞彙交互影響的規律。四是結合揚雄的全部傳世作品，從方音、文字、詞彙、語法四個方面入手，構建出漢語史一位學者的個人語言系統，為漢語的斷代研究和歷史分期提供參考性坐標。

通一典，明一人，察一代，觀古今。這套叢書之可貴，正在於此。

原載於《中國社會科學報》2011 年 11 月 8 日第 15 版《語言學》

《〈方言〉與兩漢語言研究叢書》序

吴金華

漢代揚雄所撰的比較方言詞彙集《方言》，作為世界語言學史上的第一部方言地理學專著，在人們越來越關注語言與文化研究的近現代，他的研究成果非常豐富並備受關注，是理所當然的；而在上述研究成果中，近三十多年來最為引人矚目的，是華學誠教授的一系列論著。

記得五年前學誠教授離滬赴京的前夕，我忝為他的老友之一，無以為贈，只好謅了幾句韻文，題為《金縷曲·送别學誠教授》，有云："揚子《方言》入新史，百載名家相續，算今日，惟君精出。此去悠悠千萬里，更揚旌縱馬馳平綠，送君去，歌一曲。"那時學誠教授在海内外獨樹一幟的兩部新著，是《漢語方言學史研究》和《周秦漢晉方言研究史》，我相信，凡是讀過這兩部在深入研究揚雄《方言》的基礎上撰就的漢語史新著的朋友，都不至於認為"精出"的説法是一種誇張。

學誠教授到京不久，就寄來了中華書局出版的另一部新著《揚雄方言校釋匯證》。面對這部着重從文獻學角度研究《方言》的里程碑式的巨著，我不揣固陋，以《〈方言〉最新最好的校釋本》為題，發表了一篇讀書筆記，文末云："我作為對漢語方言史興趣很濃的讀者，僅僅讀一部《方言》的最新校釋本不可能十分滿足；好在手邊還有《漢語方言學史研究》（臺北藝文印書館 2001 年版）和《周秦漢晉方言研究史》（復旦大學出版社 2003 年版）可供參考，前者是宏觀方言學史專題研究成果，後者是該學科第一部斷代方言學史，這兩部好書也是學誠教授的力作，跟《匯證》前後輝映，以立體三角之勢呈現於方言研究的學術前沿。想到上述一系列著作使我獲益良多，特就此機會一并向作者致謝。"後來，聽説《揚雄方言校釋匯證》一書榮獲"王力語言學奬一等奬"，頓時想起了"實至名歸"這個成語，自幸筆記中所謂三書"呈現於方言研究的學術前沿"的説法並非謬譽。

最近，學誠教授又寄來了他所主編的《〈方言〉與兩漢語言研究叢書》書稿，這不禁讓我有了先讀的快樂，還使我在拜讀《叢書》的過程中，時時想起上述舊事——就我而言，這是一種非常愉快的回憶。

《叢書》體大思精，内容豐富。其中不少專著的初稿，我早先雖然讀過，但這次收入《叢書》前，作者對舊稿均做了大幅度的修訂，這一系列學術品質很高的新著，凸顯了系統研究和深度分析的特點。不難看出，主編和作者們多年來在《方言》研究理念和方法的把握上始終站在學術界的前沿，其學風之篤實，態度之嚴謹，在《叢書》中有充分的體現。我覺得，《叢書》中折射出來的科研精神令人感佩。

《叢書》就要出版了，我向主編和作者們致以衷心的祝賀。

2011 年 5 月 16 日於復旦大學

《〈方言〉與兩漢語言研究叢書》序

王　寧

華學誠教授的《〈方言〉與兩漢語言研究叢書》(以下簡稱《叢書》)即將出版，囑我為之作序，我難以推辭，只是因為我對華學誠教授《揚雄方言校釋匯證》的熟悉和我對他研究思路的瞭解；但是任務接下來又覺得完成起來有很大的難度，這是因為自己對《叢書》涉及十分廣泛的内容，學習得實在不够，説不好反而有損《叢書》的價值。好在華學誠教授自己另有書序，對這套叢書寫作的緣起、編輯的宗旨、主要的内容，都已經作了詳細的介紹，不需要我來重複，我可以説一點有關但是題外的話。

兩漢與周秦一脉相承，是中國文獻典籍大量产生的文化繁榮時代。秦火之後，在“罷黜百家，獨尊儒術”的極端政策下，儒家經典的復原與傳承也盛極一時。經今古文之争激發了各種經史典籍與文字訓詁專書的产生，值得研究的文獻衆多。但是在衆多文獻中，歷來被關注、被作為主流文化的代表作，值得現代人去整理與還原、研讀與鑽研、發現與挖掘的典籍，為數並不很多。經過歷史長河的沖刷淘汰，能够在浩如煙海的典籍中凸顯出來的文獻，必然有它們更大的值得珍視的價值。有人喜歡在塵封的書堆的最底層去挖掘資源，就“稀”與“奇”而言，這當然也會有一定的收穫；但是，將那些被歷史珍視、早已留在世間的珍貴文獻整理清楚、研究透徹，應當是歷史研究者與文獻整理者更重要的任務。這種研究的難度和它們的價值一樣，都是因為它們太被關注，歷代研究成果太多，再想有創新之作非常困難。只有拋開完全功利的動機，真正理解它們的價值，纔會在新的起點上邁開步伐，深究其精妙而有所創獲。

《説文》《爾雅》《釋名》《方言》，是歷代研究者公認的四部最著名的文字訓詁專書，這四部書，就是我所説的在大浪淘沙中被凸顯出來的“小學”專書。在這四部專書中，《説文》《爾雅》已有大量研究成果，雖然在一些關鍵地方尚有未得要領之處，但被關注的程度是非常高的。《釋名》在 20 世紀中葉曾被否定，近 20 年來人們纔重新認識了它的價值，現在的關注度也很高了。《方言》一直没有人敢於否定，但就研究成果而言，相對偏少，起碼在數量上不及《説文》《爾雅》豐厚。我想，原因大約有兩個：一個是由於記音工具的不完備，古代方言研究難度太大；一個是方言詞彙涉及口語太多，又有一些新造字的摻入，文獻的書證難以尋求，没有深厚的積累，想要對清代以前的研究有所突破，實為不易。華學誠教授以 20 多年的不間斷努力，在錢繹的《方言箋疏》與周祖謨先生的《方言校箋》的基礎上，完成了《揚雄方言校釋匯證》一書。《匯證》使用了 6 種影宋本、覆刻本、影抄本和重刊本，並且把作為底本的《四部叢刊》本與國家圖書館所藏李孟傳刻本逐字作了覆核。其中藏園覆刻宋慶元本卷十三末有“湖北黄岡陶子麟刊”八字，由此知此本即陶子麟覆刻本，另外還有日本静嘉堂文庫所藏影宋抄本，這兩個本子周祖謨先生作《校箋》時尚未見到。同時還使用了明清以來的刊本、抄本、叢書本和校注本，包括各種條校條釋的劄記，共34種，僅明本就有12種，包括清人誤認為是宋代曹毅之本而實際上是明代正德己巳年的抄宋本。王念孫手校明本《方言》第一次得到使用。這部書搜集徵引了關涉《方言》的各家校注，重點參考的大家就有十多位，對散見於其他著作或者筆記文集中的零星闡釋也盡量挖掘，而且不僅僅是客觀的徵引，是對歷代學者的注校本作了系統清理，並對"校""釋"上所存在的疑難問題作了積極探索。這些疑難問題，有些是前人已經注意到而没有一致意見的，有些是作者首次發疑的。我在這裏介紹這部書，是因為它是這套叢書的前提，為這套叢書的編寫提出了一個研究思想，也提供了一個重要的可靠的研究底本。從這裏，我想説一説自己對這套叢書研究思路的理解，算是學習的體會吧！

漢代在漢語史上是一個極為重要的時代。在這個時代，漢語文獻中雙音結構激增，有些已經凝合成詞。這就意味着，漢語單音孳生造詞的階段已近尾聲，合成造詞即將成為主要的構詞方式。因此，形聲造字的速度比之周秦大大降低。胡適在《白話文學史》中，引用了漢武帝時丞相公孫弘的奏摺："詔書律令下者，明天人分際，通古今之宜，文章爾雅，訓詞深厚，恩施甚美。小史淺聞，弗能究宣，無以明布諭下。"可見當時極端復古書面語書寫的詔令律書，連小官吏都看不懂了，政府不得不叫各個郡縣挑選一批青年人，送到京城培訓後執職"文學掌故"。胡適因此認為文言在西漢，已經脱離了口語，成為"死文字"。胡適的判斷是否準確姑且不説，因為小吏讀不懂詔令律書，與當時公文復古的文風也有一定的關係，但是漢代語言正在發生着大的變化，這是毋庸置疑的。漢語一直在口語與書面語兩個軌道上分別發展，口語的發展由於資料缺乏難以全面描寫，書面語也就是文獻語言的文言也是有發展的。兩個軌道不可能完全是永不相交的平行綫，也常有交軌，相互的影響隨處可見。在漢語史的研究中，僅僅關注書面文獻的標準語，對有些問題的認識會有局限。尤其是研究漢代的文獻語言，應當考慮到在語言的自然變革中，口語對書面語的影響，這種影響首先是方言俗語不知不覺地流進書面文獻。司馬遷的《史記》由於採用了各種民間傳説和野史，語言風格的變化就很明顯。《方言》中的各種疏證，都在鉤稽方俗口語詞彙在文獻中的用例，正是啓發我們進一步認識《方言》中的方言詞彙對漢代書面語特别是詞彙研究的重要價值。所以，這套叢書將《方言》與漢代語言研究聯繫在一起，研究者的旨趣是讓人信服的。

從口語中將方言詞彙記録下來，必須通過漢字。而記録標準語的漢字派這種用場之後，就顯得捉襟見肘，不大够用。漢字的準確標音機制很弱，記録方音必須借助方音轉語字；所以，整理這些詞彙的先期工作必須先整理其中的漢字，整理漢字又必須涉及語音，而歷史方音要一個一個地域地弄清。在這套叢書裏，《揚雄〈方言〉用字研究》就是實施這項計劃的漢字整理基礎，《秦漢時期楚方言區文獻的語音研究》就是這項工作方音整理的試點。我國古代的許多專書都有理論證實的價值，但是很少用通論的形式表現；所以，研究古代專書，替古人立言特别重要，只有從書的體例和散見的表述中提煉出作者的研究理性，纔能啓動一部書在現代的應用價值。《叢書》中《揚雄〈方言〉校釋論稿》的第一章，是從《方言》體例中對潛理論的挖掘，也是這部叢書的思想指南。其他幾部著作，一類是對揚雄學術思想的歸納，另一類就是直接進入主題結合《方言》來研究漢代語言特别是詞彙的了。《叢書》的設計有條不紊，可以看到主編研究思路的明確、清晰。

從接到任務就開始陸陸續續地看這套書，書卷浩瀚，不能在短期内細讀甚至無法卒讀，僅够談談感想，也未必得其要領。無論如何，這套叢書給人在研究思路上的啓示是十分重要的。但是，不論是《方言》的研究、漢代語言的研究還是《方言》與漢代語言結合的研究，都還留有相當的空間，殷切希望主編和作者們不要就此止步，期待他們在不久的將來，還會對未盡的研究有所補足，還會有新的成果以饗讀者。

2011 年 3 月 20 日於北京師範大學

附録：華學誠文獻語言論著目録

著　作

個人專著

潛齋語文叢稿	南京大學出版社，1991 年
漢語方言學史研究	藝文印書館，2001 年
周秦漢晉方言研究史	復旦大學出版社，2003 初版，2007 修訂
	上海人民出版社，2014 年新版
揚雄方言校釋匯證（上下册）	中華書局，2006 年
揚雄方言校釋論稿	高等教育出版社，2011 年
華學誠古漢語論文集	北京語言大學出版社，2012 年
潛齋文獻語言論集	巴蜀書社，2017 年

獨立編著

中國歷代訓詁學文選	江蘇文藝出版社，1994 年

合作專著

揚雄方言研究（第四作者）	巴蜀書社，1992 年

主編著作

現代文秘叢書

（8 種，與張亞軍合作 1 種）　　江蘇文藝出版社，1993 年

漢語言文字學論叢·漢語史卷　　北京語言大學出版社，2008 年

《方言》與兩漢語言研究叢書

（8 種）　　高等教育出版社，2011 年

李玲璞先生八十誕辰紀念文集

（與劉堂江聯合主編）　　語文出版社，2013 年

對外漢語專業建設的理論與實踐

——全國高校對外漢語專業建設研討

會論文精選（與程娟聯合主編）　　北京語言大學出版社，2013 年

參編教材

古代漢語自學輔導　　遼寧大學出版社，2002 年

參編辭書

古文字詁林（編委）　　上海教育出版社，1999 年—2004 年

論　文

（題下所注姓名為該文合作者）

1981 年

讀《反訓探原》　　溫州師範專科學校學報 1981 年第 1 期

《詩經》反訓詞拾零　　揚州師範學院學報 1981 年第 4 期

1982 年

從"爪牙"一詞談起　　教學與進修 1982 年第 2 期

1983 年

黄廖語法體系評介　　函授通訊 1983 年第 3 期

對《説"屙"和"惡"》的一點補正　　中國語文 1983 年第 5 期

1986 年

反訓研究三題	四川師範大學學報 1986 年第 3 期
五十年來反訓研究情況綜述	昭通師範專科學校學報 1986 年第 3 期
《説文》"一曰"義例試説	内蒙古師範大學學報 1986 年第 4 期

1987 年

繼承和借鑒都要實事求是——讀《從"反訓"看古漢語詞彙的研究》	揚州師範學院學報 1987 年第 1 期
"方"字本義辨誤	九江師範專科學校學報 1987 年第 1、2 期合刊

1988 年

《説文》的"某與某同意"與許慎的文字學思想(曾曉雲)	渝州大學學報 1988 年第 1 期
析"某與某同意"——兼論許慎的文字學思想(曾曉雲)	青海民族學院學報 1988 年第 4 期
試論《論語》的句中"也"字	四川師範大學學報 1988 年第 2 期
《略論〈詩經〉"有……其……"式》商榷	語言研究集刊第二輯,江蘇教育出版社,1988 年

1989 年

論《方言箋疏》的"因聲求義"	揚州師範學院學報 1989 年第 1 期
論《方言箋疏》的"訓詁校勘"	雲南教育學院學報 1989 年第 2 期

1990 年

論盧文弨的《重校方言》	昭通師範專科學校學報 1990 年第 3 期

1991 年

論《方言箋疏》的詞義訓釋	鹽城職大電大學刊 1991 年第 1 期
漢字的特性簡論	鹽城教育學院學報 1991 年第 2 期

中日現代漢字的比較研究	鹽城職大電大學刊 1991 年第 4 期
方言學的未來	揚州師範學院學報 1991 年第 4 期

1992 年

《方言》研究的歷史鳥瞰	學人第 3 輯，江蘇文藝出版社，1992 年

1993 年

訓詁學的歷史、現狀和未來	揚州師範學院學報 1993 年第 1 期

1995 年

《方言校箋》拾補	揚州師範學院學報 1995 年第 4 期
是"拍大腿"，還是擊瓦質樂器	閱讀與寫作 1995 年第 3 期

1996 年

諸子研究的一部力作 ——評《諸子箋校商補》	中國典籍與文化 1996 年第 3 期

1997 年

《方言校箋》拾補[續]	揚州大學學報 1997 年第 4 期

1999 年

論《爾雅》方言詞的考鑒	徐州師範大學學報 1999 年第 4 期
由《馬氏文通》中的"矛盾"得到的啓示	揚州大學學報 1999 年第 4 期
論《爾雅》方言詞的詞彙特點	古漢語研究 1999 年第 4 期

2000 年

論《爾雅》方言詞的地域分布	華東師範大學學報 2000 年第 1 期
論《爾雅》方言詞的訓釋方法	欽州師範專科學校學報 2000 年第 1 期
盧以緯《語助》"俗語"考論（袁建林）	東南文化 2000 年第 1 期
論《爾雅》方言研究	學人第 15 輯，江蘇文藝出版社，2000 年
揚雄《方言》"奇字"考（上）	欽州師範專科學校學報 2000 年第 4 期

2001 年

揚雄《方言》"奇字"考（下）	欽州師範專科學校學報 2001 年第 1 期
漢字進入 21 世紀	國際學術動態 2001 年第 2 期

2002 年

論《通俗文》的方俗語詞研究	漢語史學報第 2 輯，上海教育出版社，2002 年
漢語方言學史及其研究論略	揚州大學學報 2002 年第 1 期
論《説文》的方言研究	鹽城師範學院學報 2002 年第 2 期
論王逸的楚方言研究	中國文字研究第 3 輯，廣西教育出版社，2002 年
從郭璞注看晉代方言詞彙研究	語言研究 2002 年第 3 期
論《毛詩草木鳥獸蟲魚疏》的名物方言研究	徐州師範大學學報 2002 年第 3 期
評《秦簡文字系統之研究》	東方文化（香港）2002 年
論高誘的方言研究	長沙電力學院學報 2002 年第 3 期

2003 年

《公羊傳解詁》中的齊魯方言及其價值	陰山學刊 2003 年第 4 期
論《釋名》的方言研究	揚州大學學報 2003 年第 2 期
就王念孫的同源詞研究與梅祖麟教授商榷（柏亞東、王智群、趙奇棟、鄭東珍）	古漢語研究 2003 年第 1 期

2004 年

《説文解字新訂》的問題和錯誤	語言科學 2004 年第 5 期
《漢語方言大詞典》古文獻引用問題例説	語言研究 2004 年第 4 期

2005 年

《文選》李善注引《方言》考異（柏亞東）	長江學術第七輯，長江文藝出版社，2005 年

古文字學斷代研究的新收獲 ——讀郝茂博士的《秦簡文字系統之研究》	簡帛研究2002—2003,廣西師範大學出版社,2005年
《淮南子》許、高注中的雙音節新詞（趙奇棟）	徐州師範大學學報2005年第2期
《方言》校釋商補	文史2005年第2期

2006年

《方言》校詁零札八則	古漢語研究2006年第1期
王念孫手校明本《方言》的初步研究	文史2006年第1期
志篤力行　學博守約 ——讀范崇高著《中古小説校釋集稿》	巴蜀書社,2006年
《孫詒讓札迻方言校語》箋記	民俗典籍文字研究第3輯,商務印書館,2006年

2007年

近十五年來的《方言》研究和我們對《方言》的整理	南開語言學刊2007年第1期,商務印書館,2007年
論郭璞的《方言》整理	中文自學指導2007年第2期
二十世紀以來的《方言》整理	中文自學指導2007年第5期
論揚雄《方言》的歷代整理	佐藤進教授還曆記念/中國語學論集日本好文出版,2007年

2008年

揚雄《蜀都賦》詞語札記（馬蓮）	語言科學2008年第2期
揚雄《蜀都賦》詞語注商（馬蓮）	語言研究2008年第2期
高山景行,精嚴淹博 ——為紀念劉君惠先生逝世	

十年而作	勵耘學刊(語言卷)2008年第1期,學苑出版社,2008年
用中國語言學成果解決歐洲語言問題的一個創舉——評董希驍《現代羅馬尼亞語稱謂系統》	中國文化研究2008年第4期
兩漢之交文學語言中的名量詞(馬蓮)	民俗典籍文字研究第5輯,商務印書館,2008年

2009年

秦漢楚方言區文獻中的幽部與宵部(謝榮娥)	語文研究2009年第1期
也釋"無賴"——兼談歷史大詞典的詞義描述(張可)	中國語言學第三輯,北京大學出版社,2009年

2010年

關於"漢字統一"的幾點思考	中國文化研究2010年第4期
釋"無賴子"並論其發展演變以及與同義形式的競爭(張可)	語文研究2010年第4期

2011年

《康熙字典》引《揚子方言》考	漢語史學報第十一輯,上海教育出版社,2011年

2012年

簡述杜道生先生的文字學觀——寫在先生期頤壽慶之際	語言歷史論叢第五輯,巴蜀書社,2012年

2013年

揚雄《方言》及其研究述評(徐妍雁)	蘇州大學學報2013年第1期

論戴震《方言疏證》的整理
——古代語言學著作的文獻
學研究之一　　語文研究 2013 年第 3 期

佛心道骨　高山仰止
——沉痛悼念敬愛的恩師
李玲璞先生　　李玲璞先生八十誕辰紀念文集，語言出版社，2013 年

曹翔《王梵志詩詞彙研究》序　　南京大學出版社，2013 年

2014 年

劉興均《漢字的構造及其文化意蘊》序　　人民出版社，2014 年

吴金華先生的研究方法與治學精神　　語言科學 2014 年第 3 期

再讀《中國小學史》
——為胡奇光先生八十壽辰而作
（魏鵬飛）　　語林傳薪——胡奇光教授八十華誕慶壽論文集，四川教育出版社，2014 年

邢公畹先生論對外漢語教學
——為紀念邢公畹先生 100 周年
誕辰而作（王雪波）　　國際漢語教學研究 2014 年第 3 期

2015 年

《方言藻》與《助字辨略》對勘述論（張敏）　　語文研究 2015 年第 3 期

論王念孫《方言》遺説的重建（徐妍雁）　語言研究 2015 年第 3 期

戴震《方言疏證》校勘記　　文獻語言學第一輯，中華書局，2015 年

2016 年

試論陸宗達、王寧對當代訓詁學的主要貢獻（游帥）　　文獻語言學第三輯，中華書局，2016 年

漢語詞彙史的一座新豐碑——《100年漢語新詞新語大辭典》述評	辭書研究2016年第3期
蔣雲從先生對我的教導和幫助	2016年3月浙江大學"紀念蔣禮鴻先生誕辰100周年暨第九届中古漢語國際學術研討會"論文

2017年

"文獻語言學"學科論綱(張猛)	文獻語言學第四輯,中華書局,2017年
葛崇烈《泰州方言斠疏》序	浙江古籍出版社,2017年

後　記

人生難得兩甲子！因有了這一感慨，於是就有了這部集子。

兼作自序的自述，粗略描述了我的學術歷程，是回顧，更是感恩。上下兩編是我撰寫或由我執筆並定稿的論文與序評，除了論《語助》一篇之外，其他都没有結集過。特輯中所收則是師長或友人為拙著所撰序言與評論。集子的最後附録了我的學術論著目録。

上編共 9 篇，分為三組：第一組 1 篇，是關於文獻語言學的最新思考；第二組 4 篇，都與揚雄《方言》有關；第三組 4 篇，有二篇討論專書，一篇討論專題。這 9 篇論題雖各不相同，但都屬於文獻語言學範疇：或探討學科的内涵與外延，或評述揚雄《方言》的歷代研究，或研究文獻整理中的版本與校勘問題，或展示古人遺説的重建方法，還涉及學術辨僞、文獻引徵、《語助》"俗語"考論、漢字繁簡矛盾的處理等議題。

下編共 16 篇，也分成三組：第一組 5 篇，是讀書報告、學習心得，陸宗達先生和王寧先生、胡奇光先生、劉如瑛先生、吴金華先生、邢公畹先生都是我十分崇敬的學者，這一組是學習他們的論著所撰成的專論；第二組 4 篇，是回憶文章，寫了蔣禮鴻先生、我的碩士導師劉君惠先生、杜道生先生和博士導師李玲璞（李圃）先生，基本上是從學術或學術活動的角度撰寫的；第三組 7 篇，是應友人或友生之請所撰的書序或書評，按照内容大致相近的原則進行了編排。

需要特别補記一下的是：《諸子箋校商補》的作者劉如瑛教授是我的大學老師，碩士畢業從成都回到揚州之後我和劉先生又成了同事。1995 年劉先生大著出版後親手贈我，我認真拜讀後與劉先生談了一些心得，劉先生很高興，鼓勵我寫出來。初稿曾奉劉先生寓目並蒙先生批閲、校改，可惜的是劉先生的手訂稿没有能够保存下來，深感遺憾。

在個人結集中通常不收録别人的文章，而我卻非常希望在花甲之年所編輯的這部集子中記録下前輩師長的關心與提攜和同輩學者的鼓勵與幫助，並且執拗地認為這樣做很有意義。於是就用“特輯”這一提法收録了 20 篇序言或書評，不知作者和讀者會如何想，但我真誠祈盼能够得到肯定，至少理解。劉君惠先生、趙航先生、李圃先生、吴金華先生、許威漢先生已先後故去，我的感恩之心、紀念之意尤望讀者明鑒。

在集子編輯過程中，博士生游帥、趙明秀、裴瑞玲、嚴旭，碩士生黄雅思、劉青、荆子洋、黄雪嫚、孟麗媛、安娜、趙義迪分工録排、認真校對，花費了不少時間。王麗女史是高等教育出版社資深編輯，她用古代文獻的專業眼光為拙著通校一過，改正了不少我無法發現的問題。對友生和友人的無私幫助，深懷感激，特記於此，以致謝忱。

責編黄雲生先生是我的同門學兄，多年來一直關注我的研究工作，為拙著《揚雄方言校釋匯證》的出版就費心很多，這本集子的出版更是精心策劃。2016 年歲末的一天，我從工作室夜歸路上撥通了他的手機，談了編輯這個集子的想法，他一口答應由他來做。2017 年 1 月 16 日，我把書稿電郵給他，三月上旬就收到了校樣，看着校樣上他一絲不苟的批校，十分感動。本書能順利出版，他付出了很多心血，特致誠摯感謝。

上世紀中葉在君惠先生門下讀書時，先生曾賜我“潛齋”二字，明示“以沉冥相勵”。回顧離開師門的三十年，虛擲了不少寶貴時光，静心讀書的時候確實不多，深感慚愧。希望六十歲之後能有所改變，努力沉潛下去，再實實在在做一點兒有意義有價值的事情，書名冠上齋號，旨在自勵而已。同鄉好友、中青年書法篆刻名家朱天曙教授於入古出新之理念，與我同聲相應、同氣相求，故其欣然題簽，為拙著增色，一併致謝。

華學誠

丁酉仲春於京華成府路之潛齋

圖書在版編目（CIP）數據

潛齋文獻語言論集／華學誠著．—成都：巴蜀書社，2017.6

ISBN 978-7-5531-0791-2

Ⅰ.①潛… Ⅱ.①華… Ⅲ.①文獻學-語言學-文集 Ⅳ.①G256-53②H0-53

中國版本圖書館 CIP 數據核字（2017）第 083611 號

潛齋文獻語言論集 華學誠 著

責任編輯 黄雲生
封面題簽 朱天曙
出　　版 巴蜀書社
　　　　 成都市槐樹街 2 號　郵編 610031
　　　　 總編室電話：（028）86259397
網　　址 www.bsbook.com
發　　行 巴蜀書社
　　　　 發行科電話：（028）86259422　86259423
經　　銷 新華書店
印　　刷 成都蜀通印務有限責任公司
成品尺寸 210mm×148mm
印　　張 18
字　　數 480 千
版　　次 2017 年 6 月第 1 版
印　　次 2017 年 6 月第 1 次印刷
書　　號 ISBN 978-7-5531-0791-2
定　　價 68.00 圓

本書如有印裝質量問題，請與工廠調換